中美相遇

大国外交与晚清兴衰（1784—1911）

王元崇——著

文匯出版社

新经典文化股份有限公司
www.readinglife.com
出　品

中美关系的历史，已有多少人写过，但王元崇的这本书，仍有其独到之处。书页之间，既有精彩的故事讲述，又有事件及人物的细致剖析，渗透于其中的，还有一种深邃的历史眼光。他的生花妙笔之下，处于浩瀚太平洋两端的两个大国，“相遇”最初两百年间的种种恩怨情仇，跃然于纸上，读来发人深省。

——陈兼，上海纽约大学全球体系杰出历史学教授

中美两国相距遥远，历史文化和传统观念差距更大，相互理解实属不易。本书从两个角度为增进中美理解做出了努力。对中美早期交往的历史进行远距离观察，有助于人们看到起点、发展和全貌，而不为近期和现实的一时一事所遮蔽；把高深的学术研究成果转化为大众易于接受的文化作品，有助于更广泛的社会群体了解中美关系的由来，毕竟国家之间相互理解的基础在于民众和舆论。此书值得一读。

——沈志华，华东师范大学历史学教授

本书见微知著，用讲故事的方式，生动刻画了晚清的对美关系，提出了有别于传统教科书的独特视角和观点。

——王缉思，北京大学国际关系学院教授

这本书涵盖 18 世纪晚期到整个 19 世纪，而这是中美两个国家的内部和外部关系都在发生剧烈变化的时代，给当时乃至之后很长一段的中美双边关系造成了深刻的影响，人们至今还可清晰感受到那个时代留下的一些基本看法甚至话语。所以，了解这段历史很重要，而这本书的出版恰逢其时。该书是作者的新贡献，内容很丰富，叙述清晰，很有可读性，一些观点对于理解今天中美关系的复杂性也是很有启发的。

——牛军，北京大学国际关系学院教授

目录

丁篇

以夷变夏：外交、出洋和留洋

戊篇

金山之梦：在美华工和华裔

己篇

大门口的老熟人：枪炮、条约和下午茶

前言

美国建立于1776年，即中国清朝乾隆四十一年，到现在将近两个半世纪过去了，历经西进运动、南北战争、两次世界大战和冷战，虽然领土早已扩大为囊括了50个州和众多海外飞地的现代帝国，但仍旧是一个一脉相承的国家政权，其国家运行的基本规则并无根本变化。这二百多年中，中国则发生了剧烈变动，先后经历了清朝乾隆时期的大一统、鸦片战争、太平天国起义、清朝灭亡、中华民国兴衰、抗日战争、解放战争和中华人民共和国的建立。中国度过了漫长且屈辱的近代时期，继以轰轰烈烈的社会主义革命和改革开放，在过去三十年间逐步成长为亚洲地缘政治和国际政治舞台上的重要力量。中国的曲折太多，对美国的认识、态度和做法，也几经变化；美国自1784年第一艘商船抵达广州以来，也亲身参与了很多中国的历史变化，与中国时而风雨同舟，时而又怒目相向。

中美两个大国在地理空间中远隔重洋，直到今天为止真正前往对方国家亲身目睹和经历对方社会与文化者，相对于本国巨大的人口都显得寥若晨星，可以说自双方发生交际以来，彼此眼中的对方在很大程度上都是诸种话语体系构建出来的想象体。现实生活中，双方人民对彼此了解的出发点差别也很大。例如，就各自的近代历史而言，中国是多灾多难的百年屈辱史，而美国则是欣欣向荣的百年进步史，于是当代中国有一种近代外来殖民主义与帝国主义受难者的心态，而美国则持有一种文明救赎者的心态，由此而对公众历史记忆产生的影响以及两者对若干现实问题的认知、理解和诠释，差别不啻天壤。19 世纪以来各自的历史，决定了中美两国的心理距离是非常遥远的，甚至在今天双方的眼中依旧沾染着 19 世纪的色彩。互联网的出现，并没有明显缩短这种中美间的距离，甚至会以前所未有的舆论影响力来扩大这种距离。然而，在国际政治空间中，两国却已经做了二百多年的邻居了。二战结束以来，美国一跃成为西太平洋地区的国际政治秩序的主导国家之一，中国与周边很多国家和地区之间的关系，说到底都是受中美关系密切影响的。

在 21 世纪初的今天，中国国力富强且蒸蒸日上，美国雄踞列国之首而傲视全球，两国的关系重新进入到了一种大国时代。这是一种全新的局面，其新主要来源于一点，即美国自建国以来从未见过如此繁荣并融入了欧美一手建立起来的国际秩序之内的中国。今日中国空前广阔的市场和全球首屈一指的消费人群，对美国乃至全世界而言都是一个新现象。与此同时，中国延续着有自身特色的发展道路，并不会变成第二个美国，这让当代美国陷入了彷徨之中，甚至有要回到冷战时代的路线之争的意味。那么，一个推动全球经济的中国，究竟对美国意味着什么呢？一个领跑全球科技的美国，又对中国意味着什么呢？冷战会以不同的形式重新归来吗？这两个大国迟早会走上直接冲突的道路吗？此兴彼衰是历史发展的唯一趋势吗？中美对彼此而言又真正意味着什么呢？

对这些问题，作为一名历史学家的我并没有十分可靠的答案。我仍旧在思考，而且相信在中美两国有许许多多的人都在做着同样的思考。我们从来不缺有关大国关系的各种精彩的理论分析和学术思考，也从来不缺中外各种机构的五花八门的局势解析和战略报告，甚至从来没有脱离过日常新闻报道所覆盖的大国关系。今天的中美关系无疑站在了一个历史的关口之上，但这并非是第一次，也不会是最后一次。这本小书讲述的内容，是中美两个大国相遇之后的第一个百年间的交往故事，为以上这种思考提供一些历史角度的参考，并提供一种大的历史背景，以期寻找很多貌似无关的事情之间存在的联系。

我本人的学术研究领域是清代中国外交史和近代东亚国际关系史。在我多年的研究活动中，中美关系一直都是不可或缺的一部分，我也没有间断过对中美历史上的接触、交往和冲突的观察。我是2007年从中国抵达美国攻读博士学位的，如今已在美国生活和工作了十载有余。几年以前，我所任教的大学鼓励教员们开设新课程，延展教学内容和吸引学生选课兴趣。当时中美关系开始出现波折，当此之时和对中国一知半解甚至毫无了解的年轻学生坐在一起讨论中美关系，不失为一经世务实之举。在日常生活中，很多人十分乐意和我谈谈中国和美国的关系，我的美国邻居或是把他们20世纪80年代初访问北京、苏州和上海的大批照片和我分享，或是邀请我去参观他们家中收藏的中国和东亚物品，对遥远的中国及其文明都抱有极大的热忱和好奇，而这些活动也使得回顾中美关系史日渐成为我生活中经常要做的事情，其中我的主要工作之一就是要向对方交代清楚中国的历史以及早期中美交往的历史。于是，我决定开设一门中美关系史课，以本科生高年级研讨班的形式教授，借机把一些曾经关注过的中美交往故事整理出一个头绪。

备课之余，我深感绝大多数的中美关系史著作主要以19世纪末20世纪初以来的大事件为主，诸如“门户开放”政策、威尔逊主义、二战、冷战、朝鲜战争、乒乓外交、中国加入世界贸易组织、中美贸易摩擦等，对19世纪中前期以及之前的部分，也就是中美两国开始相遇的时期用力较少，很多表面看上去并未直接引起大的波折的历史章节更是湮没不彰。这种情况本身无可厚非，因为美国在西太平洋地区势力的大发展，以及在此地区逐步卷入全球列强角逐，是在1898年从西班牙手中抢到了菲律宾群岛之后，也就是美国一跃发展成为一个主要的帝国主义国家之后。有鉴于此，我在备课中特别注意一些中美交往早期历史上颇有意义的故事，在一种大的历史背景之中丰富叙事细节，展示一幅相对细腻一些却又不失完整的双边交往图景。

两年多前，承上海在线新媒体“澎湃”的单雪菱编辑美意，并受在美国马里兰大学巴尔的摩郡分校执教的好友宋念申教授的鼓召，我将部分授课讲义和研究中加以留心的一些历史故事写成中文，配以插图，以“中美浮梦录”为题，逐次发表于“澎湃”之上，为学界之外的大众读者提供一些理解中美关系的历史资料和角度。当时命名“浮梦录”，是取百年浮世与一梦华胥之意，探讨中美双方在早期一百多年的交往中对彼此怀有的种种理解和期待，这些愿景有的实现了，但很多并没有实现，真的成了梦。例如，19世纪前期，很多华工被发财致富的美梦骗到了美国加州的“金山”，但在“金山”却遭到了种种的歧视和虐待，而“旧金山”这个名字直到今天仍旧承载着赴美华工华民不可承受的历史创伤。另一方面，美国曾经怀揣着吸引劳动力开发新土地的美梦，对大批涌入的华工示以友好，最终却以 1882 年的《排华法案》收场，成为迄今为止中美历史上最为惨痛的篇章。单编辑以生花妙笔悉心修改，每每让拙文增色三分。很多热心读者提供了批评和指正意见，甚至一位远在加州的读者来信热情讨论相关清代词语的解释。这些都让我甚为感动。现在承新经典文化的杨晓燕主编的错爱和悉心关照，我将原稿汇集，蒙编辑孙腾、刘早细致严谨的修订，以及文汇出版社徐海清编辑恰到好处的建议，付梓于此，以飨读者。这是这本小书的由来。

当代中国学界的专业历史学者在大众读本的写作方面，用力仍嫌不足，这导致了历史学家的很多专业知识无法很好地服务于社会与大众，两个群体距离越拉越远。中国历来提倡的知识分子的经世精神，在一定意义上已不甚明显，专业的学术研究者躲进小楼去寻章雕句是不争的现实。作为一名科班出身的历史学者，我对这种情况是十分熟悉的，但是在亲眼看到韩国、日本和美国很多学术上十分优秀的专业同仁，也在积极地将他们的历史知识推广到大众读者之中去以后，我觉得自己或许也可以做一些工作，而且近些年也有一些中国历史学者已经做了颇为成功的尝试。这本小书脱胎于授课讲义，其中也包括我个人的研究心得，绝大多数都是采取面对面讲故事的叙述方式，其目的之一就是要从学术的角度尝试着做一些与学界之外的大众读者沟通的努力。

中美两国在交往过程中，彼此都花费了很长时间来认识和了解对方，经历了一个充满着各种误解、偏见甚至冲突的过程。为了叙事方便，本书沿袭传统的历史编年体路数，以时间先后讨论中美早期交往中的一些故事。时间跨度主要是从 18 世纪晚期到 20 世纪初期，特别是 19

世纪，即 1800 年到 1900 年之间的故事。19 世纪的时候，因欧美工业革命、殖民主义和帝国主义的扩张等因素，全球化进入了一个新的时代，国际政治格局也发生了剧烈变动，若干老大帝国土崩瓦解，若干新兴帝国强力崛起。全球范围内的帝国在 19 世纪的竞争，基本上奠定了 20 世纪中后期民族国家普遍兴起后的世界政治和经济格局的基础。很多学者称 19 世纪为“漫长的 19 世纪”,所论至有道理。在这个世纪内，中美两国自身也经历了剧烈变化，两国之间正式的商贸关系和外交关系从无到有，现在中美关系的很多方面也都可以直接追溯到 19 世纪。中国自身更是经历了一个漫长而屈辱的时期，与当时全球的殖民主义和帝国主义都发生过紧密的联系，奠定了中国近代外交体系以及中国近代化进程的基本方向与框架。本书根本宗旨在于呈现中美两国在漫长的 19 世纪内的相遇、相望和相撞，从历史的细节中展现大国交际背后自身的社会巨变，及全球国际秩序特别是东亚国际秩序的新陈代谢，并观察在这一百多年的交往中，晚清中国是如何一度中兴，但最终没落衰亡的。我们亦可由此得窥中国为何在 20 世纪初进入了轰轰烈烈的革命时期，以及包括中美关系在内的中外关系如何卷入了新一轮的剧烈变化。

历史早已证明，没有哪一个帝国可以做到永恒不灭。每一代人面临的内部和外部的历史进程，也都是独一无二的。因此，任何有关历史的叙述，只能存留真正过往的某些方面，甚至是努力搜寻后仍若即若离的雪泥鸿爪。美国和中国，在人口、地理、民族和文化等许多方面，都是十分庞大和多元的国家，也都是历史悠久的国家，这两个大国之间的关系更是包罗万象。本书所述只是挂一漏万，唯希望所挂之一，能给读者提供一些知识的养分，便是达到了笔者出版此书的初衷。

应本书文体之需，每章中的参考注释一概省略，但书后附有详细的参考目录，以供有兴趣的读者按图索骥，从更多的优秀作品中获得更多的教益。

清代中国年号列表

汉文年号	满文年号（罗马字转写）	公元起讫年份
天命	Abkai fulingga	1616—1626
天聪	Abkai sure	1627—1635
崇德	Wesihun erdemungge	1636—1643
顺治	Ijishūn dasan	1644—1661
康熙	Elhe taifin	1662—1722
雍正	Hū waliyasun tob	1723—1735
乾隆	Abkai wehiyehe	1736—1795
嘉庆	Saicungga fengšen	1796—1820
道光	Doro eldengge	1821—1850
咸丰	Gubci elgiyengge	1851—1861
同治	Yooningga dasan	1862—1874
光绪	Badarangga doro	1875—1908
宣统	Gehungge yoso	1909—1911

清代时期美国总统列表

任序	任期起讫（年月日）	英文姓名	中文姓名	党派
第 1 任	1789/4/30—1797/3/4	George Washington	乔治 · 华盛顿	（无党籍）
第 2 任	1797/3/4—1801/3/4	John Adams	约翰 · 亚当斯	联邦党（Federalist）
第 3 任	1801/3/4—1809/3/4	Thomas Jefferson	托马斯 · 杰斐逊	民主共和党（Democratic-Republican）
第 4 任	1809/3/4—1817/3/4	James Madison	詹姆斯 · 麦迪逊	民主共和党
第 5 任	1817/3/4—1825/3/4	James Monroe	詹姆斯 · 门罗	民主共和党

第 6 任	1825/3/4—1829/3/4	John Quincy Adams	约翰 · 昆西 · 亚当斯	国家共和党（National Republican）
第 7 任	1829/3/4—1837/3/4	Andrew Jackson	安德鲁 · 杰克逊	民主党（Democratic）
第 8 任	1837/3/4—1841/3/4	Martin Van Buren	马丁 · 范布伦	民主党
第 9 任	1841/3/4—1841/4/4	William Henry Harrison	威廉 · 亨利 · 哈里森	辉格党（Whig）
第 10 任	1841/4/4—1845/3/4	John Tyler	约翰 · 泰勒	辉格党
第 11 任	1845/3/4—1849/3/4	James Knox Polk	詹姆斯 · 诺克斯 · 波尔克	民主党
第 12 任	1849/3/4—1850/7/9	Zachary Taylor	扎卡里 · 泰勒	辉格党
第 13 任	1850/7/9—1853/3/4	Millard Fillmore	米勒德 · 菲尔莫尔	辉格党
第 14 任	1853/3/4—1857/3/4	Franklin Pierce	富兰克林 · 皮尔斯	民主党
第 15 任	1857/3/4—1861/3/4	James Buchanan	詹姆斯 · 布坎南	民主党
第 16 任	1861/3/4—1865/4/15	Abraham Lincoln	亚伯拉罕 · 林肯	共和党（Republican）
第 17 任	1865/4/15—1869/3/4	Andrew Johnson	安德鲁 · 约翰逊	民主党
第 18 任	1869/3/4—1877/3/4	Ulysses S. Grant	尤利西斯 · 格兰特	共和党

第 19 任	1877/3/4—1881/3/4	Rutherford B. Hayes	拉瑟福德·海斯	共和党
第 20 任	1881/3/4—1881/9/19	James A. Garfield	詹姆斯·加菲尔德	共和党
第 21 任	1881/9/19—1885/3/4	Chester A. Arthur	切斯特·阿瑟	共和党
第 22 任	1885/3/4—1889/3/4	Grover Cleveland	格罗佛·克利夫兰	民主党
第 23 任	1889/3/4—1893/3/4	Benjamin Harrison	本杰明·哈里森	共和党
第 24 任	1893/3/4—1897/3/4	Grover Cleveland	格罗佛·克利夫兰	民主党
第 25 任	1897/3/4—1901/9/14	William McKinley	威廉·麦金莱	共和党
第 26 任	1901/9/14—1909/3/4	Theodore Roosevelt	西奥多·罗斯福	共和党
第 27 任	1909/3/4—1913/3/4	William H. Taft	威廉·塔夫脱	共和党

晚清美国驻华公使年表

任序	中文译名	英文原名	任期
第 1 任	蒲安臣	Anson Burlingame	1861 年（咸丰十一年）—1867 年（同治六年）
第 2 任	劳文罗斯	J. Ross Browne	1868 年（同治七年）—1869 年（同治八年）
第 3 任	镂斐迪	Frederick F. Low	1870 年（同治九年）—1873 年（同治十二年）
第 4 任	艾忭敏	Benjamin P. Avery	1874 年（同治十三年）—1875 年（光绪元年）

第 5 任	西华	George F. Seward	1876 年（光绪二年）—1880 年（光绪六年）
第 6 任	安吉立	James B. Angell	1880 年（光绪六年）—1881 年（光绪七年）
第 7 任	杨约翰	John Russell Young	1882 年（光绪八年）—1885 年（光绪十一年）
第 8 任	田贝	Charles Denby	1885 年（光绪十一年）—1898 年（光绪廿四年）
第 9 任	康格	Edwin H. Conger	1899 年（光绪廿五年）—1905 年（光绪卅一年）
第 10 任	柔克义	William W. Rockhill	1905 年（光绪卅一年）—1910 年（宣统二年）
第 11 任	嘉乐恒	William J. Calhoun	1910 年（宣统二年）—1911 年（宣统三年）

晚清中国驻美国使臣（公使）年表

任序	姓名	任期
第 1 任	陈兰彬（正使） 容闳（副使）	1875 年（光绪元年）—1882 年（光绪八年）
第 2 任	郑藻如	1882 年（光绪八年）—1885 年（光绪十一年）
第 3 任	张荫桓	1885 年（光绪十一年）—1889 年（光绪十五年）
第 4 任	崔国因	1889 年（光绪十五年）—1893 年（光绪十九年）
第 5 任	杨儒	1893 年（光绪十九年）—1896 年（光绪廿二年）
第 6 任	伍廷芳	1896 年（光绪廿二年）—1902 年（光绪廿八年）
第 7 任	梁诚	1902 年（光绪廿八年）—1907 年（光绪卅三年）
第 8 任	伍廷芳	1907 年（光绪卅三年）—1909 年（宣统元年）
第 9 任	张荫棠	1909 年（宣统元年）—1911 年（宣统三年）

甲篇

天朝与外藩：清代中国的世界秩序

第一章　清代中国的外交体系

中西各自的“三十年战争”与秩序重建

大明万历四十六年四月十三日，即1618年5月17日，在东北赫图阿拉建立后金政权两年之久的建州领袖努尔哈赤，正式宣布“七大恨”，起兵反明。因为后金后来改国号为“大清”，所以这场战争通常叫作“明清战争”，直到1644年明朝灭亡和清军入关为止，打了差不多三十年。明清战争爆发之时，在明朝看来，属于东北建州部落的女真人造反，是一场内乱，所以明朝组织了属国朝鲜和属部叶赫等力量联合明军齐往镇压。随着战事的推进，明朝部队在萨尔浒等战斗中接连溃败，锦州和沈阳等重镇陆续陷落敌手。1636年，后金大汗皇太极在沈阳称帝，建号“崇德”，改国号“大清”，进一步同明朝争夺天下，且于同年冬征服朝鲜并将其纳为大清属国，势力日壮。1644年夏，李自成起义军攻占北京城，崇祯帝自缢于煤山，明朝土崩瓦解。多尔衮趁机率军南下，联合守卫山海关的吴三桂，击败了李自成部，占领并迁都北京，开始了大清王朝对中国的统治。

就在努尔哈赤起兵反明六天后的 1618 年 5 月 23 日，远在欧洲的神圣罗马帝国的诸侯国波希米亚的首都布拉格，也发生了一件造反的大事。当日早上，一批备受新任国王斐迪南二世（Ferdinand II）压迫的新教徒，冲进布拉格城堡的会议厅，将国王派的两名钦差和一名秘书，从三楼窗户扔了出去，这就是著名的“布拉格掷窗事件”。这三人从差不多 21 米高的地方落到了肥料堆上捡了条命，仓皇跑回朝廷汇报布拉格的叛乱，斐迪南二世马上开始了镇压行动，内战爆发。次年，斐迪南二世成为神圣罗马帝国皇帝，波希米亚的内战遂迅速蔓延到了欧洲很多国家，包括奥地利、法国、丹麦、瑞典、荷兰等等，演变为一场国际战争，一直到 1648 年为止，打了整整三十年，即著名的三十年战争。1648 年诸国在威斯特伐利亚（Westphalia）地区签订了一系列条约，结束了三十年战争，也同步结束了西班牙与荷兰之间自 1568 年爆发的八十年战争。这些条约统称《威斯特伐利亚条约》（Treaty of Westphalia），其最重要的遗产就是以条约的形式确立了欧洲诸国拥有彼此平等而独立的主权和领土，奠定了主权国家体系，成为欧美国际法的一个中心原则。

同样在 17 世纪初期的这前三十年里，英国开始在北美洲积极建立殖民地。1492 年哥伦布在西班牙王室支持下越过大西洋抵达美洲，两年后的 1494 年，西班牙与葡萄牙这两个海洋强国在教皇亚历山大六世（Alexander VI）的调解下签署了《托尔德西里亚斯条约》（Treaty of Tordesillas），以佛得角以西 370 里格（1 里格为 3 海里，约 5.56 千米），也就是格林尼治体系内的西经 46 度左右的经线为子午线，来将新的世界领土一分为二，这条“教皇子午线”以西的新领土归西班牙，以东的归葡萄牙，西班牙由此获得了殖民美洲大陆的优势。但是，英国、法国、荷兰、瑞典等新崛起的国家均不承认此种瓜分，纷纷参与到殖民新大陆的行列中去。1607年5月，英国在早就于1584年开始着手经营的北美弗吉尼亚（Virginia，即“处女地”之意）目标殖民地区内，建立了第一个永久殖民点詹姆斯敦（Jamestown）。1619年，即明清战争和三十年战争已经分别在中国和欧洲打响之时，第一批有档案记载的非洲奴隶被运送到詹姆斯敦附近，开始了在这一海岸持续二百余年的黑暗的奴隶贸易。1620年11月，一艘名为“五月花”号（*Mayflower*）的船载着102名英国清教徒（Puritans）在前往詹姆斯敦途中受大风影响，停靠在科德角（Cape Cod），从这里登陆并建立了英国在北美的第二个永久居民点普列茅斯殖民地（Plymouth Colony）。“五月花”号的乘客在登陆以前，由41名男子签署了一份公民协约，即著名的《五月花号公约》（Mayflower Compact），确立了依法自治的原则，对日后美国的政治和社会文化影响深远。

到明清战争和三十年战争双双结束的1648年，英国、荷兰与瑞典等几个新兴的欧洲势力已在北美洲大西洋一侧的东北地区，从马萨诸塞到弗吉尼亚，建立了八个殖民地（英国占六个），奠定了“新英格兰”的领土、政治、社会和宗教文化基础。另一个迅速崛起的国家法国，此时也已经从北美原住民手中占领了从魁北克到五大湖地区的大量土地。在1620到1640年之间，大约有八万名英格兰清教徒移民到了从西印度群岛到弗吉尼亚再到马萨诸塞这一长长的北美洲沿海地区，其中两万多移民到了今天的波士顿海湾地区，这就是美洲早期殖民地时期的“大移民”浪潮。对英法等国家而言，一块全新的土地正在走向其文明的怀抱之中，而这块他们眼中的新大陆也孕育着一个新的国家，即1776年开始走向独立的美国。

从 1618 年到 1648 年这三十年，中国和西方诸国都各自处于一场帝国之内的巨大战争中，战争都指向帝国内部政治秩序和外部国际秩序的重建，然而重建的原则截然不同。1648 年的《威斯特伐利亚条约》，对神圣罗马帝国、欧洲诸国、罗马教皇以及嗣后欧美国际法和国际秩序而言，都具有划时代的意义。主权国家的概念从此日渐风行，并在 19 世纪伴随着欧洲殖民主义抵达中国和中国周围的国家，最终于 20 世纪中后期彻底确立了在全球国际秩序中的统治地位。

在中国，1648 年是大清顺治五年，在经过差不多三十年的战争以后，除了王朝鼎革之外，其余的内政外交方面，并无根本的变化。一个旧的帝国倒下了，一个新的帝国正在站起来，多少沿袭着中国历代王朝走马灯一样的路数。然而，清朝此后因各种原因不断地开疆拓土，最终在 18 世纪后半期建成了一个比明朝要广阔许多的多民族统一国家，极其深刻地改变了中国的面貌，更对 20 世纪中华民族的形成产生了深远的影响。在对外体系方面，清朝并没有推行欧洲国家的海外殖民地策略，而是沿袭明朝的做法，与朝鲜、越南、琉球、苏禄（今菲律宾苏禄群岛一带）、暹罗（即今泰国）、南掌（今老挝琅勃拉邦）、缅甸等周边国家以及荷兰等西洋国家建立了一套包括朝贡和跨国贸易在内的宗藩朝贡体系。中国自认为是这一国际秩序的中心与文明中心，诸国都是外藩朝贡属国。清代中国的这套国际秩序，极大地影响了 19 世纪以来东亚、东南亚和内亚等很多国家的命运以及地区国际秩序。

中西大秩序的相遇

中国和西方各自的国际秩序，自 17 世纪初期逐步确立以来，在很长一段时间内并没有什么交叉和重叠。中国的天下世界有其非常成熟的运作尺度，和同时代的西方秩序没有任何关联，中国自身也不以西方日渐开始界定的“亚洲”或者“东亚”作为其在以欧洲为中心的全球地理认识体系中的自我标志。然而，一百多年后的1793年，即中英鸦片战争爆发四十七年前，这两套国际秩序发生了一次比较剧烈的冲突，且冲突在鸦片战争以后日益增加，最终以中国为中心的国际秩序在19世纪结束之前彻底退出了历史舞台，而中国也开始全盘接受西方的一整套国际秩序，逐步整合自身与“东亚”“东南亚”“内亚”以及整个世界的秩序，也彻底认同了近代西方的种种话语体系。

1793年究竟发生了什么事情呢？

那一年是乾隆皇帝（1711—1799）统治大清国的第五十八个年头，也是英国国王乔治三世（George III，1738—1820）在位第三十四年，美国独立后第十七年以及首任总统乔治·华盛顿（George Washington, 1732—1799）在任第五年。这一年的9月14日，乾隆皇帝在热河行宫接见了乔治三世派遣来华的英国使臣乔治·马戛尔尼（George Macartney, 1737—1806）一行。

华盛顿领导的美国独立革命，使乔治三世的大英帝国丧失了苦心经营一个半多世纪的富庶的北美殖民地，更使得1600年成立的英国东印度公司（British East India Company）在全球的生意受到很大影响，发展亚洲地区的贸易，特别是拓展对华贸易，成为英国推动海外贸易的重要日程。1773年以后，该公司已被英国国会主导，成为英国王权在印度以及中国地区开展对外活动的代理人。1792年，在美国新英格兰地区开始创设“哥伦布日”庆祝哥伦布“发现新大陆”300周年的这一年，乔治三世任命马戛尔尼为大使，借庆祝乾隆皇帝八十万寿为名，前往中国交涉拓展英国在华贸易范围以及派代表常驻北京等事宜。中国方面认为这是“英吉利国”首次正式来华“朝贡”,上下做了一番准备，乾隆皇帝还特别指示沿途省份的地方官要好生接待英使一行，但也不能铺张过头，导致其藐视“天朝”。

抵达中国以后，马戛尔尼一行就觐见乾隆皇帝时的叩头礼仪一事，同中国方面发生了争执。中国官员要求马戛尔尼对皇帝行三跪九叩大礼，后者认为这是很不平等的一种礼仪，于英国国体有损，不能施行，但倘若必须如此行礼，中国与马戛尔尼同级的大臣亦要对着英王乔治三世的画像三跪九叩。马戛尔尼坚持不下跪，焉何不跪呢？威斯特伐利亚体系以来主权国家平等的理念使然。中方为何坚持马戛尔尼等人要跪呢？此系天朝体制，历来如此，马戛尔尼既然是英王“贡使”，那么贡使都要跪拜磕头的，和朝鲜、越南、琉球、暹罗等国家的贡使一样。不要说贡使，三年前的1790年，越南国王阮光平亦亲自来朝跪拜，何况区区一个英国贡使乎？争执到后来，乾隆皇帝允许马戛尔尼一行单膝跪拜，算是一种怀柔外夷的折中策略（图1.1）。但是，乾隆对马戛尔尼提出的扩展贸易范围和派使常驻北京等条件，一概予以拒绝，并下了一道长长的圣旨给乔治三世,逐条驳回了其请求。英国使团的使命，于是彻底失败。

马戛尔尼一行不是英国第一次尝试拓展对华贸易，在他之前有1757年前后试图把贸易扩展到宁波港的英商洪任辉（James Flint，1720—？），在他之后有1816年英国的阿美士德(William Amherst，1773—1857)使团，都失败了。早在洪任辉事件后，清廷就明确了西洋商人只能在广州一口通商贸易的体系,卖出买入也必须通过中国的“十三行”商家来完成。马戛尔尼使团的失败，并非由于叩头礼仪之争，而是因为英国背后的

图 1.1 1793 年 9 月 14 日乾隆皇帝在热河接见马戛尔尼使团。

国际秩序完全不能够为中国所接受，乾隆在给乔治三世的回复中对此做了非常清晰的阐述。

乾隆皇帝接见马戛尔尼一行的时候，使团中间有一个 12 岁的小男孩乔治 · 托马斯 · 斯当东（George Thomas Staunton, 1781—1859），是马戛尔尼使团的秘书乔治 · 伦纳德 · 斯当东（George Leonard Staunton, 1737—1801）的儿子。小斯当东聪明伶俐，在乘船赴华途中，跟着船上的中国师父学习了一些汉语，抵达热河后竟然可以用汉语简单对话，也能写一些汉字给中国官员看。82 岁的乾隆皇帝对这个 12 岁的小孩子十分喜爱，把随身携带的荷包等物品赏赐给了他。小斯当东日后成为英国东印度公司驻香港和广州的文员，并翻译了《大清律例》和其他很多的中国作品，成为一名著名的中国专家。1816 年他作为阿美士德使团的秘书前往北京，却照样发生了跪拜礼仪之争，并遭遇了比 1793 年随乃父之行还要巨大的失败，乾隆皇帝的儿子嘉庆皇帝甚至没有接见他们。1821 年，非常热爱中国文化的小斯当东将清朝大臣图理琛出使当时位于俄国的土尔扈特部的记录《异域录》翻译为英文出版，他在译者前言中评论说：“就世界文明之邦的尺度衡量，中国的确是非常低的。”1840 年 4 月，年近花甲的小斯当东作为大英帝国为数极少的精通中文的中国专家在英国国会发表演说，表示赞成对华动用武力扫除交涉障碍，推动了国会以微弱多数通过了对华动武的提案，此即鸦片战争。鸦片战争改变了中国，改变了中英关系，改变了中国的世界秩序，也改变了中国人进入“近代”后的一切。

今天的我们常常批评乾隆对待马戛尔尼使团的态度，甚至将他的圣旨中的一些话截取出来加以嘲笑，例如“天朝物产丰盈，无所不有”云云。为什么会这样呢？因为我们这些现代的中国人，完全彻底地接受了马戛尔尼所生活的后威斯特伐利亚世界里的话语与文明尺度，我们自己就是不同程度的马戛尔尼，也是不同程度的小斯当东，认为清朝错失了一个走入“近代”文明的机会。假若文明可以用东方与西方二元来简单划分的话，20 世纪以来的中国毫不犹豫地选择了后者。沿着这种轨迹，清朝在我们今天很多人的理解与描述里，大多数情况下仍旧是闭关锁国和保守孱弱的。事实上，我们往往忽略了站在马戛尔尼事件背后的清代中国的世界秩序，这一秩序至少自明朝以降已经运行了数百年，乾隆时期的中国也完全浸淫在这套体系之中，并通过种种手段维系其运作，假如没有欧洲殖民主义渗入的话，这套体系很可能将会持续运作下去。要理解清代中国的世界秩序以及 19 世纪中外秩序的剧烈冲突，我们首先应对清代历史有一个相对明确的认知。

重建近世中国

在笔者看来，我们最好用一种较长历史时段的眼光，来观察近世中国历史的开端。这里的“近世史”,不同于我们平常谈论的“近代史”,虽然在英文表述上都可以用“modern history”一词概括。因为“近代”这个词，有比较强烈的追随近代欧美历史的色彩，并且派生了许多诸如“近代化”“近代性”之类的词语。在中国，学界曾长期将中英鸦片战争发生的1840年作为近代史的开端，西方的许多有影响的历史著作则喜欢把中国近代史的开端放在1800年这个在纪元上具有标志性的年份，但就其逻辑而言和中国的分期法并无二致，都是建立在一种中西差序文明的认知之上（本书后文对此有详细分析)。这种由“前近代”迈入“近代”的叙述方式，也同样被运用到中国周边许多国家的历史之上，大体而言，其标准都是欧洲势力的到来，具体表现是双方签订的不平等条约。例如，在日本，这一转折点可置于1853年美国舰队到来及1854年日美《神奈川条约》;在泰国，可以置于1855年与英国签订的《包令条约》;在越南，是1862年与法国签订的《第一次西贡条约》;在朝鲜半岛，是1876年朝日《江华岛条约》。这种转折点，经常被称作某国打开了某国的大门，背后的含义是被打开者之前处于一种闭关自守的状态之中。然而，如果我们抛却这种从中西“文明”的对立以及以西方文明为中心的差序文明格局的角度，并着眼于中国历史自身的演变轨迹的话，那么我们看到的近世中国会大不一样。鸦片战争以来的“近代史”我们要讲，稍大一些的“近世史”也应该讲。

笔者这里所说的中国近世史，开始于17世纪初，也就是明代末期的时候，比鸦片战争的发生提早大约两个半世纪。为什么要放在17世

图 1.2 北京国子监的乾隆二十年（1755 年）御制平定准噶尔告成太学碑，是清代中国统一的多民族国家建立过程的历史明证。笔者 2019 年 12 月 12 日摄。

纪初呢？从中国本国历史的角度来考察，这个时期东北的女真部落开始迅速崛起，在 17 世纪第二个十年建立了金国（后金），17 世纪 30 年代发展为大清国，1644 年入关统治中原，随后开疆拓土，逐步将东北、蒙古、新疆、西藏、云贵、台湾等若干广袤的地域清晰地纳入到中国版图之中（图 1.2）。到了乾隆朝末期的 18 世纪 90 年代，清代中国已经成为一个多民族、多文化渐趋融合的大一统的、连接欧亚的庞大的国家，奠定了 20 世纪中国现代国家形成的基础。另外，17 世纪初也是中国同西方开始日渐频繁的交往的时期，主要是欧人的东来。对于这一点，中国学者，例如郑鹤声，早在 20 世纪 40 年代就已经阐述得相当清晰了，而郑鹤声也恰是主张近世史始于明末清初的代表学者，但就“近世”这一中文术语而言，民国初年已经有学者将 1644 年到 1911

年的清代视为“近世”时期了。现在很多中外学者都将明末清初视为中国近世史或近代史的开端，例如日本学者岸本美绪、美国学者史景迁（Jonathan Spence）等等。在笔者看来，中国内部开始的变迁是界定中国进入近世时期的最重要的尺度。

在中国，凡是学过一套中国朝代历史更迭的人，通常都会把清代排在这条更迭线索之末，清代看上去和明代乃至之前的朝代并无本质差别，这个自然是有道理的，因为中国文化很多方面是一脉相承的。然而，清代治下的中国同明代相比，已经发生了极大的变化。今天的我们，在经历了20世纪的种种十分剧烈的再造中国国家和知识构建的运动之后，经常忽略这种不同，甚至意识不到，导致很多理解和论述动辄出错而不自知。从这个角度来看，作为当代的中国人，活在当下中国历史的发展长河之中，要很好地理解已成既往的中国历史，特别是近世中国历史，其实并不比别的国家的人来得容易。

我们可以通过一个通俗的例子，来说明这种差别与挑战。比如，我们今天看来，清代的皇帝和明代的一样，都是君临天下之主，不过其是满人而已。刻下流行的有关清宫的影视剧中描述的皇帝，便是这种单一的天子角色。实际上，虽然大家都知道皇帝的天子身份，但是由于中国当时已经融合了很多民族的文化和历史，很多不同地方的民众在自身的社会文化情景中理解清帝具体角色的时候是存在差异的。例如，清代的乾隆皇帝这位自20世纪后半期以来在中国影视作品中大红大紫的主角，当时起码身兼四种混一的角色：对于崇奉孔孟程朱的知识分子群体而言，乾隆皇帝是天子、皇帝，自然也是君、是父；对于满人这个清代统治集团而言，他除了是皇帝、君父之外，也是八旗中的上三旗（镶黄旗、正黄旗和正白旗）的旗主，或者家主；对于蒙古外藩部落而言，他是大汗；对于藏地信仰藏传佛教的人而言，他是文殊菩萨的化身。例如，北京著名的藏传寺庙雍和宫内的清帝画像，便是以文殊菩萨的形象出现的；而有清一代，历代达赖喇嘛一直称呼清帝为“manjusiri dergi han”，字意是“文殊师利上汗”，汉译过来就是“文殊师利大皇帝”，所谓“文殊师利”就是佛教四大菩萨之一的文殊菩萨，而藏传佛教中影响最大的格鲁派（即黄教）的创始人宗喀巴大师（1357—1419）就被视作文殊菩萨的化身。文殊菩萨的道场在山西五台山，这就是为何有清一代五台山香火特别旺盛的一大原因。清代皇家信仰西藏黄教的人很多，这也是为何清代从盛京（即沈阳）到北京和热河等地，修建了一大批藏传佛教寺庙的缘故。

可见清代皇帝这个角色也并不好当，仅就文化学习而言就是一项苦差事：不仅要勤勉学习满、汉、蒙、藏、回等诸多文字，还要处理有关政治和宗教的很多事务（图 1.3）。大约也正是因为诸如此类的缘故，清代入关以来，不算末代皇帝溥仪，自第一代的顺治皇帝至第九代的光绪皇帝，均是夙兴夜寐、勤勉非常之人，可以说没有出过一个昏君，这在中国历史上是旷古空前的。当然，清朝皇帝的这几种角色并不冲突，是完全合一的，普天之下都认可清帝的皇帝地位，这种多种角色的混一只是中国多民族统一国家的具体呈现之一，也是近世中国发展变化的历史明证之一，并不是要反过来抹杀多元文化中的哪一种或哪一类。类似的现象在文化多元的中国素来是不缺乏的，例如热爱道教的宋徽宗就曾自许“道君皇帝”，要做道教教主；而喜欢舞枪弄棒的明武宗曾自封“威武大将军”，做统领天下兵马的总兵官，等等，但这都并不妨碍其君临天下的皇帝身份，因此若以偏概全的话，就一叶障目不见泰山了，放在清代自然也是一样的道理。

图 1.3 河北承德避暑山庄（热河行宫）正门丽正门的石匾额。笔者 2015 年摄。从右至左分别是满文、藏文、汉文、察合台文、蒙文，实则并无等级秩序，只在表明多元中国的大一统。这种多民族融合的表现在清代以来的中国特别多，乃至于今天中国的人民币纸币上仍有五种法定的语言文字，包括汉文、蒙文、藏文、维吾尔文和壮文。美国发行的纸币上除了面额 1 美元的纸币背面有三句拉丁文之外，都只使用英文一种语言。

当时的中国已经是这样一个多元的社会，所以我们现在不应当只从天子或皇权这个角度来观察清朝皇帝以及整个清代社会，而应该从中国的文化多元性上加以理解，从中窥见中国历史自身的发展轨迹。同时，我们也会明白现在很多边疆地区的复杂问题究竟是怎样造成的，也会了解我们所继承了的近世中国曾经是如何运作的。唯其如此，我们才能更好地理解为何维系中华民族的统一、团结和安定，对今日中国而言是头等重要的大事。

近世中国的多元化，使学者们可以从很多不同的角度去做考察，但很多考察的结果并非不刊之论。20 世纪末期，美国的历史学界出现了几位利用满文来研究清代历史的学者，他们很注重强调清朝作为满人统治的国家的层面，其研究路数被称为“新清史”。所谓的“新”，简单说来，就是注重满文资料和满人自身的风尚传统，这一点无论对中国还是日本的学者，都是上百年前的事情了，无所谓“新”可言。然而，“新清史”的出现，令中国很多人神经紧张，觉得这种强调满洲因素的路数会抹杀中国历史等等。其实大可不必恐慌，著名的清代学者龚自珍（1792—1841）早就说过：“大清国，尧以来所谓中国也。”龚氏此言，对“新清史”而言，足为釜底抽薪。满语至今仍是一部分中国人日常生活中的语言，现在新疆维吾尔自治区伊犁哈萨克自治州察布查尔锡伯自治县的锡伯族同胞，其母语锡伯语几乎和满语一样，他们的祖先是乾隆中期即1764年前后从东北迁到新疆戍边的。1949年以来，中国很多清朝的满文档案主要是依靠为数不多的几名锡伯族学者辛勤翻译为汉语的，他们中有六位还是当年周恩来总理特意从锡伯自治县调到北京的。清代乃是中国历史上的正统王朝，它深刻改变了中国本身的面貌，而中国历来都是一个多民族、文化多元的国家，任何片面的观察都可能导致偏颇。例如现在中国颇有一些人要通过发起所谓“汉服”运动，追求复古，四处鼓动宣传，其实是一种短视的体现，完全不懂得至少自17世纪以来中国国家和社会发生的巨大变化，更不晓得这样的运动是在开中国历史的倒车，对我们当前的多民族统一国家和多元融合的社会文化并无多少裨益。

中国秩序的运作：天朝上国与外藩属国

清代中国有两个中央机构负责外事，即理藩院和礼部。理藩院的前身是蒙古衙门，建立于1636年前后，在1638年正式改名为理藩院，主要执掌蒙古各外藩的事务。在入关后，也负责新疆等地回部事务，以及与俄罗斯相关的事务，所以一直到第二次鸦片战争之前，俄罗斯同中国的交往都是通过理藩院来进行的。其实除了俄罗斯之外，理藩院主要处理的是中国版图之内的民族事务，并不是对外国的外交事务。所谓“理藩”的“藩”，就是指“外藩”，而“外藩”这个词，清代既用来称呼蒙古各部，即外藩蒙古，也用来称呼朝鲜、越南等国家，即外藩属国，其使用情景是有本质差别的，清代朝廷和负责官员并不会将其混淆。

当时真正负责国家间外交的机构，是中央六部之中的礼部。礼部设有四个司，叫“清吏司”，包括仪制清吏司、祠祭清吏司、主客清吏司、精膳清吏司，分别负责典礼、仪轨、学校、科举考试等等事情。其中的主客清吏司，是负责中国同外藩属国事务的主要机构，管理朝鲜、琉球、越南、缅甸、苏禄、英国、法国、荷兰等国家对中国的朝贡事宜。理藩院负责的政治单元和礼部负责的政治单元，经常可以在北京或者热河互相见面。例如 1780 年，朝鲜的知识分子朴趾源，跟随其担任朝贡使团正使的堂兄朴明源，来华庆贺乾隆帝七十万寿，就在热河行宫见到了蒙古各部和回部的王公，并且有幸见到了六世班禅额尔德尼。

在这么多的政治单元中，差不多所有的外藩朝贡者，在清朝的政治语言中，都是以“远人”的身份出现的，他们赴华朝贡和贸易，动辄被描述为“万国来朝”“倾心向化”等等，以突出中国的文明中心地位。“远人”是一个政治文化上的概念，其身份的认同，取决于同中国在政治文化上的关系，并不取决于同中国在地理上的远近。“远人”诸国中最为突出的一个国家恰是跟清朝崛起时候的大本营地理距离最近的朝鲜王国，下面我们以清朝和朝鲜的交际为个案，来观察一下这套跨国体制的常规运行秩序。

朝鲜在中国的文化秩序中位列“东夷”，在明清中国的宗藩政治话语中，朝鲜一直是“远人”“远国”“偏壤”等等，以期凸显中国天下文明中心的地位。朝鲜王朝建立于1392年，是高丽王朝的大将李成桂创建的政权。同年，李成桂遣使赴南京觐见明太祖朱元璋，请求册封国王，建立宗藩关系，以便正名，让他的政权合法化。朱元璋虽然选择了“朝鲜”作为李成桂政权的国号，但总觉得李成桂是篡位，不愿意册封他为国王，但到了朱元璋的孙子建文帝和儿子永乐帝的时候，在1401年和1403年两次正式册封了李成桂的儿子李芳远为朝鲜国王，赐给朝鲜国王明朝的亲王服制，正式建立了宗藩关系，双方之间的君臣父子等级关系也得以确立。朝鲜更把明朝的一整套治国方法，从孔孟程朱到科举考试和天文历法以及法律法规等等，悉数引进，从根本上打造了一个小中国，自号“小中华”，引以为傲。16世纪90年代日本丰臣秀吉侵略朝鲜，即朝鲜的“壬辰卫国战争”，明万历皇帝派大军入朝，拯救了朝鲜八道于危亡，从此朝鲜更奉明代中国为对其有“再造之恩”的“父母之邦”，年年遣使北京朝贡。这是自春秋战国以来的“事大字小”原则的典型体现，即小国服侍大国、大国保护小国。

清/后金政权在入关之前，在与明朝的战争之中于1627年出兵打败了朝鲜，两国建立了兄弟关系（后金为兄，朝鲜为弟）。1636年皇太极称帝之时，在场的文武大臣都施三跪九叩礼，这是清朝自创的一种最高等级的礼仪，但在场的两名朝鲜信使拒不下跪，不承认皇太极的皇帝地位，朝鲜国王李倧也不承认。于是，皇太极挥师东征，于1637年初征服了朝鲜，李倧投降，在汉江南岸的三田渡地方对皇太极行三跪九叩礼，朝鲜从大明的藩国转变为大清的藩国，双方从兄弟关系变

图 1.4 南汉山城南门至和门及其城楼。笔者 2010 年摄。

成了君臣父子关系（图 1.4）。自 1644 年清从盛京（即沈阳，清朝改沈阳为盛京）迁都北京城，至 1895 年《马关条约》结束宗藩关系，朝鲜的贡使年年赴京朝贡，是诸多外藩属国中最为频繁的一个。贡使觐见皇帝时，都要施行若干跪拜叩头的礼仪，以一种模范的作用，强化了“外夷”恭奉天朝中国的行为，这一重要作用早在明代的时候就十分明确，而清代作为满人建立的王朝，对此点更为重视。另一方面，中国也可以不断通过对朝鲜的恩赐和怀柔，来昭显“怀柔远人”的天朝体制。所以，朝鲜是清代宗藩体系中的模板，是一个标尺。

在北京看来，其他国家都应该按照朝鲜谨守礼法的行为，虔心向化，敬奉天朝这一文明中心。如上文所言，1793 年英使马戛尔尼访华时曾围绕着是否要对乾隆皇帝施行三跪九叩之礼同中方发生了冲突，后来乾隆皇帝同意英使以单膝跪地行礼，但英使的外交和商务使命均告失

图 1.5 18 世纪朝鲜《燕行图》。画面中是奔赴北京朝贡的使团，右上角有“朝贡”二字。

败。天朝上国并未因为失去了一个不识时务的马戛尔尼而感到有任何的不妥。马戛尔尼走了以后，朝鲜使臣仍旧年年进贡磕头。在这年复一年的进贡磕头的背后，中朝两国在君臣道义上也紧紧地捆绑在一起，中国的天下秩序也得以体现和巩固。

朝鲜在 1637 年之后长达一百多年的时间内，内部都将清人视为胡虏，十分轻视清人，更视清军入关是以明朝为代表的“中华”之亡，认为自己作为“小中华”才是天下最文明的所在，甚至有人一度号召朝鲜北伐，反清复明。然而，在与清朝的现实交往中，朝鲜却从未公开表露过对清朝的不满，而是频繁地赴京朝贡，因为说到底自明朝以来就是中国的皇帝册封朝鲜的国王，后者的政治合法性来自中国天子和王朝的认可与支持，因此现实中否定清代中国是根本不切实际的（图 1.5）。

朝鲜频繁遣使赴华朝贡，除了维系“事大字小”的双边义务和刺探中国情报之外，也是有极大经济驱动力的，很多人都是为了去北京或在沿途做生意。朝贡与贸易、礼仪与货殖、政治与经济，都是一个硬币的两面。朝鲜的贡使团，原本正员定额只有30人，但实际上北京对其他国家的朝贡使团的员额有严格限制，唯独对朝鲜使团的从人人数没有限制，所以往往很多朝鲜正副使的亲朋好友，连同若干朝鲜商人，纷纷以从人身份，跟着使团前往中国观光和贸易。这使得每个使团动辄二三百人，再加上二三百匹驮马、手推车、各式旗子和木牌等物，一行总是浩浩荡荡，所过之处人马喧腾，热闹十分。例如，1777年的一个谢恩使团总计在册的有310人，1889年的一个庆贺使团在册的总计311人，这都还不算没有在册的仆人之类。即便放在现在，一个三百多人的使团，规模也是很庞大的。因为朝鲜赴京的使团出使频仍，结果往往是前一个使团还没有从北京回来，后一个使团已经从汉城出发了。

这些赴京使团沿着陆路，从汉城出发后，经过平壤，抵达义州府，然后渡过鸭绿江，步行几十里后，进入位于今天丹东市境内的柳条边栅门，进入凤凰城，清点人马后，继续启程前往盛京，随后转经山海关，经通州，抵达北京。全程3 000多华里，一般要历时两个月左右。清军入关之后不久，清廷即封禁了东北地区，以柳树和壕沟从东面的凤凰城绕过盛京以北然后到山海关长城附近，筑起了一道全长接近2 000千米的边墙，不许汉人进入，而朝鲜使臣作为藩国贡使，却可长驱直入。按照礼制，朝贡的藩属国，抵达中国边境后，须先向地方督抚报道，例如琉球须在福建向闽浙总督报道，越南须在广西向广西巡抚和两广总督报道，然后由这些督抚派人护送入京。朝鲜是唯一的例外，其贡使不需要向路过地面的盛京将军以及直隶总督报道，可以大摇大摆地直抵京师，这确属天朝的“格外恩典”。这些贡使们基本上也不需要中国方面派兵护送，因为赴京之路走得太熟。

进入北京之后，这些使臣就入住外藩使臣来京的官方旅店——会同四译馆。中国主管对外交往的礼部，连同户部、工部、兵部、内务府、光禄寺、都察院、顺天府、步军统领衙门等等一干机构，负责招待使团所有人员的住宿膳食等事务。这是一项很大的招待工程，不仅需要准备很多餐桌，以及大量鸡、鸭、牛、羊和瓜果时蔬，有时候也需要准备很多临时的大帐篷招待多出来的人员，对清政府而言这属于完完全全的赔本买卖，负担很重。本来，按照宗藩礼制，入住四译馆之后，总有步军统领衙门的士兵负责把守，入住人员不得外出四处走动，但朝鲜使臣和从人们，因为年年来京，彼此熟悉得很，所以到京后四处游走的，着实不在少数。清廷一度有所管制，后来不得不流于形式。我们现在可以看到若干当时使臣和中国文人大臣们的诗歌唱酬，就是在这种几乎不分你我的情景下发生的。

清朝时期，朝鲜的赴京使臣在二三百年之间留下了数百卷旅行日记，合称《燕行录》，是现在学者观察当时情形的第一手资料。这些朝贡使臣都是恪守孔孟之道的文人，本着本国“小中华”的心态轻视清朝，因此很长一段时间是不屑于同清朝人进行文化交流的，到了北京后就闭门不出。到了乾隆年间，朝鲜使臣意识到了清朝不仅不会像朝鲜一直想象的那样因所谓“胡虏无百年之运”而倒台，反倒在现实中日益变得繁荣强大，远非朝鲜可比，因此他们开始走出行馆，积极同中国知识分子进行交流，且不分满汉，由此开启了双边交往的另一个长达百余年的传统。朝鲜王朝的官方语言是文言汉语，虽然发音与中国不同，写法却是一致的，因此双方知识分子可以笔谈，也就留下了大量的笔谈记录。《燕行录》绝大多数都是以汉语写成的，由于第二次世界大战之后朝鲜半岛南北两个政权开始推行本民族的语言文字谚文，而谚文在写法和语法上都和汉语差别很大，所以现代的中国人阅读《燕行录》反而比朝鲜半岛上的人容易许多。

在北京期间，使团的正副使等人忙着和清廷打交道，演习礼仪，觐见皇帝。而从人和商人等人，则忙着在会同四译馆和中国的商人们交易，一片讨价还价，好不热闹。这种市集，别的国家只能享受三五天，而朝鲜和琉球却不设时限，往往喧腾十几天到几十天。朝鲜的高丽纸、人参之类，中国江南的丝绸、瓷器等等，均可利用这一大好时机，彼此买卖流通。这些朝鲜的商人们，在来北京之前，已经先后在栅门和盛京等沿途的地方做了一些生意；待他们回去的时候，还要沿途做一些生意。天朝恩典，这些生意对朝鲜都是免税的，所以从这个角度上看，正可谓“天下熙熙，皆为利来；天下攘攘，皆为利往”。在顺治以前，清朝的钦使团到朝鲜的时候，还是可以做生意的，但顺治皇帝明令禁止后，清朝赴朝鲜的使团，不仅人数上只有二三十人，更不允许在汉城等地从事任何商贸活动，事毕即旋。后来，清朝的钦使抵达汉城之后，基本上就是在汉城西门郊外的慕华馆一带（今首尔独立门附近），以及朝鲜王宫景福宫内举行相关的礼仪，而后就是待在官方旅店南别宫之内，和国王举行几次茶宴，最后沿着陆路返回北京，每次也就能在汉城待上三四天的光景而已（图 1.6）。

连接汉城、盛京和北京的这条陆路朝贡路线，以朝鲜商人为主力军，带动了沿路很多城镇的商业繁荣。这条路线，在朝鲜 19 世纪 70 年代开放通商口岸之前，是东亚近世历史上最为繁华的跨国长途贸易路线。而这条路线的南端，以朝鲜和日本的交往为途径，经过釜山，连接上

图 1.6 清雍正时赴朝鲜的钦差敕使阿克敦（1685—1756）归国后命人所画的《奉使图》内的一幅，展示了在汉城时朝鲜国王款待阿克敦的画面。

对马岛、长崎、大阪、京都、江户（即今东京）。日本出产的大批白银，就是经过对马岛和朝鲜之间的商贸，流入朝鲜，进而通过朝鲜贡使团，流入中国的。根据韩国学者的研究，在 18 世纪内朝鲜使团每年输入中国的银两在 50 万到 60 万两之间，推动了中国康雍乾时代繁荣局面的出现。

重审清代的“闭关锁国”

上面提到的宗藩体系下中国与其他国家的商业往来，可以帮助我们进一步理解很多相关的问题。我们很多人都认为鸦片战争之前的清朝是“闭关锁国”的，推行“广州一口通商”的政策，其实这是一个误解。所谓广州一口通商，只是指中国对“西洋”诸国在广州通商，而不是对所有外国都在这一个地方通商。在宗藩体制内，北京对来华“朝贡”和“互市”（即做生意）的外国，均有具体的指定区域和进京路线，英国、法国等“西洋”诸国，要到广州，经过中方的“十三行”等官商来同中国人贸易；琉球要先到福建，越南要先到广西，而后沿着进贡路线进京贸易，如此等等。英、法、荷兰等欧洲国家，按照规定只能前往广州贸易，不能就此认为整个大清国就广州一个口岸在对外开放。其实，清朝在东面同朝鲜紧密联系，在南边同西洋诸国、越南、暹罗、琉球等国相联系，在西北和东北同俄罗斯相联系，商贸往来非常频繁。从这个角度观察的话，清代中国一直都是一个开放的国家，并没有闭关，更没有锁国。鸦片战争直接改变的，不过是西洋诸国通过获取其余通商口岸来扩大商贸交往的地域而已，清廷当时之所以不认为鸦片战争有多么重要，和其在天朝体制内的宏观看法有着密切的关系。就晚清中国而言，一般流行的说法和印象，也认为鸦片战争后传统的宗藩体制崩溃了，被舶来的条约体系取代，但实际上两个体系在鸦片战争后仍旧同时存在，新体系并未对传统体系造成根本性的动摇。

如果以清代历史来划分的话，中西交通大体上可以分为两个阶段：自清初至乾隆时期为一段，自鸦片战争后为第二段。前一段属于宋元明以降的持续而缓慢的进程，有欧洲商人和传教士来华，带来了相对先进的天文历法等科学技术（图 1.7）。这一阶段尤其以晚明来到中国的耶稣会士（Jesuits）同中国朝廷的交流为主，法国国王路易十四（Louis XⅣ，1638—1715，1643—1715 年在位）派遣到中国的一位耶稣会士

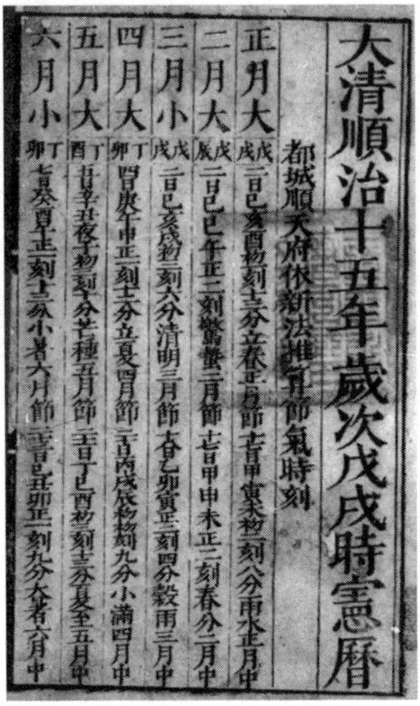
大清順治十五年歲次戊戌時憲曆
都城順天府依新法推算節氣時刻
正月大
二月大
三月小
四月大
五月大
六月小

图 1.7 顺治十五年（1658 年）时宪历（乾隆时期为了避乾隆帝弘历的名讳而改为“时宪书”）首页，标明“都城顺天府依新法推算节气时刻”，所谓“新法”即“西洋新法”，是指明朝从崇祯二年（1629 年）到七年（1634 年）由徐光启（1562—1633）为首的北京历局，在欧洲耶稣会传教士汤若望（Johann Adam Schall von Bell，1592—1666）等人的协助下编成的《崇祯历书》，系统介绍了当时欧洲的天文历法和球面几何计算方法。明朝在用这套新法印行历书前就灭亡了。清军入关后第一次用这套西洋历法来编印历书，即时宪历（书）。

甚至用金鸡纳霜治愈了康熙皇帝的疟疾，但到了雍正朝 1724 年明令禁教以后，这一交流逐渐停止了下来。这一阶段中西国家和政府之间的交往或冲突是极少的，最为剧烈的大约当属中俄在雅克萨地区的冲突和 1689 年《尼布楚条约》的签订，其次就是乾隆末期马戛尔尼使团的访华了。至于欧洲的传教士，中国朝廷以发挥其才智为主要取向，没有什么鲜血涂地的教案发生。鸦片战争以降的第二阶段，是欧洲国家在自由贸易和海外扩张的推动下强势东来的时期，与中国屡屡发生战争冲突，表现甚属剧烈，昔日对中西沟通举足轻重的传教士转而在新开启的中西国家间外交中黯然失色，而且这一时期的传教士挟不平等条约自重，引发了多种中外矛盾，造成很多严重的教案与外交纷争。中国自秦皇汉武以来，从未与泰西各国有如此大规模的接触，此即李鸿章所论“数千年未有之大变局”的时期，而中国在这种挑战之下也开始了近代化之路。

21 世纪初，美国经济史学者彭慕兰博士（Kenneth Pomeranz）曾经从全球经济史的角度提出一种学说，认为 1800 年前后中国（主要是江南地区）和欧洲（主要是西欧）开始向两种方向发展，出现了所谓“大分流”（the great divergence）现象，中国学者附和赞成这种说法的也有不少。实际上，这种观察很大程度上只是基于比较经济模式之上的一种分析，有其非常敏锐的一面，但事情远非如此简单。例如，倘若我们以科技史层面来观察的话，所谓“大分流”是一种和历史真实完全相悖的说法，因为中国在 1800 年之前早就融合了中亚和西欧的技高一筹的理论和方法，到了 1800 年以后甚至进一步更新了推步算法，并不存在大分流的现象，恰恰相反，出现的是大合流。假如要从这种合流之中硬性分出上下优劣，可能也是很不合适的。1800 年这个以欧美世界殖民扩张史为基准而划定的年限，对在长时段的历史进程中逐步融合进世界秩序的中国而言，并不具备特殊的意义，而这也是笔者提倡 1600 年以来的近世史的原因。

就此而言，鸦片战争只是以剧烈的军事和外交手段，加剧了中国的这一融合进程，而非这一长久进程的开始，也不是中国人“睁眼看世界”的开始。因此，今天的我们愈是推崇林则徐、魏源等人，愈会强化我们对鸦片战争这一突发的剧烈历史事件的种种后发的解释，愈发执迷于长枪大炮和高楼大厦的近代化理解之中，愈会强化鸦片战争之前的所谓“中国闭关锁国”论以及鸦片战争前后中西分流的全球史理解模式，愈看不到更大的、更长远的中西交通和大合流的历史图景。林则徐、魏源我们要讲，之前的也应该讲。

清代中国一直处于对外交流和兼收并蓄的进程之中，只是前半期被后半期的剧烈变更覆盖了。因为鸦片战争以降中国遭受的种种屈辱，绝大多数都和在与西洋诸国的直接军事冲突中战败有关，而中国近代化的展开，又系欧风美雨东渐的产物，所以我们在思考近代历史的时候，非常容易陷入中西二元体系之内，忘记了其余的很多因素，将“外国”缩小至欧美诸国，主要是英法德美等几个国家，进而强调晚清开启的以富国强兵和机械制造为核心的非常直观的“近代化”的历史呈现，忽略了此前已经开始的、更远的、多层面的历史进程，并把这种片段性的观察结果加于整个中国历史之上，强化了19世纪中国从“前近代”到“近代”的剧烈转变，并盖棺定论。当我们大谈“西化”的时候，脑袋中的参照物便是欧美诸国，背后的逻辑便是中西二元对立。更深一层的话，便是中国老大帝国的保守落后，对比欧美诸国的开放先进。这已经是一种非常片面化的历史观念的体现，常常在不经意间表露无遗，却忽略了当时中国自身在近代经历的天下观念的巨大转换，及由此在近代外交层面产生的种种连锁的剧变和外在表现。20世纪初以来的中国社会，在思想层面上仍旧生活在这一剧烈转变的余波之中，很多知识分子无法跳出这种剧变的窠臼，这其实是难免的，其情景正如靖康之难宋室南渡后南宋士人们对天下剧变的那种强烈的反应，而这种强烈反应之下的话语建设，则将影响后来更多时代的人们对历史的认知。这里不是要说我们不要做近代化的功夫，而是说我们要回过头来，认清晚清中国自身到底是什么样子。今日回顾包括中美关系在内的中外关系，以及反思近代中国历史，尤当以重新认识自我近世历史为宗旨，方能适应明日中国发展大势之要求。

研究晚清中国历史的美国历史学家芮玛丽（Mary C. Wright, 1917—1970），在讨论“同治中兴”时曾指出：“认为中国完全不接受新事物是根本不对的，但是认为那些新事物会在一张白板上发展起来也照样是错误的。”虽然我们上面强调了清代中国的开放，但就思想与文化方面而言，中国是相对独立的，而且具有非常成熟完善的体系，对中国整个知识分子群体的影响十分深刻。雍正朝禁教以来，在华西方传教士的影响力日渐式微，中国对西洋诸国的了解也逐渐减少。清朝康雍乾三朝皇帝，虽然通过服务于清廷的耶稣会士对西洋的国家和知识有所了解，但这种了解并没有成为自上而下推而广之的大众知识。现实生活中，绝大部分通过科举进入仕途的官僚知识分子和封疆大吏，对四书五经如数家珍，但对环球地理知识以及西洋历史的了解相当有限，或者接近于零，天下观念和华夷之辨占据了他们的头脑（图 1.8）。这种情况在乾隆中后期清代走向入关以来最为繁荣昌盛的局面之后，变得更为突出。像第一次鸦片战争之时参与中英谈判的钦差大臣耆英（1787—1858）和广东布政使黄恩彤（1801—1883），以及嗣后著书论说的魏源（1794—1857），都是脑袋比较灵活的读书人，而像第二次鸦片战争中被英军俘虏并最终客死他乡的两广总督叶名琛（1807—1859），就属于坚信天下观念和华夷之辨的天子门生。中国在这方面的一个不幸，恰在于喜欢谈义理的人较多，而愿意参与且能够有效处理对外交涉事务之人较少，耆英最后还是因第二次鸦片战争期间与英法方面谈判不力被咸丰帝赐

图 1.8《皇清职贡图》之“英吉利国夷人”，清丁观鹏等绘，纸本，设色，故宫博物院藏本。

死的。

即便是从鸦片战争以来的历史着眼，中国与西方世界这种大的沟通与交流仍显示出一种长久而缓慢发展的趋势，今天的中国或许是处在这个变迁过程中的比较靠后的部分，但还远未结束。我们常说中国人口多、底子薄，这在很大程度上是真实反映。在这样的一种历史背景下，我们可以看到为何直到今天中国仍旧需要保持一个开放的大环境，仍旧需要与海外保持相对稳定的、有活力的沟通。

第二章　19 世纪中期中美的双双“中兴”

中美相遇时的中国秩序及其嬗变

中美交往起源于美国成立不久之后的来华贸易。1784 年 2 月 22 日，美国商船“中国皇后”号（*Empress of China*）从纽约港启程前往中国，同年 8 月抵达广州，这是美国独立后第一艘抵达中国的商船，开辟了中美贸易的一个新时代。学界称此一时期的对华贸易为“旧对华贸易”（Old China Trade），这是针对后来 1844 年中美签订了两国间的第一个条约，即《望厦条约》之后的对华贸易而言的，所以“旧对华贸易”延续了正好 60 年。

当时美船来华，并非是美国政府主导的行为，完全是一些商人为了财富靠着拼命三郎的精神实现的。这些商船来到广州以后，面对的是一个已经从制度和空间上建设得相当完善和成熟的中国对外贸易体系，英、法、荷兰等国的商人已经在这套体系内进行对华贸易长达数十年之久。中国明清时代的对外贸易体系，是中外学界数十年来一直在探讨的一个话题，其涉及以中国为中心的宗藩朝贡制度，因此贸易又与中国的外交制度相辅相成。倘若对这一宗藩朝贡和贸易制度进行一种学理化的抽象概括，则很容易陷入以偏概全的境地，因为其在具体的双边交往中有着相当复杂而多元的表现。这里我们从一条线索来简单地观察一下。

自唐代以降，中国在沿海地区设立市舶司，管理海上贸易，相当于今天的海关。很多国家的船只可以直达中国港口，通过市舶司进行双边交易，即所谓“互市”，这些国家也被中国列为互市诸国，同高丽、越南、琉球等进京朝贡然后进行双边贸易的外藩属国有所不同。宋代为了自身安全基本隔绝了内陆贸易，但鼓励发展海洋贸易，并设立了广州、明州（即宁波）、杭州等多个市舶司。元朝实现大一统之后，除了内陆贸易大开之外，还延续宋代政策继续鼓励海洋贸易。明初，为了遏制反叛势力和打击沿海走私，开始严厉推行海禁政策，所谓“尺板不得出海”，并于洪武七年（1374 年）一并撤销了唐宋以来的泉州、明州和广州三个市舶司，这是中外贸易和外交关系史上的一个关键的转捩点。自此以后，海外互市诸国，只能遵照明朝政府的规定，派遣人数相对固定的人员，在指定时间、指定地点，通过固定的朝贡体系中的程序完成交易，包括一系列文书和礼仪，逐步向朝鲜、越南和琉球等国的朝贡贸易形式靠近。经过这一转变，互市与朝贡开始合流，对大多数外国而言，要想同中国开展贸易，必须首先从政治文化方面进入朝贡轨道，认可中国天下正中的优越地位，取得中国朝廷的许可，然后才能以彼贡我赐的方式进行贸易，朝贡贸易也就逐步成为中外贸易的主流方式（图 2.1）。

明代这一政策钳制了中国远洋国际贸易和国际外交的发展。例

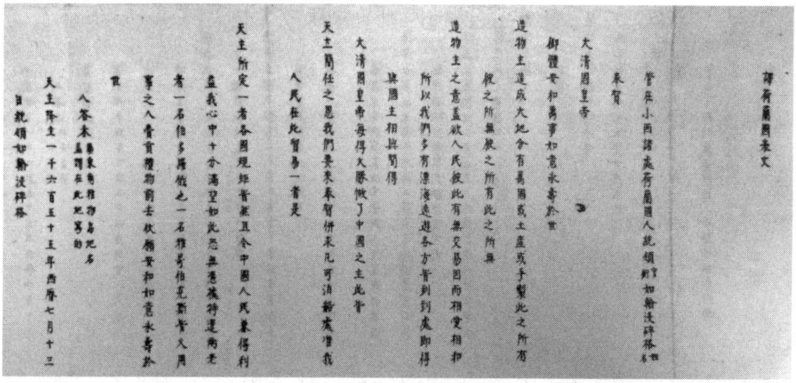
譯荷蘭國表文

管在小西諸處荷蘭國人就領官朝加黎伐評赫

奏賀

大清國皇帝

御體安和萬事如意永壽於世

造物主造成天地令有萬國或土產或手製此之所有

彼之所無彼之所有此之所無

造物主之意蓋欲人民彼此有無交易因而相愛相和

所以我們多有漂海遠遊各方皆到到處即得

與國主相與買得

大清國皇帝每得大勝做了中國之主此皆

天主簡任之恩我們要來奉賀併求凡可泊船處准我

人民在此貿易一齊是

天主所定一者各國規矩皆准且令中國人民兼得利

益我心中十分滿望如此恐無憑據特遣兩老

者一名伯多羅俄也一名雅哥伯克斯皆久用

事之人賫貢禮物前去献願安和如意永壽於

世

天主降生一千六百五十五年西曆七月十三

日就領加黎伐評赫

图 2.1 清廷收到的翻译后的写于 1655 年(顺治十二年)7 月 13 日的“荷兰国表文”,请求大清国皇帝准许该国前来中国贸易,并呈“贡物”。此后清廷准许荷兰国八年一贡。其实这是荷兰东印度公司派遣的使团,并非荷兰政府的。

如,1498 年,即明朝孝宗弘治十一年,葡萄牙探险家达·伽马(Vasco da Gama,1460—1524)从欧洲远航,成功抵达印度南端的卡利卡特(Calicut,即明朝所谓的“古里”),葡萄牙对印度地区和东南亚地区的远航贸易和殖民事业由此开启,六十年后成功从明朝地方官员手中租借到了澳门。实际上,早在九十多年前的 1407 年,即永乐五年,郑和第二次下西洋的时候就到达了古里,并册封了古里国王,还立碑纪念,然而郑和和明朝并没有走葡萄牙式的殖民主义的道路,向西越过印度洋后也没有到阿拉伯世界、地中海和欧洲去发展远航贸易。

清军入关之后曾继续明朝的海禁政策,但在康熙皇帝平定三藩之乱以后,于康熙二十三年(1684 年)正式废除了海禁,在广东广州、福建漳州、浙江宁波和江南云台山(今江苏连云港)等地方分别设立了粤海关、闽海关、浙海关和江海关,开始刺激对外贸易的发展。基于中方各种规章制度文本的朝贡贸易体系,不外乎一种理想化状态的呈现，在实践中这一体系的各种原则在针对不同国家的时候都有不同的表现，而清朝初期也并非必须以进京朝贡、对大清国俯首称臣为允许外商来华贸易的唯一标准。但是，清朝对外来洋商在何处和通过何种手段与中国贸易也有着详细的规定。乾隆二十二年（1757 年），鉴于英商洪任辉事件，清朝开始实施针对西洋诸国只能在广州一口通商的政策，且必须经过广州的“十三行”商人居间进行，西洋商人也一概不许入城居住。

如前文所述，在中国主导的中外秩序体系内，与中国交往的别的国家都被北京认定为外藩属国，双方交往也是由负责朝贡和贸易的北京礼部管理。在鸦片战争之前，北京礼部认定的朝贡诸国名单内包括朝鲜、琉球、越南、南掌、暹罗、苏禄、缅甸、荷兰等八个国家以及“西洋诸国”。所谓“西洋诸国”，主要包括雍正五年（1727 年）派代表入北京的“博尔都噶尔”（即葡萄牙）和乾隆五十八年（1793 年）遣使入华的英吉利（即英国）两个国家，而英国进入这个名单恰是因为前文提到的马戛尔尼使团。泰西商人聚集广州，两广总督和广东巡抚也就在实际上负担起了从现代眼光来看本应是北京担当的外交使命，所以英国和美国等国家的商人与外交代表，起初都是无法进入北京朝廷的，只能在广州和督抚周旋。英美等国家的代表，一直到了第二次鸦片战争结束后的 1860 年才开始得以正式入驻北京，而这些西方外交官第一次得以面见中国皇帝并“得睹天颜”，则一直要等到 1873 年慈禧皇太后的儿子同治皇帝亲政之后。

在这种背景下，美国人来华开展贸易之时，必须遵循中国官府对包括英、法、荷兰等国在内的西洋商人立下的贸易规矩，通过广州“十三行”商人居间进行贸易买卖。美国传教士最初抵达的地点，也是广州

图 2.2 1858 年 10 月 2 日《伦敦画报》(*The Illustrated London News*)发表的中英《天津条约》签约场面，中间桌子上的是英国代表额尔金，左边桌子上是中国钦差花沙纳，右边桌子上的中国官员是中国钦差桂良。

一地，无法扩展到其他口岸地方。中英鸦片战争后，随着五口（广州、厦门、福州、宁波、上海）通商体系的建立以及 1844 年美国与中国《望厦条约》的签订，美国的商业范围也扩大到了所有这些新辟口岸。在第二次鸦片战争以后，美国与英、法、俄诸国一起，通过 1858 年的《天津条约》和 1860 年的《北京条约》，进一步通过增开通商口岸，将商贸范围扩大到了台湾的台南、淡水、打狗（即高雄）、鸡笼（基隆），华南的琼州、潮州（后改至汕头），华东的镇江，华中的汉口、九江，华北的登州（后改至 烟台芝罘）和天津，以及东北的牛庄（后改至营口）等地方（图 2.2）。

截至 1861 年，一张空前广大的欧美在华商业贸易网络初步形成，从东北到京津以及长江中下游和入海口，到东南连成一线的几个主要港口，由东而西，呈半月形包裹住了中国的沿海地区。这张巨大的商

图 2.3 光绪六年（1880 年）上海点石斋印的《上海县城厢租界全图》。图中中部带圆形城墙的部分为上海县城，县城以北依次是法租界、英租界和美租界，1863 年英美租界正式合并成立“公共租界”。

业网络的支撑点是通商口岸，而这些口岸的开辟都是基于不平等条约的，因此学界称鸦片战争以后逐步建立的这套新的秩序为“条约体系”或者“通商口岸体系”，是针对此前的中国宗藩朝贡秩序而言。但是，建立起来的条约体系也并没有一夜之间取代宗藩体系，事实上中国与朝鲜、琉球、越南等国家的传统联系一直持续到了 19 世纪末。除了经济功能之外，这一体系同时也是国际政治和外交的结合体。这张半月形贸易网的中心是上海，英法美三国在上海的租界于 1854 年联为一体，以“上海工部局”的名义进行市政管理，英美租界更于 1863 年正式合并，成立“公共租界”（Shanghai International Settlement），和法租界（French Concession）一道，成为不受中国司法管辖的国中之国，更是 19 世纪中期以后欧美各国推动对华商贸的桥头堡（图 2.3）。

同样在 1854 年，美国等国家在上海开始了一场影响中国嗣后财税体系的大改革，即由洋员出面担任中国的海关税务司，协助之前中国的海关官员一起征收关税，从此确立了中国近代海关税务司制度，并迅速推广到所有通商口岸。这是一种新式的洋关制度，自此以后，洋关关税成为晚清财政收入的大宗来源，一直作为中央政府首要财源的田赋在国家税收中的比重开始明显下降，清廷从欧美国家的贷款很多都是以关税为担保的。这一新式海关体制的最高职务是位于北京的海关总税务司（Inspector-General of the Chinese Maritime Customs Service），在清朝倒台之前一共有两任，都是英国人，第一任是李泰国（Horatio Nelson Lay, 1832—1898），从 1860 年到 1863 年；第二任是赫德（Robert Hart, 1835—1911），从 1863 年一直干到了 1911 年。海关雇用了大量欧美洋员，自北京到上海、镇江、广州、重庆等地，织成了一张新的海关行政体系网络，与通商口岸网络相辅相成。中国在财政、外交和行政体系等多个方面，实际上已经无法同欧美诸国分割，而中国的近代化事业，也是沿着这张网由沿海而内地逐渐铺开来的。

在这种历史背景下，国际法以及主权、国家、边界等等可以精确定义的概念，全方位地从欧美世界舶入中国，并渐次从中国这一传统地区秩序的中心，扩展到日本、朝鲜、越南等国家，推动了整个地区国际秩序的转型。自利玛窦以来的“亚洲”以及“东亚”等地理概念，于 19 世纪中后期被欧美话语重构了。当然，这种划时代的转型也造成了种种国际矛盾，很多都和今日的国际局势有着千丝万缕的联系。在 20 世纪中期，一批美国历史学者将上述这种认识方法称为“西方冲击与中国反应”，简称“冲击反应论”，虽然早就被后来的学者批驳为是西方中心主义的体现，但就鸦片战争前后中国的历史大转折而言，冲击反应的解释路数并非全然没有道理。中国自然不是一成不变的，也从来都不是停滞不前的，但鸦片战争给中国主导的世界秩序带来的冲击之大是史无前例的。

当时中国的转型以及过渡期中面临的巨大挑战，在本国历史上都是空前的。首先，中国的跨国贸易模式发生了翻天覆地的变化。自西汉丝绸之路开辟以来，中国与西方跨国贸易的主要途径是长途陆路贸易，虽然在唐宋时期受到了新崛起的阿拔斯王朝（即“黑衣大食”）的影响，但蒙古帝国时期中西交流的渠道被重新打通，马可·波罗的故事可资佐证，且当时中西海洋贸易也获得长足进步。明朝建立后，同长城以北蒙古势力的敌对关系一直没有解除，所以中西内陆方向的贸易陷入停滞不前的状态。明初郑和于 1405 年到 1433 年之间的七次下西洋，带动了中国与东南亚之间的海洋贸易，华人也大量进入这一地区，特别是马六甲海峡一带，但明朝的海禁政策钳制了这一趋势，自永乐之后到崇祯时期为止再也没有出现过第二个郑和，明朝对东南亚华人移民也毫无政策可言。中国海军力量第二次抵达郑和船队当年远至的非洲东海岸，还是 2009 年 1 月开始正式执行索马里亚丁湾护航任务之时，前后相差近 600 年。清朝前半期的总体情况和明朝晚期差别不大，却极大地发展了同朝鲜、越南等藩国的长途陆路跨国贸易，而且出现了著名的“张库大道”，即主要由晋商运营的连接张家口和库伦的茶叶贸易通道，进而经过俄罗斯与欧洲以及跨大西洋全球商贸网络发生紧密的联系。然而，自鸦片战争以降，海洋贸易逐渐取代了陆路贸易成为对外贸易的主流，外国商品空前大量地进入中国市场，就货物数量、质量和品种以及运输速度和成本而言，都是之前的长途陆路贸易无从比肩的。上文提到的整个通商口岸网络，同时是一张巨大的商品销售网络。例如，从镇江等地的海关报表，可以清晰地看到棉纺织品等西方商品是如何一步一步分销到山东济南等广大地区的。

其次，19 世纪以来，中国的边疆危机从空间和地理上发生了从内陆到海疆的根本性变化。自秦皇汉武以降，中原王朝历来主要的边疆危机，皆来自北方或西北方的内陆游牧地带，从汉代的匈奴到唐代的突厥再到明朝的北元蒙古，都是如此，明朝修筑在北京周围的长城就是历史明证。即便是清朝前半期，西征平定漠西蒙古准噶尔部也几乎贯穿了康雍乾三朝，并推动了大批知识分子关注和研究西北地理与历史的知识大潮。历代中原王朝之边患，大率在长城以北以西，而历代边政也以此为重心，海疆方面出现的骚扰极少，大约以明朝的倭寇之扰为最，但即便是倭寇之扰也远没有到能威胁王朝政权安危的地步。清朝在崛起的过程中逐步统一了蒙古诸部，1759 年彻底消灭了准噶尔部并统一新疆之后，实现了多民族国家的大一统，相对成功地解决了历代的内陆边患危机，是极其伟大的历史功绩。然而，仅仅八十年之后的鸦片战争，将边患重心从北方和西北方迅速挪到了东南海疆，并迅速扩大到了整个沿海地区。中原王朝的劲敌，由上千年以来的胡服骑射的游牧政权，变成了船坚炮利的西洋诸国，即便是此时对中国东北和西北边疆构成巨大威胁的俄罗斯帝国，亦在东南海疆加入了西洋诸国的炮舰外交之行列，并反过来于西北内陆和东北等地方推行蚕食政策。

虽然 19 世纪 70 年代初发生了俄罗斯侵占新疆伊犁以及日本入侵台湾等一系列纷争，引发了清廷有关东南海防与西北塞防哪个更重要和更应优先对待的大辩论，但总体而言自 19 世纪后半期以后，中国延续了两千多年的传统内陆边防与羁縻怀柔政策开始整体落幕，逐步彻底让位于海疆防卫和新式的国际外交。中西交通日渐成为中国对外交往的主流，将延续了数百年的宗藩体系内的中国与外藩的交往挤到了边缘地带,乃至到后来中国人对“外国”的认识已大大缩减至欧美诸国，不再包括中国的外藩属国。中国在与泰西诸国的折冲樽俎中，对外藩属国的孔孟伦理的一套，以及对内陆游牧地域的藏传佛教的一套，都不再有任何的作用。19 世纪的中国进入了一个新挑战时期，开始了系统性的改革，即所谓的“近代化”，只是走得很慢。清朝做了很大努力，最终没有能够成功应对挑战而覆灭，终结了中国史上的王朝和帝制时代（图 2.4）。

图 2.4　清代平定西域后五十功臣之一的三等侍卫克什克巴图鲁伍克什尔图（满文名 uksilto）的画像，是紫光阁挂像之一，由图可见八旗劲旅当时所用的弓箭等冷兵器。

19 世纪中美两国内部的中兴

1844 年中美两国签订了第一个条约，即《望厦条约》，正式建立了外交关系。此后不久，两国都经历了剧烈的内部战争，在中国主要是 1851—1864 年的太平天国运动，在美国是 1861—1865 年的南北战争。这种剧烈的内部战争以及国家和社会的一系列内外应对措施，使得两个国家在战后都获得了一种新生的动力，延续了两个大国的生命力，可谓是一种“中兴”。我们在理解这两个大国在 19 世纪中期以后的交往之时，应该考虑到此种历史大背景。

当时的中国，就是通常所谓的“同治中兴”，即同治皇帝在位时候的发展，而这一中兴之本质，实是清王朝的自救。太平天国被镇压下去以及第二次鸦片战争的终结，使得清王朝得以继续生存，但这两场内外战事与战争动员，大大改变了清朝的总体结构，例如行政架构、官僚结构、军事制度、财税制度、司法制度和教育制度等等方面，而思想层面也发生了前所未有的大变化，特别是西学的引入和洋务思想的推行。行政架构上，清廷成立了一个临时外交机关，即“总理各国事务衙门”（简称总理衙门或总署），原本是应付第二次鸦片战争善后外交问题的，打算办完就撤，所有人都是临时兼职，讵料外国公使战后驻京以后都把这个机构当成中国新成立的外交部，总理衙门不仅没有裁撤，反而上升为晚清中国最重要的外交机构，一直到1901年改名外务部，也就是外交部了。官僚结构上，在镇压太平天国运动前后，大批的汉人晋升为总督、巡抚，他们的幕僚也开始全面渗入官场，掌握越来越多的政治资源，这是清朝行政体系在满汉出身比例结构上的一大变革。军事上，传统的八旗军和绿营兵开始彻底没落，文官曾国藩拉起来的“选士人，领山农”的湘军，以及曾国藩的门徒李鸿章拉起来的开始采用西式阵法和枪械的淮军，逐渐成为此后中国主要的军事力量。捆绑在这一军事集团之上的若干将领也逐渐成为地方督抚大员，例如此后的新疆省首任巡抚刘锦棠、台湾省首任巡抚刘铭传，都是湘淮干将。军事方面最重要的变化，是举国开始了所谓的“洋务运动”，设立兵工厂和军事教育学校，制造西式坚船利炮，并最终成立了近代海军，同时在北京和广州等地方开设同文馆，开授西式课程，翻译西文西报，培养外交人才，中国也因之在思想领域出现了一大批主张改革的知识分子。财税方面，中国一方面在内陆设卡征收“厘金”，创设了新的厘金制度，另一方面在位于上海的英法美等国的主导之下逐步建立起了近代西式海关税务司制度，挽救了晚清财政。

美国建立之时只有大西洋沿岸的13个州，但这个国家迅速走上了扩张之路，于19世纪前中期进入了加速扩张阶段，且手段多样化。1803年美国从法国手中购买了路易斯安那（Louisiana），领土顿时翻了一番，这是其越过阿巴拉契亚山脉向西扩张的开始。1845年美国获得了得克萨斯州，是向西扩张的一件大事。这一扩张的理念牢牢建立于文明差序的逻辑之上，带有强烈的宗教色彩，而不仅仅是地理上的西进。人们通常称美国的向西扩张为“西进运动”（Westward Movement）或“西部扩张”（Westward Expansion），但是至今为止美国一般的历史教科书上很少使用这两个词，其通行称谓系“昭昭天命”（Manifest Destiny），也就是上帝赋予美国将自身的文明和制度推行到别的地方的使命。这个词是纽约杂志和报纸编辑约翰·奥沙利文（John L. O'Sullivan）在1845年的一篇文章中发明的，他在1839年的另一篇相关文章中宣称：“我们国家的诞生，乃是一段新的历史的开始，也是一种从来未被尝试过的政治体制的形成和发展，这一点将我们和过去分开来，并且只与未来联系在一起；……我们可以自信地认为我们的国家注定将成为未来伟大的国家。”在美国于1845年吞并得克萨斯州以后，这种说法变得十分流行，不断强化的“昭昭天命”观念合法化了美国向西部继续推进的进程，因为一切新增加的领土都可以说是置于美国这种文明的关怀之下。1848加利福尼亚发现金矿以后，更是大大推动了美国向西扩张的进程，1850年加利福尼亚加入联邦变成了一个州（即通常所说的加州），1859年加州以北相连的俄勒冈州加入联邦。

美国于1861—1865年陷入了南北战争，实是南北两种经济和社会模式的激烈竞争，最后北方胜出，其脱胎于新英格兰地区的若干政治理念取得了主导地位，使战后美国获得了更大的发展空间和发展机会。首先，奴隶制度从法律层面上被废除，特别是旨在废除奴隶制和给予非裔公民权和选举权的美国宪法第十三、十四和十五修正案，使得美国进入了著名的“战后重建时期”（Reconstruction Era）。虽然实际上南部各州展开了许多其他的行动加以抵制，并将种族隔离制度变相地延续到了20世纪后半期，而且全美女性一直到1920年宪法第十九修正案的时候才全面获得了选举权，但林肯总统时期奴隶制度的废除是改变美国社会结构、经济模式和地理人口分布的划时代的大事，可以说重造了美国，也给了美国一次新的生命。其次，内战后联邦政府权力获得了空前的加强，以前联邦主要负责邮政事务，但内战后大大扩展了权力范围。最后，内战后美国推行十分开放的移民政策，特别在废除奴隶制度导致了巨大的劳动力缺口的情况下。大量的华人劳动力和来自爱尔兰等国家的劳动力涌入，散布在从东部的麻省到西部的加州的广袤大陆上，既为这个国家补充了亟须的劳动力，又为一个新的多元的美国的发展奠定了坚实的基础。同一时期，横跨大陆东西两侧的铁路网也建设成功，进一步从地理和时间上源源不断地为一个新兴大国提供着各种自然和人工资源，更将美国各地市场与国际市场连接起来。美国在地理上、空间上、经济上、思想上、文化上和社会上都开始昂首阔步地进入一个新的所谓“镀金时代”（Gilded Age），工业和基础建设极大发展，财富实现巨大积累，为其继续崛起并最终走向海外扩张之路奠定了坚实基础。

同一时期，美国也重新定义了自身与欧洲有联系却非常不同的文化与文明，且其向前推进此种美式文明的脚步再也没有停下过。1872年，美国画家约翰·贾斯特（John Gast）创作了一幅名为《美利坚前进》（*American Progress*）的油画，为“昭昭天命”的正统性和合法性添砖加瓦，后来成为描述美国西进运动的经典画作。此画背景中有朝气蓬勃的都市、往来如梭的船只，近景中描述了美国殖民者正在开垦新的殖民地，印第安人正在仓皇逃离这片故土，而飞在空中的作为美国象征的哥伦比亚女神，右手手持学校教化之书，左手手持从文明都市之区一路延

图 2.5 乔治 · 克劳富特（George A. Crofutt）1873 年的《美利坚前进》（*American Progress*）彩色石印版画，其蓝本是约翰 · 贾斯特 1872 年的同名油画。美国国会图书馆藏，编号 97507547。贾斯特的画作现藏于洛杉矶的奥特利美西博物馆（Autry Museum of the American West）。

伸出来的电报线，飘然前行，丝毫没有停下脚步的意思。这幅画强烈地突显了美国工业文明不可阻挡、横扫一切的力量，呈现出两种截然对立的文明，而以哥伦比亚女神为代表的一侧势必要压倒和取代另一侧的文明。同时，哥伦比亚女神的形象也淡化了美国的欧洲根源，尽管这一女性形象最早是在英国北美殖民地时期开始出现的，但此时她只是美国文明的代名词，并且在各种画册、宣传品甚至雕塑中都可以找到哥伦比亚女神的形象（图 2.5）。

1893 年，美国历史学家弗雷德里克 · 特纳（Frederick Jackson Turner, 1861—1932）在美国历史学会做了一篇题为《边疆在美国历史上的意义》（“The Significance of the Frontier in American History”）的演

讲，认为美国历史的发展和美国自身认同的形成，跟向西拓展边疆密不可分，恰是加州这些边疆州让美国区别于其脱胎而来的欧洲。这就是著名的特纳“边疆假说”，它在理论层面将美国西进的历史合理化，进一步从学术层面为美国向西扩展其“文明”模式的“昭昭天命”观念提供论据。

特纳作为一名学者，其研究在地理上终结于大陆最西端的加州，而实际上美国这种以新英格兰地区为大本营的向外拓展文明的心态，早就远逾加州继续向太平洋对岸推进。在19世纪中期，随着达尔文生物学进化理论与斯宾塞社会学理论的结合，一种被后世称为“社会达尔文主义”的思潮遍布殖民主义国家，弱肉强食的丛林法则成为国际政治中的现实游戏规则，对后来的世界历史轨迹产生了巨大而深刻的影响，乃至于我们今天仍旧或多或少地生活在为这种轨迹所定位的历史空间之内。当时的美国也加入了这一国际游戏，以多元的手法推行扩张政策。美国不缺乏俄罗斯帝国那种直接领土占有（territorial acquisition）的手段，又携带着大英帝国的“商业、文明与基督教”（commerce, civilization and Christianity）三大武器，同时浸染着浓厚的法兰西帝国“文明使命”（civilizing mission）的色彩。这种历史背景可以解释为何19世纪大批美国传教士蜂拥入华，因为在他们看来，“拯救中国”或者建设一个崇仰基督教的新的中国乃是其推动世界文明进步之责任，更是上天带给他们的一种使命。

在这种混合的殖民主义与帝国主义之下，19世纪末20世纪初的美国，除海外市场早已渗入了中国和日本之外，还兼并了夏威夷，占领了古巴、波多黎各、关岛、菲律宾群岛和部分萨摩亚群岛等等，成为全球殖民主义与帝国主义的一员新兴干将，其帝国横跨东西两个半

图 2.6 1869 年 9 月 25 日美国纽约的《哈珀斯周刊：文明之刊》(*Harper's Weekly: A Journal of Civilization*) 第 624 页刊发的亨克·多尔 (Hunk E Dore) 的插图，题为“最后一个加入家庭的成员”(*The Last Addition to the Family*)。画中象征着美国的哥伦比亚女士 (Lady Columbia) 怀抱着一名夸张化的中国婴儿，意味着基督教的美国要拯救幼稚的、尚未开化的中国，使其进入以欧美为中心的国际大家庭 (the family of nations)。文明的差序、基督教的救世情怀、美国对中国的理解及其对中国未来的展望等等，皆一览无余。

球。这是美国在全球历史上的一个大分水岭，美国国内经过激烈辩论以后，最终拥抱了帝国主义，并且国内衍生出很多诸如美国独一无二或与传统欧洲帝国主义不同的帝国主义等解释。当时中国的清朝，却在重重危机之下摇摇欲坠，终于在 1912 年初画上了句号。清朝灭亡以后，美国继续在中国同日本等帝国主义国家竞争，最终于 1949 年退出了中国大陆。自 1784 年美船来华，到 1949 年美国全面退出中国大陆地区，总计 165 年，其在华商贸获得了长足发展和巨额利益，其将西方文明引入中国的努力也产生了巨大的成果，但就其一直以来试图改变中国发展轨道的宗教上的梦想而言，算是彻底失败（图 2.6）。

1972 年中美两国关系正常化之时，双方已经在朝鲜半岛兵戎相见过，在中南半岛也在暗暗较量，全球冷战到彼时虽然还不到 30 年，但两国对彼此都已经十分陌生，互相了解很少。毛泽东主席与尼克松总统的运筹帷幄，使两国重新进入了一个历史的相遇期。从 1972 年到现在已经经过了快半个世纪，从双方关系发展的历史来看，这两个大国的相遇期还会持续一段较长的时间，其经贸上的摩擦只是这种相遇期中的波浪，从长远而言并不能改变两国关系持续发展的大趋势，而事实上的确如中国方面一直强调的那样，两国和则两利、争则两伤。当此之时，我们不妨回头看一下，中美两国在晚清时分第一次相遇的历史，为今日了解双边关系提供一些知识背景。

乙篇

灵魂与银子：『中国风』、茶叶与鸦片

第三章 “中国风”与欧美的中国梦

马可·波罗与欧洲的“东印度公司”

1296年，刚从中国元朝回国不久的威尼斯商人马可·波罗（Marco Polo，1254—1324），在对热那亚的战争中被俘，被关进了热那亚的一所监狱，并结识了来自比萨的狱友鲁斯蒂谦（Rustichello）。作为一个热情澎湃的浪漫主义作家，鲁斯蒂谦把马可对他描述的来往中国的见闻写了下来，很快成为畅销欧洲的书籍，即《马可·波罗游记》。在马可·波罗的描述中，中国是一个欣欣向荣、人烟稠密且安定有序的地方，这对于正在四处开展贸易的欧洲人而言具有不可抵挡的诱惑力。到中国去，成了很多人的梦想。

差不多二百年以后，西方诸国仍旧在继续热切地寻找和东方国家进行贸易的途径。扬帆抵达“东印度”（East Indies）并与之进行贸易，成为当时一批冒险家的奋斗目标，也是各国王室争相资助这些冒险家进行海外探险的动力。这群冒险家中包括克里斯托弗·哥伦布

(Christopher Columbus，1451—1506)，而哥伦布这位寻梦者恰恰出生于当初马可·波罗和鲁斯蒂谦同狱共济的热那亚共和国。最终，哥伦布获得了急切希望推动与东方贸易的西班牙国王的支持和赞助，并于1492年踏上了前往梦想中的东印度的第一次远航。

根据后来历史学家们的研究，哥伦布的船队在成功越过了大西洋之后，于1492年10月12日凌晨2时，抵达了现在美国佛罗里达州礁岛群东南方向的巴哈马群岛的一个小岛,日后被称为圣萨尔瓦多岛(San Salvador Island)。哥伦布麾下的西班牙船员们发现岛上的树木、植被都很奇特，而岛上说着他们根本不懂的语言的原住民让他们更为惊讶，这是他们完全没有想到的。对他们而言，这是一个新的种族，从古希腊希罗多德（Herodotus）到马可·波罗的旅行记载中都没有提到他们。问题是，这些人是中国人吗？这个地方是不是中国？如果不是的话，距离中国还有多远呢？哥伦布等人一头雾水。

哥伦布自己打心眼里希望称呼岛上的土人为印度人，而且这些土人里面有一些看上去好像真的会把他和他的船队引领到“日本”(Cipangu）或者“中国”(Cathay）去一样。这些土人带领哥伦布穿过巴哈马到了现在的古巴西北部，在这个地方，哥伦布派遣了手下的阿拉伯翻译官登陆，去拜见一位部落首领。西班牙人称呼这一带的部落首领为“卡西克”(cacique)，而哥伦布认为卡西克就是“中国皇帝”。但是，连哥伦布自己也发现，岛上由茅草棚组成的村子实在难以和马可·波罗笔下觐见元朝忽必烈大汗时大都的雄伟壮丽相提并论，其余方面也不难信手发现天壤之别。哥伦布很快意识到,自己找错了“中国”。但此行的发现也足以振奋人心，所以船队在1493年3月15日返回西班牙港口的时候受到了英雄般的欢迎。这一事件，即现在美洲历史上大书特书的哥伦布“发现新大陆”，使得西班牙和葡萄牙的殖民势力迅速扩展到了这一地带。

让哥伦布引以为憾的是，他的新航路“发现”的“东印度”，并非真的印度和日本，更不是马可·波罗笔下那令人神往的中国。从哥伦布和西班牙国王最初开辟东方国际贸易之路的动机上看，这其实是一场南辕北辙的失败生意；但从扩展海外市场、夺取殖民地以及自然资源和拓展奴隶贸易等角度而言，却是无心插柳的成功一举，并且逐步影响了世界历史的走向。

哥伦布之行五年后的1498年，葡萄牙探险家达·伽马就抵达了印度卡利卡特（即“古里”），欧洲诸国顺藤摸瓜，终于找到并抵达了真正的中国，对亚洲地区的远航和大宗贸易以及殖民主义更是取得了实质性突破。欧洲诸国在17世纪上半叶纷纷成立了旨在开展亚洲贸易的“东印度公司”（East India Company），而其中“东印度”的叫法恰是这种延续多年的中国情结的体现。英国最早于1600年成立东印度公司（British East India Company，1858年解散），其贸易范围囊括了大西洋和印度洋海域，自成立之初就获得了英国伊丽莎白女王给予的在印度和远东贸易的垄断权，这使得英国东印度公司一直引领着欧洲大陆和美洲殖民地的东方商品消费以及“中国风”的潮流表现。荷兰紧随其后，于1602年成立了自己的东印度公司（Dutch East India Company，1799年解散），并于1621年成立了西印度公司（Dutch West India Company，1674年解散）。法国于1664年组建东印度公司（French East India Company，1794年解散），瑞典也于1731年组建了东印度公司（Swedish East India Company，1813年解散）。欧洲诸国的王室、贵族和民众，开始广泛地通过各路东印度公司来了解遥远的“东方”，而这种理解又

图 3.1 1707 到 1801 年之间的英国东印度公司旗。美国独立战争期间曾在 1775—1777 年启用过第一面国旗即“大联邦旗”(Grand Union Flag),设计和此旗完全一致,只是长宽比例有所不同,故此旗与独立后的美国新国旗也有相通之处。

是以来自东方的茶叶、丝绸、瓷器和漆器等物品为中介来进行的,于是本土资本、洲际贸易和对他者的知识构建以及欧洲前所未有的全球殖民主义开始紧密结合在一起(图 3.1)。

各国东印度公司纷纷成立之时,中国正逐步由明清鼎革进入清朝前期,在欧洲商人麇集的广州、澳门等华南一带,社会相对稳定,中外贸易也在康熙皇帝于 17 世纪 80 年代解除海禁之后迎来了自明清鼎革以来的空前繁荣。1687 年前后,广东番禺出身的学者屈大均(1630—1696)曾作一首《广州竹枝词》,描绘当时负责洋商贸易的十三行的繁荣盛况,云:“洋船争出是官商,十字门开向二洋。五丝八丝广缎好,银钱堆满十三行。”乾隆时期曾任广东学政的李调元(1734—1803)也模仿屈大均作《南海竹枝词》:“希珍大半出西洋,番舶归时亦置装。新到牛郎云光缎,边钱堆满十三行。”可见从明末清初到清朝中后期广州一带贸易的繁荣，这对欧洲商人而言已是马可·波罗笔下的中国了。欧洲东印度公司的商船，连番进出珠江口，源源不断地将中国的丝绸、漆器、瓷器和茶叶以及东南亚的香料等货物，贩运回欧洲大陆，进而转卖到各国殖民地。这种远洋贸易，将欧洲本部、非洲殖民地、美洲殖民地和中国、日本以及印度等国家紧紧联系到了一起，世界范围内相互依存的贸易体系开始逐步形成。当时的欧洲还没有掌握制造漆器和瓷器这些精巧商品的流程工艺，所以东印度公司的对华贸易实际上左右着欧洲奢侈品消费市场，而中国制造就是在这种背景下开始大兴于欧洲诸国。

耶稣会士的东来与异域“中国”

在欧洲商人热心于从中国和所谓东方市场上获取利润的时候，欧洲的传教士却热切地希望将中国变为奉教之国。15 世纪以降，随着欧洲海外贸易航路的开辟，越来越多的传教士踏上了前往中国传教之路，最早的一批是耶稣会士。耶稣会（Society of Jesus）是 1540 年得到教皇承认的罗马天主教男修会，其会士遍布世界各地。欧洲诸国对中国人及其生活方式充满了无比的好奇和向往，在很大程度上就取决于到中国传教的耶稣会士群体对中国形象的描绘。耶稣会士最早进入中国的可能是明末万历年间的意大利传教士利玛窦（Matteo Ricci, 1552—1610），利玛窦在中国传教采取因地制宜的手法，同时也走先影响饱学之士和政府官员，然后渐次由上而下教化民众的路线，他本人也学孔孟、着儒装、戴儒帽，和徐光启等中国朋友打成一片，终于得以立足。耶稣会士以引介欧洲科学技术方法为其传教的主要工具，因此他们在中

图 3.2 1667 年出版的《中国图说》(*China Illustrata*)中利玛窦(左)与徐光启(右)的插图。徐光启是受洗教徒,教名保禄(Paul)。

国科技史上的足迹远比宗教史和政治史上的深刻,而有些方面对中国的影响一直延续至今。

比如,利玛窦本人就是中国地理学和制图学上不可绕过的一个重要人物(图 3.2)。1584 年(万历十二年),利玛窦抵达广东肇庆后,很快根据中国人的世界观念编制了一幅世界地图,后来的重绘版本于 1601 年(万历二十九年)得到了明神宗万历皇帝的肯定,次年以《坤舆万国全图》之名刊行(图 3.3)。因为这张图的关系,嗣后中国一带开始以所谓“亚洲”(Asia)闻名于世,所以“亚洲”之名说到底是欧洲中心主义观念的体现。就技术层面来说,这幅地图的最大特点之一,是将中国放在了几近于天下正中的位置,完全契合中国由来已久的自我中心的认识。这幅图上的太平洋是一体呈现的,中国和美洲隔海相望,而大西洋是分开的。由此图而论,中国称欧洲“泰西”是名副其实,而北美洲则成为中国意义上的“远东”地区。直到今天,中国印刷流行的世界地图都是基于利玛窦《坤舆万国全图》的构架之上的。

这个事情为什么值得一提呢?中国有十多亿人口,从小学开始学习基础地理知识的时候,接触的就是利玛窦版的中国中心的世界地图,

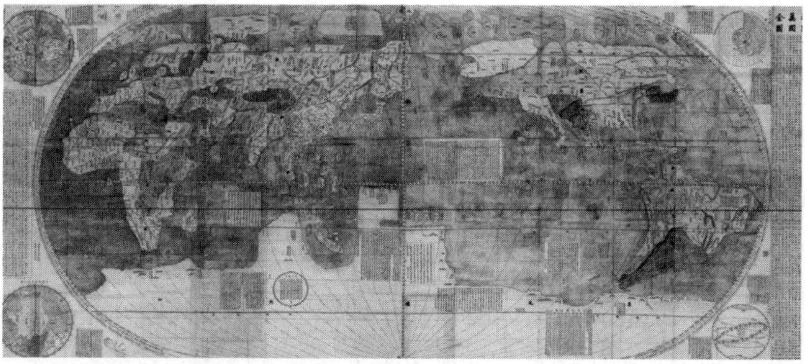

图 3.3《坤舆万国全图》的着色版，系传入日本后的仿制版。美国国会图书馆藏有 1602 年北京出版的副本（尺寸 167.5cm x 371.2cm，编号 2010585650）。

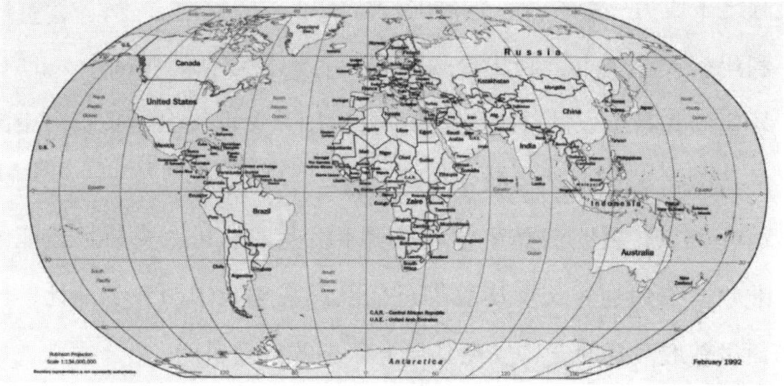

图 3.4 美国国会图书馆藏《世界地图》，1992 年版，编号 2011589553。

迄今好几代人都是如此。然而，利玛窦的老家欧洲和后来的美洲殖民地，并不用这套框架，那里的世界地图三个多世纪以来都是以欧洲为中心，往左越过完整的大西洋伸展至“新大陆”美洲，往右伸展至所谓“亚洲”，然后继续往右接上切开来的太平洋，而所有“近东”“中东”“远东”皆一目了然（图 3.4）。这幅图上，大西洋是完整的，太平洋则是分开的。今天的美国仍旧使用这套欧洲中心论的世界地图，这也是所有美国人心中的世界地理概念，和中国人的迥然不同。因此，中国人对泛太平洋地区普遍有较好的理解，而美国人则对跨大西洋地区有更为深刻的认知。如果一个中国小学生和一个美国小学生一起谈世界地理的话，他们或许都会说出很多让对方惊讶的认识。

为了推动教化中土的大业，在华耶稣会士在发回欧洲的报告和信件之中，都把中国描述为一个崇尚哲人的伟大国度。利玛窦曾经热情洋溢地介绍中国说："虽不能说在这个国家里的贤哲都是君王，但至少可以确定地说君王都拜服在贤哲脚下。"就这样，中国在耶稣会士类似的笔触之下成为一个睿智、饱满的理想国度。

利玛窦被视为近世赴华传教的先行者，在他抵达中国不久的1585年，教皇额我略十三世（Pope Gregory XIII）命耶稣会士负责对中国与日本的传教，嗣后大批传教士接踵而至，包括汤若望等人。他们大多数聚居在北京，且明清鼎革之后获得了清廷的认可和支持，遂能继续留在北京，一边通过天文历算等近代欧洲科学技术服务于清廷，一边逐步通过获取清廷的支持实现其自上而下的传教目的。

耶稣会士在华传教起初是受葡萄牙国王允许的，传教士大部分来自西班牙、葡萄牙、意大利、德国和荷兰等地方，到了1684年，法国国王路易十四为了打破葡萄牙的这种控制，派遣了六名传教士到中国去，包括白晋（Joachim Bouvet, 1656—1732）、张诚（Jean-François Gerbillon，1654—1707）等在内，而白晋和张诚二人都成功留在了康熙皇帝身边，并且创建了法国在华传教区，与葡萄牙分庭抗礼。1693年，康熙派遣白晋为特使返回法国。1697年白晋回到巴黎，带回了43张精美的版画，描述中国的皇帝、官员和妇女的服饰、神态，其黑白线条的原作经过法国画家皮埃尔·吉弗特（Pierre Giffart, 1643—1723）复制并添色后，合并出版，取名《人物画中的现代中国》（*L'Estat présent de la Chine en figures*）（图 3.5）。这本书大受欧洲读者欢迎，图画上流露出来的中国妇女的温婉阴柔及其服饰的美轮美奂，更让很多欧洲人为之陶醉。这本书也进一步激发了更多的人去中国传教的热切希望。

图 3.5 法国画家皮埃尔·吉弗特的“中国官家妇女”画之一，系根据白晋的画再次创作的：白晋的原图都是黑白的，吉弗特把这些画添上了颜色。初版现藏于法国国家图书馆。

然而，欧洲对中国的了解开始变得晦涩起来，也恰恰始于此时。当时，中西之间开始发生围绕中国传统的祭祖祭孔等礼仪是否与教会礼仪相符合的礼仪之争。中国皇帝与罗马教皇都卷入了这场争论。1716 年，康熙皇帝还给教皇克莱孟十一世（Clement XI，1700—1721 年在位）颁发了一道谕旨，由汉文、满文和拉丁文写成，命在粤洋商携回欧洲给教皇，希望能够早日解决纷争。这封类似公开信的谕旨是朱红色写就的，因此被称为“红票”，拉丁文部分载有马国贤（Matteo Ripa，1682—1746）、巴多明（Dominique Parrenin，1665—1741）、郎世宁（Giuseppe Castiglione，1688—1766）等十六名供职清廷的耶稣会士的集体签名。教皇收到了“红票”，也于 1720 年派遣了特使嘉乐（Carlo Mezzabarba，1685—1741）

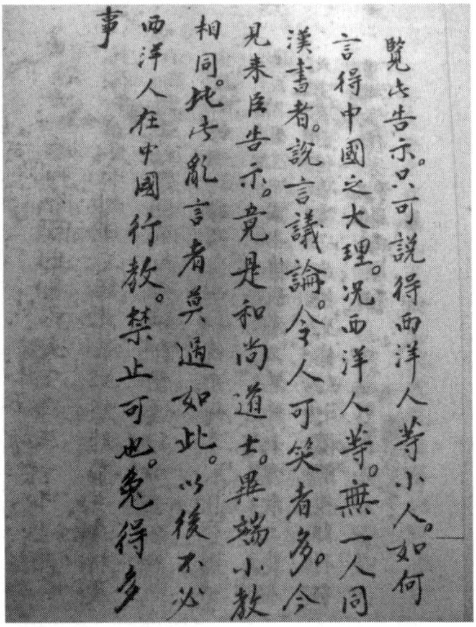

图 3.6 康熙五十九年十二月二十一日（1721 年 1 月 18 日）康熙皇帝禁止西洋人在华传教的朱批，内云："以后不必西洋人在中国行教，禁止可也，免得多事。"

来华，时在康熙五十九年。康熙皇帝友善接待了嘉乐，但也同时在康熙五十九年年底（1721 年 1 月）决定禁止西洋人在中国行教（图 3.6）。自此以后，耶稣会以及其他教派在华传教事业急转直下，利玛窦曾经预想的美好蓝图化为乌有。1742 年，教皇本笃十四世（Benedict XIV，1740—1758 年在位）发布教令，正式禁止在华教士讨论礼仪问题。随着在华传教事业陷入低谷，欧洲对中国的美好描述大量减少，整体评价也开始转向，中国由一个贤哲治理的理想国度转变为一个腐朽、停滞、柔弱和狡诈的垂死帝国。即便是热情赞颂中国在"伦理道德和治国理政"方面非常完善的法国思想家伏尔泰（Voltaire，1694—1778），也在中国禁教以后评论说中国在哲学和文学方面的水准，和两百年前利玛窦抵达中国时候的欧洲差不多，而且"中国人因为两千多年来故步自封，停滞不前，所以在科学方面无所作为"。

屋漏偏逢连夜雨，此时欧洲逐步兴起的启蒙运动，将在华耶稣会士们积几十年之功所描绘的美好中国形象进一步颠覆。在启蒙运动的影响下，欧洲开始出现了一股抵制中国货品的新思潮，它将来自中国的东西视作是女性化的、阴柔的、刻板守旧缺乏变化的古董之作，而更为致命的指责则来自知识界。启蒙运动的中流砥柱、法国思想家孟德斯鸠（Montesquieu，1689—1755），在同期的经典作品中第一次开始将欧洲很多人无限向往的中国划入“专制主义”（despotism）之列，并根据他对中国的了解而做了阐发，指出中国是一个专制的国家、皇帝个人具有生杀予夺的大权，等等，而反对专制主义、特权主义等等乃是启蒙运动的一面大旗。欧洲思想界对中国的认识开启了历史性的剧变，日渐朝着否定的方向发展，在法国大革命之后更是进入了加速阶段。黑格尔（Hegel，1770—1831）也在其有关历史哲学的讲座中，认为蒙古人、中国人、印度人等所处的远东世界处于历史发展的幼年时期，罗马和希腊世界达到了早期成年时期，而近代欧洲则达到了成熟时期，这种划分非常清楚的文明层次论，以及背后的历史发展进程中的进化论，深刻地影响了西方有关中国以及一切非西方地域的历史的叙述理路。

在欧洲所向披靡的“中国风”

启蒙运动作为逐步兴起的思想潮流，在当时并未对欧洲诸国的上层社会对中国货品的喜爱产生根本影响，思想激变与商品消费并未发生剧烈碰撞；相反，孟德斯鸠本人所在的法国，其国王路易十四等仍旧对来自中国的东西欣赏有加。路易十四是一手把巴黎建成欧洲时尚之都的君王，在他长达 72 年的统治之中，法国最终取代了西班牙成为欧洲和全世界的时尚之首，可以说直到今天法国仍旧受惠于这一转变。当时为了刺激本国经济发展，路易十四在本国开建大批工厂生产奢侈品，并鼓励法国人购买本国商品，还曾强迫自己的儿子把一件非法国产的衣服烧掉。其实，这个曾自封“太阳王”的君主自己却拥有很多来自中国的物品，而他拥有更多的，是法国仿制的带有中国风格的物品，也就是乍一看很有东方异域情调的手工艺品。

1836年，法国剧作家巴尔扎克（Honoré de Balzac，1799—1850）在小说《禁令》（*L'Interdiction*）中第一次把那些具有中国风情的手工艺品称作“chinoiserie”。这是一个法语阴性词汇，通常译作“中国风”，即以欧洲视角来理解和布置出想象中的中国风格的做法。自巴尔扎克以后，人们开始将那种模仿中国味道的制品或布置笼统地称为“中国风”。中国风最早是由远航到中国广州等地贸易的欧洲商人、旅行家们带回欧洲的，而在欧洲混入了本土艺术风格，因此在实际中体现为将各种来自遥远的“东方”的风格混杂进欧洲流行的巴洛克、洛可可、哥特等艺术风格之中，带有一种异域风情。这种特意接受并模仿中国风格的做法，早在16世纪的欧洲就已经开始了，此后有所起伏，在18世纪的欧洲及其海外殖民地开始广泛流行起来，并且与当时欧洲本土流行的洛可可艺术风格互相影响，最终混成了独特的“洛可可中国风”，表现在了饰品、建筑、装饰、舞蹈、家具、绘画等很多方面。18世纪勃兴的启蒙运动带来的欧洲从认知结构上对中国以及中国制度的反思，并没有在现实生活中遏制中国风的流行和整个欧洲从上到下对中国以及东方物品的喜爱和消费。

欧洲当时在很大程度上其实并没有认真区分中国自身的艺术风格和欧洲眼中的整个“东方”的艺术风格，在欧洲人的眼中这两者都是异域风情的绝佳体现。例如，1684 年和 1686 年，暹罗阿瑜陀耶王朝的国王那莱（Narai，1656—1688 年在位）在其欧洲出身的宰相康斯坦丁 · 华尔康（Constantine Phaulkon，1647—1688）的建议之下，派遣两个使团前往法国觐见法王路易十四，希望暹法两国结成同盟，暹罗的目的之一是为了抵制英国在当地的势力扩张。这两场外交并没有取得特别实际的成果，但是暹罗使团的到来以及路易十四在凡尔赛宫接待这一使团，却使得暹罗式样的服装风格及其携带的礼物样式一时风靡巴黎。曾经去过中国等地方传教的耶稣会士们指出，暹罗使团的礼物基本都来自中国，不是暹罗的，但法国人并不关心这些，他们所迷醉的只是遥远的异域风情，而这种风情的根本其实仍旧是对中国商品与艺术风格的痴迷。1700 年，路易十四在其宫殿内举行了一场“中国庆祝”，场面都是各式各样的中国风的组合，路易十四本人则打扮成中国的康熙皇帝出场，这是路易十四在位期间“中国风”达到顶峰的时刻。随后的国王路易十五（1715—1774 年在位），甚至在欧洲重农主义的影响下，从中国学来了一套皇帝“亲耕”的礼仪，也模仿中国皇帝那样在田间地头扶一下犁，以示对农业的重视（图 3.7）。

欧洲王室是引领这股中国风潮流的力量，除了法国之外的其他王室对中国的陶醉又究竟到了什么地步呢？我们来看一下瑞典王室。

1753 年，即乾隆十八年，这一年在大清国并没有太多引人瞩目的事情发生，在欧洲也是相对平平的一年，英法等国剑拔弩张参与所谓的“七年战争”还是三年后的事情。这年 7 月，出身普鲁士的瑞典王后路易莎 · 乌尔丽卡（Louisa Ulrika，1720—1782）写了一封热情洋溢的信给她远在普鲁士王国的母亲索菲娅 · 多罗西娅（Sophia Dorothea，1687—1757），提到了她的丈夫、瑞典国王阿道夫 · 弗雷德里克（Adolf

图 3.7 普鲁士画家伯恩哈德·罗德（Bernhard Rode，1725—1797）在1770 年前后创作的《中国皇帝亲耕》（*Der Kaiser von China zieht die erste Furche zu Ehren des Ackerbaues* ）。原作现藏于柏林画廊艺术博物馆（Gemäldegalerie）。公有领域图片。

Fredrik，1710—1771）在她生日这天给她的巨大惊喜：

我当即惊讶地看到了一个真实的神话园地，因为国王陛下已命人为我建造了一座中国楼台，这是我见到过的最漂亮的了。随身卫士穿上了一套中国衣服，国王的两个近卫侍从官还身着满洲戎装。这名随身卫士还表演了中国操练法。我的大儿子（此处指的是未来成为瑞典国王的古斯塔夫三世，1771—1792 年在位）穿着中国皇子的衣服站在楼台入口等待着我，他的身边围绕着一群穿着中国文官服饰的绅士。皇太子为我朗诵了一首诗歌，然后把楼台的钥匙以及这楼台里的一切都递给了我。如果说楼台外面已经让我大感惊讶了的话，它的内部更是让我为之惊叹。……主房间为精美绝伦的印度风格所装饰，四个角落里都有一只大大的瓷花瓶。其他房间内则布满了旧式日本漆柜以及铺着印度饰布的沙发，一切都透露着精致绝伦的品位。一个卧房内的墙面和床上都铺着印度饰布，而且墙上还点缀着至为漂亮的瓷器、塔、花瓶和小鸟。一个旧式日本漆五斗橱里放满了各式各样的小饰品，包括中国的刺绣。两个厢房内各有一张桌子，其中一张是来自德累斯顿（德国的一座巴洛克艺术中心城市）的，一张是来自中国的。这里的一切都是那么让人敬佩。此时，国王陛下让人跳起了中国芭蕾……

早在1731年，即雍正九年的时候，瑞典就成立了东印度公司，开展对华贸易，主要是商船前往广州，贩回茶叶和瓷器。到乌尔丽卡王后给她母亲写上面这封信的时候，瑞典对华贸易已经大规模开展了22年，从她的描述中我们可以看到大大小小来自中国的东西，包括花瓶、瓷器、桌子、刺绣、宫廷文武臣服装，甚至建造了一座中式楼台，还能够模仿中国军队的操练。此外还有日本的漆器、印度的饰布等等。

这位瑞典王后还提到了国王命人跳起了“中国芭蕾”，但具体什么是“中国芭蕾”则不甚明了，究竟是特意设计的一种中国舞蹈？还是瑞典商人在广州城周围学到的地方戏里的一些把式？同期在法国流行的一种中国舞剧，或许可以让我们对这个“中国芭蕾”有一些了解。1755年，巴黎出现了一种中国喜剧芭蕾，叫作“中国之变换”，当时的报道描述演出场景说：

一开始，舞台背景是一条大街，大街的尽头是一些台阶，台阶通向一座高高耸立的宫殿。然后布景变换，一个广场出现在眼前，充满着节日的氛围。在广场的背后，是一个环形剧场，有十六个中国人坐在上边。布景又迅速换成了三十二个中国人在上面……在这些人下来的时候，其余十六个中国人、官员和苦力也从他们的房子中走了出来……所有的这些人物角色都是由八种不同职衔的舞蹈演员扮演的，他们连在一起蹲下起来，模仿着海浪那样此起彼伏……最后，这些中国人重新出现在了环形剧场里，而环形剧场一下子变成了一个瓷器店。三十二只花瓶徐徐出现，而三十二个中国人角色也慢慢消失在观众眼前。

这出舞剧很快穿越海峡被引进到英国，于 11 月 18 日在伦敦演出，国王乔治二世（1727—1760 年在位）也亲临剧场观看。当时正处在英法两国走向七年战争的前夕，英国反法情绪高涨，所以演出的时候有人不喜欢看到从法国引进的舞剧，并利用这个时机闹出了一场小事件。但是，从记载来看，没有人对舞剧本身表现的中国场景表示反对，虽然也有学者认为反对者体现出来的是对以中国为代表的异域文化渗透到欧洲的一种恐惧和担忧。事实上，这些包括国王在内的伦敦观剧者、舞台上的表演者、舞蹈的法国创造者以及远在瑞典的乌尔丽卡王后一样，都是在现实中喜欢喝中国茶，沉迷于中国丝绸、瓷器、漆器以及其他物件的人。虽然这出剧是 1755 年上演的，但瑞典王后两年前看到的国王令人表演的中国芭蕾，也极有可能是从法国等地方散播出去的类似的舞剧。

中国风在此时的欧洲，虽然开始遭受挑战，但仍所向披靡，从教皇到枢机主教（红衣主教），连罗马教廷也纷纷收罗中国物品。曾于1742年发布禁止在华传教士讨论礼仪问题的教皇本笃十四世，就对中国和日本的漆器、瓷器十分迷恋，是第一个系统展示他拥有的东亚瓷器的教皇。与此同时，在意大利威尼斯，剧作家卡洛·戈齐（Carlo Gozzi, 1720—1806）根据波斯地区有关东方世界的传说集《一千零一日》里的一个故事，于1762年前后着手编写《图兰朵》（*Turandot*）。几经后人续写和改编，这部作品以三幕歌剧的形式于1926年在意大利米兰著名的斯卡拉大剧院（La Scala）首次登上舞台。这个故事以中国元朝为背景，讲述了一个冷血的中国公主图兰朵和一个对她一见钟情的流亡中国的鞑靼王子卡拉富之间的故事。而戈齐之所以选中这个中国背景的故事，恐怕与当时中国风在欧洲的流行有着莫大的关系。

这部优美的歌剧在过去二十年间也被中国的影视导演张艺谋先生搬到了北京紫禁城、太庙和鸟巢等地演出，亦去法国、德国等地演出过，而其中的中国风因素也因为这样一位对舞台色彩把握炉火纯青的中国本土导演以及在地表演等缘故，体现得淋漓尽致、美轮美奂。然究其实质，《图兰朵》中的中国元素，包括其在18世纪从中国引入的悠扬的“茉莉花”曲调，不过是一种外壳，所以究竟以什么场合、什么手段来细致地刻画，本是无关宏旨的，因为它本初的功用就是为了在西方世界中给西方观众制造出一种异国情调，表现出一股中国风，而不在于呈现中国人自己心目中认可的那种中国文化。《图兰朵》在中国的出现，不过是一种跨国界的舞台艺术表现。

从上面有关法国、瑞典、英国和意大利的三个故事中，我们不难窥视当时中国风风靡欧洲社会之一斑。当此大潮，中国风更迅速地融进了欧洲同期的绘画艺术之中，很多有关中国风的画作将所谓的“中

图 3.8 布歇画作《中国钓鱼》(*Chinese Fishing*),约作于 1742 年。

国”或者“东方”的异域风情热情奔放地表达出来。法国 18 世纪著名的洛可可风格画家弗朗索瓦·布歇(François Boucher,1703—1770 年),就在四五十年代创作了一批以中国风为题材的画作,画面上中国人物、服装、建筑、自然景观和生活场景的呈现,体现了当时欧洲风靡一时的对中国的想象,而其画中的中国年轻女子的体态与神态,尤与他笔下的法国女子相类(图 3.8)。

中国风在世界艺术史上占有重要一席,从欧美到亚洲,很多艺术史学者以及大大小小的博物馆都对这一历史现象十分重视。实际上,中国风是一种在欧洲的海外市场开始大面积拓向印度和中国地区的背景下,混合了商业机遇和审美艺术在内的表现。也正是因为这种国际经济和文化的交流,在中国风兴盛于欧洲之际,大清国也掀起了一股不大不小的西洋风,虽然它主要局限于北京皇家艺术。在中国,这种西洋风是通过著名的耶稣会传教士带来的，而恰恰也正是这些耶稣会士有关中国的各种记载，在从北京发回欧洲并扩散开来之后，连同从广州贩回欧洲的茶叶和瓷器一起，为欧洲的中国想象提供了源源不断的依据和动力。

图 3.9　雍正皇帝之西洋装束。

大清皇家的“西洋风”

耶稣会士这种中西沟通的作用，也是双向的，这里不妨也看看他们所扮演的将西洋风格引入中国的桥梁角色。前文已经提到，耶稣会士较早进入中国是明末利玛窦的时候，不久之后就是明清两朝交替，但耶稣会士成功留在北京并取得了清廷的信任，此后大批耶稣会士不远万里从欧洲跋涉到中国传教。他们在中国传教的途径，是通过近代欧洲的天文历法、地图制作和绘画艺术等手段来为清廷服务，以期达到从上至下的效果。这批耶稣会士大多名垂史册，例如供职钦天监的德国的汤若望和斯洛文尼亚的刘松龄（Ferdinand Augustin Hallerstein，1703—1774）、御用画师意大利的郎世宁，以及法国的蒋友仁（Michel Benoist，1715—1774）等等。在接受了近代欧洲天文历算等法则之外，清廷对这些耶稣会士在艺术上体现出来的异域风情显然也是非常欣赏的。例如，雍正皇帝就曾让郎世宁给他画过同期欧洲式的头戴假发的画作，乍看上去，犹如欧洲的路易十四（图 3.9）。这些传教士本来的活动范围主要在紫禁城周围，包括钦天监所属的观象台和他们的教堂一带，但是清廷自康熙晚年和雍正年间开始的在北京城西北修建皇家

图 3.10《圆明园东长春宫西洋楼图 · 海晏堂西面》，东洋文库藏。

园林圆明园的工程，使这批传教士将知识运用到了园林修建之上。

乾隆皇帝即位以后，开始在圆明园内建造欧式园林，由精通绘画艺术的郎世宁和蒋友仁负责设计和监督。1751 年的时候完成了第一座喷泉设计，即谐奇趣，当时称之为“水法”，亦属名副其实。此后至 1783 年，总共修成了包括线法桥、海晏堂、远瀛观等在内的十多座建筑，大多以汉白玉石雕为建材，表现了欧洲的巴洛克艺术风格，辅以中国式琉璃瓦以及叠石技术，构成了一小片混合中欧风格的所谓“西洋楼”区域。西洋楼景区在圆明园内的建筑面积很小，基本上属于一种异域艺术风格的呈现，可视为一种“西洋风”，是当时正在演变成地跨欧亚的统一的多民族大国的清朝的历史现象的物质化表现(图 3.10)。

从我们现在可以看到的清宫档案来说，乾隆皇帝并没有像同期的瑞典国王和王后大肆铺陈中国风那样在西洋楼内铺设西洋的地毯、壁画、家具之类，并引以为豪。在提倡朴素无华的满洲习俗下，乾隆皇帝也不可能那样做。所以西洋楼说到底不外乎是一种外在的视觉呈现，主要满足帝王对异域风情的爱好，而在满汉蒙回藏多民族统一的历史背景下，这种“异域”并不具备独特的含义，也难以和清廷以及整个中国社会对西洋的理解甚至喜爱联系起来。

与这一现象相仿佛的，是乾隆皇帝对来自新疆地区的“痕都斯坦玉”制作的玉器的喜爱，这位皇帝不仅亲自下手运用自己掌握的藏回历史和语言知识考订和钦定了“痕都斯坦”的用名，还特命内务府专门仿制这种西域玉器，而这种痕玉制品很多恰恰摆放在圆明园内。“痕都斯坦”其实就是 Hindustan 的音译，本来指印度地区，后来在中国的语境内主要指代的是新疆中南部地区。清朝自康熙年间就用兵西北，到了乾隆年间结束了对准噶尔蒙古的战事，统一了天山南北地区，所以痕都斯坦玉器在这个大的历史背景下开始大量输入中原地区，这种玉器本身携带的中亚地区的伊斯兰风格也风靡一时，为中原地区的玉器制作添加了新的灵感来源。就痕都斯坦玉在中原的流行而言，对后者来说，也不啻一股“痕都斯坦风”。中国的一些风尚，例如丝织品的图案等等，也早就在元朝的时候传入了中亚伊斯兰地区，即便是今天伊朗的一些艺术作品，仍旧清晰地表现着一种中国风的设计元素。

在这种全球史的交往背景之下，18 世纪的时候，在混合了洛可可艺术的中国风流行于欧洲朝廷之时，差不多同样混合了巴洛克艺术风格的“西洋风”也为当时的中国朝廷所欣赏，和痕都斯坦玉一样，可以说是一种建立在对双方理想化的理解之上的艺术消费，也是和跨国贸易以及洲际贸易紧密联系在一起的物质文化消费。

北美的“中国风”一瞥

在当时的环球经济和文化的交流背景中，中国风很快沿着欧洲殖民者的足迹到了北美洲，特别是新英格兰地区，而且进入这一地区的最早的一批中国风的代表性物品是漆器。17世纪以来，由于欧洲大部分国家和北美殖民地缺乏制造亚洲漆器的原材料，所以各自拥有大规模对华贸易的东印度公司的荷兰和英国两个国家，从技术上垄断了对中国漆器的仿制。这种仿制品照样需要付出很多精工细作，价格依旧不菲，也不能满足北美地区强大的市场需要。最后，北美地区的工匠们开始大大简化这种欧式模仿，改为把普通的油漆直接刷到枫木或松木上，而不是像欧洲伙伴那样把树胶和清漆混合在一起后刷到橡木上。北美做法简洁节省，也很快被欧洲方面吸收。18世纪中期，仅在波士顿就有超过12名从事漆器工作的著名工匠，可以想见当时漆器的流行程度，也能够窥见中国风的影响力。虽然就实际成品而言，这些北美制造还远不能与来自中国的商品相媲美，但逐渐形成了一种本土风格，并为大众所接受，开始越来越多地走入普通家庭。

直至今日，中国风仍旧是美国日常消费文化中的一部分。很多美国家庭都在墙上或玻璃橱柜内专门摆放着青花瓷碟和茶杯等等，这就是一种新英格兰时期风靡当地的中国风的遗产，而很多当代移民美国的中国人跟着模仿，就未免流于形式而已，并无多少需要自身去体味的异国风情的文化在里面。个人家庭之外，在美国诸多的历史博物馆中也可以见到中国风占据的重要地位。例如，笔者所在的美国东北部的特拉华州，是世界化工巨头杜邦集团（DuPont）总部所在地。杜邦家族的继承人亨利·杜邦（Henry Francis du Pont，1880—1969）是著

图 3.11 温特瑟博物馆中国壁画室一角，画上布满了中国村庄、市镇、山水、亭阁台榭和各式人物。笔者 2015 年摄。

图 3.12 温特瑟博物馆中国壁画室一角，画中门额上题有“太史第”三字，当系清代翰林学士的住宅。笔者 2015 年摄。

名艺术收藏家，他在 1951 年将其家族的主要住所改造成了著名的温特瑟博物馆（Winterthur Museum）（图 3. 11 和图 3. 12）。这所博物馆和著名的纽约大都会艺术博物馆（Metropolitan Museum of Art）、华盛顿国家美术馆（National Gallery of Art）、波士顿美术馆（Museum of Fine Arts, Boston）等等专门性艺术博物馆不同，展示的是一个美国上层家族在日常生活中对中国风的喜好，更展示了亨利·杜邦本人对中国和整个东方文物的痴迷。如今，这所博物馆展示有杜邦家族搜罗的无数中国瓷器和家具，其中一间很大的宴会房间全部以清代中国人物壁画装点，美轮美奂，营造了一种非常浓郁的异域风情。

在当今美国的日常社会生活中，有一种十分流行的古董店（antique store），但与中国的“古董”完全不同，它指的是“旧物品”，而非中国那种动辄价值连城的唐宋器皿或者明清绘画。这种以转卖旧物品为主的古董店，在全美可谓星罗棋布，但几乎在任何一家稍有规模的古董店，人们都可以淘到带有中国风情的家具、装饰、绘画、瓷器或陶器。对我们这些浸淫于中国本土文化之内许久的中国人而言，很多东西看上去只是略带中国风情，却又和我们中国人眼中的中国风情存在绝大差异，这种物品十之七八都是传统的“中国风”的产物。若要追溯起来的话，就要上溯到本章所回顾的明末清初中西交通的大潮中去了，这便是中西交通与中美关系的一种历史上的关联。

第四章　中国茶叶与美国灵魂

北美的中国茶

几年前我从纽约州搬到现在的小镇工作，拜访邻居的时候，我每家送了一小包日照绿茶作为礼物。两天后，其中的一位邻居女士兴奋地告诉我说，这是她这辈子第一次喝到用茶叶泡的茶，以前几十年都是用包着粉碎后的茶叶的茶包。我十分惊讶，因为此种遭遇在我们中国，不啻天方夜谭。恐怕没有哪个喝茶的中国人，会用类似的茶包几十年，而博大精深的茶文化也得随之大打折扣了。

我们中国在唐宋之时流行煎茶，茶叶也是碾成粉末，细筛浸泡后配以姜、橘皮等物，然后入口，这种习俗东传日本后，便是今日所见到的日本茶道，其步骤颇多，礼节也颇讲究。茶道在元朝以后在中国已然式微，最终消失，取而代之的是明代以降兴起的用加工后的茶叶直接泡茶的习惯，这个习惯一直到今天仍旧保持着。

在今日美国社会的日常生活中，茶包是最常见的饮茶消费方式，从立顿红茶到静冈绿茶，品牌不一而足，它们可以和速溶咖啡一样迅速泡好，从一定程度上说充当的是咖啡替代品，适应现代生活节奏和欧美生活习惯。此外，这种彻头彻尾被包装起来的商品化了的茶包，还有一个潜在的好处，就是美国本土的消费者们看不到茶叶的本来面目，这在完全没有中国、日本那样悠久的茶文化以及中药文化做铺垫的社会中，也可以说是一种润物细无声的高明手法。真用茶叶沏茶的美国消费者，不能说没有，总归是寥若晨星。

不过，美国饮茶自有悠久的历史，始自英国殖民地时期，是欧洲向美洲拓殖以及亚欧国际贸易的结果。最早将中国茶叶贩卖到北美殖民地的，是欧洲特别是英国的东印度公司。英属东印度公司于 1698 年获得了茶叶进口垄断权，并担任对北美殖民地茶叶销售中的唯一机构，具体由公司去中国广州购买茶叶以后，先运回英国，然后通过北美的中间销售商分销到北美殖民地，公司并不直接到北美售卖茶叶。此种旷日持久的远洋运输模式，决定了当时贩售的茶叶只能是发酵茶，特别是储存时间较久的全发酵茶（红茶和黑茶），而这一点也直接影响了欧美世界对中国茶叶的理解和消费习惯。直到今天，美国民众仍旧主要消费红茶，英文叫作“black tea”（字面意思是“黑茶”），很多人喝不惯绿茶。

英国东印度公司旗下的茶叶因为课税的缘故，在北美殖民地的终端售价较高，导致从荷兰、法国、丹麦、瑞典等国向北美走私茶叶的利润很高，刺激了走私贸易，对东印度公司的北美茶叶市场构成了莫大威胁。在 18 世纪 60 年代后半期，新英格兰地区每年消费的茶叶总量在 100 万到 200 万磅之间，较高的估计达到 600 万磅，而这些消费额中间大约三分之二或者九成的茶叶都是以非法手段进入北美殖民地的，直接从英国贩回来的只占一成左右。1773 年 5 月 10 日，英国国会通过《茶叶法案》（Tea Act），授予财政吃紧的东印度公司对北美殖民地的茶叶专销权，允许公司直接将茶叶贩售北美，这个法案对北美殖民地历史进程产生了重大影响。

有关《茶叶法案》，一般的正统解释是英国国会继 1767 年的《唐森德法案》（Townshend Acts）之后又在茶叶上做文章，且没有在议会中给北美殖民地相应的政治权利（即所谓“无代表，不纳税”），最终引起了北美殖民地的反抗，引爆了美国独立革命。人们通常不太注重或者直接忽略了一个重要事实，就是在这个法案出台以后，东印度公司的茶叶价格开始下调，甚至比走私茶叶价格还要便宜。以当时风靡北美市场的中国武夷山红茶为例，在法案通过之前，东印度公司的售价是每磅 3 先令，其中包括 3 便士的关税（1 先令 =12 便士），从荷兰等地走私的红茶的售价是每磅 2 先令 1 便士，虽然走私茶在质量上比东印度公司的要次一些，但足足便宜 11 便士，占尽了价格优势。然而，《茶叶法案》通过以后，东印度公司的红茶售价大幅降到每磅 2 先令，比走私茶价还要便宜 1 便士。英国国会通过这一法案的本初目的，是试图采取一种温和的手段以茶叶价格杠杆解决东印度公司面临的资本危机。他们曾经天真地认为，殖民地的消费者一定会倒向东印度公司的便宜的茶叶，这样对公司和消费者都是双赢模式，然而北美的反应与英国国会和东印度公司的理想背道而驰。

当时，东印度公司手中持有大约 1 700 万磅的茶叶亟待出手，相当于北美市场两到三年甚至四到五年不等的茶叶消费总量，一旦这批茶叶以比走私茶叶还要便宜 1 便士的价格源源不断地倾销到北美市场，足以把那些直接从英国贩茶回美销售的北美茶叶销售商以及通过

图 4.1 美国石版画家内森尼尔·卡瑞尔（Nathaniel Currier，1813-1888）发表于 1846 年的作品，题名“波士顿港口倾茶”（*The Destruction of Tea at Boston Harbor*），描述了 1773 年 12 月 16 日打扮成印第安人的“自由之子”成员将茶叶倒进海港的情形，倾倒茶叶进行得十分有序，而且没有破坏船上的瓷器等其他物品。此画现藏于麻省春田的米歇尔和唐纳德·德阿穆尔艺术博物馆（*Michele and Donald D'Amour Museum of Fine Arts, Springfield, Massachusetts*），是该馆获莉诺 B. 和西德尼 A. 阿尔珀特之赠并辅以购买资金所得（Gift of Lenore B. and Sidney A. Alpert, supplemented with Museum Acquisition Funds），照片由大卫·斯坦斯伯里拍摄（Photography by David Stansbury）。该馆授权使用。

荷兰东印度公司走私茶叶的商人逼上绝路。《茶叶法案》遂对这些北美茶商和走私商形成了直接的生存压力。这促使后者迅速联合起来反对《茶叶法案》，最终波士顿茶党以“自由之子”（Son of Liberty）的身份于 1773 年 12 月 16 日夜制造了著名的波士顿港口倾茶事件（The Destruction of Tea at Boston Harbor）（图 4.1）。在波士顿倾茶事件中被毁的茶叶总计 340 箱 92 000 磅，包括很多中国福建武夷山产的正山小种红茶。波士顿倾茶后两年不到的时间，美国独立革命就爆发了。从这一角度来看的话——当然是一个相对狭隘的角度，美国独立革命的兴起，实是一批茶叶分销商和茶叶走私贩子的商业造反。

东方的茶叶和专制主义与北美的独立灵魂

与此同时，配合这种商业造反行为的，还有一种让人倍感心神不安的针对中国茶叶的解释：茶叶是在中国的土地上种出来的，而中国是一个可怕的东方专制主义国家，经过中国那些苦力之手种出来的茶叶，复经英国东印度公司这种仗势欺人的垄断公司运到新英格兰来，喝了这种茶叶沏的茶，东方专制主义便会潜入北美殖民地居民的体内，摄走他们追求自由的灵魂，让他们永久匍匐在英国君王的脚下，就像中国种茶的奴役匍匐于他们的专制皇帝脚下一样。

这种理解，自然是极其可怕的，听上去就跟同时代中国清代社会中流行的剪辫叫魂一样，总能让人不寒而栗（有关剪辫叫魂之事，请参见已故哈佛大学中国史教授孔飞力的代表作品《叫魂：1768 年中国妖术大恐慌》，陈兼、刘昶两位先生已译有精彩的中文版）。当然，这种对茶叶的主观臆断在中国人看来不外是笑话一则，因为在中国，上至宫廷下至阎闾，没人会把茶叶和灵魂联系起来，又怎么可能联系起来呢？须知即便在英国东印度公司的英格兰老家，也没人这样做。

然而，这种联系出现在了新英格兰殖民地，而且恰恰出现在了殖民地开始风起云涌地对抗英国接二连三出台征税法案的过程中，是在北美独立革命前夕的新英格兰殖民地社会中一股不可忽视的潮流。近年来有一位研究美国物质文化的学者凯洛琳·弗兰克（Caroline Frank）对这一现象进行了研究，在笔者看来这个角度可以补充我们对中美关系开篇的一些认识，也有助于理解作为全球历史中一个很有代表意义的篇章的茶叶的重要地位。

对中国茶叶有毒的宣传高潮，恰恰发生在东印度公司急于通过殖民地市场摆脱资本危机的敏感时期。东印度公司这个时候开始被视为四处压榨被压迫地区的不仁公司，而在《茶叶法案》之下这家公司将击垮北美的每一个生意人——确切说来是每一个茶叶分销商和茶叶走私贩子，并把这块土地带到压迫的深渊之中。早在东印度公司满载茶叶的船只还在大西洋上朝着北美航行的时候，纽约一家报纸就满腔悲愤地指出："一艘满载茶叶的船此刻正在朝着我们这个港口驶来，它是被派来奴役和毒害我们所有美国人的。"随后，宣传矛头开始指向茶叶本身，特别是东印度公司正在贩往北美的中国茶叶，而中国茶叶会把专制主义带到灵魂之中的舆论也开始抬头。

茶叶，而且不再区分什么时候、由哪家公司贩到北美的茶叶，立刻成为这场热爱北美殖民地的运动的目标。在波士顿倾茶事件四天之后，《波士顿公报》（*Boston Gazette*）发表的一篇报道说："列克星敦（Lexington）的爱国居民们欣慰地通知我们，他们在最近的一次集会上一致通过了反对消费任何种类的武夷山红茶，无论是荷兰还是英国进口的。为了表示他们的真诚，他们将镇上的每一磅茶叶都收集起来，然后付之一炬。"紧随列克星敦之后的，是查尔斯顿（Charleston），也正在忙着将中国茶叶销毁。这两个小镇，都在"茶党"运动如火如荼的波士顿的外围，而列克星敦更是1775年4月19日打响北美独立革命第一枪的地方，然而也正是在枪响闹革命的一年半以前，此镇已经先一把火革了中国茶叶的命。

星星之火可以燎原，中国茶叶迅速成为众矢之的，众多小镇、社团组织甚至个人都开始销毁茶叶,展示他们对《茶叶法案》的出离愤怒。中国茶叶已经不再是茶叶，而成为一种在东印度公司代表的君主暴政来临之前为寻求自身经济、政治、权利的自由而进行对抗的手段。在“茶叶可以把专制主义带到你的身体内”的论调的渲染之下，又增加了一份恐慌的神秘色彩。在欧洲启蒙运动开始兴起的时代背景之下，中国形象逐步被贬低，这恐怕也不能不对北美妖魔化中国茶叶的舆论产生思想上的连带影响。启蒙运动的反对专制主义，恰好与妖魔化中国茶叶背后的主要政治信息即反对专制主义合拍。如果说在法国的孟德斯鸠仅仅将中国等同于专制主义的代名词的话，这种北美殖民地的茶叶摄魂论的确技高一筹。

另外，这种恐慌也具有社会心理上的铺垫。自 1450 到 1750 年间，欧洲进行了长达三百年的猎巫运动，即所谓 witch-hunt，很多无辜的人死于这一运动之中。随着欧洲殖民进程，猎巫运动也延伸到了北美殖民地，在北美殖民地约有 5 000 多件审判女巫的案件，大约 2 000 多人因之丧命。猎巫运动存在宗教、社会、精神上的很多歇斯底里，而茶叶有毒论抛出之时，距离此种运动的结束不过短短二十年时间，整个猎巫时期遗留下来的北美殖民地的社会氛围，自然会给这场我们姑且也可以称为“猎茶”的运动做好了若干的铺垫，就连列克星敦焚烧茶叶的路数，也和猎巫运动中烧死被指斥为女巫的女子的行为毫无二致。上文提及的美国学者弗兰克，并未在其研究中将猎巫的背景引入，但这一背景在笔者看来当是不容忽视的。在当代美国政治生活中，某些政客时不时把他人对自己的批评说成是在“猎巫”，这就是一种历史遗产的现实体现。

就实际生活而言，这种妖魔化中国茶叶的做法到底对多少北美殖民地的公众产生了多少切身影响，是值得怀疑的。在独立革命之前的北美殖民地，从上到下都十分迷恋中国茶，连麻省的长官们也参与到了说不清道不明的荷兰方面的茶叶走私生意，以茶会友的社交，尤其是下午茶大行其道，而在像纽约这种都市之中，下午茶聚会在妇女之中也非常流行。从波士顿往南，到纽约，再到费城，这一东部沿海走廊地带早已被中国茶的迷人魅力所折服。相应地，就会出现一些反对茶文化的声音，开始流行是在18世纪30年代，比波士顿茶党倾茶早四十多年。

例如，1731年的时候，就有一个纽约人在一份报纸上忧心忡忡地写道："只有我能够说服你们改变现在这种在我们中间非常流行的带有致命后果的习惯（亦即喝茶的习惯），我才能感到快乐。……当不仅仅他们的财富，而且他们的身体和快乐也面临危险的时候，我想去警告他们并阻止他们遭到毁灭是我的责任。……（在喝茶的习惯下）不唯身体本身要遭罪，灵魂的行动自由也将受到阻碍并且会发生紊乱。"这位要做醒世良民的作者，还担心喝茶这种行为可能会对喝茶者死后留下的身边的家属也产生致命的影响。在这位作者看来，喝茶这种习惯，是来自遥远的不可知的东方异域，其结果也就可能是非常可怕的。无知往往造成恐惧，而恐惧则会带来谣言，进而造成群体性恐慌和歇斯底里，这一现象在世界各国历史上可谓屡见不鲜。

喝茶除了茶叶、瓷器茶具和茶桌等等之外，更重要的是有一套礼数，在一些欧美人士眼中，这种喝茶的礼仪将东方式的、中国式的女性性格带到了欧美，软化了欧美的男性性格，后果也是可怕的。1757年，英国一位著名的旅行家乔纳斯·汉维（Jonas Hanway, 1712—1786）出版了一篇《茶叶论》（*An Essay on Tea*），其中提到："中国人已经把体面置于任何的男性劳作之下了，甚至于任何的劳作之下；然而就喝茶而言，我们这些人似乎比中国人自己做的还要不可救药和不可理喻。”他还对他的贵妇朋友特别提到：“茶会伤害很多人，这些人不相信他们所遭受到的邪恶之灾乃出自此种喝茶习惯；我相信您每天一定都能看到很多人坚持喝茶，虽然喝茶有害这一点已再清楚不过了。”汉维还认为，欧洲人喝茶会像土耳其人吸食鸦片那样上瘾，进而丧失男性进取的精神特质。如果我们从中国人对吸食鸦片烟的态度的角度来看的话，汉维对欧洲人喝茶的担忧程度之深、所认为的危机程度之大，就不难理解了。汉维的书在英国各殖民地也流传甚广，他的观点对北美殖民地而言，就不免会有茶叶导致阴盛阳衰进而使北美继续为英国所控驭的延伸理解。在此，我们也不得不再次回到同期欧洲启蒙运动的影响之下去观察汉维的这种评论。当时欧洲已经开始批评中国形象太过虚弱、女性化，中国男子的形象也开始被刻意扭曲，法国也已经由路易十四的中国热时代急转直下到了路易十五的丑化中国的时代，而汉维的看法恰好是这种再审“中国风”的具体表现之一。

在北美，和欧洲一样，一边是茶叶、茶具、喝茶礼仪和社交活动的风靡，一边是一些人忧心忡忡地对这种非本土的东方式的物质文化和社会文化的渗透表示警惕甚至反对。正因为抵制喝茶习惯的声音在北美殖民地一直都有，所以这种舆论才能够在《茶叶法案》前后得到放大，在新英格兰地区走到风口浪尖。茶开始被一些人视为“瘟疫”（plague），而且这种比喻也一再出现。例如，就在东印度公司的运茶船停留在波士顿港口等待出售，而茶党计划推进倾茶行动的前几日，一位作者匿名在《波士顿公报》上大声疾呼说这些英国船“不仅带来了瘟疫（茶），而且带来了天花”，不免更给这种反对东印度公司贩茶到北美的爱国者们的心头蒙上一层阴影，增加了要与英方抗争的决心。茶在这个时候，已经变成了革命的对象，被视为携带东方专制主义之物、东印度公司的工具、继续把北美殖民地置于英国统治之下的手段、让北美阴盛阳衰的可怕之物。

从我们现在所看到的独立革命之前的美国社会生活资料而言，这种妖魔化茶叶的声音并未占据社会舆论的主流，即便是波士顿茶党倾茶的过程中，也有一个人打算私自拿一些茶叶，结果被发现并遭到申斥。而且这种反对中国茶叶的舆论，并没有扩大到抵制中国的丝绸、瓷器等商品。例如，1773 年 12 月 16 日晚倾茶之前，一群就要在晚间行动的茶党骨干来到《波士顿公报》的发行者本杰明 · 伊兹（Benjamin Edes，1732—1803）的家里，用一只中国的海碗轮流喝了一圈朗姆酒，而这只海碗上清楚地印着中国人的生活图景。所以反对中国茶叶的声音，不过是充当了这一时代背景之中北美殖民地抗争手段的一部分，并没有扩大化。除了茶叶之外，来自东方的一切货品，仍旧在北美大行其道，供不应求，而且以中国风风格为主要标志的漆器、瓷器等等，依旧抢手。

1775 年 4 月 19 日，一年前已经将镇上的中国茶叶悉数焚毁的列克星敦，打响了北美独立革命的第一枪，对中国茶叶的妖魔化开始让位于对英国国王的武装斗争。独立革命结束之后，曾经要被革掉命的中国茶叶，也在这块土地上一夜之间含冤得雪。1784 年 1 月 14 日，美国国会批准了在巴黎交涉的对英和约，确立了美国在国际上的独立主权国家地位。战后独立的美国，外围上遭到英国经济封锁，英国禁止美国商人前往西印度群岛贸易，为了打破这一封锁，远航开展东印度贸易成为美国的目标。1784 年 2 月 22 日，即华盛顿将军生日这天，新生的美国派遣“中国皇后”号从纽约港启程，前往中国广州贸易，而贸易的大宗不是别的，恰是茶叶。此时，茶叶是毒药、瘟疫、专制主义化身的说法，统统销声匿迹了，在美国商人和走私贩子革了英国东印度公司的命以后，茶叶重新回到了它的起点：资本、财富与国际贸易。美国，也就此成为北美茶叶生意以及其他一切生意的正统操作者。

第五章　到中国去！

朦胧的理解

“中国”，对于很多普通的美国民众而言，是一个十分朦胧甚至带有几分神秘和可怕的地方，美国刚刚独立的时候是这样，直到今天情形也差不多还是这样。近来中美之间发生了贸易摩擦，双方也谨慎地对待可能爆发的贸易战，然而即便是像这种紧要关头，遗憾的是很多美国人并不知道现在的中国是什么样子的国家，也从未到过中国，更为遗憾的是很多人缺乏去中国的兴致和冲动。

很多美国民众对中国的理解，主要靠小说、新闻阅读、影视作品和自身的想象。我的一位美国朋友给我展示了她了解中国的主要信息渠道，是旅居中国的美国作家赛珍珠（Pearl S. Buck, 1892—1973）的名作《大地》（*The Good Earth*），这是一部介绍中国特别是乡土中国的经典作品，初版于 1931 年，即民国二十年。赛珍珠也凭借其对中国农民生活炉火纯青的描述，于 1932 年获得美国普利策小说奖（Pulitzer

Prize for Fiction)，进而在1938年获得了诺贝尔文学奖（图5.1)。赛珍珠的确是一位对普通人生活观察得细致入微且能恰到好处描绘出来的伟大作家，《大地》中描述的很多场景甚至是我小时候在山东半岛亲眼所见的社会生活。然而，那些场景如今早已成为历史，继续以这本20世纪30年代的书理解当下的中国，恐怕是要南辕北辙的。我们要是认为很多美国人也像我们了解美国那样了解中国，或者会用我们中国人的双眼去解读世界大势，那我们可能就错了。

图5.1 位于美国宾夕法尼亚州普凯西镇（Perkasie）的赛珍珠之墓，石碑上只写着大大的“赛珍珠”三个汉字。笔者2019年8月摄。

对两国冷战以降高层政治的高度关注，让中美两国的很多学者和民众都模糊了对中美社会层面的交流的观察和解读，而在美国一侧，也严重忽略了对美国二战以后跃居世界政治秩序主导者之前与中国的交往。美国基础教育体系采取K12模式，就是从6岁第1年级也就是小学一年级开始，到17岁第12年级也就是高中阶段结束，虽然各地各校采用的教科书各有差别，我亲自所见的也自有不少局限，但其中忽略对华交往的历史当系一大通病（当然也忽略了其他很多国家，我的一位美国本科生说他的高中教材甚至略去了欧洲历史)。我的一位长期研究美国教育并参加美国基础教育教师培训和评估的美国同事，从专家的角度对此现象可谓痛心疾首。

就我所接触过或者教过的学生而言，从高中高年级的 11 或 12 年级的学生，到大三或大四的本科生，对中国这样一个在世界上的地位日益重要的大国，知之甚少，对双边交往历史，更是一片茫然。我教过的这些美国学生中，无一人听说过一艘叫作“中国皇后”号的去过中国广州的美国船，也没有听说过中美《望厦条约》，没有听说过上海英美公共租界，没有听说过鸦片战争后中国派往包括美国在内的西方国家的第一位全权外交公使竟是一个美国人，没有听说过晚清中国赴美留学生和庚款留美学生，没有听说过一个叫作司徒雷登的美国驻华大使，而且除了毛泽东主席之外也说不上 1949 年以后的其他中国领导人的全名。美国这种情况，和我们中国鸦片战争之时的状态多少有些相似，认定自身是天下文明的中心，颇具万邦来朝之势，而不去关注甚至严重忽略了其他国家，包括历史上跟这些国家发生过的积极的交往。美国走到今天，在笔者看来，也跟其丧失了“到中国去”的精神有诸多的联系，当然其中的历史原因也是极其复杂的，其中之一是美国在 20 世纪把自己锻造成了一个全球性帝国。

远航中国：美国独立后的亡命选项

美国独立后以极快的速度派遣船只去广州，拓展对华贸易，但这其实是一次彻头彻尾的商业大冒险，幸运的是美国成功了，广州的商人也很高兴西洋“夷商”中又增加了一个名字。

1783 年 9 月 3 日，美英在巴黎签署了《巴黎条约》，英国承认美国

图 5.2 宾夕法尼亚州的女士贝齐 · 罗斯（Betsy Ross，1752—1836 年）正在给华盛顿（坐在椅子上者）等人展示她如何为第一面诸星环绕的美国国旗制作五星。美国国会图书馆藏，编号 2002719536。罗斯是美国历史上特别是民间传说中的一个标志性人物。她的这种环状五星设计，在今天的美国照样经常看到，例如每年美国国庆节罗斯的老家宾州的费城国际机场，就免费向旅客发放很多小美国国旗，其中之一款就是罗斯式国旗。

独立，美国的独立战争就此取得了伟大胜利（图 5. 2）。但独立后的美国面临英国的经济封锁，英国关闭了之前美国商人可以前往贸易的西印度群岛的大门，新生美国当时被限制在密西西比河以东到大西洋沿岸的区域之内，对发展西北方向的贸易，也就是西进贸易，一时还没有多少兴趣。为了冲破这一经济窘局，美国商人将目光投向了遥远的中国，开始谋划洲际远洋贸易。到中国去，是美国独立之时一种亡命一般的选项，但也成为该国国际贸易史上一项悠久的传统。

远航中国是一种大大的冒险，和拥有将近二百年对华贸易经验的英国比起来，新生的美国当时没有哪位船长有着中国贸易的经历，甚至没有可资立即使用的前往中国的航海地图。美国历史学家泰勒·丹涅特(Tyler Dennett)在他写的一本经典著作《美国人在东亚》(*Americans in Eastern Asia*)中曾经评论说，独立之前的美国人中切实了解地球另一边的亚洲情况的，恐怕不足六个人，而土生土长在北美殖民地的去过中国的人，有据可查的只有两个，一个是来自弗吉尼亚州的约翰·戈尔（John Gore)，一个是来自康涅狄格州的约翰·雷亚德（John Ledyard)。这种情况是非常严峻的，想直接发展对华贸易多少有些痴人说梦。

美国版的马可·波罗

戈尔和雷亚德两个人之所以有去中国的经历，是因为1776年到1781年之间跟随著名的英国皇家海军上尉、探险家詹姆斯·库克（James Cook,1728—1779)，乘坐“决心”号（HMS *Resolution*）从英格兰去太平洋做了一次探险航行。戈尔在那次航行之中担任一级上尉，雷亚德则充任下士。此次航行之后，戈尔销声匿迹，生平无考，但雷亚德留下了一些十分有意思的记载。雷亚德1772年进入达特茅斯学院（Dartmouth College）读神学，准备做一名教化“印度人”（即亚洲人）的传教士，但是最后放弃了这个传教计划，参加了库克船长的太平洋探险之旅。1782年回到康涅狄格州以后，雷亚德开始在美国商人中间致力于推动对亚洲的贸易。

雷亚德告诉这些商人，在广州他亲眼看到了一些从美洲西北海岸以6便士购买的皮毛以100美元的价格售出。这是什么概念呢？当时1先令等于12便士，即12.5美分；1美元等于100美分，所以6便士就相当于 6.25 美分，售价 100 美元也就是 1 万美分，如此一来销售毛利润率高达 9993.75%，属于名副其实的一本万利。这种奇高无比的利润率在当时的听者看来，不啻是天方夜谭。雷亚德乐此不疲，在波士顿、纽约和费城等地动员商人们开拓对华贸易，可惜的是并没有人真正相信他说的皮毛生意的故事。在他的游说中，有两次几乎是曙光在望的。一次是在他的老家康涅狄格州的港口城市新伦敦（New London），一艘三桅的巡防舰“特朗贝尔”号（*Trumbell*）动心了，打算去中国走一趟，但马上因为战争形势这艘船去做别的事了。另一次是在纽约，来自费城的富商罗伯特·莫里斯（Robert Morris）对雷亚德说的事情很感兴趣，希望能打开同广州之间的贸易渠道，但并没有在雷亚德的框架下行事。其实此时莫里斯正在开始筹资建造一艘船用于中国贸易，名字叫“中国皇后”号。

美国西进与对华贸易

按照中美关系史家李定一先生的说法，在北美事业受挫的雷亚德并未死心，渡过大西洋，在法国巴黎找到了杰斐逊（Thomas Jefferson,1743—1826），继续游说对华贸易。杰斐逊是美国“建国之父”之一，当时出任驻法公使，对新生美国迫切需要开展对外贸易的情况看得很清楚。雷亚德谈到的皮毛，主要是产自太平洋沿岸现在的俄勒冈州和加利福尼亚州一带，而美国当时还没有跨过密西西比河向西拓殖，所以杰斐逊就派遣了一个将军进行了一次由密西西比河到加利福尼亚州的探险，看一下是否有从密西西比河进入密苏里河流域然后进入太平洋的全水路航道，以期评估贸易前景。杰斐逊对雷亚德的热情很赞赏，但认为他的幻想太多。然而，1801 年杰斐逊担任了美国第 3 任总统以后，仅仅用了两年时间就在 1803 年从法国手中购买了当时称为路易斯安那的几乎跟当时美国国土大小相当的大片土地，使得美国国土一夜翻倍，而这片土地所涉及的范围，几乎就是密苏里河流域。杰斐逊购买路易斯安那的做法，虽然主要是因为当时法国和西班牙的秘密土地交易导致了美国的紧张，但也不能不让人想起雷亚德的影响。雷亚德最终赍志而殁，李定一先生评价说，雷亚德“对中美直接发生关系所做的催生工作，确令人难忘，尤其对于美国西部开拓的运动，更有不可泯灭的功绩”。我们中国人素来可能的印象，是美国的西进运动和中国并没有多少关系，而雷亚德的故事告诉我们，向西北印第安领土扩张以占有对华贸易资源（主要是皮毛、人参等物品），也是美国西进运动的一个不应该忽视的推动力。

2015 年好莱坞电影《荒野猎人》（*The Revenant*），故事的历史背景就是美国前往印第安领地寻求皮毛，历史上对应的真人真事来自宾夕法尼亚州的猎人休 · 格拉斯（Hugh Glass, 1783—1833）。格拉斯 1823 年跟随当时落基山皮毛公司的冒险家威廉 · 艾仕礼（William H. Ashley,1778—1838）前往印第安领地收集皮毛，在遭到一只熊的袭击之后被队友遗弃，但他在没有任何装备的情况下靠着一股勇气爬行了 200 英里（相当于 320 千米）到达南达科他州的齐奥瓦据点（Fort Kiowa），得以生存。这个十分励志的故事背后，恰是当时很多美国冒险家和亡命徒前往印第安领地寻求皮毛，然后在国际贸易中获取高额利润的历史，而这些皮毛的主要市场之一是远在地球另一端的中国。

雷亚德的经历，使他看上去好像是美国版的马可 · 波罗一样，亲身进过赚取财富的东方大门，回到自己的老家后却没人相信自己。不同的是，马可·波罗死的时候是富商，而且他的经历有狱友鲁斯蒂谦帮他写了下来，散布出去；雷亚德死的时候几乎是两手空空，他的经历、游说，也都淹没在了历史大潮中。

雷亚德可能是幻想太多，但并非完全不切实际，而独立之后的美国恰好需要这样的幻想。正如美国史家丹涅特所说的那样，美国自己当时并不能生产维持生活所需的所有产品，他们必须走出去做生意，而且不得不去一切他们可以到达的地方，包括中国；这也可以解释为何当这种迫切需要不复存在的时候，美国商人开始选择在本国进行贸易，不再到海外四处游荡。到中国去，对美国而言是一个并不遥远的梦。中国风在北美的流行、中国茶叶和瓷器的高额利润等等，为这种国际贸易冒险计划做了很好的铺垫，而且美国商人也知道起码美国的人参在中国是很受欢迎的。

开天辟地的“中国皇后”号之旅

根据美国历史学者塞缪尔·莫礼森（Samuel Eliot Morison）和亨利·考麦格（Henry Steele Commager）的研究，在《巴黎条约》签订之后，美国波士顿周围的商人们就开始谋划对华贸易。很快，他们于 1783 年 12 月派遣了一艘 55 吨的单桅船“海瑞特”号（*Harriet*），载着北美人参，即中国人所谓的花旗参，从波士顿港口出发前往中国。这本来应该是一桩很好的买卖，因为北美花旗参在广州很受欢迎。但是这艘船到达非洲好望角以后，东印度公司横插一刀，以两倍重的熙春绿茶与美国人的人参做了交换，“海瑞特”号贪图茶叶利润，遂半路返航，没能去成中国。但是到中国去的梦依旧在，而且让很多人为之兴奋迷倒。

图 5.3 第一艘抵达中国的美国商船“中国皇后”号。公有领域图片。

在“海瑞特”号起航后不久，1784 年 2 月 22 日，“中国皇后”号从纽约港启程，前往中国广州贸易（图 5. 3）。这一天是美国独立革命领袖乔治·华盛顿将军的生日，按照中国人的传统看来是黄道吉日，后来也证明这艘船的确十分幸运。美国没有单独和中国交往的经验，所以在国会颁给这艘船的航海护照（customary sea-letter）上，根据赴华以后可能遇到的情况，预先写了一串名堂，要致“所有的不管是否是奉教抑或世俗的好的城市和好的地方的至贵的、至高的、无上的、受人敬仰的、尊贵的、高贵的、权威的、睿智的和英明的君王、皇帝、国王、共和国主、亲王、公爵、伯爵、男爵、贵爵、镇长、议员、法官、将官、司法代表和摄政代表们”（most Serene, most Puissant, High, Illustrious, Noble, Honorable, Venerable, Wise and Prudent, Lords,

Emperors, Kings, Republicks, Princes, Dukes, Earls, Barons, Burgomasters, Councillors, as also Judges, Officers, Justiciaries and Regents of all the good cities and places, whether ecclesiastical or secular)。从这一长串的头衔里面，我们可以看到当时的美国对中国有多么大的隔膜，起草这个护照的人完全不知道中国究竟是个什么样子的国家，所以把他们能够想到的从欧美历史上学来的高级官衔悉数罗列上去，认为总有符合中国人需要的称呼。

“中国皇后”号是 360 吨重的三桅船，船只制造成本加上航行治装成本，总计耗费了大约 12 万美元。船长是约翰 · 格林（John Green），商务经理是在独立战争中官至炮兵少校的山茂召（Samuel Shaw），嗣后山茂召担任了美国驻广州的第一任领事。当时大西洋等各处海盗猖獗，为了防备海盗，“中国皇后”号和其他很多商船一样也武装有大炮，山茂召的行伍经验在此次航行中也恰好用得上。该船装载的货物包括：棉花 361 担，铅 476 担，胡椒 26 担，羽纱 1 270 匹，皮货 2 600 件，人参 473 担。“中国皇后”号毅然远航广州的精神是可嘉的，运气也帮助了他们。在抵达巽他海峡的时候，他们正好遇到了正准备驶往中国的法国军舰，当时法美的国际友情因为美国独立战争的原因相当不错，于是“中国皇后”号就跟在法国军舰后边于 1784 年 8 月底经过澳门顺利抵达广州。嗣后，驻法公使杰斐逊还特意致谢法国政府对“中国皇后”号的襄助。

据记载，抵达广州港的时候，“中国皇后”号特别鸣礼炮 13 响，代表了当时美国的 13 个州，也是向中国以及在广州贸易的各国致敬。非常巧合的是，美国人鸣了 13 响礼炮，而在广州居间做中西贸易最出名的恰好是 13 家商行，即闻名遐迩的十三行。在广州，“中国皇后”号把携带的美洲货物销售一空后，采办了如下中国货品：红茶 2 460 担，绿茶 562 担，棉布 864 匹，瓷器 962 担，丝织品 490 匹，肉桂 21 担。美国人交易之后不久即扬帆回国，同行的有荷兰的商船，所以只有普通地图却没有详细航海地图的美国人的这趟中国商务之旅是非常幸运的，从中也可见到当日广州国际贸易的繁盛，欧洲前来中国贸易的商船络绎不绝。

1785 年 5 月 11 日，“中国皇后”号回到了纽约，一番贩卖以后，赚了 37 727 美元，利润率 25%。虽然对比后来者而言这趟所赚取的利润不是非常高，但首次中美贸易获得巨大成功，各方皆大欢喜。

到中国去：风靡美国的中国货

三个月后的 1785 年 8 月 12 日，一艘美国商船“帕拉斯”号（*Pallas*）也从广州顺利回到北美，泊在了巴尔的摩（Baltimore）港口，带来了大批的安徽茶叶、南京棉布和青花瓷器等等。船东约翰·奥唐奈（John O'Donnell）大打广告，宣传说货物将于 10 月 1 日开卖，以吸引消费者。奥唐奈在英属东印度公司旗下跑过 16 年的船，深谙东西商贸之道，他的中国货引发了极大的关注。乔治·华盛顿于 8 月 17 日通过朋友和中间人坦奇·蒂尔曼（Tench Tilghman）上校，向船东列了一个长长的购买清单，包括一套上好的南京茶桌、一套大青花瓷器、一打青花瓷碗、12 件南京棉布等等在内，而且声明说如果给他的卖价比一般的市场价格低的话，他就全拿着；如果谈不拢，他就一件也不要。华盛顿的购买心态，和一般的北美消费者并无不同。根据蒂尔曼上校的回信来看，华盛顿一定是拿到了最好的优惠。

除了货物之外，奥唐奈的船上还带回来四名中国水手，这是第一批抵达独立后的美国的中国人。蒂尔曼在致华盛顿的信中描述这几名中国人时说:“船上有四名中国水手,从肤色到头发以及外表的每一处地方,都和北美的印第安人一模一样。”后来美国国会还为如何把这四名中国人送回国去费了一番脑筋。

商贸渠道打开了之后,美国联邦政府很快从各种中美贸易报告中看到了巨大利益,这对于新生的美国是十分重要的。1789 年乔治 · 华盛顿就任美国第一任总统,更给对华贸易添加了无比的推动力,在到 1791 年这短短的两年之间,纽约州、宾夕法尼亚州以及联邦政府都立法特别保护对华贸易,并对中国货物实行特殊的较低的进口税。在这种大的政策引导之下,美国对华贸易开始直线上扬。

美国的探险精神在此期间高涨如潮,各种船只竞相奔赴广州。1785 年,一艘单桅船“实验”号(*Experiment*)从纽约州首府奥尔巴尼(Albany)出发,船员只有七个成年男船员与两个男孩子,他们把船开到中国并拉回了一船的茶叶、瓷器和其他中国货物,前后总计用了 18 个月。1797 年到 1798 年之间,一艘不大的只有 93 吨重的“贝齐”号(*Betsey*)商船,从纽约出发,经南美洲的合恩角横越太平洋抵达了南海,然后驶入广东,交易以后又穿过非洲好望角横贯大西洋回到了纽约,总计用了 23 个月。“贝齐”号的船员总计 30 人,全部在 28 岁以下,他们从中国带回美国的货物销售后,再扣除关税、船长薪金、船员薪水和投资成本等等,净利润竟然高达 53 118 美元。美国的造船业在此期间发展迅速,驶往中国的船只吨位逐渐提高到了 250 吨到 300 吨,截至 1813 年,在广州黄埔停靠的吨位最大的美国船已到 493 吨,虽然比起英国动辄 600 到 1 400 吨的船只不算大,但是船身轻便、船员又少,反倒成了一个优点,而且一开始船员的平均素质也很好,普遍受教育程度较高，不似英国船员有各种无赖混杂，所以美国商人很受中国人的欢迎，生意也就做得十分顺利。

就在美国开始发展对华贸易的当口，1789 年到 1799 年之间的法国大革命，以及继起的拿破仑第一帝国和欧洲战争，也为美国提供了一个难得的与欧洲对手进行国际贸易竞争的机会。法国大革命和拿破仑战争使得欧洲大陆政局动荡，并且直接波及法国的海外殖民地和海外贸易，而美国因为地缘因素，得以置身事外，能够一门心思做生意，而且把茶叶等货物转销到烽烟遍地的欧洲去，赚得盆满钵满。在 1784 年到 1814 年这 30 年间，美国前往广州和澳门的船只数量，由此前的 491 艘上涨到 618 艘。截至 18 世纪 90 年代末，美国商人每年从广州贩运 300 万到 500 万磅的茶叶，仅次于英国东印度公司，超过了法国和荷兰的在华贸易。到了 1806 年的时候，美国每年从广州的贩茶数量达到了 1 200 万磅，并从英属印度市场往大西洋市场贩回了更多的货物，超过了英属东印度公司，而且开始充当将很多货物分销到南美等地方的二道贩子，大西洋上开始有了一支新生的洲际贸易力量。

美国也乘着法国大革命之机，将贸易触角再次深入西印度群岛以及西班牙在美洲的殖民地，成了西班牙在这一地区最富有的两个殖民地古巴和墨西哥最强硬的贸易伙伴。在古巴和墨西哥，美国商人获取大量的西班牙银圆，然后跨洋输送到银两不足的中国。美国之所以这样做，主要是因为自“中国皇后”号抵达广州开始和中国做生意的时候起，在对华贸易中中国一直处于出超地位，美国货船在将载到中国去的货物销售一空后，其所得不能够满足购买中国货物的资金需求，因此美国货船都携带大量的银圆现金，以期顺利完成对华交易，而西班牙银圆恰好提供了这种得天独厚的条件。截至 1800 年，美洲新大陆

图 5.4 一幅描绘密西西比河流域一家棉花种植园的石印版画，1884 年。美国国会图书馆藏，编号 91722891。

75% 的银都输送给了中国。1806 年，美国超过英国成为对华输送银圆最多的国家。明清以降的中国笼统地称呼葡萄牙和西班牙为“佛郎机”，所以这种逐渐由美国为主力大宗输往中国的银圆被称为“佛洋”“佛银”或者“本洋”，在对华跨国贸易中广泛使用。

美国从中国进口的商品中，长期名列第一的是茶叶，其次是棉布。据研究者们统计，1790 年美国从中国进口茶叶 5 575 担、棉布 166 700 匹；十年以后的 1801 年，棉布进口已经上涨了 8 倍，高达 140 万匹。然而，同期美国的内部经济结构正在经历着一个革命性变化，棉花产量开始飞跃式上升，而当时的中国并不能够意识到这种远在万里之外的巨变（图 5.4）。

1792 年，在雷亚德的老家康涅狄格州，伊莱 · 惠特尼（Eli Whitney，1765—1825）受一次在佐治亚州参观棉花种植园的启发，发明了轧花机，能够有效地将棉花籽从棉桃中摘除，比人力快 8 倍。这一技术迅速推广到了南方棉花种植行业，使美国的棉纺织业突飞猛进。1790 年美国棉花的年产量是 4 000 多标准包（bales），到了 1840 年，也就是中国鸦片战争的时候，美国棉花年产量已经超过了一百万包，占美国出口货物的一半左右，而且供应了全球 60% 的棉花消费。美国开始成为名副其实的“棉花帝国”。南方的棉种植业刺激了北方的银行业和转运业，南方对北方工业品的需求和对中西部农产品的需求也大大提升。在这种大的背景之下，主要靠远洋贩运和差价利润的茶叶生意，在整个美国经济结构和税收结构中的比重开始明显下降。

就中美两国具体的贸易货物的结构而言，因为中国在美国的棉纱、棉布市场逐步被英国和美国自己生产的同类货物所取代，茶叶在中美交易中的比重开始稳步上升并占据大宗。1822 年的时候茶叶占中美交易货物的 36%，1828 年上升到 45%，1837 年涨至 65%，到了 1840 年鸦片战争的时候已经直线攀升到 81% 了。茶叶的比重加大，意味着中国无力占据美国棉纺织等工业制品的市场份额，背后反映出来的时代信息是当时的中国已经开始被欧美工业革命超越。更具讽刺意味的是，早在 1820 年的时候，美国对丝绸和棉纺织品的消费，已经超过了茶叶。

1820 年是中国的大清嘉庆二十五年。这年秋天，嘉庆皇帝驾崩，次子旻宁继位，次年改元道光。这个时候的广州，茶叶、瓷器和丝绸贸易仍然如前般的活跃，然而它们也开始静悄悄地让位给英国旅行家乔纳斯 · 汉维曾经提到的土耳其人早就开始在消费的一种特殊商品——鸦片。

第六章　中国鸦片美国梦

美国第32任总统富兰克林·德拉诺·罗斯福（Franklin Delano Roosevelt, 1882—1945），大约是我们中国人最为熟悉的美国总统之一，他从1933年3月4日走马上任，一直到1945年4月12日任内突然去世，因为二战的特殊环境而连任四届总统，是至今美国历史上唯一任期超过两届的总统。很多和罗斯福总统接触过的美国官员都有一种共同的回忆，就是罗斯福总统体现出来的对中国的兴趣，他不止一次地告诉这些人说自己的祖上特别是外祖父去中国做过生意。但是，总统并没有进一步告诉这些人他的外祖父在中国广州具体做的是鸦片生意，更没有提到在鸦片烟里变成现实的美国梦。罗斯福总统的中间名字是Delano，这是继承自他母亲和外祖父一侧的姓氏。当然，德拉诺家并非唯一在对华鸦片贸易中成为巨贾的美国家族。

18世纪末期，英国东印度公司为了改变对华贸易赤字，开始逐步走上了贩卖鸦片之路，而鸦片贸易的高额利润对商人们的引诱，是不分国界的，很多美国商人也纷纷加入进来。在早期美国对华鸦片贸易的历史上，有一些商人颇值得我们关注，包括约翰·珀金斯·顾盛（John

图 6.1 内伶仃洋贩运鸦片的船只，英国海事画家威廉姆·约翰·哈金斯（William John Huggins，1781—1845）绘于 1820 年；画上从右往左第一排第二艘船，即画中最大的船是英国船，第二排的则似是一艘悬挂着美国国旗的鸦片船。公有领域图片。

Perkins Cushing, 1787—1862)，塞缪尔·罗素（Samuel Wadsworth Russell, 1789—1862)，以及罗斯福总统的外祖父小沃伦·德拉诺（Warren Delano, Jr., 1809—1898)。(为了避免混淆，以下均以美商的个人姓氏称呼之。)

他们抵达中国的时候都是血气方刚的年轻人，都得到了中国广州十三行的巨富伍秉鉴（1769—1843）的支持和庇护，在离开中国回到美国的时候也都成了富甲一方的巨富。更重要的是，他们通过鸦片贸易赚取的巨额财富，后来几乎都无一例外地投入到了美国的建设中去，为美国的繁盛奠定了坚实的物质基础，也留下了影响深远的精神财富（图 6.1)。

旗昌洋行、鸦片烟和暴发户

塞缪尔 · 罗素出生在美国康涅狄格州的中州镇（Middletown），该镇是康涅狄格河上的一个口岸城镇，商船沿河南下入海以后可贯穿纽约长岛东端，扬帆大西洋外洋。在 18 世纪的时候，中州镇发展成为康州最为繁华富庶的港口重镇，顶峰时期该镇有三分之一的市民从事港口贸易或其他的海事活动，罗素的父亲就是其中的一员。不幸的是，罗素 12 岁的时候成了孤儿，而家产无几，于是为了生活加入了当地一家名叫威特里斯和奥萨普（Whittlesey & Alsop）的公司，成为学徒。

罗素从未上过大学，但是获得了一身做商贸的好本领。学徒生涯结束之后，他前往纽约，加入了一家也是康州同乡建立的豪尔 · 格瑞斯沃德公司(Hull & Griswold),并以押运员的身份开始了海上航行生涯。在洞悉了这套运作模式之后，罗素自己在老家中州镇创办了一家以自己名字命名的罗素公司（Russell & Company）。照我们今天的标准去看的话，罗素成立的不啻是一家皮包公司，其主营业务是为格瑞斯沃德公司做贸易代理。

当时美国的对华贸易处于高歌猛进的时代，从波士顿东北方向的港口城市塞勒姆（Salem）往南到波士顿、罗得岛、康涅狄格州，再到南面的纽约、新泽西，然后延续到宾夕法尼亚州的费城和特拉华河一带，再往南继续延伸到巴尔的摩和华盛顿特区周围，形成了一个东部沿海经济的走廊地带。这是北美新英格兰地区对华贸易最重要的集散地，各路势力较大的对华贸易家族企业和商人云集，瓷器、漆器、茶叶、丝绸等来自中国、日本和印度的货物，也大部分散布在这一地域。直到今天，这一地区的博物馆内陈列有大量的中国瓷器和漆器，有的地方名字也叫“广州”(Canton)，在波士顿以北的缅因州甚至有一个小镇叫“中国”(China)，镇上还有两条很短的路，分别叫“北京路”(Peking Street)和“广州路”(Canton Street)，还有一个很大的湖叫“中国湖”(China Lake)，多少可见中国贸易对这一地区的深刻影响。美国的精英大学也大部分散布在这一地区，这里更是北美中国学研究的核心区域。出生在这一地带的罗素，自小耳濡目染，也十分憧憬能够前往中国去做贸易。

和中国商行的模式差不多一样，罗素在商业上的成功发展，一直离不开他的康州同乡的帮助。在去中国的宏远计划上，罗素得益于他的老乡爱德华·卡灵顿（Edward Carrington，1775—1843）的帮助。卡灵顿出生在康涅狄格州的港口城市纽黑文（New Haven)，但后来搬去了邻州罗得岛的中心城市普罗维登斯（Providence)，成为当地一家海外贸易公司的文书和押运员。1802 年到 1810 年期间，卡灵顿住在中国广州，并成了非正式的美国领事，为其他美国商行服务，相当于美国商会头目，但也做着自己的生意。停留中国的八年之间，卡灵顿积累起了可观的财富。1811 年他回到了普罗维登斯，成立了爱德华·卡灵顿公司（Edward Carrington & Company)，并且依旧从事对华贸易。此后不久，罗素就和这家公司建立了联系，而罗素的广州之行也在卡灵顿的这种中国贸易背景下开始登场。

1819 年，30 岁的罗素抵达了广州，主要任务是打理卡灵顿公司在广州的业务，包括鸦片生意。在生意场上摸爬滚打了十多年的罗素，很快就发现鸦片贸易利润奇高。虽然中国政府一再申禁鸦片，但事实上各国在华商行都利用各种非官方渠道挖掘着鸦片贸易的高额利润。1824 年，精明的罗素把自己的皮包公司正式开到了广州，并改头换面，拥有了一个很优雅的中文名字——旗昌洋行，主营丝绸、茶叶和鸦片，这其中主要是鸦片。

美国商人的中国教父：富可敌国的伍秉鉴

罗素成立旗昌洋行时，得到了在广州的来自麻省的美国人约翰·珀金斯·顾盛的青睐，而顾盛是当时在广州最有前途的美国商人。顾盛在小时候母亲感染天花逝世后，由其叔叔托马斯·珀金斯（Thomas Perkins, 1764—1854）照顾长大，而托马斯·珀金斯在广州经营着一家会计师事务所，为美国商号服务。1803 年，16 岁的顾盛远航到了广州，成为一个文员。讵料这家事务所的主事者不久之后突然得了重病，很快撒手人寰，于是顾盛成了这家事务所的领头羊，这是意料之外的，但也给了他拓展门面的黄金机会。三年以后，他把事务所改为珀金斯公司（Perkins & Co.），摇身一变开始大做生意，而且一干差不多 30 年，将这家公司发展壮大为美国对华贸易中声势最大的一个。而顾盛在广州的生意成功的秘诀，在于得到了十三行势力和财力最强劲的伍秉鉴的垂爱。

伍秉鉴是当时世界上最富有的人之一，据说在 1834 年其个人资产约 2 600 万银圆，相当于今天的几十亿美元。他旗下的怡和行同英美很多商行做对口贸易，也庇护和赞助了很多美国商人，包括入过旗昌洋行股份但后来撤资回国变成美国铁路大亨的约翰·穆勒·福布斯（John Murray Forbes，1813—1898），以及他一直醉心广州贸易的哥哥罗伯特·本奈特·福布斯（Robert Bennet Forbes，1804—1889）。据记载，1827 年，伍秉鉴一笔勾销了曾经负责在美国为他收债的美国人本杰明·威里各（Benjamin Wilcocks，1776—1845）欠他的 72 000 美元，让威里各感动地回到了费城老家。鸦片战争后中英《南京条约》内规定的中国应该由官方赔偿给英商的300万元欠款，伍秉鉴独认了其中的100万，可见其富可敌国的程度。

伍家一直是和英国东印度公司等商家做生意，但东印度公司因为大批量采购的关系，对货物压价较多，而伍家的利润所得又要面临清朝各级官员无法填满的欲壑，所以伍家和其他商行一样，十分欢迎美国商人的到来，包括年轻的顾盛。1812—1815年英美之间发生了一场战争，英国军舰有效地阻挠了美国的赴华商船，使得这一时期顾盛的生意受到了很大的影响，于是他开始负责为伍秉鉴打理海外生意。很快，顾盛进入了鸦片贸易行当，而且在伍秉鉴的投资下很快垄断了从土耳其往中国贩运鸦片烟的生意。

当时，英国东印度公司对华鸦片贸易的主要来源地是印度，在这方面美国商人无法插手，但是当时世界上的另外一个主要鸦片来源地土耳其，几乎为以顾盛为首的美国商人垄断。美国人把土耳其鸦片烟贩运到广州这通生意，根据当时的鸦片商人自己的估计，利润率大约在37.5%，油水很多。1827年，顾盛的珀金斯公司加入罗素的旗昌洋行，顾盛也成为旗昌的高级合伙人，这使得旗昌洋行迅速成为美国最大的把土耳其鸦片贩卖到中国去的公司。

淘金的德拉诺与鸦片生意

与此同时，旗昌洋行也延揽了美国自家的商业人才入股，扩张自己的商业帝国，这些人里面包括另一位年轻人小沃伦·德拉诺。1833年，24岁的德拉诺离开了美国马萨诸塞州，开始了全球淘金之旅。德拉诺出生于麻省南端的法尔黑文镇（Fairhaven），是一个和康涅狄格州的纽黑文和中州镇以及罗得岛州的普罗维登斯连成一线的港口城镇。他的德拉诺家族，也是一个源远流长的欧洲移民家族，是第一批抵达麻省南部的欧洲移民群体。德拉诺的父亲也是做航海贸易的，主要是把玉米、食盐和土豆等贩卖到南方的新奥尔良并跨过大西洋到英格兰和加那利群岛（Canary Islands），获利颇丰。

和顾盛以及罗素不同，家境殷实的德拉诺毕业于法尔黑文学院。他一开始在麻省波士顿市的商业银行和海运公司内充任学徒，这让他开阔了眼界，也有了很多接触远洋国际贸易的机会。因此，1833 年开始这位年轻人在父亲和麻省海外贸易的影响下，踏上了寻求财富的海外之旅。他先去了南非，然后去了太平洋岛国，最后抵达中国。从此，他的生命再也没能够离开中国贸易，而中国贸易也让他迅速暴富，并把德拉诺家族一手打造成了美国最富裕的前 400 支家族之一。

德拉诺第一站到达了澳门，在这里他认识了当时正在招兵买马打天下的旗昌老总罗素，并在旗昌的生意场上跟着罗素学习如何同中国人做生意。罗素对这位睿智的青年十分赏识，手把手地教他。很快，德拉诺前往广州城外的旗昌洋行仓库，开始管理货物流通。

就在德拉诺抵达广州的同一年，即 1833 年，比他年轻两岁的美国年轻人埃比尔·艾伯特·洛（Abiel Abbot Low，1811—1893）也到达了这里，并很快在旗昌洋行担任了文员。洛的叔叔威廉·亨利·洛（William Henry Low，1795—1834）加盟旗昌有年，在退出江湖之前，把自己侄子从远在万里之外的美国麻省拉进了广州的公司里，继续洛家族在中国赚钱的大业。年轻的埃比尔·洛不负叔望，很快和德拉诺一样成为旗昌洋行里的骨干力量。

德拉诺和洛等人在此期间最为得意的工作成绩，就是进一步扩大了旗昌洋行的鸦片生意。当时，明晃晃地拉着鸦片去广州城外交易是不行的，于是旗昌洋行就和伍浩官旗下的对口贸易伙伴想出了一个法子：双方在珠江口外建立了一个离岸交易平台，也就是一个海上的浮动交易地点。交易通常在夜里进行，以遮人耳目。届时，一些全副武装的中国船只趁着夜色悄然而至，和旗昌洋行的人接上头后，双方迅速一手交银、一手交烟，然后消失在夜幕中，整个过程十分迅速。中方来的人基本上都是广州帮会的成员，这样交易双方背后的主人都可以洗白。

这个交易过程，其实北京清楚得很。例如，时任鸿胪寺卿的黄爵滋，道光十八年（1838 年）在其所上请求严禁鸦片的《请严塞漏卮以培国本折》中提到："外洋来烟渐多，另有趸船载烟，不进虎门海口，停泊零丁洋中之老万山、大屿山等处。粤省奸商，勾通巡海兵弁，用扒龙、快蟹等船运银出洋，运烟入口。"所以，鸦片贸易是西方贩子与中国贩子共谋之结果，正像跨大西洋地区的奴隶贸易是西方和非洲奴隶贩子合作的产物一样。我们暂且不论伍秉鉴等商人，根据美国传教士卫三畏（Samuel Wells Williams，1812—1884）的说法，两广总督邓廷桢（1835—1840 年在任）的儿子，就是一个鸦片贩子。这些不法贩子们或许有国界之隔、有种族之分，但资本利润却无国界、无种族，也是无道德的，必要之时可以践踏一切。

参与类似的鸦片走私方式的，自然不止旗昌一家。虽然美国对华贸易中鸦片并不占主要部分，也不是大宗，但是像旗昌洋行这种私人商号，和英国业已官办的东印度公司性质不同，能够在灰色地带中游走自如，大赚不义之财。鸦片生意也迅速催生了一批美国的巨贾大富，

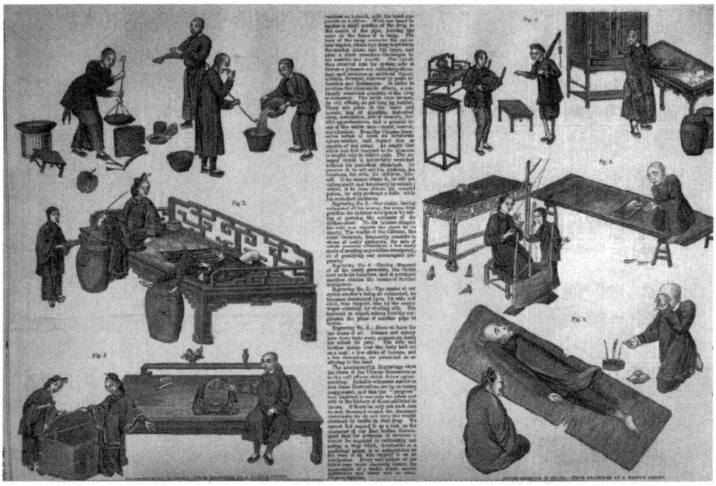

图 6.2 1858 年 12 月 18 日，英国《伦敦画报》上表现吸食鸦片家破人亡的故事。该文最后一句说：“任何抱有梦想的这个人的中国同胞，一定真诚地希望打击这种将贫穷和死亡带到了如此多中国家庭中去的走私。”由此可见，人人都意识到吸食鸦片的危害，但现实中没有鸦片贩子愿意放弃生意。

而且这批暴发户绝大部分都相当年轻。按照美国历史作家詹姆斯·布莱德利（James Bradley）的说法，中国贸易带来的当时的暴发户的标准，是三十而立之年坐拥 10 万美元，这放在现在就相当于一个大学本科毕业生毕业六年之内积累了数百万美元。这些暴发户就包括了我们谈到的顾盛、罗素、德拉诺，也包括深受伍秉鉴庇护和支持的福布斯兄弟、洛叔侄等等。这些人实现自己美国梦的途径是在中国做生意，特别是鸦片烟生意（图 6.2）。

当时中国举国面临着吸食鸦片泛滥的严重问题，局面不可遏制。黄爵滋在 1838 年描述吸食鸦片的群体时说：“其初不过纨袴子弟，习为浮靡，尚知敛戢。嗣后上自官府搢绅，下至工商优隶，以及妇女僧尼道士，随在吸食。置买烟具，为市日中。盛京等处为我朝根本重地，近亦渐染成风。”可见当日吸食之风甚炽。到了 1858 年，即第二次鸦片战争期间，英国又迫使中国签订了《通商章程善后条约》，其中第五款内规定允许鸦片在中国通商口岸进口，每百斤收税 30 两，进口后即为中国货物，如何征税与英国无关，这一款的中文本内将“鸦片”堂而皇之地改称“洋药”，但英文本内仍是“opium”（鸦片）一词。

鸦片烟钱的洗白与近代美国的建设

顾盛志得意满之后，于 1830 年回到了美国波士顿，并娶了当地圣公会教会长唯一的女儿，此后一直在美国直到 1862 年逝世。罗素也在迅速积累了财富以后，于 1836 年中国朝廷开始再度讨论如何禁烟之时撤出了旗昌洋行，回到美国康州中州镇家乡，此后在那里颐养天年，直到 1862 年逝世。旗昌洋行在华的业务蒸蒸日上，到 1842 年鸦片战争结束之时，该洋行已成为广州最大的美国贸易公司，后来总部也迁到了新开关的口岸上海。伴随着上海的崛起并逐步引领中国近代化的潮流，旗昌洋行的业务也一日千里地蓬勃发展，长期垄断长江的航运业，获利丰厚。旗昌洋行一直运营到了 1891 年为止，对近代中国航运和美国对华外交都产生过巨大影响。

美国几乎所有在广州贸易的家族公司，都参与到了鸦片贸易中去，他们深知鸦片烟的危害，也深知此种贸易要遭受巨大的伦理和道德上的挑战，但是在对美国本土的报告中，他们绝少提到烟土生意。根据布莱德利的记载，罗伯特 · 本奈特 · 福布斯曾经是这样为自己从事鸦片生意辩护的：“（做鸦片生意的）包括那些我一直认为是各方面标杆的令人尊敬的贸易望族——珀金斯家族（the Perkins，即顾盛家族）、皮博迪家族（the Peabodys）、罗素家族（the Russells）以及洛家族（the Lows）。"罗伯特·福布斯的言外之意，即他和他的福布斯家族乃是择"善"而从之的，即便有错，这也不能怪他。

这几个美国家族，都是在他们的商业教父级人物伍秉鉴的扶植之下，通过在广州做生意特别是鸦片生意而发家致富的。伍秉鉴的中国投资，也通过他的这些美国代理源源不断地进入美国，使这些代理人手中的资本迅速增加。这些富商巨贾遂开始在美国做慈善事业，特别是教育、交通和医疗方面，可谓不遗余力。例如，福布斯家族全力支持被林肯总统称为"美国的孔子"和"美国文明之父"的超验主义创始人拉尔夫·沃尔多·爱默生（Ralph Waldo Emerson, 1803—1882）。福布斯家族也投资了贝尔电话公司。洛家族鼎力推动全美女性教育并且资助建设图书馆和医院，而且出资建成了第一条跨大西洋的电缆。

当年对华鸦片贸易赚取的高额利润，也支撑起了美国东部一系列大学的建设。据一些学者的调查，耶鲁大学的地盘大部分是罗素家族出资购买的，而且罗素家族也是耶鲁著名的"骷髅会"（Skull and Bones）的出资人。哥伦比亚大学现在著名的用作办公场所的洛纪念楼（Low Memorial Hall），是 1895 年由洛的儿子出资建设的图书馆，一直到 1934 年新图书馆建成以前都是作为哥伦比亚大学的主图书馆使用的。德拉诺在旗昌洋行的接班人约翰·克利夫·格林（John Cleve Green，1800—1875），是当时普林斯顿大学最大的个人捐助者，他捐献了大约 200 万美元，帮助普林斯顿大学建起了三座楼，而他的遗产则赠送给了纽约大学和纽约的医院。这些富商的名字现在也是新英格兰地区常见的街名。

图 6.3 19 世纪后半期旧金山唐人街的一个鸦片烟馆，中国苦工们正在抽鸦片烟。当时在中国、东南亚、北美和欧洲都有类似的鸦片烟馆，消费者也不仅仅是中国人和来自中国的海外苦工或移民。然而，中国人吸食的时间太长，受害太深。美国国会图书馆藏，编号 2016817917。

这些用于美国社会很多方面的建设的资本的源头，可以说只有一个——对华鸦片贸易的高额利润。从这个角度，不客气地说，大清国难以计数的鸦片烟鬼们，抽出了一个富强的、近代化的美国。这是一段何等悲哀的历史呀！（图 6.3）

一个伟大总统的诞生

鸦片生意暴发户中的德拉诺，在 19 世纪 30 年代回到美国结婚后，又回到了广州，以二进宫的方式取得了巨额财富。1866 年回国后，德拉诺开办了包括煤矿等在内的很多实业项目，成为美国巨富。他的小

图 6.4　1938 年罗斯福总统一家在白宫。左三是罗斯福总统的母亲萨拉，左四是罗斯福总统。美国国会图书馆藏，编号 2016883842。

女儿萨拉·安·德拉诺（Sara Ann Delano，1854—1941）于 1880 年嫁给了远房表亲詹姆斯·罗斯福一世（James Roosevelt I，1828—1900），并于两年后生下了富兰克林·德拉诺·罗斯福。年轻的罗斯福跟随外祖父德拉诺的时间很长，从外祖父那里得知了有关中国的知识，也正是日后他做了总统以后对下属们说的他是通过祖上了解中国的事情。

1898 年德拉诺逝世的时候，给自己的六个儿子和两个女儿都分了一些遗产。罗斯福的母亲萨拉分到了 133 万 8 000 美元的遗产。这笔钱是什么概念呢？根据学者的研究，1898 年的时候一个普通的美国家庭年收入是 650 美元，而萨拉继承了将近 140 万美元。正是靠着这笔钱，萨拉帮着她唯一的儿子富兰克林·罗斯福垫付了孩子们的教育费、在纽约哈德逊河畔购置了家产，最重要的，是帮助她的爱子赢得了 1932 年的总统大选，把他送上了美国第 32 任总统的宝座。这笔钱的源头，正是当年德拉诺在广州进行的鸦片贸易（图 6.4）。

当然，这种家族历史上与中国的联系，不应该也不会影响到罗斯福总统本人在历史上的伟大地位，而二战期间中美同盟关系的建立恰是在罗斯福任内实现的，也恰恰是这位总统鼎力支持当年全力抗击日本法西斯的贫弱的中国，成为继美、英、苏三大国之后的第四个大国，奠定了战后中国在世界政治秩序中显著的国际地位。

鸦片伦理与资本主义精神

以上我们从一种比较特殊的角度，观察了对华鸦片贸易与美国商人、美国资本以及美国近代化进程的关系。在这种关系中发挥重要作用的，或许多少是马克斯·韦伯（Max Weber，1864—1920）强调过的推动资本主义发展的“新教伦理”——虽然韦伯所谓的资本主义是一种理想化的资本主义，是基于一种可资精确计算的资本生利基础上的资本主义，而不是以暴力等非道德手段达成资本积累的目的，然而我们谈到的上述回馈美国社会的资本主义家族却又是通过肮脏的、不道德的鸦片贸易来积累资本的。或许，我们观察到的，只是一种卡尔·马克思描述的资本在利润到了一定程度之后不惜践踏人间一切法律那种程度的鸦片贸易伦理，及其背后和近代欧美殖民扩张主义捆绑在一起的资本主义精神。

现在让我们回过头来看，鸦片烟给中国自己带来了什么呢？是白银外流？外贸入超？社会贫穷？还是男性之消沉？国民精神之颓废？抑或其他种种？可以说，这些方面都有，也有很多中国人深刻地认识到了鸦片烟的危害。黄爵滋在 1838 年曾说鸦片当时已经在很多省流行，并导致了中国每年三四千万两白银的亏空，“非耗银于内地，实漏银于外夷也”，所论俱系实在情形。中国的鸦片烟鬼们在吞云吐雾之中，抽出了十几个美国富商家族，抽出一个近代化的美国，当然他们也抽空了自己的身体、自己的家庭、自己的社会和自己的国家。当日中国真正的失败，恐怕还并不在鸦片战争本身，而在于未能根本杜绝鸦片流毒的体制性缺陷。因此，中国在鸦片战争以后接下去的几十年间内，屡战屡败，终至不可收拾。正可谓手中烟枪一杆，天朝梦归何处。

我们再回过头来看看让顾盛、罗素、福布斯、德拉诺等这批美国商人奉为教父的中国巨富伍秉鉴。伍家在鸦片战争前后富可敌国，可以肯定的是当时很多商行虽然未必有伍家富裕，但也是一掷千金之家族。然而，伍秉鉴们并没有像顾盛、罗素、福布斯等家族那样去投资建设中国的人文教育、医疗卫生以及轮船机电等领域。伍秉鉴本人大力支持了美国眼科医生伯驾（Peter Parker,1804—1888）在华的事业，却没有任何将这种欧美医疗技术扩展到全中国去的计划。当时的中国之教育，仍旧是科举之下的孔孟伦理和四书五经，中国第一所像样的近代高等教育机构还是 1898 年戊戌变法时成立的京师大学堂，而这所学堂在变法失败后没有被撤销也实在得益于慈禧太后本人的“恩典”。从这个角度来说，当日中国真正的失败，也在于未能出现同欧美资本主义相抗衡的商业精神和回馈社会造福民生的人文主义精神，因此，中国即便有再多的伍秉鉴和类似的富商巨贾，又能如何呢？欧美的路，不见得就是中国一定要走和能走的路；但不管什么样的路，总得走好才能造福国家、社会和人民。

图 6.5 格兰特·伍德的油画《革命女儿》，创作于 1932 年。原画现藏于辛辛那提市辛辛那提艺术博物馆（Cincinnati Art Museum）。图片购于该馆数字照片合作机构 Bridgeman Images 公司。

尾声：“旧对华贸易”的历史印记

在美国的“旧对华贸易”，即 1844 年中美《望厦条约》之前的贸易之中，鸦片贸易是重要一环，但因为这一非法贸易的运输路径并不和美国本土发生任何直接联系，而且美商亦不做对内的提及，所以对美国国内而言，“旧对华贸易”长久以来无非是用美国的人参、皮毛和纺织品，来交换中国的丝绸、茶叶和瓷器。特别在 20 世纪之内，很多美国民众对“旧对华贸易”甚至整个“对华贸易”（或“中国贸易”）的印象，缩小至喝茶的瓷器，特别是青花瓷，因为青花瓷一直是深受欧美各国青睐的瓷器类型。

就在罗斯福当选总统的 1932 年，美国艺术家格兰特·伍德（Grant Wood, 1891—1942）创作了一幅油画《革命女儿》（*Daughters of Revolution*），到今天仍旧备受瞩目（图 6.5）。伍德曾于 1930 年创作过一幅《美国哥特式》（*American Gothic*）而一举成名，至今仍旧是美国绘画史上最伟大的作品之一。1927 年伍德受雇为爱荷华州的锡达拉皮兹城（Cedar Rapids, Iowa）的老兵纪念圆形剧场（Veterans Memorial Coliseum）设计一扇玻璃花窗，但他没有看中美国国内生产的玻璃材质，遂使用了德国生产的玻璃。这本身只是艺术家选择材料质量的事，但“美国革命女儿”组织（Daughters of the American Revolution, DAR）在当地的分部对此不满，认为伍德不应该选择一个第一次世界大战期间的敌国生产的玻璃并用在老兵纪念剧场内。“美国革命女儿”是一个 1890 年成立的全国性保守组织，成员讲究血统，必须是参加过美国独立革命的人的后代，以热爱上帝、家庭和国家为感召。在他们的反对下，伍德设计的玻璃花窗无法使用，一直到 1955 年才最终安放到了这家剧场之内。

为了讽刺“美国革命女儿”成员，伍德创作了《革命女儿》这幅画。画上前景是三位代表“美国革命女儿”的不同年龄的女性，背景是著名油画《华盛顿横渡特拉华河》（*Washington Crossing the Delaware*），而这幅油画是在美国长大的德国艺术家伊曼纽尔 · 洛伊茨（Emanuel Leutze，1816—1868）于 1851 年在德国创作的，本意是要通过宣扬美国独立革命的精神来鼓舞欧洲的革命，这幅画有两个副本，一幅在纽约的大都会艺术博物馆，另一幅挂在白宫西翼接待区。《革命女儿》画中最右边的女性的蕾丝圆领和琥珀胸针，也是伍德按照他在德国给母亲购买的样式绘制的。伍德通过人们已经不易察觉的一些昭显美国独立革命精神背后的德国艺术因素，来对“革命女儿”们进行无情的讽刺。更为有意思的是，伍德让中间的革命女儿端着一个青花瓷茶杯，且将端茶杯的手指画得特别长，将手指和茶杯置于靠近油画中心的位置，非常显眼。这一青花瓷茶杯代表着美国民众耳熟能详的“对华贸易”，即“旧对华贸易”，是比背景中德国人所画的美国革命油画历史还要久远的外来因素，而主张热爱美国的“革命女儿”们举着中国茶杯喝茶已是其生活的一部分,全然不觉得有什么不对的地方,这就进一步对“革命女儿”们反对他选取德国制造的玻璃做了更为辛辣的讽刺。

伍德这幅画上的青花瓷茶杯，让我们看到了美国“旧对华贸易”是如何以艺术的形式参与到美国政治中去的，但同时也多少可以说明对华贸易的其他方面是如何消失于公众视野中的。

丙篇

体制与体面：条约、好朋友和磕头

第七章　郭梁氏之死

案发：舢板上的飞来横祸

1821年9月23日，即道光元年八月二十八日，下午一点半左右，阳光明媚，广州城外珠江河面。

广州民妇郭梁氏，带着女儿郭亚斗，摇着一艘小舢板来到西洋大船旁边，叫卖水果。珠江河面上每日都停着很多艘各国来华贸易的“夷船”，船员们除了和像伍秉鉴的怡和行等十三行这种大户人家做生意之外，也在日常生活中给当地民众提供了很多做小买卖的机会，最常见的就是当地百姓摇着小舢板到江面上卖些土产给外国船员。郭梁氏就是这样的人，而且还懂得一些简单的“夷语”，即英语，可见是和英美船员做生意的熟手了。在她戴着笠帽、带着小女堂而皇之地摇着小船到江面上做买卖的时候，丈夫郭苏娣正在河口附近，对妻女之举完全放心，甚至不用一句多余的叮嘱。

泊在江面上的美国“艾米丽”号（*Emily*）船上的一名意大利籍船

员弗朗西斯·泰拉诺瓦（Francis Terranova；中方译为“佛兰西士爹剌那非了”），看到郭梁氏的小舢板后，招呼她靠上来，要买一些水果。这艘船是从东海岸城市巴尔的摩而来，主要赚钱渠道是从土耳其贩卖鸦片到广州。船东是约翰·唐奈（John Donnell），船长是威廉·考普兰德（William Cowpland；中方译为“急庇伦”）。他们贩运来的一批鸦片，到这个时候已经卖得差不多了，海盗没有抢劫他们，粤海关也没有查拿他们，一切都进行得非常顺利，船长和船员们的腰包都开始鼓了起来。

此时在不远处，有民妇陈黎氏所驾的另一艘小船，船上坐着粤海关维持洋船秩序（即所谓“弹压夷船”）的差役叶秀。在郭梁氏的舢板靠近“艾米丽”号的时候，叶秀并没有任何阻拦或者警告，依旧在陈黎氏船内百无聊赖地坐着，显然对这种屡见不鲜之事早已丧失了兴趣。这一切，乃是城外珠江河面上日常生活的一部分，也是人烟阜盛的十三行商贸码头地带中西接触的图卷的一部分。一个外籍船员正在和一个广东妇女做生意，身为官差的叶秀闲坐在一个民妇驾驶的小船上，而且他与西洋船员的交流也要仰仗这位懂英语的民妇陈黎氏，这种资本穿透了华夷之辨、人情模糊了公私尺度的情况，恰是一种此地日常生活的松弛和大千世界的和谐，以及这两者的交错（图 7.1）。

这个平常得再也不能平常甚至有些乏味的午后时光，突然被一个瓦坛子给打破了。

郭梁氏的小舢板贴近了“艾米丽”号以后，泰拉诺瓦按照惯例，把钱放到桶里吊下去，郭梁氏取钱后把水果放进桶里然后泰拉诺瓦再吊上去。本来一切进行得很顺利，但不久之后郭梁氏突然落水，郭亚斗高声哭喊救命。陈黎氏和叶秀慌忙赶过来，却不见郭梁氏踪影。郭梁氏的丈夫郭苏娣听到后也从河口跑了过来，和众人一起下河打捞起

图 7.1 19 世纪 30 年代十三行外国商栈之一部。国旗从左至右分别是丹麦、西班牙、美国、瑞典、英国和荷兰。珠江江面上的很多小船是来这个地方做小买卖的民船。公有领域图片。

妻子，发现其早已身亡。郭梁氏的笠帽，也从水上捞了回来。众人查看之后，发现郭梁氏头部右边有一个大伤口，而船内有一个掉了把手的瓦坛子，郭梁氏戴的笠帽上还有个洞，于是大家认为是船上买水果的水手扔下了这个瓦坛子，击中了郭梁氏头部，致其落水死亡。

调查取证：嫌疑人泰拉诺瓦是不是凶手?

事件发生后，郭苏娣迅速前往番禺县衙告冤，“艾米丽”号也将事件报告给了美国驻广州领事本杰明 · 威里各（中方以“大班”描述其领事地位）。威里各意识到事情严重，但打算尽一切可能保护泰拉诺瓦。为了不让事态扩大，在将事情转告了十三行之怡和行的东家伍秉鉴并希冀伍氏从中斡旋之余，该领事提议先由行商出面付给郭家 15 000 美元，作为和解费。两天以后，考普兰德船长拜访威里各，对他出钱息事宁人的方案表示不满和不能接受，并声称泰拉诺瓦是无辜的，应该就此案进行公开调查以正视听，并还其水手清白。在这种情况下，该领事通过行商与死者家属的斡旋工作就终止了。

威里各虽然身为领事（consul），但实际上因为此时中美两国并没有签署任何外交条约，没有建立正式的外交关系，所以他并非是正式外交官，没有行政和司法上的权力，办公经费是收取美商的一些手续费，并不是领取美国政府的薪水，美国政府也不给他正式的训令，因此他的职能相当于美商在粤行会会长，这也是中国以“大班”视之的原因，而且他自己其实也是暗中做鸦片生意赚钱的人。“大班”一词，最早是在粤外商和十三行牙行称呼商贸势力雄厚的英国渣甸洋行的东家威廉·渣甸（William Jardine，1784—1843）的用语，类似今日的总经理或总经销商之类的名头，但渣甸也同时负责商行对华商贸与司法纠纷。相比之下，大班威里各实在没有什么权力，不具备对“艾米丽”号发号施令的权力，所以考普兰德船长决定主要由自己一方来处理这个案件。

考普兰德和威里各谈话之后不久，番禺县知县汪云任就邀请威里各一同赴黄埔码头，偕同“艾米丽”号船长以及在粤美商格里芬·斯蒂思（Griffin Stith, 中方当时译其名为“士叠”）一起，勘验现场和尸身。根据汪云任的说法，各方当场验明郭梁氏头部偏右有一个伤口，长一寸四分，宽三分，深抵头骨，且该处头骨亦受损明显，系受伤后落水而亡。提取凶器瓦坛子，比对郭梁氏笠帽上的破损之处，伤痕相符，并且让船主认明这个瓦坛子确属该船之物。威里各勘验后也承认，虽然郭梁氏尸身因为遭水浸泡已经超过 24 小时的缘故而极度浮肿，郭梁氏头部很大的伤痕显然是其落水之前就已经出现的。中方展示的死者生前所戴的笠帽，其所破之处恰与死者头部伤痕位置符合。中方也展示了一个意大利橄榄坛子和一个坛子把手，而这个把手恰好和坛子能严丝合缝地接上，证明其是脱落下来的。由此，汪知县认为真相已经大白，郭梁氏系遭泰拉诺瓦扔下的瓦坛子击中头部落水身亡，美船应立即交出凶手，由中方惩办。威里各认为要进一步调查后才能做出决定。

在接下去的几天内，中美双方都开始了紧张的取证工作；准确地说，取证者包括三方：番禺知县汪云任、美国领事威里各和“艾米丽”号船长考普兰德。居间联络、翻译和斡旋的是十三行的几家行商，特别是伍秉鉴和给“艾米丽”号作保的黎光远（商行号“西成”）。双方的争执主要体现在了对犯罪嫌疑人、目击证人和案件证据等方面的不同解释上。

我们先来看“艾米丽”号方面。船长考普兰德在事发后迅速提交给了威里各12份证词，要证明包括泰拉诺瓦在内的所有船员都是清白的。这里面最关键的是泰拉诺瓦本人的一份证词：

> 我，弗朗西斯·泰拉诺瓦，在此庄严发誓并做此陈述。在1821年9月23日星期日下午大约1点半左右，在美国船只“艾米丽”号上，我的确从一个中国妇女手里买了一些水果，这名妇女当时驾着一只小船靠近“艾米丽”号的船舷，我决定买她1钱（相当于50文制钱）的水果。我把一个瓦坛子安全地递给了她，她也收到了这个坛子，然后她把水果放了进去，我也给了她1钱。她把瓦坛子放到了自己的小船上，她的小船有点儿赶不上我们的船了。我本来是吃着晚餐出来的，看这样的情况我就又回去吃饭了；在我再次回到船舷的时候，我觉得她应该把水果都准备妥当了，但我发现她连同她的小船都被潮水冲得更远了，而她在试图靠近我们

船只的时候掉进水里了。我再度郑重发誓和陈述，我半点儿也没有伤害这名妇女，也没有要刻意伤害她或者她的船只的企图。

泰拉诺瓦本人目不识丁，这份证词由他陈述，由其他船员代书。除了这份嫌疑人证词之外，船长还递交了其他20多个来自不同船只的船员签名的文件，证明泰拉诺瓦是清白的，郭梁氏在从她的船头落水之前并没有受到来自“艾米丽”号的任何伤害，她是不慎落水溺亡的。这份证词起码证明了一点，郭梁氏船上发现的瓦坛子确与泰拉诺瓦有关，但他否认了和郭梁氏发生过任何争执，也否认了自己有扔下瓦坛子击中郭梁氏的行为。

我们再来看美国领事威里各。这位领事亲自走访了一些可能目击了整个或者部分事件经过的人。一圈下来，他一共搜集到了13份证词，大部分和“艾米丽”号上提交来的证词差不多，认为泰拉诺瓦是清白的。其中有3个宣誓证人说，他们看到了一个中国妇女从一只靠近“艾米丽”号的小船上掉进水里了，但“艾米丽”号上并没有往下扔什么东西；其他的证词表示这是一起不慎溺水死亡事件。但是，并非所有的陈词都支持这种看法。“亚历山大”号（*Alexander*）上的威廉·罗森（William A. Rowson）说，他曾看到了“艾米丽”号上有个人朝着船边上的一只小船上的一个女人扔了一个坛子，坛子击中这个女人的头部，致其落水。英国双桅横帆船“海伦”号（*Helen*）上的一名水手托马斯·克雷斯韦尔（Thomas Creswell）作证说，他看到了“艾米丽”号上一个人举着一个坛子，好像正要朝水里的什么东西扔下去一样。这两份目击证词描绘的虽然是从不同角度看到的场景，但对泰拉诺瓦都极其不利。很快，罗森和克雷斯韦尔矢口否认他们做过任何证词，也否认了“艾米丽”

号上有什么人和一个中国小船上的妇女发生过什么敌对行为。

番禺知县汪云任也在调查取证，但因为汪知县在勘验现场之后，内心已然判定凶手就是扔下瓦坛砸死郭梁氏的泰拉诺瓦，所以种种取证工作在此预设之下按部就班地进行。距离案发现场不远的民妇陈黎氏以及郭梁氏的女儿，都证明郭梁氏是被瓦坛子击中身亡的。按照事后美方的说法，在中方的陈述里连郭梁氏的丈夫郭苏娣也成了证人之一，而实际上案发时郭苏娣并不在现场。中国官员之所以重视郭苏娣的证词，主要还是因为郭苏娣在第一时间赶到了现场，从江中捞起了身亡的妻子，并发现了妻子头上的伤口、破损的笠帽和仍旧在船上的掉了把手的瓦坛子。

威里各整理了总计 30 份维护泰拉诺瓦清白的证词，递给了两广总督阮元（1764—1849）和番禺知县汪云任。阮元和汪云任都认为威里各是在模糊案情，要庇护手下水手，所以其证词不值得信任。阮元同时让属下通知威里各，凶手照中国法律应在广州判施绞刑，这让美国备感紧张。阮元字伯元，号芸台、雷塘庵主，晚号怡性老人，江苏仪征人，乾隆五十四年进士，历任山东学政、浙江巡抚、湖广总督、两广总督、云贵总督等，拜体仁阁大学士，他也是乾嘉考据学派的主要代表人物之一。阮元于 1817 年到 1826 年之间出任两广总督，是一名典型的科举出身的高级文官。

阮元的通知是非常严肃的事情。清朝司法审判，一遵《大清律例》，郭梁氏案亦然。《大清律例》是一部极其严密完备的法典，其中的《名例律》之下有专门针对外国人的“化外人有犯”条，规定：“凡化外人犯罪者，并依律拟断。”意思是说外国人在中国领土之内犯法的话，依照中国的法律加以审判。另外，《大清律例》中的《刑律·人命》之下

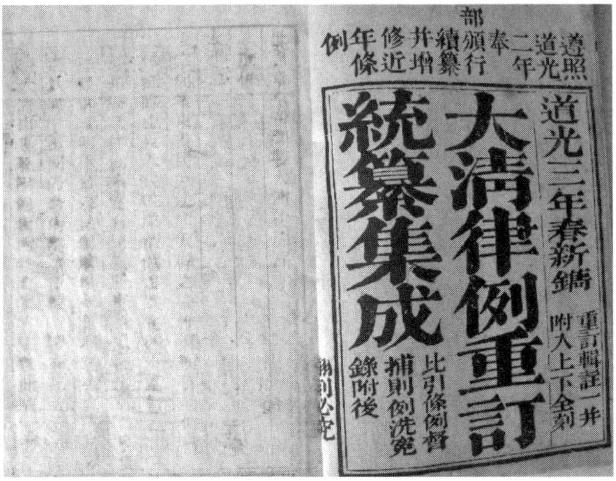

图 7.2 道光三年即 1823 年刻《大清律例重订统纂集成》，日本东京大学东洋文化研究所图书室藏本。《大清律例》在操作层面上允许地方翻印发售，所以各地名目繁多，但核心部分都是朝廷所颁的律例。

有“斗殴及故杀人”条，其中规定：“凡斗殴杀人者，不问手足、他物、金刃，并绞监候；故杀者，斩监候。”因为广州当时是对西洋通商的唯一港口，各国水手上岸后嫖娼酗酒辈所在多有，与华民发生口角甚至斗殴之事也屡见不鲜，故涉外司法一层尤显重要。乾隆八年（1743 年），两广总督策楞对此有一个奏报，得到了乾隆皇帝允准，即日后中国人和外国人有谋杀、故意斗殴等案件，如果外国人应判绞刑的话，由广州的知县上报督抚复核，案情允当的话，由地方官和该外国人的头目一起，将犯人依法办理，同时上奏朝廷并将供词报备刑部（图 7.2）。

这个奏折具体是什么意思呢？清代基层出现的死刑案件，都要由地方官层层上报到本省督抚，再报中央刑部复核审转，最终由皇帝裁定后，方可行刑，但这个主要是针对中国国民。对于外国人，自 1743

年策楞的奏折获准以后，广州地方官从知县到总督，复核案情以后，即可在当地行刑，不需要等待北京刑部和皇帝的意见。三年以后，两广总督驻扎地从肇庆移驻广州新城，而番禺县知县、广州府知府、广东布政使（藩司）、广东按察使（臬司）、广东巡抚等官员，早就都驻扎在广州老城，这意味着自1746年以后广州城周围这个地方从知县到总督一干大小官员，公文流转速度加快，死刑复核审转也很快。这种因为空间距离而造成的高效率，对涉案外国人而言，等于是在短时间内可能被中国官府就地正法。有关就地正法，此处也多说一两句：今天我们从清宫电视剧中看到的动不动就把人押到法场准备午时三刻头点地的场景，是不符历史实情的。清朝时期先行就地正法然后奏闻朝廷之事，泛滥于咸丰三年即1853年，这是朝廷为了对付太平军起义而采取的对下放权的极端措施，太平天国被镇压以后仍旧存在这种现象，但各省一般的死刑复核审转仍旧是很慎重的事情，唯遇到叛乱造反等情况依旧采取太平军时期的策略，例如1907年秋瑾被杀就是如此。秋瑾于7月13日被捕，15日即在绍兴古轩亭口惨遭处斩，实际上属于1853年以来就地正法乱象的一部分。

美国人来华贸易的时候，中国涉外司法审判体系已经相当成熟，而且也有外国人被中国官府在广州处以绞刑的先例。1784年，就在第一艘美国赴华贸易的商船“中国皇后”号泊在广州港口之时，一艘英船“休斯夫人”号（*Lady Hughes*）上的一个水手为一艘过往商船鸣放礼炮，结果炮弹不幸击中了一艘中国驳船，造成两名中国人身亡。粤省官员要求英方交出该炮手予以惩办。英国一开始不想交人，待广州开始采取停止对英贸易的手段以后，该炮手被交给了广州方面。中方审理后判定该炮手有罪，随即在广州对之处以绞刑。

在实际操作层面，粤省当局对涉外命案中的中国国民也差不多同样施行这种就地正法的策略。1817 年 5 月 26 日晚，一艘同样是来自美国巴尔的摩的暗中做鸦片贸易的船“瓦巴什”号（*Wabash*）停泊在澳门之时，遭到一群中国海盗的袭击。海盗们以迅雷不及掩耳之势，杀死了船上的大副和一名水手，抢去了数千银圆、35 箱鸦片和很多其他物品。2 名美国船员在跳海游往岸边的过程中溺亡，二副在袭击中负了重伤，两天后不治身亡。美国驻广州领事威里各迅速向中方提出抗议，要求惩办凶手，但他十分谨慎地没有提到有鸦片烟被抢劫。广州府不到一个月就抓获了这伙海盗，缴获了若干箱鸦片。经过一周的审讯后，6 月 13 日，在包括两名美国人在内的很多外国人到场的情况下，5 名主犯被在广州刑场砍头，其余从犯被流配四千里之外。但在这个案件中，粤省官员对从海盗手里缴获的美船载来的鸦片烟表示震惊和非常失望，这让美国商人们一时颜面上很不好看，尽力把这个案子压了下去，所以此案并没有后续的理赔之事。而中国法律的公平公正，以及砍头行刑的血腥残忍，也给美国方面留下了深刻印象。

在此背景下，1821 年美国船上的涉事水手面对的，也是广州城的绞刑架，而且可能是很快就被绞死；而美国船东船长们担忧的，还有万一从土耳其运来的鸦片烟被中国查出来之后颜面尽失的窘境。

由中国审判：美国方面的决定

9 月 28 日，考普兰德船长组织了一个委员会，包括 5 名在粤美商、5 名押货员和 5 名船长，讨论如何办理此案。威里各决定自己不参加这个委员会，以免自己的领事地位造成委员会决议上的困难。经过了漫长的讨论之后，委员会最终决定应该由中国官员举行一场针对泰拉诺瓦的公开审理，所有证据都要过堂和公正审理，这意味着美方没有朝着治外法权方向靠拢。同时，根据1807年中国官员审判英籍水手爱德华·希恩（Edward Sheen）一案时英国官员到场的前例，要求美国人至时也应该和中国人一样允许到场观看庭审（1807年一群醉酒的英国水手和一群中国人斗殴过程中，英国人失手打死了一名中国人，英方最后交出希恩作为凶手，审判后希恩被免于绞刑，判罚赔偿死者家属白银12两4分2厘）。威里各把这个决定告诉十三行行商，行商复转递粤省官员，后者决定在“艾米丽”号上就地开庭审理。

威里各要求中方在庭审的时候留一个位子给他，同时要求让英国牧师马礼逊（Robert Morrison，1782—1834）担任庭审翻译。马礼逊是英国的新教伦敦传道会（London Missionary Society）于1807年派遣来华的，是第一位抵达中国的基督教新教传教士，当年英国东印度公司拒绝继续提供给传教士免费船票到印度和中国，所以马礼逊还是取道美国，获得美国商人的赞助后乘船到广州，美国国务卿还写有一封亲笔信把他介绍给当时的美国驻广州领事；抵达广州后，马礼逊先在美国洋行中居住了一年多，之后才开始任职于英国东印度公司。他学习中文非常勤勉，自1815年以来开始在澳门印刷发行自己编纂的《华英字典》（*A Dictionary of the Chinese Language*），马礼逊本人也成为欧洲汉学先驱。美国方面当时几乎没有人能用汉语跟中国人对话，跟中国进行贸易的时候主要靠伍秉鉴等行商或者广州城的通事们的蹩脚英文来对付，所以在打官司这种严肃的司法程序上请求精通汉语的马礼逊帮忙是意料中事。

美方的这两项要求都遭到了中方的严词拒绝，因为马礼逊是英国人，不能参与中美两国间的事情，而且除了中国官员之外任何人都不可以坐到公堂之上。在这种情况下，威里各本人决定不参加庭审。而美方的委员会认为，中方已经按照美方的要求公允地同意开庭审理，所以无论中国对美国领事所提的两个要求的拒绝是多么让人沮丧，庭审还是应该如期于10月6日举行。

汪知县的公堂："艾米丽"号上的庭审

10月6日早上8点，番禺知县汪云任乘船，在几艘兵船的护卫之下，一起驶向"艾米丽"号。考普兰德船长和翻译蔡懋一起登上汪知县的船表示欢迎。登船之后，随着知县而来的八家行商们要求考普兰德将泰拉诺瓦送到知县的船上来，并声明这是中国司法程序，知县要看一看他。其实这一道程序就是所谓的验明正身，或者说验明正犯。考普兰德犹豫了起来，担心中方会顺势把泰拉诺瓦带走并自行处置。此时伍秉鉴担保说这道手续完成后泰拉诺瓦仍旧会被允许带回美船，考普兰德才同意了。中方又提出要给泰拉诺瓦戴上铁铐，考普兰德反对，说在美国司法审判期间并没有人会被如此对待，而且庭审即将在美国船只上举行，暂时应该以美国嫌疑人视之，如果庭审后判明其有罪，则任由中方带走处置。对此中方表示同意。泰拉诺瓦本人也保证自己的行为会谦恭得体。就这样，泰拉诺瓦被带到汪知县的船上，由知县和船长共同验明正身后返回了"艾米丽"号。

知县随后登上"艾米丽"号，其下属官吏也纷纷登船，与随行的八家行商以及目击证人们一起，排列整齐。据美方嗣后的描述，登船观看的中国人足有千人之多，"艾米丽"号也被中国兵船包围着，而船上的美国人只有 40 余人，其余的美国船只被中国刻意支开，这种描述的背后多少传递了人为刀俎我为鱼肉之意。知县大人坐定以后，翻译递交给知县一个由 15 名在广州最具声誉的美国商人组成的美方委员会的名单，并解释清楚谁还没有抵达。审理开始后，知县先叫洋船担保商黎光远以及翻译蔡懋，二人出列后跪在知县面前，而后知县叫出船长，确定担保人和翻译的身份。然后，泰拉诺瓦被带到知县面前的一张桌子旁边，上面摆着从郭梁氏船内发现的掉了把手的瓦坛子以及郭梁氏生前所戴的笠帽，泰拉诺瓦确认瓦坛的确是船上所有，并说当时是安全递给了郭梁氏要买 1 钱的水果。

泰拉诺瓦为自己辩解了不少，但汪知县并没有耐心听。伍秉鉴和蔡懋所翻译的泰拉诺瓦的陈述，不足总体的一半，因为常常是他们刚刚开口没翻译几句，就被知县打断，禁止他们继续翻译。于是，泰拉诺瓦的自辩几乎是没有中国听众的，知县甚至有些不耐烦。泰拉诺瓦本人的悲剧，应该说从这一刻已经注定了。

随后知县叫上来中方目击证人：郭梁氏的丈夫、陈黎氏和两个大约 7 到 12 岁之间的孩子，他们也都跪在了知县面前，不敢抬头。知县让陈黎氏抬起头来，看看哪个水手是凶手，而实际上她只能看到泰拉诺瓦一个人，而翻译蔡懋也用手指指向泰拉诺瓦，让陈黎氏认明此人即凶手。陈黎氏做了很长的陈词，其中不断得到年长一些的孩子的提示，这个孩子可能是死者之女。泰拉诺瓦想通过蔡懋提出抗议，但没有得到知县允许，于是蔡懋开始翻译陈黎氏的陈词。鉴于陈黎氏的英文水平在蔡懋和伍秉鉴之上，美方希望能让陈黎氏自己用英文陈述，但陈黎氏刚用英文起了个头，就被知县打断了。知县让伍秉鉴做了一下粗略的翻译，美国人从中知道了陈黎氏说她见到了“艾米丽”号上扔下了一个瓦坛子，击中了郭梁氏头部，后者落水后再也没有浮出来，并且指认泰拉诺瓦为扔下坛子的人。

就陈黎氏的证言，考普兰德船长指出，在案发当天下午的时候以及次日，陈黎氏曾经告诉过他和其余四个美国船长说，她并不知道具体发生了什么，因为当时她的小船在“艾米丽”号的另一侧，她也正在她的船中，是听到了郭亚斗的哭喊以后赶过来看看发生了什么，但只看到了郭梁氏在河里漂着的笠帽。郭梁氏的丈夫郭苏娣闻声赶来以后，捞起了笠帽，当时笠帽是好好的，然后他拿起了船上的一个完完整整的瓦坛子，用力刺穿了郭梁氏的笠帽。美国人提出的这个反驳和陈黎氏刚刚陈述的完全不同，其中描绘的是郭苏娣伪造犯罪现场，嫁祸泰拉诺瓦。

既然美国人提出了完全不同的说法，知县就找来刑具，丢在陈黎氏面前，陈黎氏面不改色，坚称自己刚才说的都是真的，郭梁氏就是被泰拉诺瓦扔下的瓦坛子砸中后落水身亡的。接下来是一个孩子陈述证词，但是完全没有翻译给美国人听，美国人也认为这个孩子当时在另一艘船上，不可能看到什么东西（图 7.3）。

这之后，知县总结说，目击证人们的证词完全符合他勘验尸身时候的判断，证人、证物确凿，泰拉诺瓦就是凶手，当由中方带走并按律惩处。说完，知县起身就要离开。美国人不依，认为诸多疑点尚未解开，美方的驳斥也未获得中方事前保证的有效回应。郭梁氏之死有多种可能，有关她头上的伤口也有多种可能：她可能是不慎跌在了船上什么突起物上，例如船尾的铁钉上、船舷上，或者像很多人认为的那样是她丈夫为了勒索美国人钱财而下手做下的伤口。因此，美国人通过伍秉鉴表达了自己的立场：

图 7.3 1804 年一名英国人所绘中国地方官审判一名妓女的场景。出自 *Views of 18th Century China: Costumes, History, Customs*. New York: Portland House, 1988。

有鉴于此，我们不能交出当事人（指泰拉诺瓦）令其接受你们的法律的惩罚。根据我们的法律，在嫌疑人被明确定罪之前，都被视为无罪之人。我们已经做了探明真相的努力，但是我们并不满意。如果他是有罪的，证明他有罪然后我们将把他送到你们的城门口。我们有一个目击证人看到了当事人将瓦坛子递到了船上（指郭梁氏的小船），这名证人也看到了那名妇女在距离我们的船只很远的地方落入水中。应该听听他怎么说。如果你们只听信你们的证人的陈词，我们不能满意。我们在你们的法律之下，请施行那些法律。我们不会抵抗你们；通过一个公正无私的审理证明他有罪（正如你们所答应的那样），然后我们就会把他送给你们。

如果他不能被证明有罪，而你们又拒绝听取我们的证据的话，你们必须把他从我们的船上带走。我们将把船停在这里；不应也不会有任何抵制你们的行动。他的命运由你们决定。

汪知县看到美国人情绪有些冲动，就又坐了下来，看上去要听取美方证人的陈词。可是这个证人刚说了一会儿，知县就打断了蔡懋的翻译，又站起来，说天意昭昭，若错判成冤，上苍绝不会放过他，而他心如明镜，知道泰拉诺瓦就是凶手，应该送交中国惩罚。说完这些话，知县大人就下了“艾米丽”号，回到了自己的船上，留下行商和翻译与美国人商量具体如何遵照他的意思办理此事。

在这样一种尴尬的局面下，美方对伍秉鉴表达了一种复杂的立场：

知县曾经答应举行一个公正无私的审理，但事实上审理并未怎么允许我们发表意见。我们认为这个审理是偏颇的。既然我们在你们的领水之上，我们就要顺从你们的法律，即使这种法律一直是如此之不公。我们将不会抵制它们。根据你们的法律观念，你们已经在没有辩解的情况下对这个男人做了审判。但是我们国家的国旗从未受辱。现在都看你们的了。在大兵环绕之中的我们，不会因为向你们的权力低头而感到不光彩，而且你们的大兵背后有一个伟大的帝国。你们拥有让我们臣服的力量。我们相信这个男人是清白的；当他被从这艘船上带走的时候，我们将停船不动，船长将会降旗致意。

结果双方还没来得及通过行商进行沟通，知县忽然决定给正在“艾米丽”号上的翻译蔡懋戴上了枷锁。行商们赶紧要求考普兰德船长允许中方把泰拉诺瓦带到广州城，另行审理，或者把他暂时囚禁在黎光远的商号里，等待更高级的中国官员驾到后再加处置。美方拒绝了这些提议，因为在他们看来中方已经选择了在“艾米丽”号上进行审理，故而广州另审实无必要。这样一来，双方陷入僵持状态，中国人坚持让美方交出凶手，但却拒绝到美船上去抓人；美国人声称不会抵抗中国上船抓人，但却拒绝主动交人。作为该洋船担保人的黎光远在“艾米丽”号和知县的船之间来回穿梭，不得要领。拉锯了三个多小时之后，知县的耐心用完了，给黎光远戴上了枷锁，申斥了行商们，然后一行人打道回府，将情形上报两广总督。黎光远和蔡懋被暂时收押在番禺县监牢。

全行封舱：中方启动贸易制裁与泰拉诺瓦之死

第二天开始，中方开始对美国人实行严厉的贸易制裁，粤海关监督阿尔邦阿将在港的美国货船全行封舱，全面暂停对美贸易，也不允许“艾米丽”号离港。这招可谓釜底抽薪，也是中方对付外国商人的撒手锏。美方虽然继续就郭梁氏之死与中方打官司上的笔仗，毫不服软，但三个星期以后开始撑不住了。再这样拖下去，“艾米丽”号的投资人要血本无归，而且船长担心船上的鸦片会被中国海关发现，到时事情就不仅仅是一桩命案的问题了。

最终，10 月 24 日，中国派兵到“艾米丽”号上带走了泰拉诺瓦，并把他囚禁到广州城一处商行之内，派兵把守，不许外国人探视。次日，中方提审泰拉诺瓦，这次是关门审讯，也没有任何别的外国人在场。出席的有广州府知府钟英、会督广粮通判何玉池、南海县知县吉安、番禺县知县汪云任，他们“提集尸亲人证”过堂，包括陈黎氏和郭亚斗等人。根据嗣后两广总督阮元在给道光皇帝的奏折内的说法，泰拉诺瓦一开始不承认，后来在陈黎氏和郭亚斗用英语诘责之下，“该凶夷无可抵赖，供认前情不讳”。阮元还汇报说泰拉诺瓦以手拍胸，承认瓦坛子是自己的物件，“并把两手持坛，作从上掷下之势，复令通事、洋商等向其逐细究诘，矢供不移，案无遁饰”。结论由掌管省内刑名的署按察使费丙章复核，一切遵循程序，迨无异议。参与审判的粤省官员一致裁定泰拉诺瓦“供认明确，照例拟绞，情罪相符”，也就是说，按照《大清律例》之《名例律》和《刑律·人命》中的规定，要对该水手施行绞刑。

10 月 28 日清晨，在广州知府钟英、南海县知县吉安、番禺县知县汪云任、广州协副将李应祥的监视之下，泰拉诺瓦被施绞刑，尸体送回“艾米丽”号，随后该船为其举行了葬礼。

第二天，中方重开对美贸易。“艾米丽”号的司法和贸易噩梦都结束了。郭梁氏死了，泰拉诺瓦也死了，星条旗一如既往地飘扬在珠江江面和货栈上空，十三行行商和广州通事们又开始穿梭于中美之间。两国的社会、司法制度差别极大，但在做生意这一点上，却并不怀疑彼此是个好伙伴。

结案：天朝法度尊严

泰拉诺瓦伏法以后，两广总督阮元写了一封长长的名为“米利坚国夷船水手伤毙民妇照例审办”的奏折，呈递道光皇帝。阮元描绘当天案发场景说：当时，泰拉诺瓦在“艾米丽”号上把 50 文钱放进一个水桶后，用绳子把水桶吊下放到郭梁氏的小船上，指明要买香蕉和橙子。郭梁氏取钱后，把十几根香蕉和十几个橙子放进水桶，然后泰拉诺瓦再吊上去。泰拉诺瓦嫌少，让郭梁氏多给一些，郭梁氏不肯，用英语回答说要多给钱才能添加。泰拉诺瓦不依,双方遂开始吵闹了起来，郭梁氏的嗓门越来越高。泰拉诺瓦为了避免让船长发现受到斥责，情急之下顺手取了船上的一只瓦坛子扔了下去，讵料瓦坛底棱穿透郭梁氏笠帽，正中其右边脑袋，郭梁氏应声落水。眼见母亲被打落水，郭亚斗高喊救命，叶秀和陈黎氏赶到，随后郭苏娣赶到，捞起了业已毙命的郭梁氏和江中漂着的她戴的笠帽。

阮元的描述看上去绘声绘色，但也恰恰因为这样具体而不得不让我们怀疑某些细节的真实性，例如水桶问题，泰拉诺瓦自己和双方证人其实都没有提到水桶，泰拉诺瓦有可能只是拿着瓦坛子买的水果然后用这个坛子砸到了郭梁氏的头上；而郭梁氏和泰拉诺瓦的争吵，也不见于目击证人的描述，否则汉英夹杂的吵闹，必然将旁边的陈黎氏和叶秀招引过来劝解；至于泰拉诺瓦是担心被船长斥责而扔瓦坛子去砸郭梁氏，看上去更像是一种基于中国社会的上下尊卑观念基础而做的臆想和解释。然而，在阮总督的这个极其详细且颇有逻辑性的故事里，案发时间、地点、受害人、凶手、案发原因、行凶经过、所用凶器、目击证人和证物，一清二楚，完全符合封疆大吏向朝廷汇报的干练风格。

阮元进而描述了番禺知县汪云任如何和美国领事斗智斗勇，最终让美方屈服，中方对凶手进行审判后，“照例绞决，以彰国宪”。最后，阮元对此案做了结案总结：

第一，“夷人”买取食物，本来都是官府买办，民妇郭梁氏私自前往卖售香蕉橙子等物，实在不合事体，但该民妇业已被伤身亡，毋庸追究；

第二，粤海关弹压夷船官差叶秀，处置失当，按律要杖打 80 下，折责发落；

第三，美国船主在此案中非常配合，“尚属恭顺畏法”，连同坐保洋商黎光远和翻译蔡懋一起，毋庸追究；

第四，黎光远和蔡懋从县衙牢房释放；

第五，允许美国货船开舱买卖，但饬令该处民众小船不许私自赴外国船只卖给食物，“以杜衅端”。

此外，阮元通过伍秉鉴传知美国领事威里各，要知道“天朝法度尊严”，既然前来贸易，“自应安静守法”，领事和船主都要提醒船内水手不要滋事逞凶。如果已经酿成事端，该领事应该当即查明寻衅生事之人，“立时指名交出，听候地方官查审究办”“切勿袒庇诿延，自取重咎，以仰副天朝恩溥怀柔之至意”。

郭梁氏一案就此结案。

后续：美国在华领事裁判权的取得

郭梁氏一案，或者说泰拉诺瓦一案，是 1784 年美国商船首次赴华贸易到 1844 年中美签订《望厦条约》的整整 60 年间，两国之间唯一一次涉及治外法权的交涉。中方从现场勘验、调查取证、抓捕嫌疑人，到审理定谳和最后行刑，完全行使了司法主权，最终按照本国法律惩办了外籍船员。美方也获得了粤省当局公开的提交给朝廷的汇报，所以中方没有向美方隐瞒什么情况，案情是十分透明的。美国人虽然对中国官员的一些行事方法表示不满，对中国司法的一些表现也不认可，但美国驻广州领事以及商船船员都非常谨慎地遵守中国法律，没有干涉中国的司法执行程序。

此次事件后，中美贸易继续发展，美国也没有对这件事予以太多关注。1822 年，当时的美国总统詹姆斯·门罗（James Monroe，美国第 5 任总统，1817—1825 年在任）和当时的国务卿约翰·昆西·亚当斯（John Quincy Adams，美国第 6 任总统，1825—1829 年在任；1817—1825 年任门罗总统内阁的国务卿），分别写信给中国的道光皇帝和两广总督，但均未送达。美国并没有做进一步的努力，也没有应在粤美商的吁请派遣正式的驻广州领事。当时的内阁专注于美洲事务，发展出了一套被后人称为“门罗主义”的政策，而对东亚几乎没有什么像样的方针，以至于有的人认为当时美国对东亚地区的政策就是没有政策。

英国人对泰拉诺瓦案的兴趣远比美国人要大，因为这关系到英国在中国的治外法权问题。在泰拉诺瓦案结案一个多月以后的 1821 年 12 月 15 日，英国军舰“黄玉”号（HMS *Topaze*）在伶仃洋下锚，派遣一支没有武装的取水队伍到伶仃岛取淡水。该取水队遭到了持长矛和竹棍的当地民众的驱赶，英军派遣了一小队士兵上岸掩护取水队回撤。在与中国民众的交火中，英军 14 人负伤，中国方面 2 人丧生、4 人受伤。“黄玉”号船长理查德森（Richardson）致信两广总督阮元，要求惩办最早的滋事者，但是拒绝阮元要求受伤船员上岸接受中方检查的提议。理查德森虽然允许一个中国官员到船上来，但拒绝中方到英国国王的船上进行官方调查，这一点和美国“艾米丽”号顺从地接受番禺县上船调查甚至在船上公开审理船员截然不同。阮元也要求英方交出两人接受审判，抵偿死去的两名中国人，这一点也被理查德森拒绝。

理查德森提议回到英国后，由英国法律制裁伤害了中国民众的英国水手，但遭到了阮元的拒绝。广州于是要求英国大班和临时组成的英国委员会负责，并于1月11日开始停止与英国贸易。但阮元意识到英国大班无从控制英国军舰，后来和英方和解，派员登舰做了一次非正式的交流。2月23日，对英国贸易重启，此案也就不了了之。

从1821年中美、中英命案交涉的对比可以看出，此时正在高歌猛进地进行全球殖民的英国人已经非常重视在中国的治外法权，特别是皇家海军方面，不允许中国官员上舰做正式调查，也敢于和广州当局对立。美国商船则显得十分顺从，在整个交涉过程中没有就治外法权问题与中方纠缠；相反，美方允许中国官员在其船只上设立公堂，而公堂之上飘着的是美国的星条旗，而且美国领事知道得一清二楚，也没有提出任何要通过美国法律审理此案的建议。这种场景，在英国人看来是不可想象的。

英美在华的这种态度，也反映出了两国政府对待亚洲国家的不同政策，以及在嗣后历史进程中的逐渐合流。1826年6月，即英国在第一次英缅战争（1824年3月—1826年2月）中获胜后不久，英国东印度公司代表亨利·伯尼（Henry Burney, 1792—1845）与邻近的暹罗国（1939年以后改名“泰国”）却克里王朝的国王拉玛三世（1824—1851年在位）签订了《大不列颠与暹罗国王条约》，即所谓《伯尼条约》，旨在划清英属邦土和暹罗所属邦土的界限。其中第二条规定：“如果英国所属的任何地方或者国家攻击了暹罗人的话，暹罗人不能径直去报复这个地方或者国家，而应该首先向英国人通报事由，由英国人真诚地调查真相；如果错误在英国人一方，英国人会对其错误加以惩罚。如果暹罗所属的任何地方或者国家攻击了英国人的话，英国人不能径直去报复这个地方或者国家，而应该首先向暹罗人通报事由，由暹罗人真诚地调查真相；如果错误在暹罗人一方，暹罗人会对其错误加以惩罚。”表面上，这个规定中英国和暹罗的权利是对等的，但因为英国系外来的势力，所以此一规定实际上使英国获得了在暹罗这一地域的治外法权，而暹罗国家边界的确切界定正在一种变动的形成过程中。实际上拉玛三世派遣了暹罗舰队和大象协助英军攻打缅甸，因此伯尼并未对自己的盟友提过多的要求，这导致了条约签订后英国在亚洲的很多殖民官员普遍认为《伯尼条约》给了暹罗太多的权利，是英国彻头彻尾的失败。

1833年3月，美国派往远东的代表埃德蒙·罗伯茨（Edmund Roberts，1784—1836）与暹罗国王拉玛三世签订了美国历史上第一个与亚洲国家的条约，即《暹罗国王与美利坚合众国友好通商条约》，共有十款内容，其中的第九款明确规定：“雅国商客人等至暹国者，必须奉行暹国之各法律。”（此处的“雅国”指美国，暹罗当时称呼美国为“雅弥理嘉合省国”。）也就是说，美国当时并没有要在暹罗获得治外法权的企图（图7.4）。

1834年，英国人忽然将泰拉诺瓦案旧事重提，引发了美国人的强烈反弹。1834年1月，英国伦敦的《季刊评论》（*Quarterly Review*）发表了一篇文章，谈到英国侵犯中国法律已经到了使中国人不得不采取各种手段抓捕肇事者的程度了，但其中提到当年在泰拉诺瓦一案中，美国人把这个可怜的意大利人作为替罪羊交了出去，用来挽救一个美国凶犯的命。《季刊评论》的这一说法，引起了美国人的不满。1835年1月，美国的《北美评论》（*North American Review*）发表了长篇反驳文章，指出美方没有以牺牲泰拉诺瓦来包庇任何犯罪的美国船员，《季刊评论》

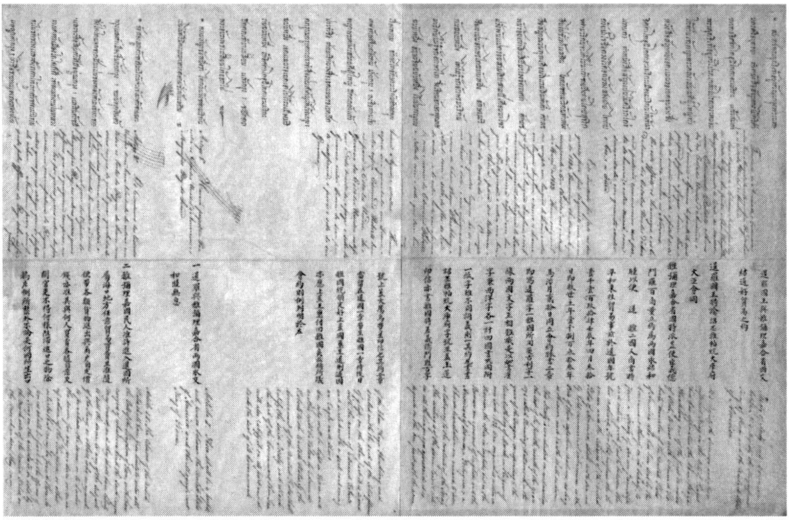

图 7.4 1833 年美暹条约，以暹罗文、英文、中文和葡萄牙文四种语言签署，因为暹罗人不懂英文，美国人不懂暹罗文，所以中文和葡萄牙文实际上充作翻译语言。暹罗素来被清朝认为是朝贡外藩之国，但暹罗对与清朝的双边关系存在不同的认知。

的说法是子虚乌有。《北美评论》援引了 1834 年 1 月《中国丛报》(*Chinese Repository*）上的报道，诉说了这次事件的经过，表明美国没有包庇自己的国民。《北美评论》同时指出：

> 我们的读者已经很清楚地知道，中国的法律就像米底亚人和波斯人的法律一样素来如此，杀人必须偿命。我想我们也不需多费笔墨去论证中国的法理。另外，在中国法律之外还有一个更受人尊敬的准则，是国际法（law of nations）上的，即一个外国人自愿进入一国管辖范围之内后就有遵守该国法律的义务。

五年以后，英国人发动了鸦片战争，并通过 1843 年签订的《五口通商附粘善后条款》（即《虎门条约》）获得了在华领事裁判权，即英国人在中国犯罪,交由英国管事官（即领事官）按照英国法律审判惩罚，这是治外法权的具体表现，也是对中国司法主权的严重破坏。

1844 年 7 月，美国代表加勒 · 顾盛（Caleb Cushing，1800—1879）同两广总督耆英在澳门望厦签订了《美利坚合众国与中华帝国和平、友好和通商条约》，其中第二十一款规定：“嗣后中国民人与合众国民人有争斗词讼交涉事件，中国民人由中国地方官捉拿审讯，照中国例治罪；合众国民人由领事等官捉拿审讯，照本国例治罪。”这就是说赋予了美国在华领事裁判权，即美国公民享有在华治外法权。这项权利的获得，本身不是美国政府的指示，而是和顾盛本人的政治野心和谈判要求直接相关。事后，顾盛在辩护如何攫取这项特权的时候表示，基督教国家的法律可以保证基督教国家之间彼此的权利和义务，他们也接受作为共同原则的国际法，然而占全球大部分地区的伊斯兰教国家和异教国家并不认可国际法，故而国际法实际上只是基督教国家的法律，而中国作为一个并不信教的异教国家，也应该和土耳其等伊斯兰教国家一样，不能用他们自己的法律去审判基督教国家的国民。顾盛的这种从宗教角度区分国家及其法律适用范围的诡辩，并不是所有人都认可，而且后来也遭到了民国时期杰出的外交家顾维钧的驳斥。

然而，在鸦片战争以后，即便没有顾盛，美国作为一个西方国家获得在华治外法权也不过是时间问题，这恰是当日中国最为悲哀的地方之一，当然也是后世的我们最应该警醒的地方之一。美国的这一在华司法特权一直到 1943 年 5 月中美《关于取消美国在华治外法权及处理有关问题条约》（Treaty for Relinquishment of Extraterritorial Rights in

China）互换生效时才最终废止，到彼时为止，美国已在华享受了整整100 年的治外法权。

尾声：治外法权与“文明世界”

1821 年郭梁氏不幸身亡，是一出悲剧，但郭梁氏身后也是幸运的，毕竟广州当局严肃调查和惩处了凶手。这是鸦片战争爆发前将近二十年的事。鸦片战争以后，随着英法美等国家纷纷获得在华领事裁判权，即便有再多的郭梁氏有此悲惨之涉外遭遇，中国司法也爱莫能助了。以领事裁判权为具体标志的外国在华治外法权，是界定近代中国社会进入“半殖民地半封建”状态中“半殖民地”特征的主要因素之一，另外一个主要因素是集自身行政、立法和司法于一体的在华外国租界，例如最早建立也影响最大的上海英法美三国租界，特别是英美租界联合组成的公共租界，有如国中之国。

这背后是一幅更大的图景：近代欧美的炮舰外交、殖民主义以及帝国主义，伴随着近代科技、商贸资本和国际法体系，一并涌入包括中国在内的很多非基督教国家，例如奥斯曼土耳其帝国和非洲诸国，并有若干教科书式的表现。文明（civilization），开始以西方话语为中心，在全球范围内被“殖民者”和“被殖民者”重新广泛界定并层级化，而这种层级化直接为治外法权的存在提供了合法性。上述提到的美国代表顾盛从基督教和非基督教两个尺度来辩护其攫取的在华治外法权一事，就是明证之一，因为按照顾盛之逻辑，只有在中国、土耳其、埃及、印度等国家均变为信奉基督教的国家之后，方可与美欧基督教国家享得对等的司法权利和国际法权利，这种逻辑背后恰恰是欧美对

"文明"的差序理解。19 世纪以来，许多欧洲的思想家从自由主义的视角对帝国和帝国扩张的理解，已经和 18 世纪的颇为不同，他们开始在更为清晰的文明与野蛮的二元文明对立中，为欧洲各国开始向全球的海外扩张和殖民拓展做合理化解读。

图 7.5 泰国曼谷中国城一角。笔者 2019 年 12 月摄。

中国等国家恰是在这种差序文明之中渐次丧失了司法主权独立的。上文提到的暹罗即泰国也是如此，1855 年英国驻香港总督包令（John Bowring, 1792—1872）和暹罗国王拉玛四世签订了《包令条约》(Bowring Treaty)，这是一款模仿《南京条约》签署的不平等条约，英国在第二款内明确获得了在暹罗的领事裁判权 (consular jurisdiction)，严重破坏了暹罗的司法独立。暹罗就此逐步沦为一个半殖民地国家，这也是当代泰国学者所承认的。1856 年，美国紧跟英国脚步，修改了 1833 年和暹罗的友好条约，获得了在暹罗的治外法权。这里多提一句，侨居暹罗的为数甚多的华商也通过注册英、法、荷兰等国的国籍等手段享有了治外法权，结果造成了诸多问题，而华侨的归化曾是近代泰国民族国家形成过程中一个极其重要的议题（图 7.5)。暹罗 1932 年革命之后，着手废除了治外法权。

在此近代历史的大背景之下，我们再回过头来审视中方在郭梁氏一案中实践的司法主权，也就具有了别样的意义。这个案件背后的清代中国的司法主权和国家主权的独立，犹如流星划过历史的夜空，我们看到了它在那里，闪耀光芒，似乎触手可及，却终究不能阻止它的消失。

第八章　朝觐与不许朝觐：中美《望厦条约》的签订

1839 年到 1842 年的中英第一次鸦片战争以及《南京条约》的签订，大大改变了美国对中国的既往认知。美国国内一方面对中国抱有极大的同情，谴责英国；另一方面也认为中国并不明白欧美世界的规则，同情英国。总体而言，美国对中国本身的命运以及中国外交局势的关心是第二位的，从总统到国会政客及其背后的富商巨贾们，眼里首先看到的是英国通过条约打开了中国另外四个通商口岸——厦门、福州、宁波、上海，而美国的首要任务是要和英国一样进入这些口岸做生意。此时甚至以后，中国对于美国最重要的意义，恰是她蕴藏着的令人垂涎的如山如海的财富，以及令人神往的广袤无垠的市场。

顾盛获得任命：美国第一个正式赴华代表

1843 年美国总统约翰 · 泰勒（John Tyler，1841—1845 年在任）任命加勒 · 顾盛为全权外交代表，赴华商讨立约通商的大事。这一任命本身存在诸多国内政治斗争因素。泰勒最早于 1841 年 3 月 4 日出任第

图 8.1 加勒·顾盛。美国国会图书馆藏，编号 2017894661。

9 任总统威廉·哈里森（William Henry Harrison，1773—1841）的副总统，但哈里森就职后两周就得病了，很快因肺炎并发症于 4 月 4 日逝世，成为迄今为止就职时间最短的美国总统，泰勒遂晋为总统，是美国历史上第一个由副总统上位为总统的政治家。这种剧变是大选前很多人没有料到的，因此泰勒需要面对诸多挑战和异见。最早物色的赴华代表是佛蒙特州众议院议员霍勒斯·埃弗里特（Horace Everett），但后者拒绝接受这一任命，遂改为来自麻省的众议院代表顾盛（图 8.1）。

顾盛本人出身麻省富商家庭，自小接受良好教育，1813 年 13 岁的时候进入哈佛大学，1817 年毕业后在哈佛教授了两年数学，随后开始法学学习，并于 1824 年取得律师执照，逐步进入政界。1826 年成为麻省参议员。1841 年 3 月到 1842 年，担任众议院外交事务委员会主席。在此期间，顾盛因为拥戴已被辉格党除名的总统泰勒（泰勒曾是辉格党党员，在成为总统之前不久遭到该党除名；辉格党是1833—1856年之间活跃在美国政治舞台上的一个政党），且曾改变立场，为许多同僚所不满。1843年初，泰勒总统提议让顾盛出任财政部长，但遭到了参议院的反对，泰勒一天之中三次提名顾盛，参议院三次均予以否决。在这种情况下，泰勒转而任命顾盛为赴华代表。顾盛本人恰恰利用这次机会，提高了自己的声誉和形象。

5月8日，国务卿丹尼尔·韦伯斯特（Daniel Webster, 1841—1843年出任第14任国务卿）发给顾盛一份长长的正式外交训令。训令中提到，两年前发生的中英战争对美国、中国和世界其他国家都发生了深远影响，而英国新开辟了四个通商口岸，美国的目的就是要进入这四个口岸，获得同英国一样的贸易权利。顾盛要仿照中英之间的协商，也同中国签订一个条约，并保证美国商人和公民一定遵守在这些港口的商贸规定。顾盛应当坚持进京面见中国皇帝，递交总统的亲笔信；如果实在不能进京，要让皇帝的代表转达亲笔信，且以能获得中国皇帝的回信为前提。训令强调，顾盛要始终以和平的面貌出现，以不冒犯中国的手段进行交涉，但也要时刻注意在中国人面前体现出美国的体面、重要和强大。

此外，训令特别提到，中国在外交方面容易把外国代表看成携带贡物而来的朝贡贡使，就像之前的英国赴华使团那样（这里指的是1793年的马戛尔尼使团和1816年的阿美士德使团，两个使团都被清廷当成朝贡使团加以对待），而且顾盛如果进京的话很可能要面临中国的叩头跪拜的问题，对此顾盛必须恰当地声明自己并非贡使，要维护美国与中国的对等、平等和尊严，不能有有损国格之事发生。美国是一个年轻的共和国，但在派遣顾盛来华之时，已特别注意到了不能让自己的代表落入中国朝贡贸易的窠臼。然而，在粤省中国官员眼中，中美交往却是另一番模样，至少从他们呈递给朝廷的公文内的描述而言是如此的。

国务院的这份外交训令对于理解美国的对华立场至为关键。美国的目的非常简单，就是进入英国新开辟的四个通商口岸，扩大对华贸易规模，并拟定条约加以规范化。美国无法通过武力来达到这个目的，因此在很大程度上要视顾盛的个人外交能力而定。我们也可以看到，美国方面做了很多外交功课，听取了对华贸易的美商的意见，试图规避中国的朝贡贸易体系，获得中方以平等姿态对待的待遇。

北上的压力：顾盛的麻烦与中国官员的任务

道光二十四年正月初八日，即 1844 年 2 月 25 日，中国举国上下仍旧沉浸在甲辰年新春的气氛之中。署理澳门同知谢牧之，得知一艘西洋大船来泊九洲湾，探明系美国船只，来人 500 余名，大炮 64 门。谢牧之迅速将这一消息禀报了广州的护理两广总督、广东巡抚程矞采（1783—1858）。在收到谢牧之的报告之后不久，程矞采就收到了美国驻广州领事福士（Paul S. Forbes）的来函，得知了美国来船系代表顾盛座驾，这立刻引起了程矞采的不安。

早在 1843 年秋，福士就通知过当时的钦差大臣耆英和两广总督祁𡎴，美国要派遣使臣来华，请求进京，遭到了耆英和祁𡎴的拒绝。耆英、祁𡎴连同程矞采一起，知会广东布政使黄恩彤，让其“晓谕”福士不要派人来华，如果真有美国使臣到来，也要婉言开导云云。讵料几个月过后，美国人真的来了。耆英在 1842 年以钦差大臣的身份与英国方面谈判，最终与另一位钦差大臣伊里布一起，和英方代表璞鼎查（Henry Pottinger，1789—1856）签署了《南京条约》。此时耆英已回到他的两江总督本任，祁埙不幸于年初病逝，其两广总督暂由程矞采监理。

程矞采迅速行动，派遣永安县知县钱燕诰，带着久在广州行医的懂中文的美国医生伯驾，一起前往拜见福士，探明来意，还要相机劝阻。钱燕诰刺探的结果，是顾盛要“进京朝见大皇帝”。正在狐疑之时，顾盛派遣秘书柯丹禁尔（Elisha Kent Kane）赴广州和福士一起向程矞采投递公文，说明来意。根据公文的汉译本，程矞采才明白顾盛被该“亚墨理驾合众国”的“正统领”任命为“全权公使善定事宜大臣”，前来中国商定条约，且不日进京，将正统领书信呈现大皇帝，大约一个月左右以后将扬帆驶往天津北河口。所谓“正统领”即总统，在今天韩语中“总统”一词对应的中文就是“大统领”。

程矞采安排黄恩彤和署广州知府刘开域两次接见柯丹禁尔，劝其不要贸然北上，更对其“示以法度，晓以情理，于婉为开导之中，寓正言拒绝之意”。中方按照朝贡贸易的一套，告诉美国人凡外国有陈情之事，都是由广东督抚“据情代奏”的，并不能径直呈递朝廷。柯丹禁尔等人并没有理论太多，只是表达了美国代表要北上进京的计划，这让中方感觉虽然美国人花费九个多月“越八万里重洋”来到中国，要求“进京觐见”皇帝，“实出至诚”，但其仍旧不死进京之心。最后，柯丹禁尔表示自己不能做主，要回到澳门去禀报顾盛，由顾盛做决定。

在柯丹禁尔走后，程矞采以四百里加急向道光皇帝奏报。在奏折的最后，程矞采总结说，米利坚国来广州贸易，“百余年来，未通朝贡”，现在顾盛忽然以全权公使的名号前来要缔结和好条约，应该是想效法英国人，但“夷情躁急”，恐怕不能在粤省久留，深恐一朝放洋北上，酿成事端，所以他一面由广州飞咨沿海各督抚一体知照密切注意美船动向，一面继续在广州与美国人周旋，阻其北上。

程裔采同时附上了汉译顾盛照会和他给顾盛的复照。在这份汉译照会中，顾盛虽然是一名“全权善定事宜公使大臣”，要同“中华钦差便宜行事大臣”商量订约之事，但又被打扮成了一名准朝贡公使，“于到中华之日，刻即恭请大皇帝福安”“伏愿大皇帝万福无疆”，云云。在给顾盛的复照中，程裔采也是采用这种口吻，认为顾盛恭请大皇帝福安之举，“恭顺有礼，深堪嘉美”，但“各国使臣赴中华晋京朝见大皇帝，均须在近边口外停候，俟各省大吏奏明请旨，分别准行与否，再取进止”，如果美船不待奏请而直达天津口外，“殊与体制未协”，而且天津也没有通事、行商可以襄助，最后还是要折回广州同钦差大臣会谈，和英国璞鼎查当时一样。程裔采又进一步强调说，中美两国没有必要签署和约，因为“贵国自与中国通商二百年来，凡商人之来粤者，无不循分守法，中国亦无不待之以礼，毫无不相和好之处”，英国因为与中国不和，所以才必须坚定条约，和美国不同。最后，程裔采又说，现在通商章程一律改定，税钞大大减少，规费也悉数革除，中国对美国要办理的事情和对英国已经办理的将没有什么不同，“商民共沾利益”，美国也应该“仰体大皇帝柔远之仁”，让美国商民安分贸易，不要“崇饰虚文”，因为那些虚文都是“无关实惠”的。

程裔采的照会说明他对中美交往的历史也不是很了解，美国到此时刚刚建国 68 年，但他却说两国通商已经一二百年，显然和英国等国家混淆了。程裔采在奏折里特别对道光皇帝解释说，米利坚国一共有 26 处，合为一国，所以叫“合众国”，而顾盛等人所称呼的“正统领”，就是他们的“国主”。这种描述是非常笼统的，而“国主”之谓也十分含混，但在这种话语中有一点是很明确的，就是米利坚国和其他为逐利而至之朝贡国并无多少不同。本着对这些国家一视同仁的柔远之义，程矞采以督抚之身份径直告诉美国人说中国将对英美同等办理，而这恰恰是美国人前来要与中国商谈的外交目的！可以说，脑袋生活在朝贡贸易体系内的程矞采，一个照会就恩赐给了美国人本来兴师动众来中国准备大谈特谈的东西。程矞采所做的，是怀柔外夷，不是近世外交。

图 8.2 美国汉学家和外交官卫三畏 1848 年出版的《中国总论》(*The Middle Kingdom*)中的耆英肖像。

对程巡抚的柔远之道，道光皇帝深为赞成。道光帝以五百里加急迅速任命两江总督耆英为钦差大臣兼两广总督，命其即刻启程驰赴广州，会同程矞采办理此事。道光帝在上谕中说，耆英是“各夷信服之人”，抵达广州后要对美国人“婉言开导，据理拒绝，控驭得宜，毋使另生枝节”(图 8.2)。为了防止美国人径自前往天津，道光帝亦命直隶总督讷尔经额饬令天津属官，如果美船到来，要告诉他们回到广州去找两广总督耆英商谈，对其要来北京朝见一事，要“谕以天朝抚驭外夷，一切率由旧章，未便代为奏请，务须婉言开导，据理拒绝，万勿稍有含混”。在这个过程中间，道光帝没有询问美国究竟要来中国签署什么样子的章程和和约，也没有对美国代表及其政府提出具体问题，他所关心的事情只有一件，那就是耆英、程矞采、黄恩彤、讷尔经额等人，一定要想尽办法把美国使臣留在广州，与之周旋，绝对不能让其北上进京。

顾盛并不了解中国这套体系，仍旧坚持要进京会谈，并于觐见皇帝之时亲呈美国总统信函，并说如果海路行走不便，美方可以经内河进京。这一要求更是捅了马蜂窝，道光帝严厉责成耆英和程矞采，通过黄恩彤等人告知顾盛，绝不许其进京朝觐。阻止顾盛北上进京，遂成为中国方面上到皇帝下到两广总督和广州知府的中心任务，至于原本非常重要的商谈通商章程条款和两国条约等等，却并没有成为重点。在这种情况下，耆英到达广州后和顾盛就是否北上，展开了拉锯会谈。其间，耆英向道光皇帝连发了多封奏折，核心议题就是阻止顾盛北上，所谓“国书一日未缴，则夷情一日未定，即使条约均有成言，是否北驶，仍无把握”。

外国公使进京，真的有如瘟疫一般那么严重吗？在今天的我们看来，已然滑稽可笑，但对道光皇帝和朝中很多大臣而言，这却是大事一桩。自乾隆晚期以来，在北京服务的外国传教士已经大量减少，钦天监到道光朝后期也已经没有了外国监官，诸如康熙帝跟着汤若望等传教士研习西方数理的景象，到此时已是隔世之事，是不可想象的。到乾隆末年，大清国的天下中心地位因其幅员的辽阔与外藩的拱卫而越发现实，华夷之辨日甚，中外大防愈严。非朝贡国家的使臣进京的话，首先给朝廷带来的挑战就是觐见之时的叩头跪拜礼仪，而此种礼仪之争涉及天子与天朝的体面和尊严，就北京而言是不能调和之事。因此，道光帝和耆英一心要阻止顾盛北上，至于两国间的条约谈判，反倒视之为柔远之工具，并不特别关心。

最后，顾盛终于悟出了其中的门道，同意交出“国书”，由耆英代递给皇帝，耆英心中的石头才落了地。耆英担心夜长梦多，迅速将黄恩彤与美方谈判后的条约稿本发给顾盛，让美方逐条翻译成英文，对照无误后，于 1844 年 7 月 3 日（道光二十四年五月十八日），在澳门望厦村的普济禅院（观音堂）彼此签字画押，条约正式名称叫《中美和平、友好和通商条约》。耆英是识时务的人，但他原本并不懂近代欧美外交规则，只是并不是一个高谈清理之人，而是愿意出面同“外夷”打交道，因此他虽出面折冲樽俎，但重点往往和对方不在一个轨道之上。

《望厦条约》全文三十四条，美方于第二条内获得了协定关税权和片面最惠国待遇；第三条内获得了前往广州、福州、厦门、宁波、上海等五个港口贸易的权利；第四条内获得了在上述五口设立领事的权利；第十七条内获得了在上述五口内租地或者建屋、建教堂和设立墓地的权利；第二十一条内获得了领事裁判权；第三十四条内规定十二年后双方修约。由此，顾盛不仅顺利圆满地完成了使命，而且在预定外交任务之外，于条约之中攫取了在华治外法权。对取得治外法权一事，顾盛自己有一套辩护之词，也是当时很流行的看法（具体请参见第七章）。

对中国而言，与美签约也是一大胜利，因为顾盛终于不进京了。耆英高兴地带着美国的“国书”回到了广州城，快马加鞭地奏报道光帝，并禀报说美国国书都是“夷字”，一时不好辨认，需要秘传通事译成汉文，然后“如何进呈之处，悉心酌议，再行请旨遵办”。道光皇帝读完奏折后高兴地批示：“所办甚好”“办理均合机宜”。在皇帝眼中，耆英不负皇恩，抚夷成功（耆英 1858 年被道光帝的儿子咸丰帝赐死时，同样是因为抚夷，只不过是因为抚夷失利）。至于条约内容，道光帝责成军机大臣会同各部迅速讨论上奏。很快，军机大臣穆彰阿等回奏说中美立约，“原为俯顺夷情无碍通商大局起见”，所有三十四条均合乎之前五口通商章程的范围，应予批准。对于领事裁判权，军机大臣们和刑部总结为是“民夷有词讼交涉事件，各由本官捉拿审讯”，这样可以“杜民夷之争端”，所以应予照办。就这样，朝廷没有对《望厦条约》的任何内容提出异议，予以全盘批准。

至此，美国的“旧对华贸易时代”结束了，中美踏入了一个以条约和国际法为基本准则的新时代。然而，中国方面对这种巨大的变化一时还并没有多少清醒的认识。

“您的好朋友”：泰勒总统致道光皇帝信

耆英总督并不清楚自己其实是赌了一把，因为他不知道顾盛手里有两封总统的书信，而顾盛只是给了他第一封口吻正式的信，把第二封口吻非常平常的带回了美国。泰勒的这两封信，均由国务卿埃布尔·厄普舍（Abel Parker Upshur，1843 年 7 月—1844 年 2 月出任第 15 任国务卿）代为起草。对收到的书信，耆英等视之为“国书”，究其实质，就是泰勒总统写给道光帝的信，和正式的国书还是不同的，但在当时的环境下，被视作国书也无可厚非。在译成中文以后，这封国书内的用词、语境同英文出现了很大的差别，差不多成了一通朝贡国家献给皇帝的表文。

这是历史上美国总统第一次直接写信给中国皇帝，后者不仅收到了，而且做了回复，美方也收到了回复。这算是中美历史上第一次礼尚往来的高层互动，虽然中国对对方的理解出了很大的偏差，而美国也在很多方面蒙在鼓里。下面我们先附上泰勒总统的英文信原文，然后再解析耆英等人翻译的汉文本。

原文：

[TO THE EMPEROR OF CHINA]

I, John Tyler, President of the United States of America - which States are: Maine, New Hampshire, Massachusetts, Rhode Island, Connecticut, Vermont, New York, New Jersey, Pennsylvania, Delaware, Maryland, Virginia, North Carolina, South Carolina, Georgia, Kentucky, Tennessee, Ohio, Louisiana, Indiana, Mississippi, Illinois, Alabama, Missouri, Arkansas, and Michigan - send you this letter of peace and friendship, signed by my own hand.

I hope your health is good. China is a great empire, extending over a great part of the world. The Chinese are numerous. You have millions and millions of subjects. The twenty-six United States are as large as China, though our people are not so numerous. The rising sun looks upon the great mountains and great rivers of China. When he sets, he looks upon rivers and mountains equally large in the United States. Our territories extend from one great ocean to the other; and on the west we are divided from your dominions only by the sea. Leaving the mouth of one of our great rivers, and going constantly towards the setting sun, we sail to Japan and to the Yellow sea.

Now, my words are, that the Governments of two such great countries should be at peace. It is proper, and according to the will of

Heaven, that they should respect each other, and act wisely. I therefore send to your Court Caleb Cushing, one of the wise and learned men of this country. On his first arrival in China, he will inquire for your health. He has then strict orders to go to your great city of Pekin, and there to deliver this letter. He will have with him secretaries and interpreters.

The Chinese love to trade with our people, and to sell them tea and silk, for which our people pay silver, and sometimes other articles. But if the Chinese and the Americans will trade, there should be rules, so that they shall not break your laws nor our laws. Our minister, Caleb Cushing, is authorized to make a treaty to regulate trade. Let it be just. Let there be no unfair advantage on either side. Let the people trade not only at Canton, but also at Amoy, Ning-po, Shang-hai, Fu-chow, and all such other places as may offer profitable exchanges both to China and the United States, provided they do not break your laws nor our laws. We shall not take the part of evil-doers. We shall not uphold them that break your laws. Therefore, we doubt not that you will be pleased that our messenger of peace, with this letter in his hand, shall come to Pekin, and there deliver it; and that your great officers will, by your order, make a treaty with him to regulate affairs of trade - so that nothing may happen to disturb the peace between China and America. Let the treaty be signed by your own imperial hand. It shall be signed by mine, by the authority of our great council, the Senate.

And so may your health be good, and may peace reign.

Written at Washington, this twelfth day of July, in the year of our Lord one thousand eight hundred and forty-three.

Your good friend,

JOHN TYLER

这封信用平常的白话口吻来按照原文翻译的话，是如下的意思：

[致中国皇帝]

我是美利坚合众国总统约翰·泰勒，合众国包括这些州：缅因、新罕布什尔、马萨诸塞、罗得岛、康涅狄格、佛蒙特、纽约、新泽西、宾夕法尼亚、特拉华、马里兰、弗吉尼亚、北卡罗莱纳、南卡罗莱纳、佐治亚、肯塔基、田纳西、俄亥俄、路易斯安那、印第安纳、密西西比、伊利诺伊、亚拉巴马、密苏里、亚肯色和密歇根。在此呈给您这封和平和友谊的亲笔信。

我希望您身体健康。中国是一个伟大的帝国，占有这个世界上的很大一部分。中国人也非常之多。您有千千万万的臣民。拥有二十六个州的美利坚合众国与中国一样大，虽然我们的人口没有中国那么多。朝日光辉普及中国的名山大川，日落之时，光辉照样普及美利坚的大河高山。我们两国的领土从一个大洋延伸到另一个大洋，在西边我国与你们隔海相望。驶出我们的其中一条大河的河口，继续朝着日落的方向驶去，我们将抵达日本和黄海。

现在，我认为，你我两个伟大的国家的政府应该和平相处。根据天意，我们应该尊重彼此和明智地行动，这原本也是正确的做法。在此，我正式派遣加勒·顾盛前往贵朝廷，他是我国聪明博学的人之一。抵达中国之后，顾盛将向您请安。他已经收到了前往你们伟大的北京城的严格训令，而且将在北京递呈此信。他将携带着秘书和通事。

中国人喜欢和我们的人民做生意，卖给他们茶叶和丝绸，我国人民以银两和其他物品结算。但是中美既有贸易，就应该有规矩，然后他们就不至于违反贵国或者我国的法律。我们的公使加勒·顾盛有权签署商贸条约。让这个条约公平吧。让这个条约不会对任何一方不公吧。让人民不仅在广州交易，也可以在厦门、宁波、上海和福州以及其他的可以对中美两国带来利润交换的地方交易吧，而这些人不会破坏你们或我们的法律。我们不当与邪恶之人为伍，也不会包庇那些破坏了你们法律的人。因此，我不怀疑您将很高兴我们的公使手持此信进京，并呈递给您；您的大臣们也将按照您的命令与他签订一个条约来规范贸易事务，以期没有事情会破坏中美和平。请陛下签署这个条约吧。我也将在我们的参议院的授权之下签署这一条约。

在此祝您安康，治下和平。

我主降生后一千八百四十三年七月十二日，笔于华盛顿。

您的好朋友

约翰·泰勒

1844年之时，耆英方面自然无法像我们今天这样翻译这封信。耆英命人将此书信译成中文后，冠以“美利坚汉字国书”之名，进呈道光皇帝，后来这份公文被收入清廷编纂的《(道光朝）筹办夷务始末》之中。《筹办夷务始末》先由故宫博物院于20世纪30年代出版，后由

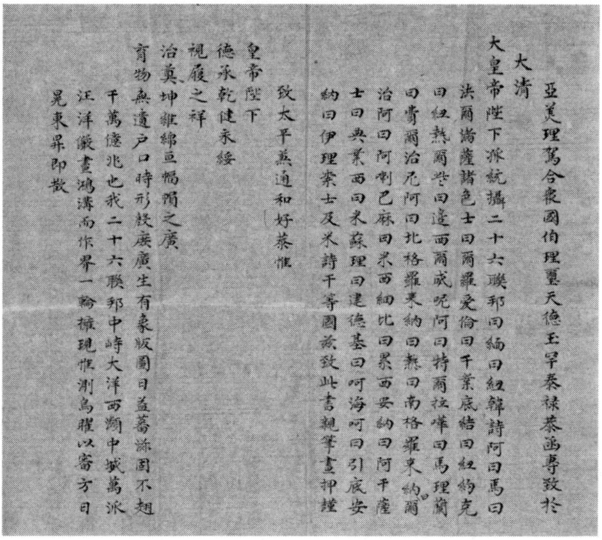

亞美理駕合衆國伯理璽天德王罕泰禄恭函専致於
大清
大皇帝陛下滌統攝二十六聯邦曰緬曰紐韓詩阿曰馬曰
法爾満薩諸色士曰爾羅愛倫曰干業底皓曰紐約克
曰紐熱爾些曰遣西爾威呢阿曰特爾拉華曰馬理蘭
曰費爾治尼阿曰北格羅來納曰南格羅來納曰爾
治阿曰阿剌巴麻曰米西細比曰累西安納曰阿干薩
士曰典業西曰米蘇理曰建德基曰阿海阿曰引底安
納曰伊理紮士及米詩干等國茲致此書親筆畫押謹
致太平燕通和好恭惟
皇帝陛下
德承乾健永綏
視履之祥
治奠坤維綿亘幅隕之廣
育物無遺戶口時形殷庶廣生有象版圖日益蕃滋固不翅
千萬億兆也我二十六聯邦中峙大洋西瀕中域萬派
江洋徽畫鴻溝而作界一輪擁現惟測烏曜以審方日
晃東昇即散

图 8.3 耆英致伯驾的美国国书汉译本，看上去和朝贡表文格式一致。

齐思和等史学家点校整理后于 1964 年由中华书局出版，流布甚广，时至今日仍是研究晚清外交的核心历史资料之一，因此很多研究顾盛赴华签约一事的学者也都以《筹办夷务始末》中记载的美国“国书”为准。

然而，耆英提交给朝廷的汉译本是“悉心酌议”的产物。当时耆英方面转交给曾协助顾盛谈判的伯驾一份汉译本，封题“伯驾老爷玉启”，译文笔书于宣纸之上，是常见的地方督抚上奏奏折所用的纸张，该文书原件现藏美国耶鲁大学医学历史图书馆。将这份译文与耆英最终上奏道光帝的译文对照后，可以发现耆英所做的一些精巧的修改，这些修改使得这份国书看上去很像一份仰慕中华文明与富庶的朝贡国的表文（图 8.3）。

以下以耆英递交给道光的译本为主线，以耶鲁藏本为辅助，解读中国对这份“国书”的理解。黑体为耆英上奏的汉译本原文，括号内的部分为笔者注解。

亚美理驾合众国【英文国名 United States of America 的音译，今日多写作“美利坚合众国”，简称“美国”】**伯理玺天德**【英文 president（总统）的音译】**玉罕泰禄**【总统 John Tyler 的音译，今多翻译为“约翰·泰勒”；“玉罕”今译“约翰”，系基于希伯来语发音的翻译】**恭函**【“恭”字为英文原件所无，系添加词，用来形容其以下达上的恭敬，以符合清朝体制】，**专致**【“致”字在耆英给道光的奏折内改做“达”】**于大清大皇帝陛下**【这一句也是英文原件所没有的，“大清大皇帝陛下”也是为了符合清朝体制的添饰。另外，汉译本遵照了当时的抬格体式，“大清”抬两格，“大皇帝”抬三格，下文的“皇帝”“德承乾健”“皇舆”“觐”“皇都”“龙光”“安康”等等，均抬两格；“天心”抬三格。这种抬格背后是非常严格的上下尊卑的政治秩序】：

孤【“孤”系中国古代君王的自称，但清朝皇帝已经不用这个字，而用“朕”，此处当时的翻译者刻意选择用“孤”来译英文的“I”（我），具有强烈的显示“君”对“帝”的差异的倾向】**统摄二十六联邦**【此处的“联邦”指美国的州，即 state，而不是指今日“联邦”一词所对应的 the federal government 或者 the Union；截至该总统写这封信的 1843 年，美国拥有 26 个州】：**曰缅**【Maine，今译“缅因”】、**曰纽韩诗阿**【New Hampshire，今译“新罕布什尔”】、**曰法尔满**【Vermont，今译“佛蒙特”】、**曰马萨诸色士**【Massachusetts，今译“马萨诸塞”，中国人多以“麻省”称之】、**曰尔罗受伦**【Rhode Island，今译“罗得岛”】、**曰干业底结**【Connecticut，今译“康涅狄格”】、**曰纽约克**【New York，今译“纽约”】、**曰纽热尔些**【New Jersey，今译“新泽西”】、**曰边西尔**

威呢阿【Pennsylvania，今译“宾夕法尼亚”】、**曰特尔拉华**【Delaware，今译“特拉华”】、**曰马理兰**【Maryland，今译“马里兰”】、**曰费尔治尼阿**【Virginia，今译“弗吉尼亚”】、**曰北格罗来纳**【North Carolina，今译“北卡罗莱纳”】、**曰南格罗来纳**【South Carolina，今译“南卡罗莱纳”】、**曰热尔治阿**【Georgia，今译“佐治亚”】、**曰阿喇巴麻**【Alabama，今译“亚拉巴马”】、**曰米细细比**【Mississippi，今译“密西西比”】、**曰累西安纳**【Louisiana，今译“路易斯安那”】、**曰阿干萨士**【Arkansas，今译“阿肯色”】、**曰典业西**【Tennessee，今译“田纳西”】、**曰米苏理**【Missouri，今译“密苏里”】、**曰建德基**【Kentucky，今译“肯塔基”】、**曰呵海呵**【Ohio，今译“俄亥俄”】、**曰引底安纳**【Indiana，今译“印第安纳”】、**曰伊理奈士**【Illinois，今译“伊利诺伊”】、**及米诗干**【Michigan，今译“密歇根”】**等国**【此处的“国”即美国的州，即 state，并非国家之意】。**兹此书亲笔画押，谨致太平，兼通和好。恭维**【以示恭敬】**大皇帝陛下**【此系添加词汇，以符合清朝体制】，**德承乾健，永绥视履之祥；治奠坤维，绵亘幅员之广；育物无遗，户口时形殷庶；广生有象，版图日益蕃滋，固不翅千万亿兆也**【这几句是基于原件中以下四句话的翻译：“I hope your health is good. China is a great empire, extending over a great part of the world. The Chinese are numerous. You have millions and millions of subjects.”但这一翻译大大改变了原意，将原文塑造成了一个外夷藩邦对富庶的中国的倾心仰慕和竭诚赞美】。

我二十六联邦，中峙大洋【此指美国处于太平洋和大西洋之间】，**西濒中域**【耆英本中写为“中城”，伯驾所收译本中系“中域”，耆英本当系笔误，“中域”指中国】，**万派汪洋，俨画鸿沟而作界**【“中峙大洋，西濒中域，万派汪洋，俨画鸿沟而作界”一语，系以下英文原文的翻译：

"Our territories extend from one great ocean to the other; and on the west we are divided from your dominions only by the sea."】；**一轮拥现，惟测乌曜**【乌曜指太阳，中国古代传说太阳内有三足乌】**以审方**【即判断方向；这两句是衍文】。**日晃东升，即散皇舆之彩；阳光西下，甫生敝域之辉**【这两句是对以下两句原文的翻译："The rising sun looks upon the great mountains and great rivers of China. When he sets, he looks upon rivers and mountains equally large in the United States." 但其中的 "great mountains and great rivers of China" 即中国壮丽山河，被译成了"皇舆"，即中国皇朝之舆地，衍生了强烈的认同中国为天下中心的政治含义；与之对应的后半句有关美国的壮丽河山则被刻意译为"敝域"；这两句里面其实也包含着天体运行和中美位于东西半球的意思，但中文翻译中把这层意思塑造成为中国处于日出朝气蓬勃之时，霞光四射，而美国则于日落西山之时方有光明可言，一朝一暮，尊卑立现】。**均同覆载**【"覆载"指天地，《礼记·中庸》曰："天之所覆，地之所载，日月所照，霜露所队，凡有血气者，莫不尊亲。"】**之中，自分扞格之势，惟广狭或可相侪，而众寡则难比数**【这句系以下英文原文的翻译："The twenty-six United States are as large as China, though our people are not so numerous."】。**至我国来程**【"来"字用意颇深，与"万邦来朝""来化"等"来"同出一辙，可谓匠心独具】，**当离河口，辨道于日入之方，满曳帆樯，直抵乎日本之国，再循赤道**【原文中并无"赤道"之言】，**乃达黄河**【"黄河"系 Yellow sea 的翻译，即黄海，此处当系误译】。

今两国均承景运，须共升平，仁民爱物，道本大公，推己及人，理归一致，允宜上体天心，下尽人事【这一句系以下英文原文的翻译："Now, my words are, that the Governments of two such great countries should be at peace. It is proper, and according to the will of Heaven, that they should respect each other, and act wisely.”其中，“景运”和“升平”均系对“peace”（和平）的解读。“仁民爱物”，语出《孟子 · 尽心上》：“君子之于物也，爱之而弗仁；于民也，仁之而弗亲，亲亲而仁民，仁民而爱物。”“道本大公”，也是士人们解读孔孟之道时候所本的一个义理；“推己及人，理归一致”是一种延伸翻译。“天心”是对“the will of Heaven”的翻译，此词和“天命”几乎一致，但写为“天命”是犯上的大事，所以翻译者写为“天心”，而“上体天心，下尽人事”是绝好翻译】。**是以孤于本国中，选准才识可任之人加勒顾盛**【耆英本的原文“加勒顾盛”四字均增加了口字旁，这也是中国朝廷当时的文书传统，以示这些外邦人系未开化之属，类若犬羊；但是，在耆英方面送给伯驾的中文译本内却没有口字旁，可见清朝官员对上对下的灵活手腕】，**特命偕副佐司员及诸传译，就觐皇都**【“就觐皇都”一语，是英文“go to your great city of Pekin”（前往你们伟大的北京城）的翻译，“觐”字体现了上下等级，“皇都”也体现了对中国天下正中的认可】。**懔龙光于咫尺，首祝安康；献鲤信之殷勤，次陈款渎**【这一句翻译增加了很多的衍文。“龙光”指亲自觐见道光皇帝；“首祝安康”是对“inquire for your health”（问询健康）的翻译；“献鲤信”指“deliver this letter”（递信），而“鲤信”语出古乐府《饮马长城窟行》：“客从远方来，遗我双鲤鱼。呼童烹鲤鱼，中有尺素书。”“次陈款渎”是一种下对上陈情之意，等级立判】。

诚以为中华【“中华”属于衍译，用来体现美国对中国文明的认同】**之辐辏，如甘徕我国之梯航**【“梯航”一语常见于清朝描述各朝贡外藩梯航来华的盛况，烘托外邦来朝之势，这个词语将美国也囊括到了类似的国家之中】，**所最要者，浮梁**【驾船】**万里，端因选茗**【即选茶、买茶】**而来，抱布千缗**【"布"指刀布、泉布，中国古代对钱的称呼；"缗"指串起来的钱；"布缗"合用亦指钱；此处的"抱布千缗"指美国商人携带大量的银圆到中国，即英文原文的"our people pay silver"（我们的人付银两）。《诗经 · 卫风 · 氓》开篇即是"氓之蚩蚩，抱布贸丝"，有的人从字面上将之解释成是抱着布来换丝，其实正解当系拿着钱来买丝】，**特为质丝而至，无非以有易无，计偿酬直。惟是欲立市廛之政**【指贸易法则】，**须详贸易之经，两国商人，方不致各乖宪典**【"宪典"是对"law"（法律）的翻译】。**孤于遣大臣加勒顾盛**【耆英本中"加勒顾盛"四字仍增口字旁】**时，已畀以便宜之权**【此处的"便宜"指清朝方面的"便宜行事"，通常是特简钦差大臣之意，实际上这是对顾盛正式名称"envoy extraordinary and minister plenipotentiary"（特使暨全权公使）的翻译】，**令按公平之义，同参条约，调处经商，冀能两国有益皆均，无利不遍。至于殚货殖之精，尽人逐末，溥乾元之美，迁地为良。若得准我国商民，不独在于广东，兼在厦门、宁波、上海、福州等处贸易，我国商民，断不藐视**【伯驾所受译本内写为"藐坏"】**典章，孤亦断不肯偏袒庇纵**【伯驾译本内此句后尚有"任其藐坏也"】。**孤临轩遣使，赴阙陈书**【"赴阙陈书"是对"with this letter in his hand, shall come to Pekin, and there deliver it"的翻译，但体现了强烈的上下尊卑等级秩序】，**谨致太平之意，兼通和好之诚，遥度宸衷**【"宸衷"指帝王、帝王之心意】，**必不致因此稍有不怿矣**【伯驾本内"遥度宸衷，必不致因此稍有不怿矣"一句写作"决无致疑于宸衷之因此稍有不怿矣"】。**惟祈万几偶暇，特简下颁，派一大臣，会商条约，条分缕析，调剂商贾之宜，法立弊除，共享平安之福**【伯驾本内在"法立弊除"之后是一长句："并得止息太平之害，他时条约定议缮成，即请濡蘸丹豪，判施朱押，孤亦当按本国公会及各议政所奉之权画押，以凭互换”，这一长句系对英文原文“Let the treaty be signed by your own imperial hand. It shall be signed by mine, by the authority of our great council, the Senate.”的翻译，但耆英上奏该“国书”之时双方已经签约，故而他改成了“共享平安之福”一句】。

伏愿【“伏愿”在此多少表示了一种俯伏、叩拜之态】**九重宵旰**【亦指帝王】，**长歌日月，升恒万载，太平永固，山河带砺**【这几句是对“And so may your health be good, and may peace reign”的翻译；“山河带砺”，或者“带河砺山”，指泰山变成磨刀石、黄河变成衣带那样窄，形容永远万世，这个词经常出现在清朝昭告外藩的敕谕之内】。

该汉译文最后刻意没有译出泰勒使用的西元纪年，即基督降生后1843年，也没有译出泰勒对中国皇帝自称“您的好朋友”（即原文“your good friend”）一事。

对此“国书”，道光皇帝只朱批了一个字：“览”。别无他话，和批阅一份普通奏折以及朝鲜、越南等国家奉上的表文毫无二致。

泰勒总统的第二封信写了什么呢？这封信很短，口吻也很随便：

原文：

[TO THE EMPEROR OF CHINA]

Great and Good Friend: I have made choice of Caleb Cushing, one of our distinguished citizens, to reside near your Majesty in the quality of envoy extraordinary and minister plenipotentiary of the United States of America. He is well informed of the relative interests of the two countries, and our sincere desire to cultivate friendship and good correspondence between us; and, from a knowledge of his fidelity and good conduct, I have entire confidence that he will render himself acceptable to your Majesty, by his constant endeavors to preserve and advance the interests and happiness of both nations. I therefore request your Majesty to receive him favorably, and to give full credence to whatever he shall say on the part of the United States, and most of all when he shall assure you of their friendship and wishes for your prosperity. And I pray God to have you in His safe and holy keeping.

Written at the city of Washington, the twelfth day of July, in the year of our Lord one thousand eight hundred and forty-three.

Your good friend,

JOHN TYLER

顾盛没有递交这份书信，可能也是因为其口吻太随便了一些。翻译成今天的白话，这封信的意思就是：

[致中国皇帝]

伟大的好朋友：我已经任命我国最杰出的公民之一顾盛，担任美国特使暨全权公使，前往驻扎贵国。他已经明晰了两国的相关利益，以及我们促进双边友谊和友好往来的真诚期望。鉴于他的忠诚和良好的举动，我完全相信他将通过维持和促进双边利益与福祉的不懈努力来为陛下所接受。在此，我要求陛下热忱款待他，相信他有关美国的言论，特别是他做的推进双边友谊以及对陛下福禄之祝愿。我祈祷上帝保佑您平安无恙。

基督降生后一千八百四十三年七月十二日，笔于华盛顿。

您的好朋友

约翰·泰勒

道光皇帝要是读到了这样一封称呼他为“好朋友”的来自自认是他的“好朋友”的信，不知道会做何感想，而写信之人，恐怕也得遭殃。当然，这样的一封信，即便是递交给了广州方面，耆英等人也绝对不会原样翻译呈递上去，开头的“伟大的好朋友”恐怕也要变成“中国大皇帝陛下”，最后也要变成一封准表文。

天子诏书：想象中的美国外藩朝贡身份

来而不往非礼也，耆英请求道光皇帝颁发一个答复给美国方面，但是这个回复不是国书，而是天子颁发外藩的“诏书”。道光帝欣然赞成，正如耆英所言，“该国远隔重洋，因仰戴天朝恩德，遣使呈递国书，情词恭顺”，中国理当“俯赐玺书”，这样美国就可以“奉为世守”，即世世代代作为中国册封的世家陪臣。这完全是出于中国对外藩朝贡国家的理解，对美国做的主观的身份认定。念及美国“地居化外，言语不通”，所以诏书如何写，道光帝命耆英好好斟酌。从道光和耆英这一交流中可以看到，君臣二人完全是在朝贡贸易体系内看待美国的，所以“呈递国书”一事就显得比通商条约谈判还要重要。

耆英领命后，再次对美国进行了想象中的描述：“米利坚地处西隅，在各国中最为荒远，今蒙恩准特降诏书，俾得奉为世守，既已嘉其慕义之忧，复以坚其向化之志，殊方异类，莫不感戴皇仁。”然后，耆英认为美国人地处化外偏僻之所，无从理解天朝诏书中深奥的文字，所以此次可以写得简单明白，要维护“天朝体制”。“天朝体制”这个词，从乾隆时期以来使用得特别频仍，上至天子下至州官，经常使用，但究竟什么是此一体制，乾隆皇帝和整个朝廷从未定义过，大略而言是一种模糊的对中国具体运作机制的描述。另外，耆英建议使用清文，即满文写诏书，这样做“更为慎密”。满文是清代的国文，所以耆英这样提议可以理解，中国颁发给朝贡外藩的诏书敕谕，也大多都有满文本，例如册封朝鲜国王的诰命，就是满汉双语的。

耆英于是拟定了一个汉文本和一个满文本，奏请道光皇帝的意见。汉文本曰：

> 大皇帝问伯理玺天德好。朕仰承景命，抚驭中华，薄海内外，视同一家。春初，贵国使臣加勒顾盛奉书远来，抵我粤省，历涉重洋，辛劬备至。朕不忍令复劳跋涉，免其进京朝见，特命钦差大臣宗室耆英，前往慰劳，并商订一切事宜。嗣经该大臣将来书呈览，悃忱笃挚，词意恳勤，批阅之次，嘉悦殊深。所订一切贸易章程，朕覆加酌核，亦俱详尽周妥，永堪遵守。其广州、厦门、福州、宁波、上海等处，均准合众国民人前往，按照条款任便贸易，结万年之和好，利两国之人民，想伯理玺天德亦必深为欢忭也。
>
> 道光二十四年十一月初七日
>
> （敕命之宝）（图 8.4）

这道“诏书”上所用的印“敕命之宝”，是皇帝用来盖在诏书上的

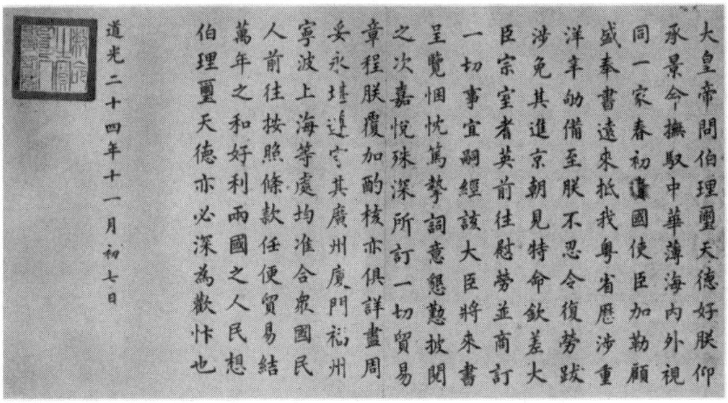
大皇帝問伯理璽天德好朕仰
承景命撫馭中華薄海內外視
同一家春初遣國使臣加勤顧
盛奉書遠來抵我粵省歷涉重
洋辛劬備至朕不忍令復勞跋
涉免其進京朝見特命欽差大
臣宗室耆英前往慰勞並商訂
一切事宜嗣經該大臣將來書
呈覽悃忱篤摯詞意懇懃披閱
之次嘉悅殊深所訂一切貿易
章程朕覆加酌核亦俱詳盡周
妥永堪遵守其廣州廈門福州
寧波上海等處均准合衆國民
人前往按照條款任便貿易結
萬年之和好利兩國之人民想
伯理璽天德亦必深為歡忭也
道光二十四年十一月初七日

图 8.4 耆英捉刀的道光皇帝颁给美国总统的“诏书”的汉文本，落款日期换算为西元系 1844 年 12 月 16 日。

特用印玺。“敕命之宝”，满印文为 hesei tacibure boobai，现藏北京故宫博物院。与此同时，耆英按照他的计划用满文行书写了一份满文本。

这个满文本和汉文本意思是一致的，例如首句“daicing gurun-i hūwangdi fonjime, be lii hi tiyan de saiyūn”即是“大清国皇帝问伯理玺天德好”的意思，对应汉文本原文首句即“大皇帝问伯理玺天德好”。大多数情景下，满语相对于汉语而言意思表示得比较直白，例如第二句“bi amba doro be sirame alifi”，意思是“我承受大命”，在汉文本里就是“朕仰承景命”；下一句“tumen irgen be bilume dasara de”，意思是“抚育统治万民”，即汉文本里的“抚驭中华”；后面一句的“gubci mederi tulergi be emu booi gese gūnime”，意思是“海外全部视如一家”，即“薄海内外，视同一家”之译。以下亦皆如此对应。需要补充说明的一点是，满文在很多语境内缺乏汉文所能携带的强烈政治含义，例如举出的这几个例子内，“朕”这个在汉语中只有皇帝才能使用的字，在满文中是“bi”（“我”），是一个常见的第一人称称谓，并不具备排他性使用特征。至于“仰承景命”等等，满文均无法将其背后的政治含义同等表达出

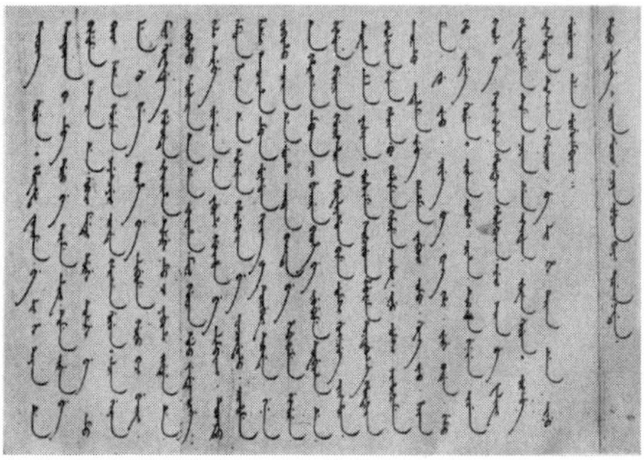

图 8.5 耆英手书道光皇帝颁美国总统的“诏书”满文本（阅读顺序自左至右、从上而下）。按照道理，这种文书应该使用清文楷书才对，但据耆英自己向道光帝交代，他自己一直写行书，鲜写清文楷书，所以道光帝就顺势同意他这样书写。

来（图 8.5）。

如今大约因为学科专门化和研究课题细分的关系，也受多语言研究风气和美国历史学界的所谓“新清史”的路数的影响，很多学生和研究者对满文档案趋之若鹜，甚至在很多人当中形成了一种懂得满文档案比不懂的要技高一筹的印象，其实这完全要看具体而微的研究课题以及具体的历史时段而判定。很多时候，在有条件的情况下，研究者最好能做到汉满对照，方能更进一步挖掘历史文本传递的文化、政治等信息，否则片面依靠汉文或者满文档案，都难免偏颇。

道光帝对耆英起草的“诏书”十分满意，命令耆英颁发美方。于是，耆英于 1844 年底将之转给伯驾，伯驾随后将其翻译成了英文，于 1845 年 1 月 23 日自广州转给当时已经回到华盛顿的顾盛，顾盛将原本两份和伯驾译文于 1845 年 6 月 21 日通过国务院转给了总统，但泰勒总统已经于当年 3 月 4 日下台了，换上了詹姆斯 · 波尔克（James Knox Polk，1845—1849 年在任）。所以，美国总统是看到了这份来自中国皇帝的书信的，但所看到的是伯驾的英文译文：

His Imperial Majesty hopes the President is well. WE have graciously commanded that the Imperial middle flowery (kingdom) and (the countries of) the inner and outer seas are to be regarded as one family. Early in the Spring the Commissioner of your honorable country, Caleb Cushing, presented his credentials. He came from a great distance to Our Province of Kwangtung, passing through many seas and suffering many hardships before arriving at his destination. We could not bear to order him to submit to the hardships of further travel (and thus) he was prevented from coming to Peking and being received in audience. WE specially appointed as Imperial Commissioner Ch'i Ying (Kiying), an Imperial Clansman, to receive him and to negotiate all business. Subsequently the Imperial Commissioner submitted to US your letter, respectfully petitioning that the contents be noted. It was read with much pleasure and gratification. The regulations of trade which have been agreed to have received OUR careful consideration. They are carefully and minutely drawn up and are satisfactory. They are to be eternally respected. Citizens of the United States are permitted to proceed to Canton, Amoy, Foochow, Ningpo and Shanghai and are free to engage in trade at these places in accordance with the articles (of the regulations). This will promote friendly relations for all time and be of mutual benefit to the peoples of our two countries. It is expected that the President will also be much gratified.

Tao Kuang 24th year, 11th month, 7th day (Dec. 16, 1844).

经过中间人伯驾的翻译,文本和语境变得迥然不同了,道光帝的“诏书”变成呈给总统的国书,没有任何等级上的差异,更没有“敕命之宝”之类的因素,也完全没有了朝贡贸易的影子。读完这封信,任何一位美国总统都会觉得中国皇帝很亲切,的确是个“好朋友”,无奈皇帝在北京却视他们为化外夷人。

在这个中外仍旧十分隔膜的时代,例如耆英和伯驾这样的居间翻译者,往往剔除了对方文本本身带有的信息,并对文字进行了重新塑造,以期适应本国的政治文化语境。清朝和暹罗(泰国)之间的交流,也是这样的,暹罗国王写给乾隆的金叶书信,在广东翻译后被称为“金叶表文”,暹罗国王质问清朝皇帝的一些事情和口吻,也都被通事巧妙地塑造成了外藩朝贡之臣仰赖大皇帝定夺之类的语言。这种通事群体在历史上的作用,无论从哪个方面看,都不可小觑。

就这样,在1844年后半年,美国人和中国人都很高兴,前者高兴与中国签订了条约、扩大了贸易范围,后者高兴抚夷成功、美国就范。实质上,双方心里都产生了一个想象的对方。《望厦条约》规定的十二年修约期到来后,这种“想象中的对方”带来的冲突,逐步暴露出来,对双边关系产生了进一步的影响。

第九章　躲在角落里的美国

现代中国人都知道，圆明园在第二次鸦片战争期间遭到了英法联军的焚烧和洗劫，历经沧桑后至今只剩下了大水法等处的断壁残垣横卧园内，于夕阳残照之中，尤显煌煌盛世灰飞烟灭的凄怆。这昔日的皇家园林，如今也早变成了当代爱国主义教育基地，成了近代中国历史叙事上的一个惨痛注脚（图 9.1）。

在有关第二次鸦片战争的诸多历史叙述中，英国和法国一直担当着侵华殖民主义一侧的主角，更被法国作家维克多·雨果（Victor Hugo，1802—1885）以一篇《就英法联军远征中国给巴特勒上尉的信》而牢牢钉在了耻辱柱上；俄国因为趁火打劫攫取了中国东北的大片领土，其侵略者的身份也不遑多让。唯独美国这个英法俄的合伙人，一直静悄悄地躲在角落里，一般的叙事中都难以窥见其踪影，但实际上，美国与第二次鸦片战争的源起有着比其他三国都更密切的关系。

图 9.1　圆明园大水法遗迹。笔者2002年摄。

《望厦条约》与第二次鸦片战争的发生

第二次鸦片战争起源于中外有关修改条约内容而起的纠纷，而此种纠纷的源头恰是1844年中美签订的《望厦条约》。《望厦条约》全文三十四款，在第三十四款中规定："和约一经议定，两国各宜遵守，不得轻有更改。至各口情形不一，所有贸易及海面各款，恐不无稍有变通之处，应俟十二年后，两国派员公平酌办。"这虽然是赋予美国的修约权利，但英法等国通过与中国签订的条约内的利益均沾的片面最惠国待遇条款，即自动获取其他国家在中国所获取的权益，也和美国一样自动获得了十二年后同中国修约的权利。因此，英国于1854年提出了针对《南京条约》的修约要求，法国和美国于1856年提出了修约要求，彼时俄国在克里米亚战争中战败，转而向东扩展，于是也插进三国来一同要求同中国修约。

这场中外交涉，最终在英法俄等国的殖民主义开始向亚洲地区高歌猛进的时代大背景下，通过1856年10月广州河上的"亚罗"号事件，以及驻扎广州的两广总督叶名琛等人强硬的对抗"外夷"的外交对策及对方的反应，演化成了一场战争（图9.2）。这场战争比第一次鸦片战争更为重要，深刻地改变了中国的命运。这也是清代中国第一次面

图 9.2 两广总督叶名琛，被俘后被英军送往加尔各答，于 1859 年 4 月客死彼处。清代薛福成(1838—1894)评论当时叶名琛是“不战，不和，不守，不死，不降，不走。相臣度量，疆臣抱负。古之所无，今亦罕有。”这一评论可谓十分苛刻，对后人客观地认识叶名琛形成了很大的误导。

对联合起来的西方殖民主义。

这场战争在西方国家一侧，以英法联军为主力，他们是本次战争中登陆广州、天津等地同清军作战的前线部队；美国和俄国属于助阵，冀得渔翁之利。英法联军于 1857 年 12 月 29 日攻陷了广州城，次年 1 月 5 日俘虏了总督叶名琛和其属下以及几十箱中方档案，很快把叶总督送到了印度的加尔各答。随后，英法美俄四国公使乘坐军舰一路北上至天津大沽口，在同清廷谈条件失败后，英法联军于 5 月 20 日攻陷了大沽口，迫使北京朝廷派遣大学士桂良（1785—1862）和吏部尚书花沙纳（1806—1859）为钦差大臣，奔赴天津，于 6 月 13 日到 27 日两周之内，同美、俄、英、法分别签署了和平条约。在中英、中法、中俄条约内，最后一条均规定在本国批准条约后于第二年即 1859 年到“大清京师”即北京换约，但 6 月 18 日签署的中美条约的最后，除了

图 9.3 1858 年 5 月 24 日列卫廉与中国钦差会谈场面。美国《哈珀斯周刊》，1858 年 9 月 4 日刊。

赋予美国片面最惠国待遇之外，只规定了次年换约，但未指明在何地换约。美国并未就此提出异议。

美国的中立政策：追寻自由贸易

当时的美国驻华公使是列卫廉（William B. Reed, 1806—1876），于 1857 年刚刚赴任，此前的五年一直在费城担任地区检察官，对中国情形并不熟悉，但他对美国对华交往以贸易为中心的政策把握得很好，所以在外交上坚持中立道路，和当时的俄国一样扮演着英法与中国之间的调和人的角色（图 9.3）。

美国的这种中立立场，在列卫廉于 1858 年 2 月 10 日由广州致北京朝廷的一封长篇照会中表达得十分明确。彼时广州城已经被英法联军攻占，对中国而言形势不可谓不危急，列卫廉起草照会的目的就是敦促北京政府及早派钦差大臣到上海，同英法以及美俄四国讨论修约事宜。在这封照会中，列卫廉首先强调说原两广总督叶名琛办事不周，英法迫不得已诉诸武力占领广州，但美国并没有和他们站在一起来与中国为敌，“美国追求和平与中立，此系建国之父们的箴言，亦是美国之传统，故而美国拒绝参与到任何与中国为敌的队伍之中，不管这种敌对是针对中国的哪一部分”。

列卫廉建议北京朝廷及早与西方各国修约，换取和平。他强调说：“这一和平的首要的成果，就是中华帝国的所有部分的完整，包括从中央到边疆，这也是美国及其代表们内心素所追求的。外国的荼毒与（中国）社会的混乱，将同样不被我们所接受。……贸易自由是对那些实现自由贸易的人们的最佳保护措施。”列卫廉的根本目的，说到底是要达成对华自由贸易。至于这样做是否可以称得上是爱好和平，或者受基督教的影响仁而爱人，我们可能要问问当时正在广州热火朝天地做鸦片烟生意的美国商人们了。

四十一年后，即 1899 年 9 月到 1900 年 3 月之间，美国国务卿海约翰（John Hay, 1838—1905）等人在对华政策上提出了著名的“门户开放”政策（Open Door policy），试图使获取了在华“势力范围”的列强之间达成利益各持、机会均等、互惠均沾的态势，以期避免中国局势失控。揆诸历史，“门户开放”政策并不是一夜之间偶然产生的，其理路至少可以追溯到 1858 年列卫廉时期的对华政策。

无论是列卫廉在 1858 年，还是海约翰在 1899 和 1900 年，美国对华政策的根本目标没有发生变化，那就是最大限度地寻求自由贸易，确保其在华商业利益。而美国之所以这样做，根本原因之一是在远东地区没有像英法那样的军事力量，亚太地区也不是当时美国国际外交舞台的重点，虽然这种局势在美国于1898年从西班牙手中抢占了菲律宾群岛之后，即“门户开放”政策提出的前夜，逐渐发生了根本改变。之前美国习惯性做法，是联合其他国家一起，奉行一种建立在口头好人（即lip service）和利己主义基础上的联合外交：列卫廉的照会并不是单独递交的，是和英、法、俄三国的长篇照会一起递交的，其实后来的“门户开放”政策更是联合了所有在华有“势力范围”的殖民主义势力。近代中国的历史已经说明，列卫廉的政策丝毫没有能够阻止英法俄等国对中国的侵略和蚕食，海约翰的政策也没有能够成功维护在华列强之间的均势以及改变中国主权风雨飘摇的状态。本书后面的章节包括对“门户开放”政策所做的考察。

在列卫廉表明了美国对华政策的整整160年之后，2018年10月4日，时任美国副总统麦克·彭斯（Mike Pence）在华盛顿的保守派智囊机构哈德逊研究所（Hudson Institute）内做了一次题为“当前政府对华政策”（“The Administration’s Policy Towards China”）的发言，综述了当前以特朗普总统为首的美国政府的对华政策。其中，彭斯回顾了历史上的美中关系，并提到当中国在那“一个世纪的羞辱”（“Century of Humiliation”；是指鸦片战争到中华人民共和国成立的一百年之间）中备受侵凌压迫之时，美国拒绝加入（压迫者的队伍），而是推行了“门户开放”政策，“这样我们就得以同中国保持更自由的贸易，并且维护了他们的主权”。这一对美中历史的“骄傲”的解释，可谓是列卫廉1858年与海约翰1899年的政策的合一与重复，而美国对在华“自由贸易”的追求，百余年来表现得完全一致。彭斯也提到了美国成立初期与中国的人参和皮毛贸易，但他并没有提美国在中国的鸦片贸易。

我们再回到 1858 年。列卫廉的照会，通过两江总督何桂清和江苏巡抚赵德辙，连同英国、法国、俄国的长篇照会一起，于 1858 年 3 月 10 日以致大学士裕诚的名义递到了北京。但何桂清和赵德辙收到照会以后，先行拆阅，认为叶名琛办事不善的确不容否认，但“该夷之猖狂，亦已自认不讳，深堪发指”。在这种情形下，北京并没有对列卫廉照会中表示的美中要“和睦为贵、不分彼此”的一套说辞产生任何好感；至于列卫廉要维护中国完整的那一部分内容，中文本里根本没有翻译。在北京看来，“米夷”与“英夷”“法夷”“俄夷”一样，并无区别，都是闯到天朝家门口的猖狂之徒。

战事复起与美国角色的隐退

1858 年 6 月《天津条约》签订后，四国公使陆续南撤，美使列卫廉也回到了美国。一年以后的 1859 年 6 月 20 日，英法美三国公使携带本国批准的条约，抵达天津大沽口，要求进京换约。清廷要求三国公使由北塘登陆，在清军保护下前往北京换约。对此提议，新任美国公使华若翰（John Elliott Ward，1814—1902）表示接受，愿意遵从北京的指示前往换约，但英法两国公使拒绝接受北京的方案。6 月 25 日，英法两国执意要进入天津北河口之后再赴京，然而在大沽口外海面遭到了亲王僧格林沁所部的炮击，死伤惨重，狼狈逃回上海。

英法的惨败激怒了伦敦和巴黎，于是年底两国再次派遣以额尔金伯爵（Earl of Elgin，系第八代伯爵，本名詹姆斯 · 布鲁斯 , James Bruce，1811—1863）为统帅的联军，于 1860 年 8 月攻陷北塘和大沽口炮台，并于 10 月 13 日占领了北京，十天后签订了新的条约，完全

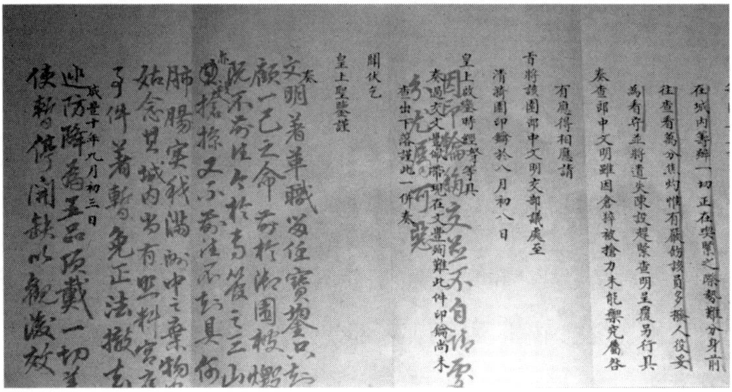

图 9.4 咸丰皇帝在户部尚书宝鋆所奏的圆明园遭英法联军焚毁的奏折上写的长篇朱批，气急败坏地说宝鋆没有前往救护，说宝鋆“不知具何肺肠，实我满洲中之弃物也”。北京中国第一历史档案馆藏。

确认了《天津条约》有效，附带一系列新条文，形成了中英、中法、中俄《北京条约》。圆明园就是在其中的 18 日、19 日两天被联军焚烧的，下达命令的是额尔金伯爵。额尔金的私人秘书罗亨利（Henry Brougham Loch），在 1869 年于伦敦出版的陪同额尔金伯爵使华的自述中，简单清楚地记载了僧格林沁部在通州俘虏的英法士兵遭虐待与英军焚园之间的关系。他本人是幸存的被俘人员之一，虽然他在北京监牢内并没有遭到虐待，但清朝送回的被俘虏的英法士兵的尸体证明这些人生前遭受了中国方面的监禁和严重虐待，有的人死状凄惨、面目全非，所以在额尔金等人眼中，焚烧圆明园这座皇家园林正是对中方的惩罚（图 9.4）。

在圆明园遮天蔽日的浓烟之中，大清国投降了。咸丰皇帝早早跑去了热河行宫，留下他的六弟和硕恭亲王奕䜣（1833—1898）在北京对付外夷。不到一年的光景，咸丰帝就死在了热河，留下了偌大一个烂摊子。起来收拾这个摊子的，恰恰是被他抛在北京的六弟恭亲王，连同七弟奕譞（1840—1891，光绪皇帝的亲生父亲），以及两个新晋为皇太后的嫂子——慈安和慈禧。他们发动了一场政变，处理了八个咸丰帝遗诏任命的辅政大臣，共同扶植慈禧五岁的儿子登基，即同治皇帝。随后，大清国开始了轰轰烈烈的改革开放，广设兵工厂，建设新海关，学习西式外交，接触国际法，成立同文馆等等，史称“同治中兴”。在这场中兴之中，美国人也和英国人、法国人等一样，积极参与了很多。

在第二次鸦片战争的后半截，美国没有与清廷签订北京条约，实际上也没有参与到天津以后的军事行动中去，原因正在于美国当时的新任公使华若翰于1859年7月遵照了北京的指示，从天津北塘登陆，顺利进京与中方做了交涉。倘若这个过程进行得不顺利，北京条约的谈判桌上就要增加美国的席位，即便美国已经身处本国内战的前夜。

但是，顺利进京的华若翰却没有能够亲自觐见咸丰皇帝，也没有能够在北京换约，只是由中国的钦差大臣把国书转交给了皇帝，回到天津北塘之后在北塘驿站和直隶总督恒福举行了简单的换约。为什么会这样呢？原因出在了觐见中国皇帝的礼仪上，即三跪九叩头，这一点我们下章再谈。

第十章　跪还是不跪，这是一个问题

觐见中国皇帝的时候，跪还是不跪，这是一个始终缠绕在 18 世纪到 19 世纪泰西各国赴华使节头上的问题，挥之不去，解之无门。因为跪拜直接和叩头或者说磕头有关，于是整套的礼节在欧美使节看来存在强烈的政治等级含义，不便接受。清朝朝廷也没有料到这个在中国人眼中理所当然的礼节方面，竟引起了诸多的麻烦，不得不与泰西各国先后争辩，发生了一系列的不愉快甚至冲突。1859 年进北京换约的美国公使华若翰，就遇到了这个棘手的问题。当然，华若翰不是第一个碰到这个问题的外国使节，在他之前和之后都有不少。

美国著名的汉学专家、曾担任驻华外交官的柔克义（William Woodville Rockhill，1854—1914）曾经在 1897 年就叩头问题做过一番探究，在他所处的时代，他的探讨是很有现实意义的，因为当时慈禧太后和光绪皇帝还未开始频繁接见外国公使，但对皇帝和皇太后叩头的礼节是中国官员必行之事。为了清楚起见，我们下面首先参照柔克义的观察，来简单地梳理一番清代中西交通上的叩头史。

清代泰西赴华使节叩头小史

清代中西叩头一事闹得最大的，当属前文提到的1793年英国的马戛尔尼使团，但马戛尔尼并非是第一个对叩头提出异议的西方使节，而且也并非所有的欧洲使节都拒绝行叩头礼。

泰西赴华使团中最早遇到叩头这一礼仪的，是1656年即顺治十三年抵达北京的俄罗斯使团。该使团是沙皇阿列克谢·米哈伊洛维奇(Aleksei Mikhailovich，1629—1676)于1654年派遣的，以裴可甫(Feodor Iskowitz Backhoff）为首，行经内蒙古归化城，于1656年3月3日抵达北京。但裴可甫很快对中国方面要求的跪拜叩头礼提出了质疑，明确地表示即便在俄国他们也不向本国沙皇行如此礼节，因此他们只能向中国皇帝行深深的脱帽鞠躬礼。8月21日，清廷再次要求裴可甫觐见之时行叩头礼，后者再度婉拒。双方虽未再就此交涉，但俄罗斯使团最终并没有能够成功觐见顺治皇帝，很快于8月31日离开了北京回国，相当于被清廷礼送出京了。

第二个遇到叩头问题的西方使团，是1656年7月抵达北京的荷兰东印度公司的使团。该使团是从广州出发的，在裴可甫使团抵达北京四个月后进入北京，目标是扩大在华贸易范围。荷兰人对双方形势认识得比较清楚，所以一开始就答应会顺从叩头礼节。8月14日，礼部派员带领荷兰人演仪，为正式觐见前的演习。此种演习自明朝以来就存在，来自朝鲜、琉球等国的贡使经常参加，在中国朝廷眼中，此种演仪的目的是“风四夷”，即以中国之礼仪来风化四夷。荷兰人遇到的恰是此种传统。

礼部带领荷兰人演仪之时，赞礼官高喊一声“跪”，荷兰人皆跪；

又喊“叩头”，众人皆叩头三次；再喊“起”，众人皆站立。这样先后进行了三次，是为三跪九叩头，乃有清一代对天子所行之大礼。10 月 2 日，顺治皇帝于深夜两点钟接见了荷兰使团，众人按照 8 月 14 日的演习，均行了叩头礼。清廷遂允准荷兰国每八年一贡，朝贡使团不许超过 100 人，准许进京者 20 人。这次觐见，使得荷兰成功登上了大清的正式朝贡国家名单，而且清廷还认为“荷兰在东南海中”，赴华朝贡实属不易，所以到了乾隆五十九年（1794 年）加推恩典，准许其国五年一贡。朝贡和贸易是密不可分的，所以由八年改五年，在北京眼中系怀柔远人的恩典。

1689 年中俄《尼布楚条约》签订之后，俄国曾经派遣了一名丹麦旅行家和外交官雅布兰（Evert Ysbrants Ides，1657—1708）作为大使，于 1692 年（康熙三十一年）抵达了北京，但他并没有留下觐见康熙皇帝时候所行礼节的记录。但 1719 年，彼得大帝（1672—1725）派遣本国的列夫·伊斯梅洛夫（Leoff Ismailoff）带领使团前往中国。1720 年（康熙五十九年）11 月 29 日，伊斯梅洛夫一行高高兴兴地进入北京。清廷官员在馈赠俄人皇帝赏赐的珍馐美味之余，要求俄国人觐见之时行叩头礼。伊斯梅洛夫表示不同意，说他是代表了俄国的君主，而俄国君主和大清皇帝乃是平起平坐的。同时，他也要求必须亲自把国书递交到康熙皇帝手中，而不是通过其他人之手，这一提议是不符合清廷礼仪的，于是与叩头礼一起，成为双方争执的所在。

最后，康熙皇帝表示破例允许俄使亲手递交国书，并且说日后清朝的使臣去俄国的时候，也会按照俄国的礼仪对俄国君主行礼；这样，伊斯梅洛夫立即答应可以向康熙皇帝行叩头大礼。当时在北京的耶稣会神父马国贤曾经记载说，康熙皇帝派了一个高官去向伊斯梅洛夫携带的沙皇的信行了三跪九叩礼，这使得俄使当即决定对康熙行一样的礼。无论如何，双方达成了一致意见。12 月 9 日，伊斯梅洛夫在圆明园觐见了康熙皇帝，行了三跪九叩礼，并亲自把国书交到了康熙手中。

虽然柔克义没有提及，但在 1720 年年底的时候，本书之前提到的罗马教皇的特使嘉乐也抵达了北京，觐见了康熙皇帝。虽然史书没有详细记载嘉乐一行有否跪拜康熙皇帝，但因为当时没有留下任何跪拜礼仪之争的记录，所以几乎可以肯定嘉乐等人都按照中国仪轨行礼了，正如同期抵达北京的伊斯梅洛夫一行。俄国使团等离开北京七年以后，1727 年（雍正五年）5 月，葡萄牙派遣的以麦德乐（Alexandre Metello de Sousa Menezes，1687—1766）为首的使团经过澳门抵达北京。麦德乐使团巧妙援引了 1720 年俄国伊斯梅洛夫使团的前例，得以亲自呈递国书至雍正帝手中，并行三跪九叩礼。

西方使节对清帝行三跪九叩，原本并不是行不通的事，这说到底只不过是一种本土礼仪而已。但是，1793 年抵达热河的英国特使马戛尔尼，碰到了不愿在礼节上妥协的中国官员，双方终将这一问题做成了不可调和之局，因此马戛尔尼一行，是清代叩头史上的转折点。此事中西叙述，足可汗牛，本书之前开篇部分也已经提到，在此不必多讲，只提其中的一个环节，那就是马戛尔尼在清朝方面要求其觐见之时行三跪九叩头礼的时候，提出清朝的官员也要在他所携带的英国国王乔治三世的画像前行同等之礼。这一提议，和 1720 年俄国伊斯梅洛夫所做的基本一致，康熙皇帝当年拍板决定可以这样做，马国贤也说的确有中国官员跪拜彼得大帝亲笔国书；然而，马戛尔尼抵达中国的时候已经是乾隆五十八年（1793 年），彼时大清国早已平定了准回各部，统一了天山南北，昔日西域显赫一时的王公贵族甚至越南国国王也都亲自到热河或北京觐见皇帝并行跪拜大礼，乾隆皇帝也已经打算以“十全老人”名垂后世，整个大清国正处于巅峰时期。当此之时，让大清国的官员对着远在重洋的区区英国的一个国王行三跪九叩大礼，不啻是天方夜谭。和伊斯梅洛夫相比，马戛尔尼的不幸，在于遇到了一个已经一统天下的体制化了的大清国。

最后，马戛尔尼提出单膝跪拜乾隆皇帝，此系在英国老家对英王所行之大礼。乾隆皇帝允许了这一做法，十二岁的小男孩小斯当东的日记以及此后中西学者们长篇累牍的考察都予以证实。然而，乾隆皇帝的心里是不痛快的，接见了英国人以后，就把身边的军机大臣连同沿途招待过英国使团的地方官们数落了一通，再趁着这个机会，把英国提出的扩大通商地域以及公使驻京的种种要求，逐个婉拒，并写了一封上谕给英王，把马戛尔尼一行打发回了广州去。当然，如本书前面章节提到的那样，乾隆皇帝回绝英国要求的主要原因在于后者完全不符合中国对天下秩序的认定。

因为这种不算愉快的在礼节上的遭遇，马戛尔尼使团开始把中国描绘成一个顽固自闭的老大帝国，这对当时的欧美国家以及后来以欧美历史和文明为中心去阐释整个世界历史的人们对清代中国的理解，产生了非常重要的影响，而且是非常片面化的影响。近年以来也有欧美学者仔细考察了这种影响的学术史脉络（图 10.1）。

马戛尔尼之所以不愿屈从于叩头礼，主要是坚信他是英国君主的代表，不能以匍匐于中国皇帝脚下而使英国主权、国体和君主颜面受损。然而并不是所有的欧洲人都这样认为。马戛尔尼走后两年，1795 年 1 月，也就是中国人正在喜迎春节的乾隆五十九年腊月，从广州北上的荷兰使团抵达了北京，并且很快就随同朝鲜贡使和蒙古王公们一起，对乾

图 10.1　法国外交家兼学者阿兰·佩雷菲特（Alain Peyrefitte）研究马戛尔尼访华事件的名著《停滞的帝国：中西第一次大冲突》，1989 年在法国出版法文版，1992 年在美国出版英文翻译版，1998 年生活·读书·新知三联书店出版了中文版，题为《停滞的帝国：两个世界的撞击》。右图为英文版封面。此书曾经在学界围绕中华帝国是否停滞发生了较大争议，争论核心是历史著述中的欧洲中心观念。现在学界主流看法已经不再视清代中国为停滞的帝国了。

隆皇帝行了跪拜礼。荷兰人和以前一样，朴素而务实，虽然饱经腊月北京的风雪冰冷之苦，但在仪节方面并未留下任何让北京朝廷不快的事情。

这之后，1805 年，即嘉庆十年，俄罗斯的一个以外交家尤里·亚历山大洛维奇·戈洛夫金（Yurii Alexandrovich Golovkin，1762—1846）为首的使团发往北京，并于 1806 年 1 月中旬抵达了库伦（今乌兰巴托）。清朝于 1761 年（乾隆二十六年）在库伦设立了办事大臣，所以戈洛夫金抵达库伦以后，就得以通过当地官员与北京沟通。在这一过程中，戈洛夫金明确拒绝向中国皇帝行叩头礼，并说英国马戛尔尼就没有叩头，足见马戛尔尼使行对欧洲理解对华外交的影响。清廷通过库伦大臣赐宴俄使之时，地方官亦要求戈洛夫金朝着代表皇帝的一个屏风和一张铺着明黄色布的桌子叩头，但戈洛夫金再次拒绝，结果该宴也就没有赐成。一个月之后，清廷就礼送俄使一行出境返国了。其实，清朝官员对这位戈洛夫金的家世恐怕也没有弄清楚，戈洛夫金的曾祖加夫里拉·伊万诺维奇·戈洛夫金（Gavrila Ivanovich Golovkin，1660—1734）曾经是彼得大帝身边的红人，于 1707 年晋升神圣罗马帝国的伯爵，1710 年封俄罗斯帝国（沙皇俄国）的伯爵，长期把持沙皇俄国的外交政策，为人孤傲不驯。其曾孙在这种家庭环境的熏陶下，如果能够对叩拜中国皇帝的礼仪表示接受，才真是咄咄怪事。

十年以后的 1816 年（嘉庆二十一年），英国继马戛尔尼使团之后，派遣威廉·阿美士德带领使团前往北京，再做交涉的尝试。有关这次使行的研究也非常之多，不必赘述。简单说来，就对皇帝叩头问题，阿美士德提出了和马戛尔尼一样的建议，即如果中国和他身份相等的官员对英国君主行同样的三跪九叩礼的话，他就对嘉庆皇帝行这样的礼。清廷自然不肯妥协，嘉庆帝也很生气，于是阿美士德一行虽然进京了，却最终未能觐见天颜。

阿美士德使行的失败，在欧洲引发了很多讨论，大多数人认为赴华使节代表的是本国的国王，是和大清国皇帝平等的，因此不能匍匐于皇帝脚下。曾在 1793 年以 12 岁的年龄跟随马戛尔尼一起觐见了乾隆皇帝并获赏荷包等物的小斯当东，后来在东印度公司从事工作多年，并在 1816 年充任了阿美士德使团的副手，他是英国公认的为数不多的几个能够读懂中文以及被认为是了解中国的人。他对中国抱有很多好感，但是也在一本书的序言中明确表示，若以文明层级而论，当前的中国的确处于底层。这种评论，自然也使得大部分出身富贵的英国和欧洲的外交官们不会向中国皇帝低头。

然而，在针对中国的这种礼仪评论之中，至少有一个著名的欧洲皇帝做了很不一样的评论，这位皇帝此时刚刚兵败被流放关押于西非的圣赫勒拿岛，他就是拿破仑（1769—1821）。拿破仑说：

> 大使们（ambassadors）既不与其君主平等，也不能代表其君主；君主们从来都没有平等对待过他们。大使们代表其君主的这一错误观念，是封建习俗（feudal customs）的一个传统；在这种习俗之内，一个大诸侯国是派一个大使来代表其奉行效忠的，而这个大使也因为其君主的缘故而受到同等的尊荣。……中国皇帝有权要求使节叩头。你们执迷于一个假设，就是用英国王室（Court of St. James's）的一套去衡量北京宫廷的礼仪；其实最简单的原则早就在那里了，那就是在交涉和礼仪交往中，一个大使不能代表其君主，他只具有在出使国当地获得和他同等官衔的要员们同等对待的权利，以及去处理问题和克服困难。俄国和英国应该训令他们的大使们在北京叩头，并要求中国大使在伦敦和彼得堡按照本国王公大臣们应行的礼节行礼。只有尊重一国之风俗，你方可让自己的风俗更得尊重；而在一外国之内对其国君恭行仪节，也是非常合适和受人尊敬之事。你们国家里任何一个有判断力的人都可以考虑拒绝叩头，只要不计这样做所带来的非正当以及非常不幸的后果的话。

可以想见，假若拿破仑没有兵败而是继续统治下去并派遣使节到中国的话，他的大使一定会对大清皇帝三跪九叩，或许整个中西关系会和后来历史上发生的存在很大的不同。然而，欧洲只有一个拿破仑，且是战败后的拿破仑。

清朝在鸦片战争中失败以后，于 1842 年同英国签署了《南京条约》，但该条约以及嗣后的同一时期的中外条约还并未涉及欧美公使入京之事，所以并未对觐见大清皇帝礼仪造成任何影响。

美国公使华若翰对叩头的态度

1859 年 5 月 28 日，华若翰以新任驻华全权公使的身份，乘坐蒸汽巡防舰“波瓦坦”号（*Powhatan*）抵达上海，其使命是与北京交换 1858 年的《天津条约》，并递交美国总统布坎南的亲笔信。钦差大臣桂良和花沙纳早已在上海等候，并与华若翰以及英法两国公使一起商谈下一步计划。三国公使着急进京，但两位钦差却不温不火，以至于华若翰使团的第一秘书卫三畏认为，中国人不认为按期换约是多么重要的事情，显然还没有学会西方的外交准则。卫三畏是美国传教士兼汉学家，早在 1848 年就在纽约出版了《中国总论》（*The Middle Kingdom: A Survey of the Geography, Government, Education, Social Life, Arts, Religion, &c., of the Chinese Empire and Its Inhabitants*），乃当时很多西方读者和外交官了解中国情形的流行参考书（图 10. 2）。中方当时叫卫三畏“卫廉士”，并视其为美国使团的“副使”。

华若翰一行很快北抵天津，并于 7 月 8 日在北塘会见了直隶总督恒福以及布政使文煜，说明了来意。会晤进行得很顺利，事后恒福和文煜上奏咸丰皇帝说“米酋华若翰”等人“词意颇为恭顺”。经过一番交涉后，华若翰被允许由北塘登陆进京，除书写中国字的 10 人员役之外，使团自身不得超过 20 人，这个人数其实是清朝对待一些朝贡外藩

图 10.2 卫三畏 1848 年出版的《中国总论》内的一幅洋溢着中国风情的插图，上面的几个人物包括了官员、随从、小贩、行者和妇女；牌坊上书“中国总论”四字，内配英文标题“The Middle Kingdom”。牌坊左右为楹联一副，上联书“仁者爱人由亲及疏”，下联书“西方之人有圣者也”，均系孔孟之言，而选择这两句放上去，显然亦有深意在。

的进京使团限额，不过美国人并没有明白这一点。华约翰很快组织了20 个人的使团，但其中有一个人生病不能前往，因此最后动身进京的一共 19 人，加 10 名书员，共计 29 人。在 19 人主要成员之中，除了全权公使华若翰以及其他一些军官之外，还包括两位美国公使馆秘书，其中一人为卫三畏，另外有两位协理秘书，而其中一人是丁韪良，即William A. P. Martin（1827—1916）。

丁韪良是美国长老会（Presbyterian Church）的牧师，于 1850 年来到中国宁波传教，于 1858 年协助当时的美国公使列卫廉同北京签署了中美《天津条约》，现在又随同新任公使入京换约。丁韪良日后基本都生活在北京，参与了中国第一份国际法《万国公法》的编译，先后出任京师同文馆总教习以及京师大学堂西学总教习的职位，乃近代中国历史上影响颇大的一位美国传教士。本次使行主要由丁韪良担任翻译

图 10.3 美国传教士丁韪良，图片来自丁韪良自传《花甲忆记》(*A Cycle of Cathay*)，1896 年初版第 292—293 页。照片下自题：First President of the Tungwen College，即同文馆首任总教习之意。

(图 10.3)。

清朝从大臣到皇帝对美国人进京换约之举，有着各种不放心，总觉得美国人舍弃英法俄等国单独进京，殊为诡异，而美方要代俄国公使捎给俄国驻京人员的信，也让北京朝廷怀疑美俄二夷意欲串联。于是，就美国人进京的路线，君臣上下也大费周章地讨论了一回。恒福和文煜向咸丰帝提议华若翰入京的两条路线，一条是从北塘陆路走到天津，然后由水路抵达通州后入京；另一条是由北塘陆路行至香河，自香河由水路抵达通州后入京，然而天津人烟稠密，夷人经过的话恐怕惊扰当地，所以不如走香河；如果"米夷"拒绝此条路线，那再走天津不迟。此时防守天津的僧格林沁也上奏说，米夷意图不明，不能让他们经过天津城，以免发生冲突之类。咸丰皇帝回复说，这两条路线由美国人自己选择一条，断不可勒令其只走香河，以免对方怀疑，可见也是吸收了刚刚和英法在大沽口外发生战事的经验。

恒福、文煜和僧格林沁商量以后，决定让美国人先从北塘登陆，然后陆路行走至军粮城，由军粮城到北仓上船，水路直抵通州后入京。

图 10.4 美国使团进京途中的场景。选自丁韪良《花甲忆记》，第203页。

北仓距离天津城二十里，所以美国人虽然行走了天津地面，但是难窥天津虚实。华若翰一行果然是按照中方这条路线进京的，自北塘骑马经过军粮城，到北仓后乘坐两艘中国大船北上，抵达通州，于7月28日进入北京并入住早就被安排好的馆舍。中方早就责令负责护送的清河道崇厚等人和沿途文武各官一起，一路上要"不动声色，密加防范"。中国对外国人的这种怀疑戒备之心，从来没有消失（图10.4）。

抵京后，美国人在满怀期望换约的同时，立即遇到了叩头礼的挑战。在与桂良和花沙纳的面谈中间，桂良等人承认美国不是像朝鲜、越南和琉球那样的朝贡国家，没有携带贡物来京，觐见大皇帝之时亦不必行三跪九叩礼，但是作为中国的与国即友邦，当考虑行一跪三叩头。美国人立即表示了犹豫不解，因为事前在上海中方并没有提到这件事，而且中美条约上也未涉及觐见一层，觐见亦不是北京允许美国公使进京的前提条件。

就此，华若翰在强调了他对中国皇帝所怀的尊敬之余，表示自己不能在觐见之时下跪磕头，因为即便在美国他也不向美国总统行这样的礼，而美国所有的驻外代表也不曾行叩头礼。华若翰强调说，下跪在他看来是一种宗教上的礼仪，他只在上帝面前才下跪（副使卫三畏记载说华若翰说他只对上帝下跪，然而丁韪良却记载说，华若翰说他只对上帝和女人下跪）。对此，花沙纳反对说，两国的君主是平等的，中美双方的代表也是平等的，则如果美国人不下跪，那么就和中国的同行们不平等了。华约翰回答说，中美双方的代表应该按照自己所代表的君主行礼，美国代表们不能在国外做有损荣誉之事，如果硬要下跪而内心不愿意跪，就成了伪君子了，因此对中国皇帝行鞠躬礼的话，照样可以表达对皇帝陛下的崇敬之情。

美国人顺势反问花沙纳和桂良说，中国代表难道愿意在海外做有损荣誉之事或者有悖良心之事吗？他们原本以为中国人会说不，讵料桂良当即回答说他愿意在华盛顿叩头，或者做一切与美国总统相见之时被要求做的事情，而且假如必要的话，他也可以在美国总统跟前焚香。这种坦率的回答让美国人一时不知所措。桂良的助手进一步强调说，如果不跪拜皇帝就是不敬，中国人跪拜上苍亦是如此。

在烈日炎炎的8月2日，双方又进行了一场5个多小时的会谈，再次在跪拜礼仪上纠缠了一番。中方坚持说，下跪这种礼仪在欧洲的朝廷觐见场合也是有的，例如英国就是这样，所以华若翰完全可以跪拜中国皇帝，正如欧洲人在罗马跪拜教皇一样。美国人则解释说，英国朝廷也不是凡事都下跪的，只有在授勋的时候或者其他一些特殊场合才有下跪礼仪，而美国和其他国家的外交使臣也从来不对英国女王或者罗马的教皇下跪，而女王和教皇也从来没有这样要求过，因此在中国亦不能跪。

和美国人交谈的钦差花沙纳，按照我们今天的标准看，也算是曾经出国公干过的人：他早就于道光二十五年即 1845 年的时候出使朝鲜册封王妃。然而，他所看到的世界不外乎是常被我们称为东亚礼仪秩序的世界，朝鲜自臣服大清以来行事一贯谨慎，事大之礼无稍怠慢，所以花沙纳也实在没有见到过这个秩序之外的世界是什么样子的。中美双方代表们的世界观念，差别极大。

礼仪交谈陷入僵局，桂良等提议说，面见皇帝之时，中方可以安排在华若翰前面放置一张围着布帘子的桌子，让华若翰看上去似乎要跪拜，具体操作方法是：觐见之时，华若翰做出欲跪之势，此时两名宫廷侍从连忙上前挽住华若翰的胳膊并说“不要跪，不要跪”。桂良等欲以此折中办法来做调和，但咸丰皇帝和华若翰两方面都没有认同这种做法。丁韪良事后回忆说：“我宁愿认为他们（指宫廷侍从）是要按着让他下跪，而不是要阻止他跪。”丁韪良也记载说他们听说皇帝为此非常生气，但依旧允许他们到北塘换约。

觐见最终没法举行，华若翰把国书交给了花沙纳和桂良，由他们代递给咸丰皇帝。8 月 10 日，华若翰一行开始离京回返天津。回到北塘的时候，助理翻译叶韪良（William Aitchison, 1826—1859）病情加重，不幸逝世，被埋葬在北塘的船只停泊地。在他的文书里，同事们发现了一份叶韪良提前写好的令人伤感的英文挽诗，兹翻译如下：

> 勿让周围的朋友合上我停止的眼，
> 或附耳倾听我最后的鼻息；
> 教堂后院并非我的安息之所；
> 勿让圣尘落我胸前。

勿让我也在前人长眠之地沉睡；

我所挚爱的人儿勿要在我的上方抽泣！

勿要墓碑标明此处，

即我的身躯要在这些土块下面腐朽之地。

16日，华若翰一行在北塘与直隶总督恒福举行了简单的换约，其外交使命算正式完成。恒福在给咸丰帝的奏折里说，他告诉美国公使，允许在北塘换约乃是“皇上圣德如天，曲加体恤”的结果，而换约以后华若翰则“感戴皇仁，欣欢无既”。其实如此之种种描述，皆系讨皇帝欢心的套话而已。

换约以后，为了表示两国恢复和好，恒福等人按照北京的指示，把之前在同英法交战时俘虏的两名战俘中的一人，即所谓“蒋十坡”者，还给美国人。蒋十坡实是John Powers，之前他宣称他是一名美国人，到了北塘却改口说他是生在加拿大的。华若翰等人费了好大的力气，向恒福等讲明了蒋十坡不是美国人，系加拿大人，归英国管（加拿大当时是大英帝国在北美的“加拿大省”，即Province of Canada；现在的联邦形式的加拿大是1867年正式组建而成的），而且他们也不负有带回战俘的使命，即便蒋十坡真的是个美国人。恒福等人比较惊讶，但出于人道主义，还是决定让美国人带走蒋十坡。美方记载说蒋十坡在中国受到了很不错的对待，随后美方把他交给了英国海军。

中美换约两个多月以后的1859年10月25日，一批欧美学者在上海召开了皇家亚洲学会会议，作为学会成员之一的卫三畏宣读了他的题为《美国公使进京记》的报告，详细地介绍了他进京的外交经历，兼及一路上所见的北塘、通州、北京的风土民情。卫三畏表示整个赴

图 10.5 1873 年 9 月 27 日《伦敦画报》描绘的欧美五国公使觐见同治皇帝时候的场景，这是有清第一次未行跪拜礼节的觐见仪式。

京前后都是清朝方面热情接待的他们，但他其实并没有明白这是北京对待外藩朝贡的典型做法。在他的报告的末尾，卫三畏附上了法国汉学家鲍狄埃（Jean-Pierre Guillaume Pauthier，1801—1873）同年刚刚在巴黎出版的《中国政治关系史》（*Histoire des Relations Politiques de la Chine*）第 10 章第 209 到 234 页的内容，这一部分是有关中国与欧洲之间的礼仪冲突的，但重点在于指出这种冲突早从波斯帝国大流士以来就一直存在，然后历数在西方此种跪拜礼仪冲突的历史。鲍狄埃本人最后的结论是各国最好按照自己的礼仪行礼，如此各方便不必强求于一处，庶可相安无事。卫三畏做此援引，也未尝没有希望中外可以抛却礼仪上的纠缠的意思。卫三畏日后成为美国耶鲁大学第一任汉学教授，也是美国第一位汉学家。

第二次鸦片战争结束以后，英法美各国获得了公使驻扎北京的权利，但这些公使提出的觐见同治皇帝的要求，都被清廷以皇帝年幼为辞抵挡了回去。1873 年同治皇帝亲政以后，清廷的借口顿失，17 岁的同治皇帝这才在历来接见外藩的中南海紫光阁内，接见了日本大使（副岛种臣以“大使”头衔赴华）以及英、法、美、俄、德五国公使，叩头大礼对这些国家而言，才算正式停止（图 10.5）。当然，朝鲜、琉球等藩国，依旧行此大礼，直到双方的宗藩关系结束为止，但那系另一个层面的事情了。

丁篇

以夷变夏：外交、出洋和留洋

第十一章 “真正的朋友”：雇美国公使出任中国钦差

天子脚下的华夷剧变：外国公使驻京

第二次鸦片战争在中国外交史上是一个极大的转折点，这个转折点有很多的表现方式，其中之一是外国公使进驻北京。外国使臣长期驻京，在明清以降的中国历史上算是破天荒的大事。因为自明朝洪武以来，外国使臣进入中国京城，都只能够以贡使的身份，事毕即旋，不得无故逗留。掌管藩国朝贡事务的礼部，更制定并颁布有一系列精细的规章制度来规范中外交涉。在这方面，清袭明制，并无大的变革，但在礼数上则更为考究。在朝廷眼中，荷兰、英吉利等国，和朝鲜、越南等国均系藩国，因此在与中国的交往方面概由礼部节制。中国与俄罗斯的交往情形比较特殊，多年来清廷将之化为理藩院管辖之下。1793 年英国马戛尔尼访华的时候曾经提出过允许英国代表长期驻扎北京的要求，被乾隆皇帝驳回。英国的这个愿望，直到第二次鸦片战争期间的 1858 年通过《天津条约》才最终得以在文本上实现，而现实中的真正落实，则要到 1860 年 10 月底《北京条约》签订，确认了《天津条约》有效并结束了第二次鸦片战争的时候。

1858 年中英《天津条约》的第二款规定，两国“约定照各大邦和好常规，亦可任意交派秉权大员，分诣大清、大英两国京师”，第三款进一步保障了这一规定。就清廷所理解的中文条款而言，“秉权大员”一词十分模糊，大体上相当于钦差大臣一类的；然而，该款的英文条款规范得十分清晰，包括了互相派遣“Ambassadors”（大使）、“Ministers”（公使）或者“other Diplomatic Agents”（其他外交代表）；而且，英文中也规范了中文条款中所谓的“两国京师”，实际上是“the Court of Peking”（北京朝廷）和“the Court of St. James's”（英国朝廷）。当时的人并非没有意识到这种语言差异，所以同一条约的第五十款特别规定，嗣后出现中英文差异，以英文表述为正解，这对当时的中国而言，显然是不利的。法国也通过中法 1858 年《天津条约》和 1860 年《北京条约》，获得了外交代表驻扎北京的权利。

美国与中国签订的《天津条约》中，却并没有明白的外交代表互相驻扎彼此京师的条款，与之相关的是第六款，规定中国如果到时候允许“众友国钦差”前往北京居住的话，美国也自动获得同等待遇，以“同沾”恩典。英文条款内的“众友国钦差”一词，写的是“the representative of any friendly nation”，即“任何友国之代表”之意。然而美国早已经获得了片面最惠国待遇，因此英国和法国所获得的外交代表驻京权利，美国自动获得。俄国在中俄《天津条约》第十二条款中获得了片面最惠国待遇，因此也立即一体均沾此种权益。就这样，在 1860 年行将结束之际，英、法、美、俄四国获得了外交代表进驻北京的权利。1861 年初开始，英法美俄等国的公使，开始陆续进驻北京。自明朝以降持续了数百年的中外华夷秩序，开始了结构性的坍塌。

嗣后的外交史却也同时证明，各国除了明治初期的日本在不明底里的情况下于1873年派遣副岛种臣以“大使”（ambassador）的身份赴北京之外，欧美各国并没有派遣“大使”驻扎北京，而是派遣职衔低一等的“公使”（minister），即“全权公使”（minister plenipotentiary）或“特命全权公使”（envoy extraordinary and minister plenipotentiary），虽然发挥着同样的外交职能，但却显示各国并未视中国为同等的文明之邦。英法等国对北非突尼斯、埃及等国家，也是采取同样的政策，背后不外乎是以海外殖民主义为外在表象的近代欧美文明中心论。

临时抱佛脚的“外交部”：总理衙门的成立

外国公使们到了北京，自然要有对接机构，这就涉及第二次鸦片战争的另一个重大结果，即总理各国事务衙门的诞生，简称“总理衙门”或“总署”。总理衙门是于咸丰十一年二月即1861年3月11日，在恭亲王奕䜣的提议之下成立的一个临时机构，用来处理同英法等国的战后事宜。总理衙门“一切均仿军机处办理”，本来的计划是等“军务肃清”、局势稳妥之后，即行裁撤，诸事仍归军机处管理。

然而，英法美俄等国家从一开始就认为总理衙门是在中国新成立的欧美国家那样的外交部，因此凡事都找总理衙门理论，并不去找传统处理对外事务的礼部衙门，也无法找去大内的军机处，所以总理衙门根本无法裁撤，一直充当着大清国外交部的角色，直到1901年改名

图 11.1 和硕恭亲王奕䜣，系道光皇帝第六子。英军随军记者费利斯·贝亚托（Felice Beato）拍摄于 1860 年 11 月 2 日。这是同英法联军的战事刚刚结束之后在北京拍摄的，可能是恭亲王最早拍摄的照片。当时他只 27 岁，面对大清入关以来天塌地陷的剧变，孤军留守北京，他的四哥咸丰皇帝早已逃去了热河行宫。从他的眼神中不难看到迷茫和无助。恭亲王后来毕生都是中国近代化的朝中支柱。他逝世于 1898 年 5 月 29 日，即戊戌变法开始的 13 天之前。

外务部，算是转正成了中国历史上第一个欧美模样的专司外交职能的外交部。实际上，恭亲王等人当时确实将欧洲各国的外交部理解为总理各国事务衙门，例如早在 1858 年的中俄《天津条约》中，中方就将俄国外交部长（le Ministre des Affaires Étrangères de Russie）翻译为“俄国总理各国事务大臣”，因此两年后恭亲王提请设立的这个机构定名为“总理各国事务衙门”，也就不足为奇了（图 11.1）。

既然是一个临时机构，总理衙门也就不缺临时工。总理衙门大臣都是由在京衙门的官员兼职的，并无专任。例如，同治元年即 1862 年，总理衙门一共有 7 名大臣，都是兼差的，包括：议政王兼军机大臣恭亲王奕䜣、军机大臣桂良、工部尚书文祥、户部右侍郎崇纶、工部左侍郎恒祺、户部尚书宝鋆、户部右侍郎董恂。在这一时期，所有大臣都不懂任何外文，也自然不懂任何国际法，万事刚刚开始，日后怎么办

图 11.2 同治十一年（1872 年）总理衙门三名大臣合影，从左到右依次是兵部尚书兼军机大臣沈桂芬（1818—1880）、户部尚书董恂（1810—1892）、工部尚书毛昶熙（1817—1882）。这就是 1872 年中国“外交部”的主力阵容——三名科举晋身的孔孟弟子、三个从一品的官僚。照片上的他们显得毫无生机。

还不知道。总理衙门就是这样的一个临时抱佛脚的机构（图 11.2）。

蒲安臣：高举废奴主义大旗的决斗勇士以及共和党创始人之一

美国第一任驻京的驻华公使，是林肯总统任命的 Anson Burlingame (1820—1870)，中文名字唤作“蒲安臣”，这种翻译不无“安分守己的臣子”之意，颇切合当时的中国国情，也是中国官方一贯一厢情愿地给外国外交官起有类似含义名字的一种习惯。蒲安臣当时在美国政坛已经是个名人，不过总理衙门对此并没有什么了解（图 11.3）。

蒲安臣 1846 年从哈佛法学院毕业后，在波士顿从事律师工作，擅长演讲，逐步进入美国政界，于 1853 年成为麻省的参议员，1855 年到 1861 年担任国会众议院议员。当时正值美国内战前夕，围绕废奴与否

图 11.3 1859 年的蒲安臣，美国国会图书馆藏。编号 2010649205。

争论非常激烈，蒲安臣是坚定的废奴主义者。1856 年 5 月 19 日和 20 日，主张彻底废除奴隶制的麻省激进共和党参议员查尔斯·萨姆纳（Charles Sumner），发表了反对蓄奴的演讲，并批评了拥护蓄奴的美国南卡罗莱纳州民主党众议员普雷斯顿·布鲁克斯（Preston Brooks）及其亲戚。22 日，布鲁克斯走到萨姆纳在参议院的办公室，用拐杖袭击了萨姆纳，最后竟把萨姆纳打得不省人事，拐杖碎了一地，萨姆纳在昏过去之前也打了布鲁克斯一下。后来两人都得到了医治。这就是美国历史上著名的“杖击萨姆纳事件”。这一事件造成了更加激烈的针对废奴与否的政治分裂，是美国内战的一条导火线。

事件发生一个月后的 6 月 21 日，蒲安臣在国会做了一篇题为“马萨诸塞州的抗辩”（“Defence of Massachusetts”）的长篇演讲，鞭挞了蓄奴主义者，也极力批评了布鲁克斯。这篇演讲让他名声大噪，但布鲁克斯暴怒之下邀请蒲安臣决斗。蒲安臣爽快地答应了决斗，因为美国不允许决斗，所以他选择到位于纽约州美加边境的尼亚加拉大瀑布的加拿大一侧，也选好了决斗用的来复枪。就在众人要看两位勇士如何决斗的好戏的当口，布鲁克斯服软了，表示不能跑去加拿大参加决斗，这使得蒲安臣更成了全国知名的英雄般的绅士。

这之后，蒲安臣有次去印第安纳州的首府印第安纳波利斯做竞选演说，在演说结束他刚刚走下演讲台的时候，胳膊被一个人一把抓住了，他回头一看，是从印第安纳州以南的肯塔基州来的律师兼前国会众议员托马斯·马歇尔（Thomas Francis Marshall）。蒲安臣一开始很高兴托马斯千里迢迢从肯塔基州赶过来参加他的演说，但托马斯说："我可不是来听你演讲的，我就是来看看英勇前往尼亚加拉瀑布的究竟是个什么人！"托马斯非常支持蒲安臣的立场，反对布鲁克斯等蓄奴主义者。也是在同一时期，蒲安臣和其他同道一起创建了今日的共和党，成为共和党建党之父之一。

林肯总统上任后，选择蒲安臣为驻华公使，后者欣然从命，于1861年10月24日抵达香港，但在香港逗留了较长的时间，直到1862年7月方才北上进京。蒲安臣本人并不懂中文，但他在外交上表现得十分温和，加上美国到当时为止除了在第二次鸦片战争初期因江面船只冲突而炮击过广州之外，并没有和中国发生正面的军事冲突，外交上奉行中立原则，在中国不动武，也不谋求建立殖民地，所以蒲安臣并没有像英法等国的驻华公使那样动辄跑去总理衙门左右理论并上下威胁。作为一名擅长演讲的律师，他总是用委婉的谈话表达出自己对中国外交的指导意见，因此在总理衙门大臣们的眼中，蒲安臣显得比其他驻京公使都要亲切。

蒲安臣在同总理衙门的交往中向后者引荐了美国传教士丁韪良，这一举动对中国的近代化进程产生了重要影响。当时丁韪良正在翻译美国法学家亨利·惠顿（Henry Wheaton）于1836年出版的*Elements of International Law*，后来中文名字定为《万国公法》，蒲安臣觉得中国应该了解国际法，然而并非所有人都乐意看到这种局面。当时法国

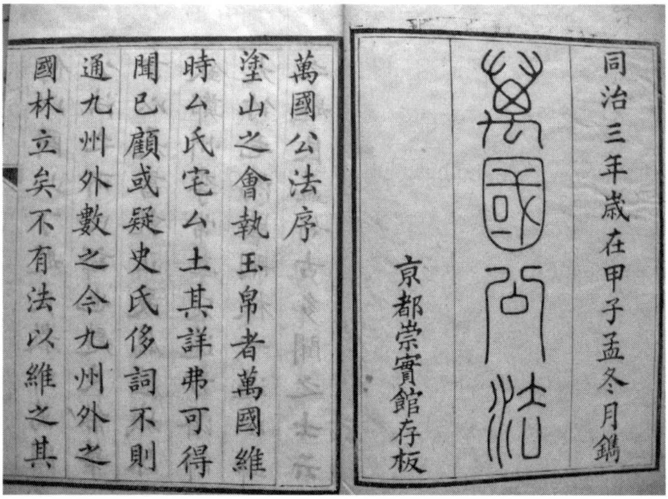
同治三年歲在甲子孟冬月鐫
萬國公法
京都崇實館存板

萬國公法序
塗山之會執玉帛者萬國維
時厶氏宅厶土其詳弗可得
聞已顧或疑史氏侈詞不則
通九州外數之今九州外之
國林立矣不有法以維之其

图 11.4 同治三年（1864 年）冬北京京都崇实馆所刊行之《万国公法》。

代理公使哥士耆（Michel Alexandre Kleczkowski）对蒲安臣说："那个要让中国人了解欧洲国际法的家伙是谁？杀了他——把他掐死！他将给我们带来无穷的麻烦。"不过蒲安臣和时任英国公使卜鲁斯（Frederick Bruce）都十分支持丁韪良继续翻译。《万国公法》于同治三年冬正式在北京刊刻出版（1864 年），此系中国第一份国际法著作，很快传到了日本和朝鲜等国家（图 11.4）。丁韪良逐渐成为总理衙门的好助手，不仅在刚刚开张的同文馆主事和教英文，日后更成为京师大学堂的西学总教习。

"我们真正的朋友"：清廷对美国驻华公使蒲安臣的印象

由于蒲安臣的温和路线，总理衙门大臣们常常拜托蒲安臣在各驻京公使之间调和关系，认定蒲安臣乃是“我们真正的朋友”（our true friend）。下面举一个详细例子来说明。

1865 年 2 月下旬，两名英国人意欲进入北海琼华岛南的永安寺（即白塔寺），被中国守门人拦住后，恼羞成怒，暴打了守门人，并且捣毁了一个门锁以便进入寺庙。事情发生后，总理衙门要求英国署理公使威妥玛（Thomas Francis Wade, 1818—1895）严惩肇事者，威妥玛当即派人去逮捕了这两个人，然而事情并没有完。2 月 24 日，总理衙门大臣、工部左侍郎恒祺前往美国公使馆找到蒲安臣，希望他能够在中英双方之间调停一下，二人发生了一段对话，居间翻译者是丁韪良和卫三畏：

> 恒祺：您已经听说了英国人在永安寺打守门人的事情了吗？
>
> 蒲安臣：是的，我知道了事情的真相。这实在是太令人愤怒了，我相信威妥玛先生自己也是这样看待这件事的。我相信他一定会将肇事者绳之以法的。
>
> 恒祺：我知道他已经派人去逮捕了肇事者，但是他把事发责任弄到了我们头上，说我们在这个圣地的门上上锁，却没有让门大开以便让游玩者进入。他甚至抓住这个机会很不恰当地要求我们废除这种限制。这就譬如一个英国人砍了一个中国人的脖子，然后威妥玛先生在对这种不幸表示遗憾之时，建议我们都在脖子上戴上一个铁箍做保护一样。

眼看与恒祺的谈话朝着批评威妥玛个人的方向发展，蒲安臣委婉地提出了三条外交建议：第一，中国完全具有悉数撤销条约规定之外的在华外国人所享有的权益的权力，但是中国若去最大化使用这种权力是否是明智之举是需要考虑的；第二，虽然中国给了外交官们特权，而且中国大众通常也不和公使馆隔开，但中国似乎可以酌量考虑给外交官及其随从们网开一面；第三，威妥玛先生真心是中国的朋友，或许中国方面可以尽量满足他的要求。就这三条意见而言，蒲安臣实际上都是站在威妥玛一方面的，在私下里他和威妥玛也是时常见面的好朋友，但蒲安臣表达的方式很含蓄，态度和蔼，让恒祺感到很放心，容易接受。

当时蒲安臣要短期回美国公干一趟，中国方面以为他是任期结束而被召回了，不愿意他离开北京。1865 年 3 月 3 日，恭亲王奕䜣在总理衙门接见了蒲安臣。恭亲王依依不舍地问："要与我们真正的朋友(our true friend) 分手，不能不说不无遗憾。您真的一定得走吗？您是被贵国召回了吗？"待蒲安臣回答说只是短暂回国之后，恭亲王迫切希望他能够再回到中国来，并说美国总统已经开始了第二个任期，则蒲安臣也一定会继续在中国的。蒲安臣对恭亲王的信任表示感谢说："如果我觉得我有能为贵国政府效力之处，我一定会回来的。"恭亲王听罢，邀请蒲安臣举起酒杯保证会回来，蒲安臣照着做了。

向西方派遣使团：蒲安臣的友好建议

同样是在蒲安臣要短暂回国公干之前的 1865 年 3 月 6 日，总理衙门大臣董恂、恒祺和崇纶前往美国公使馆造访蒲安臣。蒲安臣在谈到如何恰当处理外交纠纷的时候，向董恂提出了两个外交建议：第一，在确保中方有理的情况下把整个交涉经过的文书散发给每一个驻京公使，要求他们在自己的国家内刊发，这样造成的舆论压力将会保证事情不滑向暴力冲突或者不公平的手段；第二，向西方派遣一个外交使团。蒲安臣就这两方面的建议做了详细阐述，董恂等人表示完全同意。就派遣外交使团一事，董恂表示中国政府的确觉得有必要这样做，而现在正在跟着丁韪良学习英文的年轻的中国学生，也应该可以充任使团的翻译。蒲安臣祝董恂能够成为第一位中国出使西方各国的外交使团的负责人。蒲安臣这样说也不是没有道理，董恂是热心支持出版丁韪良翻译的《万国公法》的人，并亲自作序。

蒲安臣的这两点外交建议，可以说总理衙门都照着做了，特别是对外派遣使团，这一点也是当时担任中国海关总税务司的英国人赫德一直想促成的。很快，趁着赫德要回英国探亲完婚之际，1866 年 2 月，北京朝廷在总理衙门恭亲王的推荐之下，派遣了当时在海关总税务司充任汉文帮办的满洲人斌椿（1804—1871），连同他的儿子广英以及在同文馆学习英语的学生德明、凤仪等人一起，跟着赫德前往欧洲游历，观察风土民情。

斌椿虽然已经 62 岁，但他脑袋比较灵活，愿赴万里之外为国公干，更符合中国朝廷一贯讲究的老成持重。斌椿一行考察了英、法、荷兰等国，但他本人并没有被欧洲各国视为中国大使，没有涉及任何外交交涉以及条约谈判等等方面，充其量只是一个小规模的观光团，回国之后对中国外交无甚建树。然而，能够比较正式地派几个人去欧洲看一看究竟是个什么样子的，对大清国的外交中枢理解外界而言，是一件好事。

知己知彼：必须要派人出去

恭亲王和总理衙门大臣对中国面临的外交形势认识得非常清楚。

当此之时，清廷面临一个非常实际的麻烦，即1868年就是各国于1858年与中国签订的《天津条约》的十年修约之期，而“中国之虚实，外国无不洞悉；外国之情伪，中国一概茫然”，所以到时候中国恐怕又得陷入另一轮的被动之中。1867年10月，忧心如焚的恭亲王号召沿海沿江各将军督抚等大员献计献策，讨论一下究竟怎么办。恭亲王在奏折内痛心疾首地总结说，自道光二十年以后（即鸦片战争以后），“办理夷务，一次不如一次”，到了咸丰十年（第二次鸦片战争），情形更为窘迫之至，现在趁着修约期到来之前，这些“受国厚恩”的地方大员们应该赶紧讨论出个未雨绸缪的法子来。这些大员包括曾国藩、李鸿章、都兴阿、英桂、刘长佑、吴棠、瑞麟、李瀚章、崇厚、郭柏荫、刘坤一、李福泰、马新贻、丁宝桢、曾国荃、蒋益沛、左宗棠、沈葆桢，可以说包罗了当时接触甚至熟悉洋务的骨干，这些人也形成了嗣后三十多年包括外交和军事在内的中国近代化进程的主要力量。讨论的内容之一就是对外遣使问题，而恭亲王也强调了斌椿的观光模式以后不能再行。

恭亲王这回是真急了。在烽火连天的咸丰十年，就是他坐镇北京眼见大清江山如何风雨飘摇的。朝廷和恭亲王并不是不知道应该派人出去一探虚实，问题是无人可派。即便是让这些封疆大吏们举荐，恐怕也没有什么中意的人选。就在这些督抚将军们忙着写奏折参加大讨论的时候，11月21日，恭亲王奏请让蒲安臣担任出使欧美各国的中国钦差。

根据恭亲王的说法，蒲安臣即将离任，表示了若有可以帮助中国之处自己必当尽力等意思。这种表态最初可能只是出于礼貌，但恭亲王等人顺水推舟，觉得邀请他担任使团的领队也是一个很好的选择，于是就以给他送行为由，连续造访蒲安臣，最后对蒲安臣提出了可否担任中国钦差的要求。根据蒲安臣事后给美国国务卿西华德（William H. Seward，1861—1869 年出任国务卿）的报告来看，总理衙门方面请他担任钦差的确是在一次欢送他的晚宴上，由总署大臣文祥提出，并要求他暂时延缓几天归国。总署很快通过英国驻华公使馆秘书柏卓安（John McLeavy Brown，1835—1926）居间联络，正式对蒲安臣发出了邀请。蒲安臣经过一番考虑后，最终答应了这个请求。

在中国的脸谱：为什么清廷没有选择其他国家的公使

恭亲王等人视蒲安臣为真朋友，并非没有缘故。当时，总理衙门可以从英、法、美、俄四国中挑选一个中意的人，特别是和中国接触最早的英国。然而，当时刚刚和英国发生了很不愉快的购买战舰成立小型海军的事情，即所谓“阿斯本舰队”之事，在中国就职的海关总税务司英国人赫德等都卷了进去，蒲安臣还居中协调中英交涉，最后中国的计划还是流产了，人财两空。因此，总理衙门不会去找英国人做代表，况且后来组建的蒲安臣外交使团的主要目的之一恰是和英国洽谈中英双边关系。法国和俄国两国，也不在总理衙门的考虑范围之内，因此蒲安臣最终成了上选。

如果我们把蒲安臣与威妥玛做一个简单比较的话，这种认知就比较清楚了。威妥玛 1842 年抵达香港，后来中文达到很高的水平，第二次鸦片战争期间他担任英国统帅额尔金伯爵的秘书，在他自 1871 年成为驻华公使之前，大部分时间充任英国驻京公使馆的秘书，直到 1882 年离京，在中国供职长达 40 年。1886 年出任剑桥大学第一任汉学教授。

他把自己收藏的883种4 304卷中文图书都捐赠给了剑桥大学图书馆。威妥玛的一大学术贡献是创制了中文的罗马字拼写法，后来经过他在剑桥汉学教授的继承者翟理斯（Herbert Allen Giles）修订后，于1892年形成了系统的“威妥玛—翟理斯拼音法”，用来拼写中文。例如“毛泽东”拼写为“Mao Tse-tung”，“蒋介石”为“Chiang Kai-shek”。当下中国很多翻译作品在涉及人名和地名的时候出了一些非常荒谬的错误，例如把“Chiang Kai-shek”译为“常凯申”，把“Tung-sean”（董恂）翻译为“童显”等，主要是接受了汉语拼音系统的译者不了解威妥玛拼音法所致。在华任职期间的威妥玛性格十分张扬，脾气也不好，容易冲动，他一方面认为中国应该尽快向他的欧洲老家学习，一方面又惯于利用这种中西差距威吓和逼迫清廷。威妥玛造访总理衙门是家常便饭，因此常常引起双方的不愉快。一旦有了这种不快，威妥玛就跑到和总理衙门交情不错的丁韪良家里串门，按照丁韪良的说法，威妥玛去他家里大谈和总理衙门的纠葛并不是要听取他的意见，而是希望他把威妥玛的态度传递给总理衙门，虽然威妥玛从来没有张口这样要求过。

威妥玛对中国人的强势态度可以从一个事件中看得很清楚。1875年2月英国公使馆的秘书马嘉理（Augustus Raymond Margary）在云南被杀以后，威妥玛出离愤怒，因为马嘉理是他一手培养的年轻人，因此他使出浑身解数和总理衙门斗法。有一天他邀请丁韪良去英国公使馆一起吃早饭，就他们两个人在，威妥玛滔滔不绝地讲自己的意见，越说越激动，后来干脆从椅子上跳起来，举起双手大喊：“他们（指中国人）必须接受这个，不然就是战争；我，威妥玛，一定要办成这事，只要上帝还存在我就要干成！”虽然这是1875年的事情，但足可以反映出他一直以来的为人处世风格。相比之下，蒲安臣就显得十分平和。

钦差“1+2”和条规 8 项：蒲安臣使团的组建

虽然遣使出使欧美各国一事已是总理衙门的既定计划，但任命蒲安臣为首其实不是计划中的，尽管恭亲王等人都一直很喜欢蒲安臣。总署在短时间之内完成了蒲安臣的任命、其他人员的挑选和任命以及国书的缮写和翻译工作。至于让一个美国人担任中国钦差是否合适，恭亲王认为并无妨碍，例如中国的总税务司赫德就是英国人，却竭心尽力地为中国办差。现在中国无人知道欧美等国的外交规则，所以蒲安臣前往恰可弥补这个缺憾。但是，恭亲王一来要在政治上堵悠悠众口，二来要做外交上的长远考虑，所以在任命蒲安臣之后，也迅速提请任命了两名同等地位的中国钦差，包括花翎记名海关道志刚和礼部郎中孙家谷，一起随同蒲安臣出访，既跟着蒲安臣学习办理外交，也方便及时和总署沟通情况以便节制蒲安臣。这就出现了“1+2”的三位钦差同时出使的状况，但蒲安臣认为两位中国钦差乃是“学习者”（learners）。

清廷给蒲安臣等三位领队大员的正式任命是“办理各国中外交涉事务大臣”，简单呼其为“钦差”，而这一“钦差”的名头在英文外交术语中相当模糊，蒲安臣在给国务卿西华德的汇报中说自己被任命为中国的“envoy”即特使；但他所携带的中国皇帝致美英等国的国书英文件由柏卓安翻译，由卫三畏、赫德和丁韪良核校，在英译文中称呼钦差为“High Minister Extraordinary and Plenipotentiary”，这就与通行的“特命全权公使”基本一致了。

派一个洋钦差出国，朝廷也不是百分百放心。为了节制蒲安臣的

图 11.5 1868 年蒲安臣使团在美国合影。美国国会图书馆藏，编号 2008680540。该照片流传很广，人物从左至右分别是：庄椿龄、桂荣、联芳、凤仪、德善、孙家谷、蒲安臣、志刚、柏卓安、德明、塔克什讷、廷俊、亢廷镛。

权力，恭亲王特别制定了八项出使条规，涉及钦差权力范围、外交礼仪、与中国钦差沟通等方面。嗣后还对蒲安臣特别声明了有碍中国国体之事断不可行等等。为平衡英法两国起见，恭亲王又奏请聘请懂得中文的英国人柏卓安和在中国海关税务司工作的法国人德善（Ferdinand Auguste Emile Deschamps）分别为左、右协理，当然这种任命也是对担任钦差的美国人的一种制衡手段。从整个人事布局来看，恭亲王和文祥等人可谓费尽心机，力图做到滴水不漏。

既然此行也是一次学习之旅，因此恭亲王又奏请挑选几名同文馆学生一起随团游历，这包括在同文馆学习英文的德明、凤仪，学习俄文的塔克什讷、桂荣，学习法文的联芳、廷俊，以及候选县丞亢廷镛、候选巡检王抡秀、候选从九品严士琦、总理衙门兵马司吏目庄椿龄，外加马弁千总雷炳文、六品军功坐补千总把总果庆瑞等。连同三名华洋钦差、两名英法协理，使团总计 17 人。其中德明、凤仪和德善，都曾经参加过斌椿在 1866 年的欧洲访问之行（图 11.5）。

1867 年 12 月 12 日，蒲安臣从上海向国务卿西华德发出了一份有关自己出任中国特使的详细汇报。在这个汇报的末尾，蒲安臣强调说："请允许我多说一句，那就是当世界上最古老的、占全世界人口三分之一的国家要和西方建立关系，并通过他的代表要求世界上最年轻的国家去居中帮衬这一变化的时候，这个外交使命是不应该被加以商量或者拒绝的。"由此，蒲安臣将自己定位为世界上最古老的国家（中国）的代表，第一站要前往的恰是他的祖国、世界上最年轻的国家——美国。

1868 年 2 月，蒲安臣一行从上海乘坐轮船，前往美国加利福尼亚州，开启了欧美外交之旅。对所有的中国成员而言，大洋的那一边届时会发生什么以及如何应对，还都是未知之数，但他们每个人心中，此刻都有一个美好的梦。

第十二章　改变还是尊重中国：蒲安臣“勿扰她”演讲

2018年11月中下旬，美国感恩节的时候，某主流媒体开始了持续一周的中国系列报道。这组报道的核心意思就是经济大发展之后的中国并没有像很多美国人之前预想的那样，变成另一个美国，或者说朝着变成美国一样的国家的方向发展；相反，中国走了一条自己的道路。系列报道之中流露出来的惊讶、肯定、赞叹、羡慕、怀疑、失望、失落、沮丧、恐惧等等，夹杂在一起，难分难解。

今天我们谈的是150年前的一场演讲，发生在纽约曼哈顿，是由代表中国出使西方的前美国驻华公使蒲安臣所做的，当时《纽约时报》等媒体都有记者在场，嗣后做了大量报道。

最古老的与最年轻的：纽约州长范腾的开场白

1868年6月23日，星期二，纽约曼哈顿第十四大街和第五大道旁边的著名餐厅“戴摩尼柯”（Delmonico's）灯火通明，在举行一个重要的公众晚宴。美利坚的星条旗和大清国的龙旗挂满了餐厅四周，所有桌子装点得十分精美。大厅内人声鼎沸，纽约州包括州长、副州长等在内的官绅名流济济一堂，热切期盼着来自中华帝国的钦差大臣、同为美国同胞的蒲安臣的演讲。志刚和孙家谷两位中国钦差，亦一体出席（图 12.1）。

图 12.1 志刚访问美国时所拍照片。

9 点整，晚宴主席、纽约州州长鲁本·范腾（Reuben E. Fenton，1819—1885）致辞，欢迎以蒲安臣为首的中国使团莅临纽约。这篇简短的致辞折射出了当日美国政界主流人物对中国以及中美关系的看法。

范腾说：

我们的民族和中国人的关系是值得关注的，也是非常有趣的。在政治上、历史上以及地理上，两个民族表现出了很多差异，昭显了很多不同，也揭示了至关重要和涉及利益的种种职责。东方最古老的有组织的政府，现在邀请那种西方发展的趋势以及思想之扩散重新回到东方，而这一点，正如它所表现的那样，乃是文明上的种种经历和诸多进步的结果。换言之，一个最为固定不变的、也因之最为封闭的社会，向最年轻、最自由和进步的国家，伸出了礼尚往来之手；而我绝不怀疑这种交流会给人类带来的巨大价值。我们要去建设一个培育自由、平等和进步的温床，让东方出

现一个类似的可以获利的多产的欧洲，也让西方出现一个人口众多和富庶的亚洲，这是我们的天职所在。（欢呼）

范腾毫不吝啬地赞美蒲安臣使行，认为蒲安臣作为“东方土地上最古老、人口最多以及在很多方面也是最为有趣的政府”的代表回到美国和拜访其他西方国家，乃是“一种文明的进步”，乃至于“在近代外交和交通史上没有其他事件可望其项背，或能为人类带来如此巨大之福祉”。在发言的最后，范腾更画龙点睛地强调：

不消说，我们的国家思想首先但也不仅仅是让我们的人民变得最富裕、最自由和最公正，而且我们要积极地把我们的影响延伸到其他国家去，让这种影响越过每一个海洋，进入每一方土地，并且用贸易、基督教和善意去提高和提升所有的人。我们的机制的宗旨，是让我们去认可世界上其他国家的，包括我们自己的人民在内的自由，而我们也将抓住所有机会来发展这一国家情感，因为它对互惠以及互相的永久福祉至为关键。因此，我们很清楚摆在我们面前的鼓励把我们的文明机制贡献于中国人的事情，那就是：我们的自由、才华和事业，而反过来我们则会从中国人的工业、艺术、社会和谐以及和平的处世态度中得益。

范腾表达的正是美国除了贸易之外对中国这个古老国家的期望，更是一个在西方文明之伞下的携中国进入欧美之家的梦想。《哈珀斯周刊》在蒲安臣演讲之后不久的1868年7月18日发表的漫画插图，恰是对范腾意思的极好的表达（图12.2）。画中，美国哥伦比亚女神正一

图 12.2 1868 年 7 月 18 日《哈珀斯周刊》有关蒲安臣使团的插图，画中哥伦比亚女神介绍中国钦差，背后是蒲安臣。

手拉着中国钦差、一手向欧美各国介绍说：“兄弟姐妹们，我很高兴向诸位介绍大家庭中最古老的成员，她迫切希望得到我们更好的了解。”而中国钦差背后，坐着正在倾听的蒲安臣。

“勿扰她”：蒲安臣的演讲

范腾演说之后，作为晚宴主席的他举杯三次邀众人一起祝福。第一杯祝福美国总统，第二杯祝福中国皇帝，第三杯祝福蒲安臣钦差和中国使团。在祝福中国皇帝的时候，众人除了和祝福美国总统时一样三次高声欢呼之外，还演奏了一首中国国乐（national air），这可能是最早的在外国演奏的相当于大清“国歌”的歌曲，可惜美国的记载没有指明具体演奏了哪首国乐。

随后，蒲安臣登台，代表中国政府做了面向美国和西方国家的一场史无前例的演讲。演讲非常精彩而成功，众人几乎每隔两三句话就高声欢呼或者报以雷鸣般的掌声。这个演讲发生在一个至关重要的历史时期：中国刚镇压了太平天国并正在轰轰烈烈大搞洋务运动，而且在第二次鸦片战争签订的条约修约之期将满的时候，热切希望同欧美各国加强外交上的沟通，而美国内战（1861—1865）刚结束三年，原则上彻底废除奴隶制才五年，全美社会重新统一于一个联邦政府之下并继续进行全球贸易扩张。因此，蒲安臣以钦差身份的演讲，对中国对外展示进步形象、对一个“新”美国了解中国以及考虑随后的对华政策，都相当重要，是中国外交史上浓重的一笔。非常可惜的是，在中外很多教材和著作中这个演讲至今仍是完全空缺的，乃至于很多人不知道这个演讲。下面择取该演讲的主要部分进行翻译，来看一下150年前的中美之梦是如何和今日有着千丝万缕的联系，以及若即若离的相似。

蒲安臣说：

自亚历山大时代以来人们就开始寻求的东方，现在自己来找西方了。（众人欢呼）从时间的迷雾中而来的中国，昨日忽然踏入了西方的大门，且以她今晚就在此处的代表们来与诸位相见。（欢呼）

你们要对她说什么呢？她并没有带着威胁言辞而来。她是带着孔夫子的一个最伟大的格言来的，而这个格言可以上溯到两千三百年前，那就是“己所不欲，勿施于人”。（掌声雷动）你们难道不当以更为积极的基督的原则来回应吗——“你们愿意人怎样待你们，你们也要怎样待人”。（引自马太福音7:12；这也是

图 12.3 美国杂志《顽童》(*Puck*)于 1900 年 10 月 3 日刊的时事讽刺漫画。作者乌多·开普勒(Udo J. Keppler, 1872—1956),反映当时的义和团运动以及八国联军侵华。画上耶稣和孔子(以清朝官员形象出现)在山巅云端里紧握着手，看着山下，说:“难道，我们的教诲都白费了吗?”(这也是这幅画的题目。)左下方是排洋的义和团民，举着大旗，上书孔夫子名言:“己所不欲，勿施于人。”(Do not do unto others what you would not that others should do unto you.)右下方是侵华的八国联军，举着大旗，上书耶稣醒世名言:“你们愿意人怎样待你们，你们也要怎样待人。”(Whatsoever ye would that men should do to you, do ye even so to them.)美国国旗在背景中尤其突出。

1858 年中美《天津条约》第 29 条内有关基督教的规定，即“to do to others as they would have others do to them”)(众人:“同意!”“同意!”欢呼)(图 12.3)

她现在带着你们的国际法而来;她来告诉你们，她乐意根据国际法和你们建立关系，遵守其规定，履行义务和享受权益。(欢呼)她要你们去忘记你们陈旧的偏见，去抛弃你们高人一等的假想，以及告诉她你们的问题，而她也将告诉你们她的问题，以求公正之解决。(欢呼)她不希望战争;她要求你们不要去干涉她的内政。(高声欢呼)她要求你们不要把那些素质不高的人送去做老师。(欢呼、笑声)她要求你们去尊重她领水的中立以及领土的完整。(鼓掌)一言以蔽之，她要求在完全的自由中精确地按她自已最擅长的文明之路来做事。(欢呼)

……

我可以证明，在过去几年内，这个地球上没有任何一个别的地方比中华帝国取得了更大的进步。（欢呼）她已经扩大了贸易，革新了财政体系，并且正在改革她的陆军和海军组织，已经建成了一个学习近代科学和外语的伟大的学校（此处指京师同文馆）。（欢呼）她是在非常不利的环境下做完这些事情的。她刚刚经历了一场历时十三年的战争，且是在没有大举国债的情况下取胜了的。（长时间持续鼓掌、欢笑。此处指清朝镇压太平天国；蒲安臣这样说是因为1861—1865年的美国内战让美国国债飙升，该国在1860年时国债为6 500万美元，1863年涨到10亿美元，1865年内战结束时已暴涨至27亿美元。）

你们必须记住她有多么庞大的人口。你们必须记住在这样一个国家引入如此的改革是多么困难。引进你们的蒸汽船，已经让那里的十万舢板船工失了业。民政系统雇用数百名外国人，也当然地引起了当地老雇员们的愤恨。新式学校的成立，也遭到了一个党派的强有力的抵制，而该党派的党魁乃是这个帝国最伟大的人之一。

然而，尽管她经历了这么多事情并取得了如此非凡的成绩，总有人告诉你们说，中国没有取得什么进步，会告诉你说她的眼界在倒退；这些人也会告诉你们说，西方条约列强应该义不容辞地联合起来，迫使中国进行改革——这是这些人希望得到的，但却未必是中国希望得到的。（欢呼）这些人会说中国人没有权利去获得你们的尊重。这些人用其粗鄙之言说："掐住她。"这些人用暴君式的言辞告诉你们说，他们比中国自己更知道中国想要的是什么。

这些人不仅期望把同他们自己的切身利益和任性多变的性格捆绑在一起的改革立即推行到中国去，还会告诉你们说现在的王朝必须倒台、整个中国文明的架子也必须被推翻。

我知道，虽然这些人的这些看法是被他们自己的政府和国家所拒绝的，但这些人却远在他们的国家之外，在那里他们是活跃的、勇敢的、肆无忌惮的人，如果这些人恰好做了官的话，他们就会用手中的权力来把事情弄得复杂起来，并且最终把他们自己那遥远的母国引到战争中去。现在，正是为了应对这种暴戾因素，这个使团被派到了基督教世界中来了。(欢呼)

……

正是代表着建立在永恒正义的原则之上的宽容大度的政策，我才得以聚集到了这个地球上最强的东西，那就是这个世界的充满光明的公共舆论(public opinion)。(欢呼)使团和人们将会消失，而永恒正义的原则将屹立不倒。(欢呼)

我希望中国的自治会得以保存。我希望她的独立会得到保证。我希望她被平等对待，并且她会平等地对待所有国家。如果与此种期望相反的那一派得逞的话，如果你们要去强迫这个伟大国家的话，那么请问，谁要去推行这种强迫之举、你要用谁的武力去做，而你又要去建立谁的秩序呢？你们看，任何要去推行这种暴君政策的企图，不仅牵涉到中国，还会把你牵到彼此之间的血战中去。(欢呼)

有些属于这个暴君一派的人说，中国不适合进入国家联盟之内，他们称中国人是野蛮人，并抓住每一个机会去愤恨不平和毫不留情地攻击中国人。我完全彻底地反对这些做法。相反，我认为，中国人是一个伟大的、文明的民族。(欢呼) 中国具有一个卓越民族所拥有的所有特征。它是这个星球上人口最多的民族;是这个世界上最为同质化的民族;拥有一种远比世界上其他地方的人说得更多的语言,而且还被刻到了石头上。中国是一个比世界其他国家拥有更为统一的思想的国家。中国也是伟大先哲们的智慧语录被后代记诵长达几个世纪的国家,这些智慧语录已经渗透到了整个民族中去,乃至于他们的知识更多地成为一种本能而不是去刻意学来的;这个民族的人们,活着的时候非常忠诚,在最后一个祈福者死去的时候也会沉睡在祖先神圣的土地之上。(欢呼)

中国是一个拥有众多学者的土地,是一个拥有众多学校的地方,是一个藏有从一本小册子到多达5 000卷的多种百科全书的书卷盈盈之土。(鼓掌、欢笑) 正如主席先生所说的那样,中国也是一个机会均等、没有种姓等级制度的国度。因为,他们早在两千一百年以前就摧毁了他们的封建制度 (feudal system) (欢呼) ——并且本着人民乃权力之源 (the people are the source of power) 的伟大原则而建立了他们的文明机制。(欢呼) 这一原则是孟子在两千三百年之前所说的,而且他说的时候这一原则已经早在那里了。(欢呼。这里指的是孟子的"民为贵"或曰民本思想) 权力从这些人民那里,经过竞争体系,而进入到现实操作的政府中,而且他们将学问视为衡量价值之手段。(欢呼。这里指科举制度)

我得说,中国人是一个伟大的民族,一个讲礼的民族,一个有耐心的民族,一个温柔的民族,一个勤劳的民族;就是这样一个民族,那些愤恨不平的粗野之人竟要把它从国家联盟中排除出去,要把那些暴君般的因素强加到他的头上。那些人评论中国人时说,中国必须成为西方照看下的软弱的未成年者（the weak wards of the West），必须成为西方国家照看下的未成年的国家——而这些国家还没有中国很多省份的人口多，必须成为西方民族照看下的未成年者——而当中国最年轻的一个村子在满洲建立的时候西方民族还都年轻得很（这里指清成立之时）。

我不是说中国人就是完美无缺的。还远远不是。和其他民族一样，他们有各种缺点，有其高傲，也有其偏见。这些都是很深刻的方面，也必须加以克服。她和其他民族一样有自己的自负，这些也必须加以应对；但是不能用大炮去说话，告诉他们说他们的民族是弱小的以及他们都是野蛮人。那不行。中国因其地理位置已经和世界其他地方分隔开来了；她被广袤的沙漠和辽阔的海洋隔开了。但现在，当人们的视野拓展之时，我们看到这个星球自身已经缩小了。现在，在科学足以超越或驱散了大漠之隔、让海洋变为咫尺之时，我们发现中国已看到另一个文明正在全面地靠近她，她已经睁大了双眼。（鼓掌）她看到了北方的俄国、西方的欧洲，以及东方的美利坚。……她发现她必须同这个正在靠近她的文明建立联系，而且感觉到不能坐等，而是前来会见你们并向你们伸出了她的手。（鼓掌）

她告诉你们，她已经做好准备把你们的文明嫁接到她古老的文明之上。她告诉你们，她已经做好准备收回她自己的那些已经取得长足发展的发明创造。她告诉你们，她乐意和你们做贸易，购买你们的东西，卖东西给你们，并帮助你们斩断贸易的枷锁。（鼓掌）她邀请你们的商人，邀请你们的传教士，前往中国。她告诉这些传教士，可以在每一个山头和山谷都树起闪耀的十字

架。（鼓掌）

……

中国是开放的；你们可以去你想去的地方旅行和贸易。那你还有什么可以抱怨她的呢？给她费厄泼赖吧（fair play）。你们给她这种公平，也是在保佑这个世界上辛勤劳作的数百万人。（鼓掌）就我在中国之时而言，中国的对外贸易额已从 8 200 万美元上涨到了 3 亿美元，而这不过是当中国和世界上其他国家建立完整的关系之后所能带来的巨大贸易的九牛一毛。（鼓掌）

勿扰她（Let her alone）；让她享有自己的独立；让她利用自己的时间、按照自己的道路发展吧。她并没有敌视你们。……她所要求的就是你们友好地对待她的国民，而她也将友好地对待你们的国民。（鼓掌）她很单纯地希望你们能够坚守正义（do justice）。她不仅乐意同你们交换货物，还乐意交流思想；她乐意以她的知识文明（intellectual civilization）来交换你们的物质文明（material civilization）。

勿扰她，然后通向北方俄罗斯的大道上的商队，将以前所未有的数量出现。

勿扰她，然后那些已经向中国流淌了数百年的白银——这些银子的逝去正如西方丢失了的河流一样，不过它们依旧存在——将会重回人们的事业之中。（鼓掌）

勿扰她，然后大英轮船公司和法兰西火轮船公司的吨位，将大大增加。[前者即 P. & O.（Peninsular and Oriental Steam Navigation Co.），成立于 1837 年，鸦片战争后进入中国市场；后者系 Messagerie Imperiale，成立于 1851 年，后在越南西贡建立了远东业务分部。]

勿扰她，然后你们自己的航线、令纽约骄傲的太平洋邮轮公司（即1848年于纽约成立的Pacific Mail Steamship Company，1867年刚刚开通旧金山、香港、横滨的常班航线，并扩大到了上海）——以及其他许多你们想建立的航线，其吨位将会十倍地增长；中国也将和现在一样，依靠在香港和横滨的码头把货物运送出来。（欢呼）这种想象在将来可以也将会变得闪亮起来，只要你们公平、正义地对待中国。

蒲安臣随后礼貌地结束了演说，尽管听众之中有人大喊“继续讲下去”。随后，纽约市市长、纽约州的几位众议员等人也纷纷发表了演说，总计进行了13次祝酒，发表了13场长短不一、内容丰富的演说，都是以歌颂中国使行和中美友谊为主。

蒲安臣在演讲中多次提到“勿扰她”（Let her alone），所以这次演讲也被人们称作“勿扰她演讲”。这个演讲的首要宗旨是表明拥有悠久的历史文明的中国对西方世界是友好的、欢迎的，美国等西方基督教国家应该友好、正义地对待中国国家、中国人和中国文明，而不应该采取炮舰政策或者居高临下地向中国输入西方文明，这样才能达成国家、民众和文明之间的平等、互惠和互利。

从纽约南下华盛顿之后，蒲安臣代表中国政府同美国国务卿西华德，于7月28日签署了一个《中美天津条约续增条约》，史称“蒲安臣条约”。这是一份中美对等条约，美国承认中国对自己的领土拥有征用权，允许中国向美国通商港口派遣领事并享有与英俄等国领事一样的权利，中美公民在彼此之国信仰自由而免遭宗教迫害、两国公民可到公立学校求学并在彼此之国内享有最惠国公民待遇，等等。这一条款中有关留学教育的内容，开启了中国学生赴美求学之路，第一批学生是四年之后的1872年抵达美国的，是在李鸿章鼎力支持下由之前毕业于耶鲁学院（即后来的耶鲁大学）的容闳带队的第一批幼童。在此后的三年之内，120名幼童抵达美国学习，很多人成了后来中国在外交、政治和工程领域推动近代化的关键人物，例如梁敦彦、唐绍仪、詹天佑等等。

离开美国之后，蒲安臣一行前往英国，受到了英国女王的接见；随后转往法国、普鲁士和俄国。1870年2月23日，蒲安臣因肺炎感染在俄国圣彼得堡不幸逝世。使团的其他成员继续按照预定计划前进，最终回到了北京。北京朝廷授予蒲安臣以一品衔，赏抚恤银一万两。

蒲安臣以世界公民一般的心胸，为中西交流做出了伟大的贡献。当然，他也不可能一夜之间彻底改变西方对中国的所有成见，这些成见之一就是在基督教救世情怀中继续矮化中国文明和民族。

半野蛮与政治欺骗：一个上海滩的阴谋论者的解说

当时一些在中国的西方人，也没有摒弃偏见，其中之一就是旅居上海的德裔英国人方根拔（Johannes von Gumpach，1814—1875）。

1871年10月16日，在秋日的上海滩的一家旅店里，方根拔为自己刚刚完成的一本有关蒲安臣使团的大部头著作写了一个序言。但他不是在赞扬这个使团，而是不遗余力地抨击和挖苦。次年出版的时候，这部差不多整整922页的“巨著”的正式名字叫《蒲安臣使团：一个政治秘闻》（*The Burlingame Mission: A Political Disclosure*）。

方根拔出生在德国，后迁到了伦敦周围工作并结婚，成了一名德裔英国人。他曾经在英国的 Frederick Huth & Co 银行工作，因为侵吞公款被判七年流放，后来被在北京主持新开办的同文馆的丁韪良雇用，在同文馆教习天文和数学，但在海关总税务司赫德的干预下被同文馆解雇。方根拔心怀不满，向英国在上海公共租界的“在华及在日最高法院”(British Supreme Court for China and Japan)状告赫德侵害名誉(这家法院是英国于 1865—1943 年间设于上海公共租界的，负责管理英国公民在中国和日本等地的法律纠纷)。在他出版这本著作的时候，他还正在同赫德打官司的过程中，心中充满了愤怒，并把这种怒火迁于蒲安臣使团以及支持蒲安臣使团的赫德、丁韪良、卫三畏等人身上，最后是对中国出离愤怒的指责。

在序言内，方根拔开宗明义地交代说，每本书都要告诉人们一个教训，他这本书也是如此，其目的很简单，就是要告诉或者提醒西方民众和公众：“中国人是一个半野蛮的、自大的、无知的民族，他们的鞑靼政府也是一个半野蛮的、自负的、奸诈的政府；以平等条件对待他们的话，就是很不理智的做法，而用文明之邦的法律去对待他们或者做权益的让步的话，不啻自取灭亡。”

在书中，方根拔指责整个蒲安臣使团前前后后就是一个对西方国家的政治欺骗，而他主要的学理依据来自对中国致英国的国书的满汉原文和英文翻译的对比分析。他利用自己较好的学术功底，对国书的汉文和满文的字句，做了长篇累牍的分析，认为英文翻译没有表达出汉文本内存在的视其他国家为朝贡国家而视中国为世界上独一无二的文明国家的意思，卫三畏、赫德和丁韪良都认可这份英文翻译，表明这三个人都是不同程度的骗子，而蒲安臣竟然持着这样一份国书前往西方各国，更属狼狈为奸，其罪恶不容开脱。在方根拔看来，蒲安臣使团就是中国朝廷的一个彻头彻尾的政治欺骗工具。其实，他自己对国书的行文做了过多牵强附会的解释，当时国书上平常表达的一些字句，都在他不辞辛苦的附会解释之下成了问题。如果把学问用在了正道之上，方根拔本来可以成为一个非常优秀的汉学家，也会在近代历史上留下美名，可惜他用自己的知识亲手埋葬了自己。

对这样一部肆意攻讦中国政治和在华外交要员的作品，上海的商家都不愿意给他出版。即便如此，方根拔还是自己掏钱，印刷了很多册，而且也号称在上海、伦敦和纽约同步发行。

2011年的一个秋日，笔者在日本东京大学东洋文化研究所的图书室看到方根拔的这部书时，它和他的主人一样，已湮没在了历史的角落里140年了，鲜被问津。蒲安臣及其使行在中外历史上的伟大地位，完全没有因一个或多个方根拔而受到影响。

第十三章　千古壮举与百年遗恨：中国留美幼童项目及其失败

在中国历史上，自前221年秦朝建立到1871年清朝同治十年为止这整整2 092年间，官派出洋留学的事情，是从来没有过的。这主要是因为在现在被称为“东亚”的这一地区的地缘政治和文化格局中，中国自身的文化一直占据主导地位，且通过与周边领土面积较小的国家之间保持历时长久的宗藩朝贡体系的外交构架，维系着自身的优越地位；对“中亚”地区的国家和政权，中国则长久以来视其为茹毛饮血的异域蛮邦，不屑与之交流。

外来的文化，在融入中国文化之后，皆被不同程度地中国化，最为明显的例子之一就是佛教。佛教在汉初自西域引进中原地区以后，逐渐发展出了相对成熟和独立的中土佛教体系，中国逐渐成了大乘佛教最大的根据地，并将其传播到了朝鲜、日本和越南等国家，纵然唐代时候出现了玄奘个人西行求法的千古流传的故事，但唐朝官方从未派遣学生赴海外学习梵文经典。待中国日后发展出天台宗（法华宗）、华严宗、唯识宗、净土宗、律宗和禅宗等本土流派，并流传到日本等国家之后，更进一步掌握了佛教法门的话语权，乃至于到今天谈及佛教，必然要谈中土流派。再如程朱理学，元明以来渗透到了朝鲜、日本、琉球、越南等周边国家，中国的文字、历法、司法、建筑艺术等也都被这些国家所采用和模仿，朝鲜等国家甚至以“小中华”自命。因此，在这一地域空间秩序内，中国历代王朝并不需要派遣人员出去留学以期从根本上来改造自身的文化。

明末到清朝中期，很多欧洲耶稣会士前来中国，带来了欧洲较为先进的科学技术，比如佛郎机炮、红夷大炮（即红衣大炮）、天文观测、球面三角学和梯形制图法等等，也亲身服务于钦天监等机构，帮助中国制定历法和测绘舆图，中国虽然不断接收欧洲传教士和吸收海外的新技术，甚至允许俄罗斯学生长久地驻京学习，但并没有派遣学生赴欧洲直接学习任何技术。

1872 年即同治十一年，清朝派遣第一批留学生 30 人赴美国留学，这是中国秦皇汉武以来的破天荒头一遭，按照曾国藩和李鸿章的说法，此事“固属中华创始之举，抑亦古来未有之事”。这也是中国这个天朝大国真正放下身段，去到别人家里做学生的第一回。

晚清时期中国人数较多的官派留学主要目的地有两个：一是美国，二是日本。就日本而言，主要是 1895 年甲午战争、1905 年日俄战争和 1905 年废除科举考试以后，大批中国学生赴日留学，出现一个小高峰，收效也比较明显，鲁迅、宋教仁、蒋介石等人都是其中的受益者，后因日本侵华，赴日留学风戛然而止，直到改革开放后才重新恢复。现在日本东京大学等地方，存留着大量留日学生的档案。就美国而言，自 19 世纪 70 年代到现在，先后出现了三次大规模的官方主导的赴美留学的现象。第一次是清政府主导的官派留学幼童，从 1872 年到 1881 年，共计四批 120 人；第二次是清朝灭亡之前的庚款留美学生，从 1909 年到 1911 年，共计三批 180 人；第三次是 1979 年邓小平访美以后开始的新一轮中国学生赴美留学潮。前两次都失败了，未能达成晚清中国富国强兵的目的；第三次依旧在发生之中，收效巨大，但也开始进入不算平静的时期。在本章中我们来看一下晚清中国的第一次官派留美行动是如何展开和失败的，以及为何为中国留下了千古遗恨。

容闳：从广东南屏村到美国耶鲁学院

1871 年，美国第三任驻华公使镂斐迪（Frederick Ferdinand Low，1828—1894）在其于北京公使馆所写的有关中国的长篇国情报告中，评论和批评了中国令人窒息的、和当时潮流不相契合的教育体制，尤其深刻的批评是中国学子所学的东西，和国家与社会之所需完全脱节（详情请参阅本书结语部分）。讵料转过年来的 1872 年，中国就开始派遣第一批 30 名幼童出国留学，而留学目的地恰恰是镂斐迪的老家——美国。推动这一留美幼童计划的，并非镂斐迪，而是从美国耶鲁学院（Yale College，今耶鲁大学前身）留学归国的广东人容闳（1828—1912）。

容闳于 1828 年 11 月 17 日出生于广东香山县南屏村（今珠海南屏镇），这个村子位于北条岛之上，与南面的澳门只有三四千米的一水之隔，北距广州约一百千米，以占据澳门的葡萄牙人为主的欧洲商人已经在这一地带活跃了数百年，而容闳出生的时候，荷、英、法、美等国的商人更是络绎不绝，所以这里的中国人对西洋“夷人”并不陌生。这是容闳日后最终留学美国的一个重要的外部环境。假如容闳出生于孔子的老家曲阜，历史上可能没有人会知道他的存在。

容闳的父母都是农民，但希望儿子可以结识一些西洋人，以便日后在洋行中谋个差事，而机缘巧合的是，容家一位邻居恰好在澳门给欧洲来的传教士郭士立（又名郭实猎，即 Karl Friedrich Gützlaff，或 Charles Gützlaff，1803—1851）夫妇做领班仆役。郭士立是原籍普鲁士的传教士，先在东南亚地区传教，后来抵达中国，曾主持发行过影响很大的中文杂志《东西洋考每月统纪传》，并在第一次鸦片战争以及《南京条约》的谈判中担任过重要的翻译角色，是一位在鸦片战争前后中西交通史上具有重要地位的历史人物。他的太太玛丽·纽维尔（Maria Newell）是英国人，热心传教，于 1835 年在澳门开办了一所女子学校，招收当地女孩子入学受教育，而此时广州的外国人社团为了纪念第一位到中国布道的基督教新教传教士马礼逊（Robert Morrison，1782—1834），设立了“马礼逊教育会”（Morrison Educational Society），旨在创办学校，招收中国孩子入学，学习英文并了解西方社会。在马礼逊学校正式建立之前，有一些年龄很小的男孩子被先送到了郭太太在澳门的女子学校借读，而容闳正是其中之一。从这个时候起，容闳开始成为英文里的 Yung Wing，即他名字的广东话发音拼写。

1839 年马礼逊教育会在澳门建成了一所男校，校长是美国传教士塞缪尔·罗宾斯·布朗（Samuel Robbins Brown，1810—1880）牧师，毕业于耶鲁学院。当时容闳父亲亡故，他只好一边读书，一边在一家天主教牧师的印刷所内工作，但在一位英国医生传教士合信（Benjamin Hobson，1816—1873）的资助下，于 1841 年转入这所男校就读。

马礼逊学校作为向中国传播西方文化的窗口，在广州一带已经引起了中国精英阶层的关注。早在林则徐以钦差大臣身份到广州稽查鸦片烟时，其幕府中就聘用了一名马礼逊学校的男学生来翻译英文资料，后来都收录到了魏源的《海国图志》之中。容闳转入这所学校的时候，有另外五位中国男童在就读，即黄胜、黄宽、唐杰（即唐廷枢）、李刚和周文。按照后来为容闳率领的中国首批留美幼童著书立传的美国历史学者托马斯·拉法格（Thomas E. LaFargue, 1898—1968）的说法，这五名男童中至少有两名是流浪街头的孤儿，而这可能就是指的李刚与周文二人。1847 年，布朗校长因身体欠佳而返美，容闳、黄胜、黄宽三人一起跟随其返美，后来黄胜因为健康原因先期返国，容闳和黄宽二人继续留美，在麻省的孟松学校（Monson Academy，即今日的 Wilbraham & Monson Academy）就读，为进入大学做准备。后来在各自受到资助以后，容闳进入耶鲁学院学习，黄宽则前往英国学医。

几年以后，容闳和黄宽学成毕业，黄宽成为广州地区的名医，没有在国外读书的黄胜成为香港著名的报人，而唐廷枢逐步成为一代买办巨商与轮船招商局等洋务企业的领头羊。这些人个人的成功甚至飞黄腾达，都源自于在马礼逊学校所受的英文教育。当时的中国没有多少人认识英文和懂得西方文化，而这批英美传教士以及英美教育体系训练出来的孩子却懂得很多，是以在中国开始向欧美发展轨道靠拢之时成为举国不可多得的英才俊杰。从这个角度上看，晚清以来的中国自踏入所谓“近代化”的征程之时起，时刻面临的一个大的挑战就是数万万人之中了解外界和知悉他者的人一直都极少，这种供需关系一个多世纪以来因为种种因素一直处于非常紧张的状态。

1854 年从耶鲁毕业的容闳，成为第一个在美国大学取得毕业证的中国人，此前两年，他已经归化了美国国籍。容闳本人完全彻底地接受了西方文化，或者说，他从小就没有接受过四书五经和孔孟伦理那一套东西的浸染，所以他的世界观和同龄的中国人存在根本的差异。

图 13.1 容闳 1909 年出版的英文自传 *My Life in China and America* 一书的内封面，左系容闳照片。此书汉译名为《西学东渐记》。

但是，容闳从来没有放弃对中国的热爱，而自小出身于基督教学校的他也完全认同教会人士的那种以向中国传播西方文化为己任的使命感，因此他展开了推动中国学生到美国留学的前无古人的大事业。

容闳的历史荣耀在于他要以一己之力振奋整个中国，而他的历史悲剧也恰恰在于此点。中国历史上自此以后再未出过第二个容闳。但容闳和他做的事业是非常伟大的，也是极为可敬的（图 13.1）。

实力讲求、徐图日强：决定派遣幼童留美和留学章程

容闳最初回国的时候，先是担任了在广州行医的美国人伯驾的

秘书，而后前往香港学习法律后，转入海关担任翻译。1859年11月时，容闳和两名美国传教士以及曾恒忠一起，从上海出发沿着苏州前往南京访问太平天国，他的目的是想弄明白太平天国究竟是否可以取代清朝。曾恒忠及曾兰生是新加坡出生的华人，曾经留学美国，不过因故未能完成学业，1853年来上海经商，逐步参与到了洋务运动中来，最后也参与了留美幼童计划。11月19日，容闳在南京会见了干王洪仁玕。早在1856年，容闳就在香港认识了洪仁玕，当时洪正在伦敦布道会（London Missionary Society）的英国牧师理雅各（James Legge，1815—1897）手下布道（理雅各也是将中国经典翻译为英文的著名汉学家，牛津大学首任汉学教授）。

容闳向老朋友洪仁玕提出了七条富国强兵和重视教育的建议，包括成立一所军事学校和建立一种分年级的学校教育体制等等。洪仁玕本人是一个很开明的知识分子，而且当年4月他的《资政新篇》刚刚刊行，所以他十分支持容闳的看法，二人可谓惺惺相惜，但此时其他领袖都在外地征战，无法回来商议这些美好的建议，所以容氏的计划只好无限期推迟下去。洪仁玕本来要封容闳一个四品官衔，让他留下来效力，但为容闳所辞，容闳也很快发现了太平天国并非其用武之地。不过，容闳让洪仁玕给他发了一个能够在太平军占领区域内自由来往的路凭，也就是通行证。

离开南京的容闳认识到了欲速则不达的道理，决定先行个人致富。他经友人介绍入英商的宝顺洋行，凭借着洪仁玕给他发的一纸路凭，以芜湖为根据地，在太平军占领的长江流域采购丝茶，然后贩销内陆省份，赚了一大笔钱，这是容闳个人的发家史，也是他此后一直没有个人财政危机的主要原因。洪仁玕没有救得了他热爱的太平天国，但

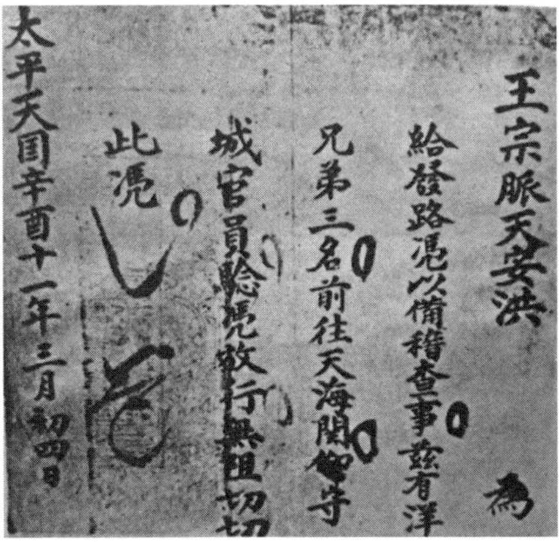

王宗脈天安洪　為
給發路憑以備稽查事兹有洋
兄弟三名前往天海關御守
城官員驗憑放行無阻切切
此憑
太平天国辛酉十一年三月初四日

图 13.2 1861 年太平天国洪仁茂发给三名外国人的路凭。

无意之间给了容闳一个大钱袋子（图 13.2）。

赏识容闳才华的伯乐，最终证明是当时正在极力镇压太平天国的清军将领曾国藩。1863 年，曾国藩的幕僚、著名的算学家李善兰（1810—1882）将容闳引荐给曾国藩。在和太平军作战之中，作为“湘军”之父的曾国藩曾雇用过外国军官训练军队，对西式操练阵法和泰西洋枪大炮的威力均有切身经历，也看到了中国的大不足，所以赞成中国亟办洋务以自强，非常赏识从美国毕业回国的容闳。除了曾国藩这位“同治中兴”第一名臣之外，大力支持容闳办事的另一位大员就是曾氏门徒、“淮军”首领李鸿章。

一个人纵然胸中有利在千秋的大业，想以布衣身份在中国办成扭转乾坤的大事，是断无可能的，所以容闳首先要做的事就是在官场上谋到一个正式职务。容闳的幸运之处在于曾国藩赏识和支持他，这比

图 13.3 1865 年成立的江南制造总局炮厂内景。

什么都重要。曾氏委派容闳负责筹备江南机械总厂以后，容闳于 1865 年亲自跑回美国，购买了若干机器，运回上海组装建厂，此即著名的“江南制造总局”，由著名科学家徐寿（1818—1884）主持局务（图 13.3）。次年，曾氏即上奏保荐容闳为江苏候补同知，遇缺即补。“同知”是知府的副职，正五品，无定额，因事而设以专责成。1867 年，在曾国藩视察江南制造总局的时候，容闳和徐寿进一步提议在总局附近设立中国兵工学校，培养本土技术工程师，以备本国人才之长远独立，并设立翻译馆所，大力引进西学。在曾国藩、李鸿章以及江苏巡抚丁日昌的大力支持下，江南制造总局迅速发展成为中国洋务运动的大本营，融机械制造、西方科学技术翻译和本土人才教育于一体，诚系千古未有之事。

到了 1870 年夏天，天津爆发了一起攻击传教士的案件，成为推动容闳留学事业的一个转折点。当时，天津的天主教传教士在教堂内开设了育婴堂，因为天气炎热，疾病流行，一些儿童不幸夭折，加上一些孩童失踪，民间开始出现外国传教士诱拐儿童后挖眼剖心用来制药的谣言，群情激愤，民众于6月21日前往教堂前示威。法国驻天津领事丰大业（Henri Victor Fontanier）火冒三丈地找驻扎天津的三口通商大臣崇厚对质，要求后者立即出兵弹压，崇厚认为不能轻举妄动，丰大业蛮横异常，拔枪射击崇厚，幸未击中，结果在前往教堂的路上丰大业又举枪射击了正在疏导民众的天津知县刘杰，并重伤了刘府下人一名，围观民众怒不可遏，当场打死了丰大业及其秘书西蒙，进而冲进教堂，残酷地杀死了修女和神父，焚毁了法、美、英等国开办的几所教堂，并捣毁了法国领事馆。

事件共造成13名法国人、3名俄国人、2名比利时人、1名意大利人和1名爱尔兰人死亡，因此各国都称其为“天津大屠杀”（Tientsin Massacre）。三天之后，法、英、美、德、意等国军舰齐集天津外洋，要求中国惩办凶手。北京朝廷委派直隶总督曾国藩前往调查。曾国藩为了避免交战，把责任全部揽到了中国方面，将天津道台周家勋、知府张光藻、知县刘杰等人撤职查办，决定处死为首20人，流放25人，赔偿法国损失46万两白银，并派崇厚赴法国道歉。但北京和民众都对曾国藩这种处理方式极不满意，全国上下大骂曾氏是卖国贼和软骨头等等。北京借着两江总督马新贻被刺的当口，把曾国藩调去金陵补两江总督的缺，直隶总督由其门徒李鸿章接任。后来李鸿章勉强处理了教案余波，崇厚也赴法国去道了歉，事件算是过去了。李鸿章本人也恰是借着这个机会崛起，并以北洋通商大臣的身份驻扎天津（每年冬天封河后回保定的直隶总督府），参与处理中国的外交通商事务，一直到甲午战争失败以后。

天津教案对曾国藩打击异常之大，其“中兴名臣”的声望毁于一旦，让他看到了中国社会的种种弊病，特别是民众对外界事物的不了解和谣言所能造成的破坏力，因此他对容闳的派人留学、改变中国风气的建议更加赞成。从这个角度上说，留美幼童的派遣，多少是中国统治阶层在吸取轰动一时的天津教案的血的经验教训的基础上做出的决定。到 1881 年，这场留学运动也以失败告终。中国的社会风气并没有多大变化，引起诸多中外争端的地方戕害传教士的教案仍然此起彼伏，例如 1897 年山东巨野县杀害德国传教士的教案，最后导致了德国逼迫清廷租借青岛，为日后日本占领青岛以及第一次世界大战后的“山东问题”埋下了历史伏笔。到 1889 年，这种排外的势头演变成更为剧烈的义和团运动，杀害传教士、围攻外国使馆，最后造成八国联军侵华并占领北京，逼迫清廷签订了丧权辱国之《辛丑条约》。当然，教案首先是诸列强侵略中国的帝国主义政策的产物，但就中国社会内部而言，也应该认真而理性地对待外来的宗教和文化的冲击，避免不必要的重大代价。

同治十年七月十九日（1871 年 9 月 3 日），曾国藩和李鸿章分别以两江总督和直隶总督衔，向北京朝廷联衔会奏拟选幼童赴外国学习章程十二条。在这份奏折中，曾、李缕述了中国当下了解海外情形的迫切，提到此前清廷派往欧美的斌椿（即斌椿使团）、志刚和孙家谷（即蒲安臣使团）的前例，认为当此“风气既开”（指洋务运动逐步展开）之际，更应该“亟选聪颖子弟，携往外国肄业，实力讲求”，以“徐图日强”。虽然中国已经开始设立制造局和同文馆等机构，学习欧美制造和语言文字，但他们指出：“设局制造，开馆教习，所以图振奋之基也；远适肄业，集思广益，所以收远大之效也。”因为《蒲安臣条约》的第七条

图 13.4 英国摄影师约翰·汤姆森（John Thomson）拍摄的1872 年北京街头卖水果的小贩。大英图书馆藏，编号 1787.d.7。这张照片将中国农民的贫困以及整个社会最底层的日常挣扎状态表现得淋漓尽致。它可以帮助我们体味在这样一个社会里，突然决定耗费 120 万两白银资助一批学生出洋学习西学，需要多么大的决心和视野。

允许中国人前往美国大小官学学习，所以他们建议选择美国为留学地点，日后可以派学生去英国的大学学习，而美国公使也同意到时候一定转达美国政府，让其“妥为照料”中国学生。

曾、李提到，出洋留学计划面临选材和经费两大困难。经费方面，预计四年总需 120 万两银子（图 13.4），由上海江海关的税项下按年拨发。更难的是选材，除了聪颖这个标准之外，还应该是“志趣远大，品质朴实，不牵于家累，不役于纷华者”。他们提议让四品衔刑部主事陈兰彬、江苏候补同知容闳专责此事，并在上海设“肄业局”（即通常所谓之“出洋局”，后来规范的正式名称是“幼童出洋肄业沪局”），招考幼童，并预备出洋事宜。每年招30人，四年招收120人，15年后陆续回国，则这批学生“不过三十岁上下，年力方强，正可及时报效”。

因为都是幼童，出去难免被美国社会改变，于是曾、李二人提议随团设置“翻译教习”，在美国“随时课以中国文义，俾识立身大节，可冀成有用之材”。这两位大学士明白，这些学生“未必皆为伟器”，但人数众多，总有成材者，所以希望达成“拔十得五”的效果，也就是希冀120人之中能够出一半的人才。

曾、李会奏的“幼童赴泰西肄业章程十二条”，是规范这一留学计划的大纲，基本内容包括：

第一条：中国每年选送幼童30名，由中国负责生活费用和学费，到美国“书院”学习，在“学识明通”以后，“量材拔入军政、船政两院”学习，也就是进入军事学校和海军学校学习，相关的入院事宜均照美国章程办理。

第二条：在上海设局，派三名委员负责，从上海、宁波、福建、广东等处，挑选聪慧幼童，年龄在十三四岁到二十岁之间，已经在中国读书数年，亲属愿送其出洋，由所在地方的地方官，取得幼童亲属的“甘结”即保证书，写明幼童年龄、样貌和籍贯以备案，然后送到上海公局考试，如属聪明并“稍通中国文理”的，留在公局暂住，等候齐集出洋，不合格的撤退送回原籍。

第三条：每年选送幼童30名，四年总计120名。15年后，每年回国30名，由驻洋委员列明各人所长，听候政府派用，“分别奏赏顶戴、官阶、差事”。幼童都是“官生”，即官方派遣留学的学生，不准加入外籍和在外逗留，也不许私自先回而谋别业。

第四条：赴洋幼童学习一年，如果有“气性顽劣”“不服水土”的“将来难望成就”的学生，由负责的驻洋委员“随时撤回”，这些学生留出的空缺，则由驻洋委员在“金山”即旧金山的华人中，寻找年龄十五岁左右的“西学已有几分工夫”的幼童，随时补入，“以收得人之效”。驻洋委员可以“临时斟酌办理”。

第五条：驻洋委员将幼童学习的书目、专业等详细注册登记，每四个月考试一次，年终注明等第，详细记录后送到上海，由上海道台转报。

第六条：派正副留洋委员二人，每人每月薪水450两银子；翻译一人，月薪250两银子；中国教习二人，每人月薪160两银子。

第七条：每年的驻洋公费银大约600两，用于医药、邮资、文册、纸笔等各项杂用。

第八条：驻洋正副委员、翻译、教习往来川资，每人750两银子。

第九条：幼童来回川资及衣物等项，每人790两银子。

第十条：幼童驻洋的学费（“束脩”）、生活费（“膏火”）、房租费、衣服、食用等项，每人每年400两银子。

第十一条：驻洋委员每年将一年的使用费用，开单知照上海道转报，如果正款有余，就收归国库，即“涓滴归公”，倘若正款不敷使用，由驻洋委员随时知照上海道补给。

第十二条：每年驻洋的薪水、生活费等项，约需库平银6万两，以20年计算，总需库平银120万两。

当时同治皇帝尚未亲政，一般的军国大事皆由“两宫皇太后”慈禧、慈安转总理各国事务衙门大臣讨论后上奏，而当时负责总理衙门的正是极力支持曾、李等人搞洋务的恭亲王奕䜣。恭亲王很快表示，曾、李所提议的派遣幼童出洋留学是“实事求是”之举,“应如所奏办理”“章程各条，均属妥协可行”。恭亲王只就第二条招考幼童方面提议说，以前上海、广州等地成立同文馆之时，只是从满汉八旗内的“向习清书翻译子弟”（即学习满洲文字以做翻译的学生）和“汉人世家子弟”内选择，现在留洋幼童，应该不分满汉子弟，只要“质地端谨，文理优长”的就一律送局，“以广人材”。后来恭亲王又建议将幼童年龄限制在十二岁至十六岁，这样学成回国时不至年龄太大。

这是一个十分漂亮的规划，眼光宏大、脚踏实地，他们真是要做一番轰轰烈烈的为国家造人才的大事业，是要为万世开太平的。然而，也不是所有人都认可出洋留学的做法。

孔夫子一起出洋：对幼童的中国伦理教化

1872 年 3 月 1 日（同治十一年正月二十二日），曾国藩和李鸿章又联衔上奏，推荐四品衔刑部候补主事陈兰彬为驻洋正委员、江苏候补同知容闳为副委员，并奏请盐运使衔分发候补知府刘翰清负责上海公局事宜，建议所有驻洋和在沪的事宜，均由这几人互相商办。二人同时上奏了一个“挑选幼童及驻洋应办事宜”的清单六条。其中最重要的一项内容是留洋期间幼童也要讲求“中学”，即中国学问，具体办法有两条：第一，学习《孝经》《小学》《五经》以及《国朝律例》等书；第二，每逢“房、虚、昴、星”等日，正副委员要召集所有幼童，宣讲《圣谕广训》，“示以尊君亲上之义”，目的是“不至囿于异学”。“房、虚、昴、星”是中国传统天文历法中二十八宿中的四宿，每隔七日出现一次，按照这个频率，就是每七天要集体讲解学习一次《圣谕广训》。

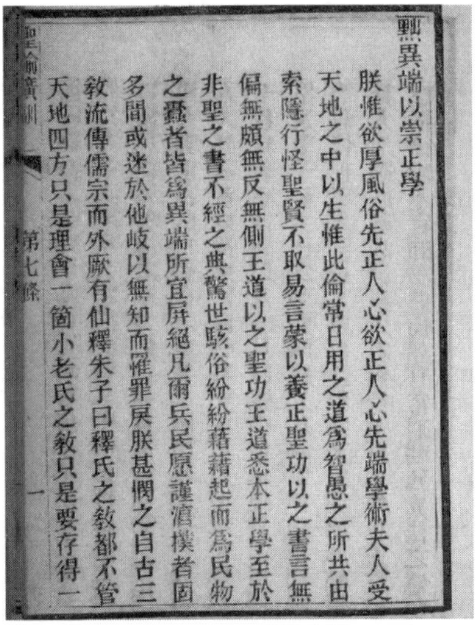
聖諭廣訓 第七條 一

黜異端以崇正學

朕惟欲厚風俗先正人心欲正人心先端學術夫人受天地之中以生惟此倫常日用之道爲智愚之所共由索隱行怪聖賢不取易言蒙以養正聖功以之書言無偏無頗無反無側王道以之聖功王道悉本正學至於非聖之書不經之典驚世駭俗紛紛藉藉起而爲民物之蠹者皆爲異端所宜屏絕凡爾兵民愿謹淳樸者固多闇或迷於他岐以無知而罹罪戾朕甚憫之自古三教流傳儒宗而外厥有仙釋朱子曰釋氏之教都不管天地四方只是理會一箇小老氏之教只是要存得一

图 13.5 光绪戊申年（1908 年）在广州出版的《圣谕广训》内的第七条。

《圣谕广训》这本书，是雍正二年（1724 年）初清廷在康熙的《圣谕十六条》的基础上，加以扩展并以白话注解后编成的洋洋万言的教化万民之书。每逢朔望两日（即每月的初一和十五），各地官员和将军人等，都要向该地的士绅、学子、官兵和百姓讲习“圣谕”。这是一本通行全国的白话教本，目的正如雍正所言的那样，要把其中的内容做到家喻户晓。现在幼童到了美国后也得学习这本书，而且频率比国内增加了一倍，每个星期需集会一次进行学习，一个月学习四次，一年四五十次，15 年留学下来的话理论上要耳提面命地接触 900 次。

这十六条圣谕的第七条，叫“黜异端以崇正学”，注解有 640 字之多，是十六条注解中文字最多的三条之一（图 13.5）。这条之内提倡尊“儒宗”，不鼓励道教、佛教等等，对于西方宗教特别提到说：“西洋教宗、天主，亦属不经，因其人通晓历数，故国家用之，尔等不可不知也。”（“历数”指历法计算方法）这一教条长久以来成为很多士人民众抵制西学特别是西方宗教入华的理论武器。现在让出洋学习“异学”的学生们在美国学习包括这种内容在内的《圣谕广训》，实属莫大的讽刺。

为了搞好中学业务，曾、李推荐五品衔监生曾恒忠为翻译，光禄寺典簿附监生叶源濬为教习，一起出洋同往。为了加强这一中国教化，曾、李也提议每年八月颁发时宪书（即清朝皇历）时，由上海江海关转交总税务司，邮递到驻美洋局，每逢“三大节”（包括“万寿圣节”即皇帝生日、冬至和元旦）以及每月的朔望两日，由驻洋委员率领手下诸员和留学幼童“望阙行礼”，即对着北京皇宫的方向行礼。恭亲王对此表示赞成，并进一步提议在洋局设立“至圣先师神位”，即孔子神位，这样诸员和诸生届期可一体行礼。

曾、李的这份会奏，说明反对幼童留学计划的声音不小，“为往圣继绝学”也是很多人看重的，不能荒废了，所以恭亲王建议加设孔子神位一节，可谓安抚反对派的绝招。长远而言，留美幼童最后被撤回，在这一层中学的问题上，早就埋下了失败的伏笔。其实，中国历来之官派留学，总或多或少有一些类似的举措，或者委派本国监督召集学生定期碰头，或者分派本国报纸以影响他们的脑袋，在生活于留学目的地国家的留学生中间产生的效果却经常和预想的不一样。我们在海外之所以把一些本来设计得很好的事情做坏了，跟把中国的做事路数和条条框框照搬到海外去，有着莫大的关系。

懵懂的孩童：沪局选拔出洋人选

留学大纲设定后，沪局立即设立，开始招生。第一批 30 人中，来自中国北方地区的只有山东济宁的石锦堂，广东籍的高达 24 人，江苏 3 人、安徽 1 人、福建 1 人。在总计四批 120 名官费幼童中，从籍贯来看，北方省份的只有山东石锦堂 1 人（占总数的 0.8%），其余都是来自南方省份，包括广东 83 人（占 69.2%）、江苏 22 人（占 18.3%）、浙江 8 人（占 6.7%），安徽 4 人（占 3.3%）、福建 2 人（占 1.7%）。就赴美时年龄而言，是从 10 岁到 16 岁，其中 10 岁的有 11 人、11 岁的 21 人、12 岁的 29 人、13 岁的 29 人、14 岁的 23 人、15 岁的 3 人、16 岁的 1 人，都是名副其实的幼童。

就家庭背景而言，这 120 人中，没有一人来自天潢贵胄之家，或是高官名将之门，都是像容闳一样的清一色的出身贫寒的农家子弟，出国留洋是父母家人们所能看得到的一条不算坏的生路。第二批幼童中的广东香山人李恩富就是如此。

在中国听说李恩富这个人的恐怕不多。他是留美幼童之一，召回中国后办过报纸，后来重新回到美国耶鲁大学完成了学业，此后留在美国，成为一名著名的记者，在美国兴起反华浪潮的 19 世纪 80 年代曾经奋笔疾书，为华工和中国人的在美权益而斗争。1887 年，他在波士顿一家出版社出版了个人自传《我在中国的童年》（*When I Was a Boy in China*），全书十二章，回忆了从香山县的家乡如何一路到了美国，并介绍了很多中国的风土人情（图 13.6）。

李恩富 1861 年初出生于香山县一个村子，六岁入私塾读书，由《三字经》《千字文》等发蒙，一路念到了《大学》《中庸》《论语》和《孟子》这四书以及《春秋》，他在回忆他的私塾生活的时候评论说："学校低年级的学生总是由一名老师教课，任课教师加上几名助理的模式在中国行不通。中国的校长必须是大权独揽的，他是手下所有人的君王，在他的地盘上没有一个人敢冒犯他。"这无疑是李恩富日后对比中美教育模式时候的感慨之言。

留洋沪局设立之后，碍于当时的通信手段，除了上海、北京等几个主要的都市地区，并没有多少人知悉这个消息。李恩富有个姨夫在上海的洋行内做买办，觉得留洋是条不错的出路，于是打发李恩富的

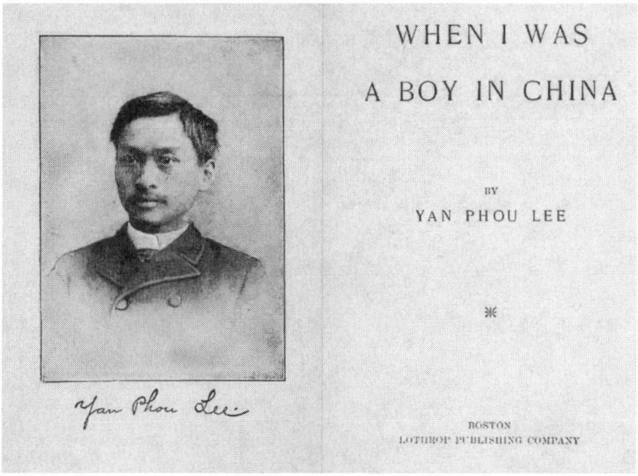

图 13.6 李恩富的自传《我在中国的童年》一书的扉页，左系李恩富照片。

表兄回到家乡，对李恩富的母亲（李氏父亲已于三年前病故）历数当下洋务的新举措和留洋的好处。李母一个人要拉扯三个儿子，境况可想而知，同意让李恩富去留学谋个出路。一个月后，李恩富对母亲磕了四个头，告别亲人，随表兄去了上海，第一次惊讶地见到了红头发、身着窄袖衣服的外国人。

李恩富在上海公局内住了一年，学习英文和中国历史文化等等课程。从他的记载来看，除了周日休息之外，其余时间都用在了学习课程上面，每天下午 4 点半放学，6 点吃晚饭，8 点听教师讲中国历史，9 点上床休息，是很紧凑的预备训练。1873 年 5 月，40 名学生参加沪局的选拔考试，主要测试英文，但平时表现也都列入考核范围。李恩富等 30 人通过了考核，被授予“童生”的荣誉，各人的老家都张贴了金字喜报，布告乡里，光宗耀祖。李恩富等得中的 30 人，乘着体面的轿子，正装前往拜见上海道台和美国驻上海领事。到了 6 月，这批官

图 13.7 1872 年第一批抵达旧金山的中国幼童中的六名学生。

生从上海乘船奔赴美国。

热闹十载终成空：幼童留洋生活与最后的撤回

1872 年 8 月 11 日（同治十一年七月初八日），首批 30 名学生在陈兰彬的带领之下，从上海出发，经日本横滨后，于一个月之后抵达旧金山，然后乘坐火车抵达耶鲁大学所在的康涅狄格州。这批孩子被美国称为“中国教育计划男童”（CEM boys，CEM 即 Chinese Educational Mission）（图 13.7）。

按照先期抵达美国布置留学事宜的容闳的安排，学生们分散住到康州河谷地区（Connecticut Valley）的美国家庭里。原本计划是每个家庭安置两名幼童，讵料申请的家庭多达 122 家，30 名幼童完全不够分配，美国家庭和当地社会的这种巨大的热情，让幼童和洋局负责官员都感到成功可期。容闳将洋局设立在了距离康州省会哈德福城（Hartford）以北不远的麻省的春田镇（Springfield），这样从春田镇到哈德福城到耶鲁所在的纽黑文，可谓三点一线，方便管理。

图 13.8 第三批幼童的前两名唐绍仪（右）和梁如浩（左）的合影，从背景布置的风格来看，这可能是他们初抵美国时的合影。

第二、三、四批幼童分别于 1873 年、1874 年和 1875 年抵达美国，和他们同行的其实还有几名自费生，都是沪局考试落榜的幼童，但因为对这项留学事业的信心和前途的期盼，宁愿自费前往留学。当时所有的学生都怀抱着在美国留学十五年的梦想。

在美国加州登陆后，初来乍到的孩子们面对着各个方面的巨大冲击（图 13.8）。例如 1873 年夏，13 岁的李恩富初抵旧金山的时候，对这里的高楼大厦、天然气、自来水、电子时钟和电梯等等“摩登的便利条件”（modern conveniences），都充满了无限的好奇。在从旧金山乘火车到美国东部的时候，李恩富一行的列车在一天夜里竟然遇到了一队火车劫匪。在火车忽然停下后，他们听到了枪响和乘客的尖叫，李恩富等人惊恐地站起来使劲地往车窗外看发生了什么，结果看到不远处有两个大盗正双手握着转轮手枪面对着他们，一行人吓得魂飞魄散。老师们赶紧让学生们趴下，这群吓得要死的孩子们立即趴在地上，和老师们一起颤抖着求中国的老天爷和各路菩萨神仙土地公公来救命。好在劫匪只有五人，是为了抢劫车上的金条，他们毁坏了火车引擎、杀死了司机，但并没有伤害乘客的性命，第二批官生算是有惊无险，后来也按期抵达了春田镇报道。李恩富后来回忆说：“此一美国文明之章节，算是永久地刻在了我们脑袋里了。”

美国寄宿家庭的女主人维乐女士（Ms. H. R. Vaille）第一次来春田镇的洋局带李恩富回家的时候，激动地抱住了这个穿着长袍马褂的中国小孩，并亲切地吻了一下他的脸蛋，这让其他的孩子哄堂大笑，李恩富的脸也唰地一下子就红了，这是他出生以来第一次被人亲吻。在李恩富和另一位同学到了寄宿家庭后不久，赶上了周日，维乐女士和她 11 岁的儿子告诉家里的两名中国孩子说大家一起去“礼拜日学校”（Sabbath-school）。李恩富二人当时的英语词汇还很有限，只听懂了“学校”这个词，高兴地以为要去学校报到了，于是开始收拾衣服和书本，维乐女士见状连忙告诉他们不需要带什么书。四人一起离家出发后，李恩富二人很快意识到他们来到的不是学校，而是镇上的“第一教会”（the First Church）。李恩富的伙伴用中文对他说：“这是个教堂。”二人偷偷地打量了一番，看到人们站起来唱歌，确认了这真的是一所教堂，二人慌忙低声说：“教堂！教堂！”飞也似地跑出去，一路狂奔到家里的房间内，维乐女士和她的儿子在教堂外没有能追得上他们两个，就又回到教堂内了。从这个故事里，我们可以看到《圣谕广训》中“黜异端以崇正学”的这一教条对这批孩子的深刻影响。当然，随着时间的推移，这批孩子入乡随俗，不仅不再排斥教会，而且积极参与教会

图 13.9 1881 年耶鲁赛艇队合影，前排中间的系舵长（coxswain）钟文耀（Chung Mun Yew），钟文耀属于第一批留美幼童，广东香山县人氏。耶鲁大学图书馆藏，照片编号 3237。公有领域图片。

的活动，有的甚至受洗成了教徒。

这是一批十分聪慧的孩子，他们在美国从预备高中到大学，一路得到了当地接待家庭、教会、任课老师和校长的一致肯定，都是十分踊跃、积极好学的学生（图 13.9）。当时的美国社会对中国了解极少，这批学生积极参与到当地社区的社会活动之中去，为中美文化交流做出了不可磨灭的贡献。例如，在哈德福城的中国学生，认识了三四年前刚刚搬到这所城市的大文豪邻居马克 · 吐温，并经常和马克的女儿跳舞，而马克 · 吐温的作品中有关中国的记载以及对华工恶劣待遇的抨击，未尝不是和他与中国留美学生的接触以及对这批孩子的热爱有关。直到今天，在春田地区的博物馆，仍旧陈列着很多有关留美幼童的文物，当地的图书馆和档案馆，也有大批留美幼童的资料，是直到现在学者们呈现幼童十年留美生涯的主要参考资料。

描述这批学子的留美学习和生活的优秀的作品和历史纪录片都是有的，本书就不再重复了，但偶尔也有一些有趣的轶事，可资丰富细节。例如，2004 年 12 月 21 日，耶鲁大学历史学系的中国史教授白彬菊博士（Dr. Beatrice S. Bartlett）在该校容闳铜像揭幕典礼的演讲中，提到了有关留美幼童的一个故事：

> 这些中国孩子非常非常聪明。曾经在哈德福高中和其他一些孩子同窗共读的威廉·莱恩·菲尔普斯（William Lyon Phelps）教授，就非常钦佩他们学习拉丁文的能力，也非常羡慕他们在高中舞会上赢得所有女孩芳心的魅力（显然他没有能赢得女孩子的青睐）。就在去年，当我随手翻阅我曾舅父列奥纳德·达吉特（Leonard Daggett）关于 1884 届班级的自传时，看到他不无忧郁地承认说，他本来可能成为一门课的第一名，但遗憾的是被一名聪明的中国学生抢了先。这名学生就是李恩富，他以优秀毕业生（Phi Beta Kappa）毕业，并且留在了美国，他的曾孙后来也来到耶鲁求学，成为一名雅礼协会学士（Yale-China Bachelor），而且在我们的东亚研究委员会中工作。

2019 年 10 月，我在看到白彬菊教授的这个发言稿之后，和她通过电子邮件取得了联系，想知道有没有关于这个故事的更多细节。我在康奈尔大学读博士学位的时候，曾经帮助白教授校对过她的一份中国历史档案文章中的拼音部分，不料她为了表示感谢，竟然慷慨地把她收藏了几十年的一套中国台湾出版的线装本《热河日记》邮寄给我，让我大为感动。这次我因李恩富的故事再联系她，也没有想到91岁高龄的她迅速回复电子邮件，告诉我说当年的文件都散失了，但同时提到："我的曾舅父的确说过类似这样的话：我在班上做得一直非常好，直到一名中国学生抢到了我前头去。"这个故事再次证明留美幼童们优秀的成绩，给美国同学留下了深刻印象。

然而，到了1881年，留美教育计划戛然而止，次年所有学生被召回国，绝大部分没有完成学业。这一惨剧的发生，有着多种原因。首先是外部大环境的改变。当时美国西部开始掀起排斥华工的浪潮，而且在1880年的时候美国特意派安吉立（James B. Angell）为新任驻华公使，赴北京定点修改了《蒲安臣条约》中规范的华工入美的规定；此时，美国的西点军校等军事学院和海军学院也未能按照先前的约定招收中国学生，但却在招收日本学生，这让曾、李等人一开始设定的富国强兵的目的顿遭大的挫折。其次是内部的矛盾。驻美留洋公局自成立以来，一直为各种矛盾所缠绕。陈兰彬和容闳办事路数迥然不同，陈氏没有接受过西学教育，所以他侧重中学，认为容闳过于强调西学，疏忽了中学的监督，而容闳则以自己的标准来管理学生，所以二人之间时有龃龉，这些矛盾也都通过他们各人和其他驻局官员反馈到了北京朝廷和李鸿章那里。

1878年秋，陈兰彬被北京任命为中国首任驻美公使，容闳为副使，为了缩减开销，北京决定裁撤驻洋公局，由容闳监管留洋事务。陈兰彬和容闳很快南下华盛顿就任，北面留学生事务由陈兰彬奏请驻西班牙参赞、翰林院编修吴嘉善（即吴子登）接任。吴嘉善虽然有驻外使节的经历，但此人认为留美幼童西化严重，所以抵任以后强化中学监管，并向北京汇报洋局管理不善，问题严重，诸生将来回国恐一事无成，云云，建议考虑终止这一留学计划。李鸿章在获悉这批留学生可以转去英、法、德等欧洲国家继续留学，并且可以进入这三国的军事院校之后，也对考虑撤回留美学生表示了默认。

此后，陈兰彬、吴嘉善、容闳、李鸿章等人围绕全撤、半留半撤等方法激烈讨论了半天，一直在哈德福城照料留学生的容闳的老朋友杜吉尔牧师（Rev. Dr. Joseph Twichell）、耶鲁大学校长诺亚·波特（Noah Porter）、马克·吐温甚至前美国总统格兰特（Ulysses Grant）都出面写信给中方，建议继续留美计划，不要撤回。但是，1881 年 6 月 8 日（光绪七年五月十二日），北京的总理衙门做出了最后的决定："趁各局用人之际，将出洋学生一律调回。"

1881 年 7 月 9 日，哈德福城的驻美肄业局关门，留学生们以很快的速度分三批经旧金山和日本乘船回国。到 10 月，当时在美的 94 名学生全部回抵中国。中国历史上第一次官派出洋留学就这样突然收场了。

百年遗恨：世界瞩目的人才大计的失败

1873 年 6 月，李恩富等第二批官生从上海乘船出发，一周后抵达日本横滨。这次乘船和在日本中途休息，让这批孩子第一次看到了轮船蒸汽机，亲眼目睹了能在地上跑的冒着蒸汽的"火车"。他们发现了日本人也正在跟他们一样学习西洋的东西，而且能够和他们以汉字笔谈的日本人也崇拜孔夫子。他们当时还没有意识到的是，这已经是从 1868 年开始的明治维新的第五个年头，他们所见的是一个正在朝着欧美工业化迅速奔跑中的明治日本，是一个逐步抛弃中国路数的朝着欧美方向蓬勃发展中的新帝国。

图 13.10 森有礼照片。

也就在这批学生中途参观日本然后开赴美国的同时，在北京发生了一件大事，即在这年刚刚亲政的同治皇帝于 6 月 29 日首次接见了六个国家的驻京使臣，包括英、法、俄、美、德五国公使，以及来自“同文之国”的日本全权大使副岛种臣。副岛种臣访华的目的是和中国互换 1871 年 9 月中日签订的《修好条规》，但他同时也肩负着打听北京对台湾和朝鲜的政策的任务。此时的日本除了开始谋求侵占琉球、染指台湾之外，国内也已经开始出现了西进“征韩论”等声音，而中国与朝鲜之间紧密的宗藩关系，让日本不得不弄清楚中国的政策。为了这一目的，在朝日江华岛事件爆发之后（1875 年 9 月 20 日，日本军舰“云扬”号突入朝鲜江华岛水域，遭到朝军炮击，双方发生交火），日本政府派遣森有礼（1847—1889）为新任驻华公使赴北京讨论朝鲜问题（图 13.10）。

森有礼 1847 年生于鹿儿岛，1865 年赴伦敦大学学院留学，后转赴美国。1870 年出任驻美少辨务使，后任代理公使。1873 年 7 月从美国归国后出任外务大丞。森氏倾力于日本近代启蒙教育，1873 年（明治六年）与福泽谕吉等人共同创办了著名的“明六社”，推广启蒙教育。1885 年担任伊藤博文内阁的首任文部大臣，协助伊藤博文大刀阔斧地进行教育改革。1889 年 2 月 11 日也就是日本帝国宪法颁布当日遇刺，翌日身亡。森氏被称为“日本现代教育之父”。

1876 年 1 月抵达北京的时候，森有礼刚刚 29 岁。在北京同总理衙门五六十岁的大臣们辩论了几个回合以后，这位年轻的日本外交官在给他父亲的家书中说：“清国政府于百事固守旧例，改进之道颇为暗淡，谈事之时，甚为不便。”不久，森有礼奔赴保定的直隶总督府拜见直隶总督兼北洋大臣李鸿章。1 月 26 日，森李二人举行了第一次会谈，其中二人就中西学问以及留美幼童教育项目做了一番谈话：

李问：中西学问何如？

森答：西国所学，十分有用，中国学问，只有三分可取，其余七分仍系旧样，已无用了。

李问：日本西学有七分否？

森答：五分尚没有。

李问：衣冠都变了，怎说没有五分？

森有礼秘书郑永宁答：这是外貌，其实在本领尚未尽学会。

森答：敝国上下俱好学，只学得现成器艺，没有像西国从自己心中想出法儿的一个人。

李云：久久自有。

森云：在美国时，识得贵国容闳、曾兰生二人，极有学问。

李答：容闳现派驻美国钦差大臣。

森云：极好。

李云：曾兰生现调回天津当委员。明年森大人过天津可以访他。

森云：在美国见许多中国幼童，均极聪明。

李云：是遣去外国学习的。闻他们尚肯读书。

森云：这起人长大学成，将来办外国事是极好的。

这是游历欧美的年轻日本外交官对中日两国现状和中国留美幼童教育项目的评价，他十分欣赏这一幼童留美计划，知道他们未来是能办大事情的人才。可惜的是，这场谈话五年以后所有幼童就被召回国了。到了 1885 年，日本出现了“脱亚论”的声音，十年以后在甲午战争中彻底打败了数个世纪以来日本心中的文明大国和强国——中国。

在森有礼发表这段评论后的 1879 年，美国前总统格兰特在其环球旅行中到访中国，在天津见过李鸿章，在北京见过恭亲王，是第一位访问中国的美国总统。在北京与恭亲王以及总理衙门大臣会谈的时候，格兰特曾说中国的进步还是要靠她自己的人民从内部做起来，靠外人来贷款之类的只能失去权益和土地，恭亲王等深以为然。格兰特继续说：“为了这一点，我能想到的再好不过的招数就是把你们的年轻人送到我们美国的学校里。我们有和世界其他地方一样好的学校，年轻人可以学习各种科学学科和艺术。这些学校会让贵国的年轻人对比这个世界上最年轻的文明和最古老的文明，我还可以向你们保证他们不仅仅能从教师那里而且还能从人民那里得到最热情的款待。”恭亲王说：“我们现在有一些学生送去了你们美国的大学里读书。”格兰特说：“对，我相信有一些正在哈佛读书，我有个儿子也在那里念书。”恭亲王说：“我们建议送其他学子去你们美国的学校和欧洲的学校，只要有满意的成效就好。他们在那里学到的东西，日后要用在中国身上的。”看上去，这一切计划都很好，只是到了两年后的 1881 年即付诸东流。

1881 年秋第一批留美学生归国抵达上海后，受到了什么样子的待遇呢？留美一期的容尚谦回忆说：

我们登陆后，在士兵的监视下走进了围着城墙的上海城，然后被赶进了一所学校里，这所学校已经弃用很久了。每个人分到了两条不带褥子的光木板和一张肮脏的棉被，一英里开外都能闻到这些棉被的霉味、潮味和臭味。一队士兵把守着大门和各个门口，以防我们出去和朋友及家人取得联系。更可恶的，是略着官服的小官吏粗野轻蔑地对待我们。我们都穿着洋装，因为没有钱去买衣服换下来。我们这整批人手里没有一个铜板。我们就这样被他们像野蛮人一样对待着。

我们的伙食糟糕透顶，简直连猪食都不如。我们只好拿住负责我们伙食的人问罪，因为我们听说他从我们的伙食费里克扣了50%，厨子又从剩下的部分里克扣去50%，这样我们每天只能得到25%的也就是5分钱来买吃的和做饭用的东西。这个负责伙食的人听到我们的抱怨后，把厨子叫来，当着我们的面说："这伙家伙抱怨伙食不行，你去给他们多撒上点儿盐，这对他们就够了。"

这就是中国第一批官派留学人才一回到祖国后的待遇。留洋十载，智识大增，却在天朝地方小吏的眼中一文不值。这就是当时中国社会的一个缩影，足见结构性的改革和提升有多难。这些学生有幸得到了容闳在上海轮船招商局的好友徐润的帮助，每人得到30美元，买了衣服换下来，也购买了新的床上用品。不久，他们被分发到了各地，散布在了四万万人之中，犹如一粒粒的米粟，被卷入了茫茫大海。

他们中有接近一半的人被分派到了各个水师之中，在后来的海战中，有的葬身苍茫大海。三年后的1884年8月23日到26日，中法两国海军在福建水师基地马江入海口进行了一场战斗，其中6名留美学生参战：邝咏钟、杨兆南、黄季良、薛有福、吴其藻和容尚谦。吴其藻和容尚谦生还，其余四人战死。容尚谦是在自己所在的“扬武”号旗舰被法军击沉之后，游到岸边获救的。三年后，容尚谦被任命为广州水师巡洋舰“广甲”号的导航中尉和提督余鸿飞的旗舰的中尉。在这艘船上，容尚谦结识了二副黎元洪，没有想到黎元洪日后会成为民国的大总统。1894年甲午海战爆发之前，容氏被任命为南洋水师巡洋舰“环泰”号的舰长，但战争结束后他就以家庭原因辞职了。

容尚谦远在南方，没有被卷入甲午战争之中，但他的一些留美同学则在北方海战中为国捐躯了 。在1894年7月25日的中日海军黄海之战中，方伯谦为管带的“济远”舰的大副沈寿昌，在该舰驾驶台脑部中弹后当场牺牲，时年29岁，是留美四期学生之一。当时参加海战的留美学生还有邓世昌的“致远”舰上的帮带大副陈金揆（留美四期）、“定远”舰参谋吴应科（留美二期）、“广甲”舰帮带大副宋文翙（留美二期）、“定远”舰鱼雷大副徐振鹏（留美三期）、“镇远”舰枪炮大副曹嘉祥（留美三期）、“广甲”舰舰长吴敬荣（留美三期）、“广丙”舰帮带大副黄祖莲（留美四期），以及蔡廷干（留美二期）、王良登（留美二期）和吴其藻（留美四期）。1895年2月初，日军攻占北洋水师威海卫基地的时候，黄祖莲血战阵亡。从黄海海战到威海卫战斗中，留美学生积极参战，英勇顽强，陈金揆、沈寿昌和黄祖莲三人为国捐躯，多人负伤。

我们需要提的一点是，在这两场海战中，中方的管带人等大都是福建船政学堂出身的，例如方伯谦、邓世昌、林永昇、刘步蟾等等，曾经都是赴英国格林尼治皇家海军学院学习或者去欧洲参观访问过的

图 13.11　日本描绘甲午战争末期威海卫之战的木版画《威海卫大攻击图》。美国国会图书馆藏，编号 2002721274。

留学人才，而他们的对手、日本舰队的指挥官也大都是留学欧美的人才，诸如坪井航三、河原要一、东乡平八郎、上村彦之丞等人。这是中日之间的一场出洋留学人才大战，可惜的是中国方面因各种原因最终惨败，这批朝廷培养的精英人才死的死伤的伤，不得不把 1895 年以后的东亚制海权拱手送给了日本同行（图 13.11）。

甲午战争后，李鸿章做了一个环球旅行，其中包括访问美国，还赠给了美国很多图书。不知道李中堂在亲身踏上美国这片土地、亲眼看到美国社会的时候，究竟是怎么样看待十五年前那场一夜之间把留美孩子们都召回中国的旧事。在晚清的岁月里，李鸿章大约是中国这个老大帝国中最为孤独寂寞的政治家。后来八国联军侵华，李鸿章被迫再次出山，在和各国签署了《辛丑条约》两个月之后与世长辞（图 13.12）。

根据《辛丑条约》，中国向美国等国家赔款 4.5 亿两白银。1905

年，中国驻美公使梁诚在知悉美国政府得到了多收的赔款后，开始敦促美国返还余款，得到了当时西奥多·罗斯福（Theodore Roosevelt）总统的支持。1908 年，美国国会通过法案，同意将多收的 1 700 余万美元退还中国，但方法是成立一个“庚子赔款奖学金项目”（Boxer Indemnity Scholarship Program），自 1909 年起支持中国学生赴美留学。为了考核和选拔学生，清廷设置了“游美学务处”并附设一所“肄业馆”，作为留美预备学校，类似于 1871 年成立的负责留美幼童的上海肄业公局，地点选在了北京西郊的清华园，1911 年竣工后肄业馆改名“清华学堂”，这就是清华大学的前身。清华大学这所大学，从一定意义上承载了中国近代教育史的悲与痛，所以清华后来的校训以“自强不息”为首款，确系用意深刻。

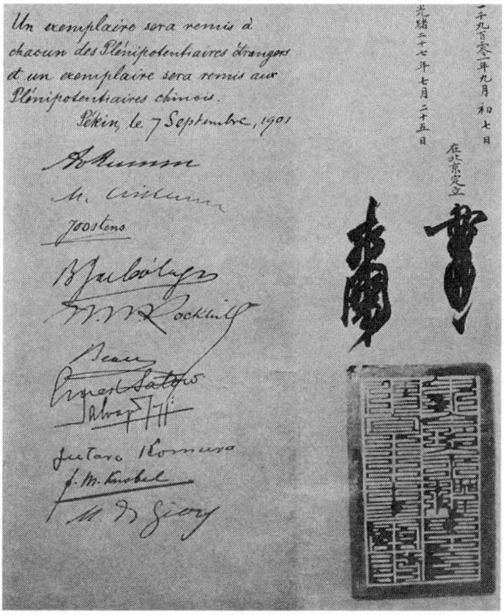

图 13.12 1901 年 9 月 7 日《辛丑条约》上李鸿章的亲笔花押。

自 1909 年到 1911 年清朝倒台前夕，“庚款留美项目”一共支持了三批学生 180 人，绝大部分是和三十年前的留美幼童一样，分布在新英格兰地区的大学内学习，例如哈佛大学、麻省理工学院、耶鲁大学、哥伦比亚大学、康奈尔大学、宾夕法尼亚大学等等，但也分布到了中

图 13.13　梁诚（1864—1917），摄于 1903 年。美国国会图书馆藏，编号 2005687219。梁诚 1885 年随着中国驻美公使张荫桓（1837—1900）出使美国，担任参赞等职务。梁诚的顶头上司张荫桓是晚清中国少有的通晓洋务的外交人才，曾赞成戊戌变法，1900 年清廷高层担心张荫桓和外国势力联合起来重新改革，在将其发配新疆后在戍所杀害了他。1900 年清廷还将通晓洋务的曾经出使法德等国的外交人才许景澄杀害。清廷本来就没有多少知晓欧美外交情况的干员可用，结果自己还先左杀右斩了一番。

部地区的芝加哥大学、密歇根大学、伊利诺伊大学、威斯康星大学、科罗拉多大学等等。

那位从美国手里把钱要回来的梁诚，究竟是何人物呢？他是李鸿章大力支持的 1875 年抵达美国的第四批留美幼童中的一名，当时名字叫梁丕旭（Liang Pe Yuk），曾经就读于麻省安多福菲利普斯学院（Phillips Academy Andover），但一番抱负还未展开就被撤回中国去了。恰是因为这个当年的留美幼童在 1905 年到 1908 年之间的不懈努力，清政府得以再次选送一批优秀的年龄在 20 岁上下的学子赴美留学，这真是曾国藩、李鸿章和容闳等一干人等在 19 世纪 70 年代做下的大事情的遗产，也算是让人不那样高兴得起来的薪火相传了（图 13.13）。

梁诚能够多少一展抱负的时候，也是袁世凯在政坛上日趋崛起并重用唐绍仪等留美幼童的时候。从一定意义上说，袁世凯是留美幼童群体在清末获得国家重用的一大关键人士，相当于站在他们背后的第二个李鸿章。进入民国之后，已步入中年的留美幼童们大显身手，成为政界、外交界、商界和工程技术界佼佼者的不乏其人，例如梁敦彦、詹天佑等等，都成了著名人物。

图 13.14 1927 年的胡适。康奈尔大学图书馆善本特藏部（Division of Rare and Manuscript Collections, Cornell University）所藏“胡适档案”（Hu Shih papers, #41-5-219），编号 3396263。

受“庚款留美奖学金”资助的这三批学子，因为经费是由美国方面提供的，所以虽然中途清政府于 1912 年 2 月彻底倒台，但他们都在美国大学顺利完成了学业，绝大部分都回国工作，很多人在民国时期都是一代骄子，例如梅贻琦、邝煦堃、竺可桢、胡适、赵元任、梅光迪等人。他们在各行各业做的很多扎实的工作，更为 1949 年进入共和国时期以后的继续发展，奠定了坚实的技术和知识基础。这大约也算得上是一种知识上的薪火相继吧（图 13.14）。

1949 年以后，因为全球冷战的关系，中美之间的高等教育交流也彻底中断了。1972 年中美关系正常化开启以后，教育交流尚未纳入日程。1978 年 12 月 16 日，中美双方发表了《中美建交公报》，宣布自 1979 年 1 月 1 日起正式建立外交关系；十天以后的 1978 年 12 月 26 日，中国第一批紧急选拔的52名技术人才，每人怀揣国家发给的50美元途中应急旅费，从北京起飞经法国前往美国进行学术访问（第一批人并不读学位，所以是以访问学者的身份赴美的）。当时领队是清华大学机械系的教师柳百成，时年45岁，于美国威斯康星大学和麻省理工学院访问了两年，是中国著名的铸造及材料加工专家，1999年成为中国工程院院士。

从1872年到1978年，一百多年间，中国国家支持的赴美留学可谓几经浮沉。据新华社统计，从1978年到2018年底，中国各类出国留学人员包括留学美国的在内，累计达585.71万人，其中153.39万人正在国外进行相关阶段的学习和研究；432.32万人已完成学业，365.14万人在完成学业后选择回国发展。若以2018年中国大陆的总人口139 538万人来计算的话，累计出国留学人员占总人口数的0.42%，回国发展人员占总人口数的0.26%。这个数据说明，中国无论如何要继续保持这扇中外教育交流大门的敞开。

长远的中西合流：中国海外留学开放政策的重要性

民国年间中国出洋留学的人不在少数，很多高官显贵也一改昔日的路数，纷纷送自己的子女去美国、英国、德国、日本和苏联等国家留学。不过当时很多人都是为了混一张洋文凭，并无真才实学或者报效国家与社会之宏愿。上海的报人和掌故名家郁慕侠（1882—1966）曾经在1933年前后批评过一种“镀金博士”，说：“一班专鹜虚名、不求实学的外国留学生，到外国去厮混了几年，骗到一张文凭和一顶方帽子，神气活现的归来，足以摆摆威风，骄骄妻子，倘使要试验其实在学问，

图 13.15 1936 年留美幼童 CEM boys 的最后一次聚会，共 11 人参加，平均年龄 76 岁。11 人中有 8 人身着长袍马褂，3 人身着西装。

可谓一点儿没有，时人称这类留学归国的学生叫‘镀金博士’，可谓慨乎其言之了 。每年到东西洋各国求学的留学生，不知道有多少，可是希望他们学成归国为国家、为社会而服务的，简直不多见，要想造就些真正道地的赤金博士，更如凤毛麟角，大多数只带着镀金博士的头衔而已。”后来钱锺书著名的小说《围城》里的留学归来的方鸿渐，就是这种镀金博士的代表。郁慕侠和钱锺书等批评这种“镀金博士”的时候，已距第一批留美幼童出国时六七十年了。

同样是在 20 世纪 30 年代，作为“赤金”留学生的留美幼童存世者们举行了最后一次聚会，时在 1936 年（图 13. 15）。用长时段的眼光去看的话，留美幼童计划并非完全彻底的失败，因为这批人后来做出了很大的贡献；然而就当初曾、李所设定的大计而言，却也有天壤之别。

留美幼童学习的都是技术性理工专业，这是中国当时最需要的领域，他们中后来很多都是像詹天佑这样的工程师和技术人员，像李恩富这种最终成为记者和报人的极少。但李恩富走了一条和后来的留美的胡适、留日的鲁迅一样的路子，胡适最初学的是农业技术，但他最后选择了哲学，鲁迅弃医从文的故事更是广为人知。直到 1949 年之后，中国最看重的仍旧是理工领域，这是中国近代化之中必然要发生的，而几乎所有这些方面都是从欧美引入的，现在的人工智能、互联网云、生命科技等等更是如此，因此中国仍旧需要和欧美世界保持持续稳定的学术交流。现在的社会科学和人文学科的很多基本的研究理路，仍深受西方的影响，特别是美国学界的，最为明显的几个领域大概是国际法、政治学、国际关系学、社会学、人类学和心理学，这些领域涉及的理论宗师或辩论对象，绝大部分都是欧美学界人士。即便是笔者所在的比较传统的历史学界，从行文写作到注释标准，也几乎都是欧美舶来的范式。

这不是说我们要排拒舶来的知识和范式，而是说很多东西中国之前是没有的，是白手起家的，是从别人那里学习到的融入世界潮流中的必需的工具，而整个中国进入以欧美为主导的世界秩序之中以后，接受这一秩序的话语势所难免。但是，这个现象并不是 20 世纪晚期中国改革开放以后才有的，这是 19 世纪晚清时候就已经开始了的，而就数学、几何学、球面三角学、制图学、天文学等等而言的话，这个融合的进程则要上溯到至晚宋元时期，一直到清朝初期，即 17 世纪初。中国总体上是融合进世界秩序，但同时也很好地保存着本土文明；总体上多少像晚清张之洞所谓“中体西用”的样子，而不是像 19 世纪中期日本明治维新那样几乎全方位地以欧美模式替换本土模式。今日的中国，用孙中山先生的话来说，属于“革命尚未成功，同志仍需努力”。在这样的一种历史背景下，我们可以看到为何直到今天中国仍旧需要保持一个开放的大环境，仍旧需要与海外教育体制保持相对稳定的、有活力的沟通。

近些年也颇有另一种声音时常出现，认为中国改革开放以来丧失的自我的文化太多，需要从所谓“儒家文明”或者“国粹”中萃取精华，于是纷纷成立名目各异的“儒学”“国学”研究机构，也有以所谓“高等儒学”自命的，以期与西学抗衡，保守自我文明。这种认识，说到底和晚清时候那些反对西学传来的声音，甚或让留美幼童讲习《圣谕广训》，并无本质的不同，而晚清留美幼童计划的失败恰恰是这种声音造成的。历观 20 世纪中国史，也从不乏此种抵制西化的声音。儒学和道家学说、佛学等一样，是伟大的学问，我们不能丢弃，我们也没有丢弃，而且中国也有一流的学者，但在吸收他者文化以及保存和发展自身文化的时候，我们也应该注意不能矫枉过正。

本章用很长的篇幅来回顾了晚清中国留美幼童的历史，这多少和笔者自身刻骨铭心的中美教育经历和现在中美教育交流中出现的一些波折有很大的关系，但只是为了说明一个中心道理：中国对外交流之门应该继续敞开，就算遇到再大的困难也不能关起门来，更不能沉迷于“国学”之中不可自拔；中国的今天和明天需要更多的具有世界眼光的人才；中国不会在对外交流中丧失自我，只会变得更好。

戊篇

金山之梦：在美华工和华裔

第十四章　1882 年《排华法案》的前世今生

加州的金山梦：华人移民大批进入美国

1840 年的第一次鸦片战争，除了打开了中国的大门、迫使中国与欧美各国签订不平等条约扩大经贸范围等等之外，还打开了另一扇往往为中国人自己所忽视的大门：对外移民之门。这个大门一经打开，再也关不上了。

鸦片战争爆发的时候，中国人口达到了一个小高峰。实际上，自乾隆朝初期（18 世纪 40 年代）到后期（18 世纪 90 年代）仅户部统计的内地各省的人丁总额已经由 1 亿增至 2 亿，并递增至 3 亿，经过嘉庆朝继续增长后，到道光朝初期的 19 世纪 30 年代，也就是鸦片战争爆发前夕，理论上已经达到 4 亿人口，这意味着在短短一百年时间内中国人口增加了 3 亿，而同期国内经济结构和社会资源分配模式并没有发生根本改变，这直接导致了贫困人口的直线增加和一系列的社会问题。天下之大，皇朝斯盛，而谋生之艰难或止于一碗饭。鸦片战争之后，劳力一夜之间可以作为资本大批输出海外，从此开始了一个新的时代。中国历代都有移民现象，特别是华南潮汕一代往东南亚地区的移民，但鸦片战争之后的这一轮与之前的都不相同。

中美《望厦条约》签订四年后的 1848 年，美国西海岸的加利福尼亚州发现金矿并兴起了淘金热潮(gold rush)，对年轻劳动力的需求激增，导致中国华南地区特别是广州周围一带的华人大量进入该地。1849 年初，54 名华工抵达加州“San Francisco”一带，这个数字到 1850 年底上涨为 4 000 人，到 1851 年已经是 25 000 人，而 San Francisco 最初被中国人称为“金山”，在澳大利亚墨尔本地区于 1855 年发现了新的金矿成了新金山之后，San Francisco 就被称为“旧金山”，中国后来的官方译名为“圣弗朗西斯科”，而现在也称“三藩”。19 世纪 60 年代末，美国作家马克 · 吐温估计，在美西地区大约有 7 万到 10 万中国劳工。根据美国政府方面的统计，1860 年在美华人 34 933 人，均在美西几个州，到 1870 年增至 63 190 人，1880 年增至 105 465 人。这些移民并非都是为贫穷所驱使，有的是想在异国他乡发掘更多的资源和致富机会的国际冒险者，不少人是看到昔日的同乡从美国衣锦还乡之后，义无反顾地踏上了去北美的轮船。

根据后来留美幼童广东人容尚谦的回忆，当年华人从广东出发离港去美国“金山”，登船的时候都穿着绫罗绸缎，向岸边的人们展示他们将要踏上的是多么令人向往的航程，而一登船以后，船主就把这些好衣服都收起来，让他们换上破烂的衣服，再把他们塞到甲板之下。由此可见昔日船主煽惑中国人出洋发财致富的卑鄙伎俩。

在抵达北美金山脚下之前，这些寻梦人需要在大海上漂泊三个月，而这可能是他们人生中最黑暗无光的十二个星期。绝大部分人乘坐的是类似昔日奴隶贸易时候的货船，蜷缩在甲板下层狭小的空间之内，很容易感染疾病或遭受其他意外之灾。例如，一艘叫“蒙塔古夫人”号（*Lady Montague*）的船运载了450名华人，抵达加州时候已经有300人感染疾病死去。1871年的“多洛雷斯·乌加特”号（*Dolores Ugarte*）突发火灾，船员把中国人锁在甲板下的船舱之后弃船而去，导致500华人遇难的令人发指的悲剧。在运输华人甚至贩卖华人的北美商人的眼中，华人和茶叶、瓷器等物理货物没有任何区别，极少有人道主义的考量。华人们最终踏上了美西大陆之后，大部分立刻沦为了淘金的“苦力”（coolie）。

萝卜与大棒：美国对华人移民的反应

美国政坛同期也开始面临日益突出的华工移民问题，而最初的潮流是鼓励这种廉价华工劳动力的输入。1849年，旧金山市长约翰·吉瑞（John Geary）特别举行了一个欢迎中国人前来加州的仪式。1850年9月，加州正式加入美国联邦政府，成为第31个州。1852年，加州第二任州长约翰·麦克杜格尔（John McDougal）鼓励中国移民去整理萨克拉门托河三角洲（Sacramento River Delta）的大片沼泽地，而中国人在短短的时间内将这片面积达500万英亩（2万平方千米）的地方改造成了世界上最为富庶的农田之一。勤奋的中国人拯救了亟待开发和改造的美西。19世纪60年代末，华人已经占爱达荷州和蒙大拿州人口的三分之一，大部分从事矿业，此外主要是经营洗衣店、饭馆和小杂货铺。

1865年美国中央太平洋铁路公司在全加州高薪招募跨洲铁路修建

工人，而白人应召者寥寥无几，于是公司老板查尔斯·克罗克（Charles Crocker）尝试着招聘了 50 名华人，但担心这些身体矮小的中国人可能受不了修铁路的体力活。结果，这批华工证明了自己的耐力和实力。截至 1867 年，在该公司 12 000 名建筑工人队伍中，华工占了 75% 以上。当然，这批华工也遭受了各种苦难。

当时美国政坛总体风向是看到了华工的价值，鼓励他们继续为美国出力。1868 年 6 月 23 日，在纽约市举行的欢迎作为中国钦差的美国前驻华公使蒲安臣的晚宴讲话中，就包括纽约州众议员爱德华兹·皮尔庞特（Edwards Pierrepont）发表的有关对待中国劳工的演讲。皮尔庞特提到，美国历史上曾经发生过仇视外国劳工的现象，特别是爱尔兰劳工（爱尔兰人移民北美洲由来已久，但在 1845—1850 年的爱尔兰"马铃薯大饥荒"中大约有上百万人移民到了美国），而"美国劳工们认为这些爱尔兰劳工将会让劳动力变得便宜，减少他们的工薪，甚至于一些政客们也认可这种偏见，并反对外来移民。"现在，皮尔庞特强调，大批中国劳工因为贫穷和人口过剩而迁到了加利福尼亚，"那些爱尔兰劳工曾经在新英格兰和纽约所受到的偏见，现在同样地发生在加利福尼亚的华工身上，而当地也通过了一些限制中国移民的法令"。然而，皮尔庞特说，当此跨洲的太平洋铁路正在热火朝天地修建之时，华工从西而东、爱尔兰劳工和德国劳工自东而西，不久就会跨过伟大的山脉而相遇；"美国最需要的是人工劳力，而中国最需要的恰是输出这些劳力，这是多么互惠互利啊！"（图 14. 1）

同样是在这种美好理想和进步主义的指导之下，蒲安臣代表中国政府与华盛顿于 1868 年 7 月签署了天津条约附属条约，其中第五款鼓

图 14.1 位于波士顿哈佛大学校园附近的剑桥公园（Cambridge Common）内的爱尔兰大饥荒纪念碑，由前爱尔兰总统玛丽·罗宾逊（Mary Robinson）于 1997 年 7 月 23 日捐建。笔者 2017 年 6 月摄。纪念碑表现了一个身着上流社会衣服的男士和安详地趴在他肩头的孩子，以及一个饿得皮包骨头的妇女和她照样深受饥饿之苦的孩子，两个大人互相朝着对方伸着手，一高一下，一张一弛，传递着强烈的人类社会的道德和公义等方面的信息。其背后刻着一句话：Never again should a people starve in a world of plenty。（任何民族都不应再在一个富足的世界中挨饿。）

励两国自由移民，这进一步为中国移民进入美国打开了方便之门。

然而，皮尔庞特众议员的美好理想并没有实现，在美华工遭受了远比爱尔兰和其他欧洲劳工还要痛苦而悲惨的命运。1869 年 5 月，皮尔庞特提到的美国跨洲铁路东西合龙，修建完毕，从美东到美西原本需要 6 个月的路程大大缩减为 6 天，而中国劳工并没有特别的收获，相反，他们的尸骨装船运回祖籍的却比比皆是。

此时赶上了美国 1861—1865 年内战结束，大批解甲归田的白人士兵离开了饱受战火摧残的美东，坐着火车一周后就来到了美西，成为一批新的白人移民。但他们在加州遇到了经济问题，找工作很难，于是把经济上的责任转嫁给中国移民。1870 年 6 月 30 日，《纽约论坛报》（*New-York Tribune*）发表了一个记者的社论，称中国人和黑人一样愚蠢，不配在这样一个民主社会中生活，而“现在要紧的不是讨论和做决定，而是付诸行动”。这完全是赤裸裸地号召暴力排华，而这种仇恨也照样在美西蔓延开来，针对华人的暴力袭击开始出现。自此，美国总体趋势开始向排华发展，惨剧接连不断。1871 年 10 月 24 日，500 余名白人男子冲进洛杉矶唐人街抢劫和杀害华人居民，造成 18 名华人遇害的大惨案。1872 年，马克·吐温出版了半自传体作品《苦行记》（*Roughing It*），在第 54 章中描述了旧金山附近的中国移民群体的生存状态和遭受的社会歧视与不公，他写道：“就在我写这些文字的时候，又看到新闻说在光天化日的旧金山的大街上，一些男孩子用石头把一个无辜的中国人打死了，尽管有一大批人目睹了如此无耻的行径，却没有一个人站出来干预。”这可谓当日华人移民群体在当地社会地位的一个缩影，说明针对华人的暴力事件早在《排华法案》出台前十多年就已经在加州频繁出现。

中国人除了被称为“苦力”之外，还被蔑称为“中国佬”（Chinaman），而在这个时期，美国的很多报纸和画册开始塑造一个“中国佬约翰”（John Chinaman）的蔑称，通常是一个留着长辫子的华人戴着苦力帽子，后来衍生出一副中国官老爷模样的“孔夫子约翰”（John Confucius）的形象。沿着这个路子，英美最终出现了登峰造极的“傅满洲博士”（Dr. Fu Manchu），这一阴险、邪恶、狡诈的中国人甚至东方人的形象，于 20 世纪前半期在欧美小说、电影作品中常见。直到现在，一些欧美影视作品中的中国人或者东方人的形象，仍旧没有摆脱19世纪以来歧视华人移民的历史阴影。

阻止中国妇女移民美国：1875年《佩志法案》

现在一些欧美影视作品和广告在呈现中国或者东方女性的时候，其衣着打扮、举止言谈，常常让人联想到以前的青楼女子，而这一层文化隔阂也照样可以追溯到19世纪中期以来歧视华人移民的历史中去，甚至带有当事人已经觉察不出来了的隐藏在历史记忆之中的排外主义和种族主义的信息。当年，随着中国移民涌入加州一带，美国人之前责备爱尔兰劳工抢占了美国工人饭碗的事情，也照样发生在中国移民身上，反对华人移民开始愈演愈烈，而华人女性却成了最早受害的群体。

1875年，美国通过了由加州众议员佩志（Horace Francis Page, 1833—1890）提出的《佩志法案》(Page Act)，此系该国建立以来第一个限制性的联邦移民法案，其主要的针对对象是中国妇女，因为佩志等人认为很多中国妇女来到美国后卖淫，造成道德和社会的危害，应予禁止。当时美国医学协会（American Medical Association）也认为中国人携带了一些他们自身可以免疫但白人们感染之后必死无疑的病毒，而中国的卖淫妇女恰是传播这些病毒的媒介。中国的一夫多妻制，更加剧了当地的这种心理恐慌。在《佩志法案》的影响下，加州一带的中国妇女人口比例从1870年的占华人人口的6.4%骤降到1880年的4.6%，这对很多华人移民而言是雪上加霜之事。

在一个以人的劳动力为最重要的资本的新开垦区，最初的移民群

图 14.2 1876 年 2 月 18 日，美国纽约的《哈珀斯周刊》刊发的名为“中国人问题”(*The Chinese Question*）的时事漫画。画中描述了美国哥伦比亚女神从一群手持手枪和匕首的暴徒手中拯救一个留着辫子的中国人，并对暴徒说：“收手吧，绅士们！美国意味着平等对待所有的人。”画中的中国人和女神身后，是一面攻击中国人为“苦力”“奴隶”“野蛮人”“邪恶的人”等等的标语墙，而暴徒身后的远景则是反对取消种族隔离制度的画面，其右侧是已遭焚毁的“有色人种孤儿收留院”（Colored orphan asylum），左侧的树上吊着一个绳子做的绞环，乃是美国社会中一些白人至上主义者动用私刑绞杀黑人的符号。

体中总是男性为主，性别不平衡的现象也就会导致很多相关的社会和政治问题。自华人移民到加州一带之初，就是以男性为主，中国女性移民到彼处的只是男性移民的十分之一，而很多最初抵达美西的中国女性沦为妓女，这种情况和最早一批从美东抵达美西的白人女性是一样的。所以，美西华人中间有很多人娶了照样处于美国社会底层的爱尔兰女性移民为妻，故而在美国的第一代华裔中间有很多是亚欧混血儿，这也是为何今天很多带有华人血统的美国人已经看不出来多少明显的亚洲特征的历史因素之一。自 1875 年《佩志法案》通过之后，很多在美华工要想在当地娶中国妻子组成一个家庭变得更为困难。

《佩志法案》正式名称为《移民政策补充法案》(An Act supplementary to the acts in relation to immigration)，但因为其限制的移

民对象而被称为《排斥东方人法案》(Oriental Exclusion Act)，再进一步而言，就是一部赤裸裸地排斥中国妇女移民的法案。因此，中国在美妇女移民群体其实是最早受害的。这个法案终结了之前可以自由移民的所谓“开放边境”（open borders）时代，更为日后以排斥中国男性劳工为主的《排华法案》开了先例（图 14.2）。

排华高潮：1882 年《排华法案》

美国当时的排华可谓紧锣密鼓。紧随《佩志法案》之后，1876 年，共和党推动国会全面调查中国移民的涌入对美国社会造成的道德与物质方面的影响，虽然有美国绅士傅列秘（Frederick Alonzo Bee，1825—1892）站在华人一方坚决反对仇视和排斥华人，该委员会最后还是做出了不利于华人移民的结论。1877 年，加州成立了反华的劳工党（Workingmen's Party），其党魁在一次演讲的最后大声喊道：“中国人必须走！”（“The Chinese must go!”）1879 年，这个党推动了在加州宪法中增加两条反华的修正案，限制美国公司雇用中国人，并剥夺中国人的选举权。

1880 年，美国派密歇根大学校长安吉立作为特使，前往中国商讨修改 1868 年《蒲安臣条约》中有关中国移民的规定。《蒲安臣条约》的第五款内规定两国人民可以随便自由往来，到彼此国家游历、贸易或久居等等，但并没有涉及“华工”字样。安吉立此行就是要讨论华工，他在递交给总理衙门的照会中说，华工赴美后价钱低廉，影响了美国工人的工作，中国政府最好能够答应修改 1868 年条约，禁止中国除了贸易、游历和学习之外的其他人进入美国，并允许美国对赴美华工人数做出限制。总理衙门对安吉立的禁止意见并不表示赞成，并且说华工工好价廉对中美双方都是好事。几经会谈之后，总理衙门认为居住在旧金山的华人已达数万，在当地与“土人”（美国人）以及劳工党等时有龃龉，倘若不通过修约加以一定的限制，日后万一酿成事端，恐累及商贸等其他方面，于是最终同意与安吉立修约，并在1880年11月17日签署了总计四款的《中美续修条约》，或称《安吉立条约》。

《安吉立条约》在中美关系史上首次明确了“华工”的基本概念，即除了贸易、游历和学习之外的其他中国人都可以被划入“华工”范围之内。通过这一条约，美方一举堵死了华人自由赴美的道路，并向北京强调了其单方面出台法律限制赴美中国人人数等等的权力，为其最终推出《排华法案》铺平了道路。安吉立使团只有三个人，却挫败了一个大清国。

1880年，加州又通过禁止“蒙古利亚人”（指中国人）和白人通婚的法令，其余六个西部州也群起仿效。复经种种准备和宣传鼓动，1882年5月6日，美国第21任总统切斯特·阿瑟（Chester Arthur）正式签署了《实施有关中国人的条约规定的法案》（An act to execute certain treaty stipulations relating to Chinese），俗称《排华法案》（Chinese Exclusion Act），以法律形式禁止中国人移民美国，并禁止美国的联邦、州和地方法院允准中国人归化。该法案只允许六类中国人可继续进入美国：(1) 教师；(2) 学生；(3) 旅游者；(4) 持合法文件返回美国的劳工；(5) 商人及其家人；(6) 外交官及其家人（图14.3）。

《排华法案》是美国历史上第一个针对特定种族和民族而制定和实施的联邦反移民法，范围超过了《佩志法案》。然而，《排华法案》并不是唯一的排斥华人移民的法案，不是开始，亦非结束，只是美国漫长的排斥华人移民历史上的一个大站、一个高潮。《排华法案》通过之后，美国针对华人的明目张胆的暴力犯罪直线上升，比较严重的包括1885年9月2日怀俄明的石泉大屠杀（Rock Springs Massacre），事件中大约150名白人煤矿工人向华工开枪，并抢掠和焚毁了华工居所，最终导致28名华人遇害，15人受伤，酿成了震动全国的惨案（请参见本书下章有关石泉惨案的介绍）。1887年，一伙6名白人偷马贼和男学生在地狱峡谷（Hells Canyon）的蛇河（Snake River）靠近俄勒冈州的一侧，伏击和枪杀了34名华人淘金工人，可谓惨绝人寰。据统计，在19世纪70年代到19世纪90年代这30年之间，在美国西部地区排华暴力事件多达153宗，美国东部新英格兰地区并没有发生暴力排华的事件。

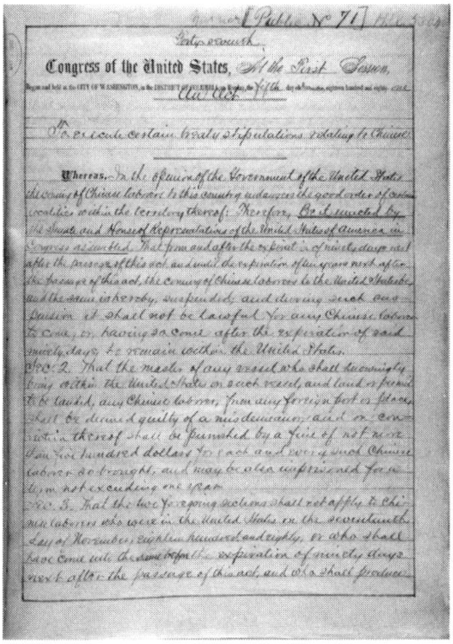
[Publ. No 71]
Forty-seventh
Congress of the United States, At the First Session,
An Act
To execute certain treaty stipulations relating to Chinese.
Whereas, In the opinion of the Government of the United States the coming of Chinese laborers to this country endangers the good order of certain localities within the territory thereof: Therefore, Be it enacted by the Senate and House of Representatives of the United States of America in Congress assembled, That from and after the expiration of ninety days next after the passage of this act, and until the expiration of ten years next after the passage of this act, the coming of Chinese laborers to the United States be, and the same is hereby, suspended; and during such suspension it shall not be lawful for any Chinese laborer to come, or, having so come after the expiration of said ninety days, to remain within the United States.
Sec. 2. That the master of any vessel who shall knowingly bring within the United States on such vessel, and land or permit to be landed, any Chinese laborer, from any foreign port or place, shall be deemed guilty of a misdemeanor, and on conviction thereof shall be punished by a fine of not more than five hundred dollars for each and every such Chinese laborer so brought, and may be also imprisoned for a term not exceeding one year.
Sec. 3. That the two foregoing sections shall not apply to Chinese laborers who were in the United States on the seventeenth day of November, eighteen hundred and eighty, or who shall have come into the same [illegible] the expiration of ninety days next after the passage of this act, and who shall produce

图14.3　1882年《排华法案》首页，现在美国所有的中学学生都被要求习知这一历史事件，尽管很多人对具体内容并不清楚。

在这一轮反对移民的暴力事件中，其他国家和种族的移民也和华人一样遭殃，已经不再限定于肤色和族群。在内华达州、犹他州以及内布拉斯加州，希腊移民被殴，房子被焚，特别是在1909年发生在南奥马哈的希腊城骚乱事件中，3 000多名白人男子放火焚烧了希腊聚居区，导致一名希腊裔儿童丧生，整个希腊移民社区被迫搬迁。1891年，

11 名意大利移民在新奥尔良市被一群滥用私刑的白人暴徒杀害。1897 年数十名斯拉夫和波兰矿工在宾夕法尼亚州遭到一个白人民兵组织的袭击，或死或伤。

19 世纪晚期到 20 世纪初期，在世界工业革命中高歌猛进的美国需要大量的外来劳动力，而这种外来移民劳工群体直接从空间上对本地的保守群体造成了压力，因此他们掀起的这一波反对移民的浪潮，可以视为美国国内的种族主义者和白人至上主义者们的一次以联邦法律为后盾的暴力反扑。新近移民不管来自哪个国家和属于哪个种族，都有可能在街上或家里面临不可测的冲击和厄运。

噩梦的延续：1882 年《排华法案》通过之后

《排华法案》之后，美国政府于 1888 年又通过了《斯科特法案》(Scott Act)，禁止离开美国的中国劳工重新返回美国，这等于进一步删除了《排华法案》中允许的“持合法文件返回美国的劳工”的这一条。在此局势下，原本法律效力为期 10 年的《排华法案》于 1892 年延长 10 年。1892 年同年出台的补充法案《吉尔里法案》(Geary Act)，则要求所有的中国移民登记办理“居住证”，并随身携带，否则将被罚以苦役，或遣返中国。1902 年初，中国驻美公使伍廷芳曾就《排华法案》对美国政府做过激烈的外交抗议，但最终美国政府并没有改变这一政策，《排华法案》得以继续延长，且到 1904 年变为无限期延长，激起了 1905 年中国上海等地的声势浩大的抵制美货运动。

与此同时，美国的移民法律进入所谓的“本土主义”(nativism)时期，侧重排外，分别于 1917 年、1921 年和 1924 年通过的三个移民法案乃是其发展的重要推手。

1917 年，美国国会通过了一个旨在以移民受教育程度为基础的移民法案，常被称作《教化法案》（Literacy Act），即禁止年龄 16 岁以上的文盲移民美国，而判断一个移民是否是文盲的标准是该移民是否能在本国语言的普通文书内阅读 30 到 40 个字。这项法案最早被当时的美国总统伍德罗 · 威尔逊（Woodrow Wilson,1856—1924）否定了，但参众两院均顺利通过并最终成为法律。这项法案虽然对欧洲移民也形成了限制，但因为亚洲地区来的劳工中有很多文盲，因此这项法令实际上阻止了亚洲地区的劳工前往美国，所以它又被称为《亚洲禁止区域法案》（Asiatic Barred Zone Act）。

1921 年 5 月 19 日，美国总统沃伦 · 哈定（Warren G. Harding）签署了针对移民的《紧急配额法案》（Emergency Quota Act），规定其他国家赴美移民的总人数不能超过 1910 年美国人口普查中该国移民人口的 3%。到 1924 年 5 月 26 日，美国进一步通过了以限制亚洲移民为主要目标的《移民法案》（Immigration Act of 1924），该法案是要以 1890 年而不是 1910 年的人口普查时的移民比例为基础，规定其他任何国家每年移民美国的总人口数额不能超过 1890 年时候该国移民在美国人数的 2%，而不再是 1921 年法案提出的 3%，试图以此来保持白人对美国社会的控制。

华人在美人口在 19 世纪 80 年代是一个小高峰，为数 10 万有奇，到 1910 年跌至 7 万左右，到 1920 年进一步跌至 6 万左右。自 1924 年以后，中国往美国的移民基本中断了。在华人于 1880 年开始被排斥到 1924 年，日本移民开始大批进入美西地区，前后总计有 20 余万人，但到 1924 年也开始进入中断时期。1943 年，《排华法案》被永久废止，中国移民名额改为每年 105 人。1965 年 10 月 3 日美国通过了《移民和国籍法案》(Immigration and Nationality Act),中国移民开始重新大批进入美国。中国大陆移民进入美国,主要是 1979 年 1 月 1 日中美建交以后。现在中国城(Chinatown)遍布美国各地。2008 年金融危机之后,大量中国学生进入美国大学,成为最近改变美国华人结构的主要因素之一。2009 年 6 月和 2012 年 6 月,加州众议院和美国国会分别通过决议,为《排华法案》向华人致歉。然而,在美华人群体始终没有也绝对不会忘记这段痛苦的历史记忆,这也是美国华裔加强身份认同和理解美国社会的主要历史资源之一。

内部的历史:解放奴隶宣言、种族隔离与白人至上主义

从美国本国当时的历史背景来看,除了经济因素之外,1882 年《排华法案》的出台可以说是 1861—1865 年的美国内战之后种族隔离制度、种族歧视和白人至上主义盛行的结果之一。

众所周知,1863 年 1 月 1 日林肯总统发布了《解放奴隶宣言》(Emancipation Proclamation),为美国废除奴隶制度迈出了第一步。1865 年内战结束后,美国进入了所谓"重建时期",直到 1877 年结束,而在这一关键时期,自 1865 到 1870 年五年之间通过了举足轻重的宪法第十三、十四、十五三条修正案。

简单来说,第十三修正案是全面废除奴隶制度和强制劳役制度,第十四修正案赋予所有出生在美国的人以平等的公民权和法律权利,第十五修正案赋予不同肤色、种族的美国公民以选举权。这三条修正案旨在赋予美国被解放的黑人奴隶以平等的公民权利、法律权利和选

举权利，特别是南方400万获得解放的黑奴。

很多人误认为自此之后，内战之前的数百万黑人奴隶就翻身了，但实际情况是自内战和重建时期以来，种族隔离制度开始普遍实行，自由黑人的公民权和政治权利持续以不同的方式遭到各州的压制和剥夺。1865到1866年之间，为了抵消《解放奴隶宣言》和宪法第十三修正案的影响，南方各州迅速通过了限制黑人自由的"黑人法令"（Black Codes）。到1896年，美国最高法院在"普莱西诉弗格森"（*Plessy v. Ferguson*）一案中，合法化了以种族隔离为根本宗旨的所谓的"隔离但平等"（separate but equal）制度，使得自由黑人和其他一切非白人的"有色人种"（the colored）的权利进一步受到限制。此后，南方各州在民主党的操纵之下通过了一系列旨在强化种族隔离和歧视的法令，被称为"吉姆·克劳法"（Jim Crow laws）。

与此同时，白人至上主义急速兴起，以1865年由内战期间部分南方退伍老兵组成的三K党（Ku Klux Klan）为代表。三K党是一个奉行白人至上理念和基督教恐怖主义的民间团体，成立后在美国南方州内发展迅速。滥用私刑，特别是针对非裔实行的绞刑，是这一组织采取恐怖行动的主要表现。1871年这个组织被共和党的格兰特总统强行取消，但1915年死灰复燃，且开始公开运作，在反移民大潮之下于20世纪20年代晚期达到了巅峰时期。直到现在，这一组织在美国仍旧存在，可谓百足之虫死而不僵，在当前美国政府的保守移民政策之下，更有蠢蠢欲动之势（图14.4）。

顺便说一下美国民主党。现在我们看民主党，十分拥护非裔和其他有色人种的权利，然而在相当长一段时期内，民主党是竭力奉行白人至上主义的，而且不打任何幌子，赤裸裸地说和做。例如，亚

图 14.4 1926 年 9 月 13 日三 K 党在华盛顿特区游行。美国国会图书馆藏，编号 2016842489。当时这个白人至上主义者团体正处于巅峰时期，会员高达 300 余万，国会在权衡形势后允许他们在首都举行盛大游行。

拉巴马州民主党直到 1966 年之前，口号一直是“白人至上”（White Supremacy）。三 K 党恰是想要恢复和扩大民主党的这种白人优越主义的影响力。而主持重建时期的共和党中的激进一派，则主导通过了第十三、十四和十五条宪法修正案，为非裔和其他有色族裔在 20 世纪中期的民权运动奠定了法理基础。民主党的转变并不是其良心发现大发慈悲所致，而是沾了 50 年前共和党选举政策的光。1968 年，在共和党候选人理查德 · 尼克松（Richard Nixon, 1913—1994）竞选总统时，采取了所谓“南方策略”（Southern Strategy），即为了获得南方白人选民的支持开始打歧视非裔和其他有色族裔的牌，虽然尼克松最后登上了总统宝座，但民主党也抓住了时机从人数占优势的有色族裔手中抢夺选票，摇身一变成了一个支持有色族裔权利的政党，而共和党反而成为一般意义上的保守党派。

19 世纪末 20 世纪初的三 K 党，不乏各路盟友的支持。1915 年 2 月 8 日，由大卫·沃克·格里菲斯（David Wark Griffith，1875—1948）导演的无声电影《一个国家的诞生》（*The Birth of a Nation*）在美国上映，而这部电影的原著是美化三 K 党的小说《同族人》（*The Clansman*）。影片传递出来的高度的种族主义和白人优越论，迅速在全国很多城市引发了大骚乱，直至今天仍旧是备受争议的电影之一（图 14.5）。

图 14.5 1915 年上映的《一个国家的诞生》电影海报，绘有被美化为英雄的三 K 党人的形象。

白人优越论在北方也不乏支持者。1916 年，一个名叫麦迪逊·格兰特（Madison Grant）的优生学者兼华尔街律师出版了一本题为《伟大种族的消亡》（*The Passing of the Great Race*）的书，大肆宣讲“北欧人种优越论”（Nordic superiority），声称那种让美国成为“各国被压迫者的避难所”的理想主义，正在将这个国家卷入亡族灭种的深渊之中。格兰特认为，美国伟大的根源在于其初代白人殖民者即北欧人种的优越血统，他们有着新移民永远不会有的基因潜力。如果任由各国移民继续涌入，对“种族、信仰和肤色的不同视而不见”，那么白人拓荒者的血统将会断绝。因此，他主张美国开展优生

图 14.6 1964 年的小马丁 · 路德 · 金。美国国会图书馆藏，编号 2003688129。

学项目。

这本著作并不畅销，但很快在美国政治精英中找到了共鸣，尤其是在国会山。来自华盛顿州的共和党众议员阿尔伯特 · 约翰逊（Albert Johnson）看完书后联系了格兰特，两人一拍即合。而正是这位约翰逊议员推动国会通过了 1924 年《移民法案》，事实上禁断了中国和很多国家的赴美移民之路。

美国社会种族主义盛行的局面，一直到 20 世纪中后期民权运动兴起以后才开始根本改观。1963 年 8 月 28 日，美国民权运动领袖小马丁 · 路德 · 金（Martin Luther King, Jr.，1929—1968）在华盛顿林肯纪念堂外发表了“我有一个梦想”（I Have A Dream）的演讲，更成为名垂青史的一代宣言（图 14.6）。在民权运动的冲击下，美国相继颁布了 1964 年《民权法案》（Civil Rights Act）和 1965 年《投票法案》（Voting Rights Act），从法律层面废除了种族隔离制度和投票权歧视。但即便如此，“白人至上”与多元主义的意识形态斗争仍远未结束，比如南方的密西西比州直到 1995 年才正式批准了 1865 年废除奴隶制度的联邦宪法第十三修正案。

20 世纪 60 年代的民权运动取得了举世瞩目的巨大成绩，对美国社会做出了很多层面的根本性变革，让种族隔离作为一种制度永久性地走入了历史之中。然而，直至50多年后的今天，美国很多地方社会并没有走出种族隔离的历史阴影。比如，在奴隶制度曾经盛行的南卡罗莱纳州，很多地方中小学历史教材中将从非洲贩卖到美洲的奴隶称为“劳工”（workers），或者“移民劳工”（migrant workers / laborers），而且在讲解美国内战之后，刻意忽略废除奴隶制度以及提高非裔公民身份和权利的“重建时期”。这种情况的出现，是因为具有保守倾向的得克萨斯州教育委员会对诸如麦格劳－希尔教育出版公司（McGraw-Hill Education）等教材出版商的重要影响。得克萨斯州曾是奴隶制度的拥趸，系美国本土中面积最大的州，拥有数量众多的公立学校，一直以来都是各大教材出版商的最重要的客户，因此得州教育委员会对教材编纂的倾向不仅直接影响到本州内中小学生对国史的理解，而且会迅速蔓延到全国很多州对教材的选择，这种情况直到今天仍旧如此。美国和中国不同，没有全国统一的历史教材，虽然各个州、各所公私立学校都可以自主选择教科书，但实际情况要复杂得多。这是美国社会内部的一种巨大的因历史原因而造成的现实撕裂。

在日常生活中，不少人仍旧要时不时面临由来已久的种族主义问题，而不少政客今时今日也依旧不时在言行之中流露出对于这一问题的短见或者漠然。例如，2019年年初，弗吉尼亚州的州长夫人在带领一批孩子参观作为历史建筑的州长官邸的时候，把两个棉花球递到两个非裔孩子的手中，说：“你能想象自己是一个整天都得去摘这种棉花球的奴隶吗？”在这位夫人看来可能是一种下意识的场景教育行为，但做出这种行为的背后却是很多她自身并未意识到的对他人而言极其沉重的历史、社会和种族因素。在迅速招来全国性的批评之余，该夫人在辩解声明中顾左右而言他，并无多少悔意。

当前美国社会中存在的许多问题，包括有关移民问题的政治正确的一层，都需要追溯到美国内战及重建以来的种种变化，华人移民在美国社会中的遭遇也是如此，而且华人移民的命运是和非裔等很多族裔的遭遇紧密相关的，即便在1882年《排华法案》之后，情况仍旧如此。

第十五章　石泉惨案赔偿记

在1882年美国通过《排华法案》前后，美西地区发生过很多起暴力袭击华人事件，虽然中美两国签署了好几个条约，但绝大部分的暴力排华事件并没有引发中美两国政府之间过多的交涉。然而，1885年9月2日发生在怀俄明领地（Wyoming Territory）石泉镇（Rock Springs）的一桩暴力驱逐和屠杀华工的案件是个例外。就石泉惨案一事，中国方面从北京总理衙门到驻美公使郑藻如和两广总督张之洞等等，都非常关注，最终成功寻得了美国政府的赔偿，是鸦片战争以来中国政府首次收到的外国巨额赔偿。

华人移民在美国反华浪潮中遭到杀害的远远不止石泉一处，但石泉遇害者很快得到了赔偿，是当时中国对美外交乃至整个对西方的外交中一次非常罕见的胜利。这一赔偿究竟是如何达成的，非常值得我们来仔细观察一下。另外，通过石泉惨案，我们可以了解中国劳工为何以及如何突然被袭击的，看到部分深陷排华浪潮鼓动之中的美国基层社会的日常状态是怎么样的，观察排华骚乱中的一些个人是如何丧失理智和走向歇斯底里的，以及了解惨案爆发后美国地方政府和联邦政府又是如何应对的。

回顾这一惨案，我们也应该看到未来类似的惨剧绝不应该发生于任何一个移民群体和种族群体身上。

石泉的枪声：光天化日之下的大屠杀

石泉（中国当时称为“洛士丙冷”）是位于美国西部怀俄明西南部的甜水县（Sweetwater County）的一处小镇，位于落基山脉之上，煤炭资源丰富。美国联合太平洋铁路公司的跨洲铁路线经过该镇，该公司的煤炭部在镇上开发了很大的煤矿区。1875 年 11 月，华工开始到铁路公司的这个矿区工作，到 1885 年的时候已经有 500 余名华工抵达这里做工，再加上和华工们住在一起的亲戚朋友，已有 700 余号人。除了铁路公司给华工设立的 30 多座帐篷住房外，华工自己建设了将近 80 所简单的房屋，分散在周围的山坡上，形成了一个小小的中国城。

根据后来该铁路公司煤矿的报告，1885 年 8 月 30 日的时候，石泉镇共有矿工 842 名，其中 552 名华工，占总矿工人数的 65.5%，290 名白人矿工，占 34.5%。当日煤产量 1 450 吨。按照协定，矿工工薪按每吨煤 3 美元计算。华工和白人矿工同行一起做活，工薪一致。一切看上去都很平静。

1885 年 9 月 2 日这天上午，十几名白人矿工到 6 号矿区和华人矿工发生了冲突，三名华工受伤，冲突被矿主暂时平息，但是到了下午 2 点钟左右，一百多名武装的和非武装的白人矿工集结起来，从 6 号矿区开始袭击华工，并下山包围华工聚居区，洗劫财物，最后纵火焚烧了他们的房子。数百名华工男女老少对突然到来的袭击毫无防备，只

图 15.1 1885 年 9 月 26 日美国《哈珀斯周刊》发表的石泉惨案漫画插图，前景中的华工正在被后面的暴乱者袭击。

好朝着附近的沙石山坡上四散逃命，暴徒则在他们身后追击和射击。大量没有直接参与袭击华人的白人围观和拍手叫好，很多男女老少参与了抢劫华工及其住宅。华工有的当场中弹身亡，有的被截住殴打受伤，有的则被大火活活烧死。根据事后统计，总共有 28 名华工死亡，15 人重伤，华工直接财产损失高达 14 万多美元（图 15.1）。

光天化日之下，如此明目张胆、惨绝人寰的大屠杀突如其来，各方的报道、汇报、调查和善后也立即展开。

美方紧急应对：从怀俄明州州长到国防部长和美国总统

暴乱发生的 9 月 2 日下午，联合太平洋铁路公司煤炭部的助理总监蒂斯代尔（J. M. Tisdale），代表该公司向位于怀俄明州州府所在地夏延（Cheyenne）的州长弗朗西斯·沃伦（Francis E. Warren）发电报，汇报说煤矿发生了骚乱，中国矿工遭到袭击，公司财产受损（被焚毁的华工房子很多都属于该公司财产），请求州长协助平息骚乱。石泉镇警察局长也发了紧急电报给沃伦，认为骚乱必须镇压下去，请求州长立即派两个连队的士兵前往石泉镇。鉴于该州没有任何民兵组织，沃伦州长立即致电位于东部邻州内布拉斯加州的奥马哈的普拉特作战区（Department of the Platte）管辖陆军西部作战部队的霍华德少将（Oliver Otis Howard, 1830—1909），请求出兵保护石泉镇的生命与财产安全。与此同时，该州长一方面复电石泉镇警察局长，责令其动用尽可能多的警力尽量镇压骚乱，一方面联络距离夏延5千米之外的罗素堡（Fort Russell）的梅森（Mason）上校，建议他集结好一个或几个连队，在收到霍华德少将命令后可以随时行动。此时，联合太平洋铁路公司运输总监致电沃伦州长，指出如果该州无力镇压骚乱，应该立即联系国防部长，而该州长随即就致电国防部请求援助。

当天午夜，沃伦州长乘坐该铁路公司的一列专列动身前往石泉镇。在沿途车站不断收到大量的电报，“一封比一封严重”。9月3日凌晨，沃伦发电报给美国总统克利夫兰（Stephen Grover Cleveland，1837—1908），汇报说至少已有三人死亡，暴民正在阻止500多名中国人获取饮食和住宿，该州没有民兵，请求总统协助平息事态。3日上午抵达石泉镇后，沃伦发现电报里描述的惨剧只是冰山一角，遇害华工尸体横陈，“没有一个中国人还在镇上——无论是男人、女人还是孩子，但这之前有700名到900名中国人曾住在这里，而中国人此前住过的房子、茅棚或其他建筑，被烧毁殆尽，一个不留”。“尸体焚烧造成的气味令人恶心，简直无法忍受，在火车站东西两侧一英里开外都可以闻得到。”“大

图 15.2 1875 年左右的绿河镇。美国国会图书馆藏，编号 2005632706。

批中国矿工是在矿坑口处遭到袭击的，当他们从矿坑里出来的时候，沿袭着平日的习惯，尚且半裸着身体，然后遇袭，他们赶紧朝镇子周围的沙山上四散逃命，在这期间有的被杀了，有的受了伤。”沃伦查看现场的时候，该铁路公司已安排了一辆专列，将劫后余生的华工收容起来，为他们提供水和食物，并把他们载到了石泉镇以西 24 千米远的该县的县府绿河镇（Green River），以免遭到进一步伤害（图 15.2）。

甜水县警长向州长表示，目前在石泉镇找不到几个不同情骚乱者的人来组织一只警备力量，以便应对事态恶化。州长发现，参与袭击华工的人并没有被作为暴乱者揪出来，相反，镇上弥漫着强烈的“中国人不能继续生活在石泉镇”的仇视情绪，而且他们认为只要是选择反对华工的都不应该遭到逮捕。州长获悉大约 150 到 350 名白人男子参与了暴乱，而此镇现在充斥着一种恐怖氛围，敢于挺身而出谴责骚乱的人不足一打，绝大部分人都保持缄默，或者同情暴乱分子。州长也发现，参与暴乱的白人矿工都是外国出生的移民矿工，而且大部分是仍旧没有归化美国籍的外国人。

3 日当晚，州长前往绿河镇和该县的官员商讨对策，此时收到了西部临县尤因塔县（Uinta County）的警察局长的电报。该局长汇报说，该县县府埃文斯顿（Evanston）有几家位于阿尔米（Almy）矿区的煤矿也雇用了一些华人矿工，住着大约 500 到 600 名华人，那里是埃文斯顿周围的华人聚居中心，大约 700 名石泉镇华人已逃到那里求生。该局长只能组织起 20 名警员的有限力量，建议州长迅速派一个连队的士兵赶到那里提供安保，并要求州长迅速赶去视察。4 日晨，州长赶到埃文斯顿，发现“情况非常严重，一触即发”。州长连忙发电报给霍华德少将，请求火速支援。此时霍华德少将复电确认，尚未收悉华盛顿和该部队在芝加哥总部的命令。

此时沃伦州长不得不考虑援引《反叛乱法》，请求总统克利夫兰的支援。美国《反叛乱法》（Insurrection Act）是 1807 年通过的联邦法律，规定了作为陆军统帅的总统在美国领土之内动用部队平息非法行为、暴乱和叛乱的权力。但是，这一法案的本身是为了限制总统权力，因为总统在执行这一权力时必须以州政府对骚乱的初步应对为前提，也就是说如果骚乱所在地的州政府不认为局势失控而不得不请求支援，则总统就无权命令部队介入。1878 年，美国国会又通过了《治安官动员法》（Posse Comitatus Act），进一步严格限制了联邦政府动用部队介入国内的治安和执法行为，从而保障了各州的权利。

这两个法案后来经过一些修改和补充，但至今仍旧是有效的，而且容易引发对总统权力的讨论。1957 年 9 月，美国阿肯色州小石城（Little Rock）的一些种族隔离主义者试图阻止 9 名非裔学生进入中央高中（Central High School），支持种族隔离制度的州长福伯斯（Orval Faubus）调动了该州国民警卫队来阻止非裔学生入学，事态失控。在小石城市长伍德罗 · 曼（Woodrow Mann）向艾森豪威尔总统请求联邦部队介入后，9 月 24 日，艾森豪威尔命令 101 空降师前往小石城，从州长手中接管了国民警卫队，护送 9 名学生入校，每名学生也由士兵护送到教室门口，放学后由部队车辆护送回家。这就是著名的“小石城九人事件”（Little Rock Nine）。艾森豪威尔因动用部队而受到很多人基于《治安官动员法》之上的激烈批评，但他以《反叛乱法》为自己辩护。

在石泉惨案发生后，沃伦州长一直没有对总统发出正式的平息骚乱的请求，所以陆军也无从行动。这里面还有一个重要的历史背景，即当时怀俄明只是“怀俄明领地”，是 1868 年 7 月 25 日国会法案创建的一块领地，尚且不是正式联邦州，直到 1890 年 7 月 10 日该领地才正式纳入美国联邦，成为第 44 个州，即怀俄明州。石泉惨案发生的 1885 年，该州其实尚未正式建立，理论上联邦政府并不能在该领地进行太多的执法行动，当然实际情况是该州已经在建立过渡阶段，所以 1885 年 2 月沃伦被美国总统切斯特 · 阿瑟任命为州长（Governor）。

9 月 4 日这天，沃伦终于在致总统的电报中正式要求联邦部队介入。军方反应非常迅速，于 4 日当天将两个连队开抵石泉镇，另部署两个连队入驻埃文斯顿，而阿尔米煤矿周围的中国人也已经被转移到了埃文斯顿的中国社区，置于部队保护之下。9 月 5 日，埃文斯顿情况恶化，一大批持枪的白人男子赶到那里，恐吓中国人离开，阿尔米煤矿的白

图 15.3 1885年9月部署在石泉镇中心街区的联邦军队，即日后的派勒特·比尤特营（Camp Pilot Butte）所部将士。甜水县历史博物馆（Sweetwater County Historical Museum）馆藏照片，该馆授权使用（Courtesy of the Sweetwater County Historical Museum）。

人矿工也赶过来要求华人离开。沃伦州长在9月7日致总统的电文中说："如果联邦政府找不出应对的法子，我相信情况会比石泉镇还要糟糕。"聚集到埃文斯顿的这些人认为部队不会干涉他们驱逐中国人，事实上恰恰是部队及时赶到，才阻止了一场规模可能更大的骚乱和屠杀（图15.3）。

9月5日，普拉特作战区副参谋长塞缪尔·布雷克（Samuel Breck, 1834—1918）奉霍华德少将之命，令距离石泉镇最近的犹他州默里营（Camp Murray）的第6步兵团上校麦库克（McCook）派遣六个连队乘车前往石泉镇，携带十天的给养和弹药，弹压暴乱，保护华工。9月8日，国防部准将德拉姆（R. C. Drum）从华盛顿指示芝加哥总部负责的少将

图 15.4 9月9日乘车回到石泉镇的华工。甜水县历史博物馆藏并授权使用。

斯科菲尔德（J. M. Schofield），根据1880年《中美续修条约》的第三款，美国应该保护在美华工权益，总统业已授权该少将可以部署部队维持秩序，但要谨慎行事。两位将官也都分别通报了沃伦州长。同一天，麦库克率六个连队部署到位，“保护华人免遭非法暴力”，协助该州恢复秩序和逮捕罪犯。

这里所提的1880年两国续修条约即之前提到过的《安吉立条约》，其中第三款规定：“已在美国各华工及他项华人等，无论常居、暂住，如有偶受他人欺侮之事，美国应即尽力设法保护，与待各国人最优者一体相待，俾得各受按约应得之利益。”按照这个规定，中国人在美国受到欺侮的话，美国政府要以最惠国待遇立即予以保护，更不要说石泉这种光天化日之下的大屠杀暴行了。

9月9日，逃到埃文斯顿等地的650多名华人矿工乘车在四个连队200多士兵的护送下返回石泉镇（图15.4）。他们着手重建家园，并以中国传统葬礼将遇害者埋葬。华工们回忆说，当时回到旧地的人们哭着呼喊着亲人，而朝夕之间阴阳两隔，场景让人心碎。从9月2日下午惨案发生到9月9日下午华工返回石泉，经历了整整一周的时间，对这一地区的所有华工而言都是一场噩梦。华工的返回，对肇事的暴徒而言也是一场噩梦。当地小报《石泉独立报》（*Rock Springs Independent*）哀叹道："中国人又回来了，这意味着中国城又要重建了，这意味着石泉镇在白人眼里已经被杀了。"可见当地包庇骚乱、支持排华的人比比皆是。

部队入驻后，石泉警局才开始部署抓捕个别暴乱分子，最后释放了45人，拘捕了16人在案。法医也开始汇集勘验尸身报告。石泉镇医生和充作临时法医的伍德拉夫（E. D. Woodruff）医生说，他9月3日勘验了15具尸体，这些人的死因包括脑部中枪、中枪后失血过多、火灾。9月12日他又勘验了4具死于大火的尸体。另一位既是治安法官又是临时法医的约翰·路德维希森（John Ludvigsen）说，他在6个陪审团团员的监督下，于9月2日和3日先后勘察了共19具尸体。这位治安法官把自己作为临时法医的简单的检查报告提交给作为治安法官的自己，每次勘验完毕就解散陪审团，命令该镇将尸体安葬，但没有任何进一步的动作。从各方面来看，石泉镇的临时法医和治安法官都是在包庇行凶者，而陪审团成员中可能就有参与暴乱的凶徒，华工们的不幸就在于对付他们的是一张同流合污的网。

鉴于当地形势不稳，沃伦州长请求军方继续驻扎石泉，维系秩序。后来除了两个连队之外其余的连队都返回了原驻地，两个留在石泉镇的连队组成了一支专门的"派勒特·比尤特营"，方圆5.5英亩，位于重建后的中国城以南。该驻地一直到1899年解散，部队总计驻扎了将

图 15.5 9 月 18 日开始在石泉镇调查的中国外交团队和保护他们的军官。从左至右：格罗斯贝克中尉（Groesbeck）、翻译曾海、傅列秘、黄锡铨、不知名华人（或系翻译）、麦库克上校。甜水县历史博物馆藏并授权使用。

近 14 年。

中方现场调查：驻旧金山领事和驻纽约领事奔赴石泉

石泉惨案发生后，中国驻美公使郑藻如很快从报纸上得到了消息，知悉“美国土人焚杀华人多命”（“土人”指美国人，非指土著印第安人），立即联系美国外交部要求“发电调兵弹压拿凶”，并去电旧金山总领事欧阳明“派员往查”，请美国方面派官兵保护调查人员。9 月 12 日，美国国防部部长再次通过普拉特作战区责令麦库克派遣两名军官，陪同从旧金山前往石泉镇勘查案情的中国领事和翻译，保护中国外交人员的安全，确保他们得到友好而得体的待遇，并强调这个安保任务无论多难绝对不能失败（图 15.5）。为了确保万无一失，麦库克亲自出马前往执行安保任务。美方提到的从旧金山赶到石泉镇调查的中方外交人员，包括中国驻旧金山领事傅列秘、驻纽约领事黄锡铨以及翻译曾海（Tsang Hoy）三人。他们于9月13日收到郑藻如的训令，14日出发，18日抵达石泉镇，在军方麦库克上校等人的保护下，马不停蹄地兵分两路展开调查。

傅列秘是出生在纽约州的美国人，二十多岁的时候来到加州参加到了淘金浪潮中，在1855年时候已经成为一个小有规模的金矿的矿主，雇用了二十多名华工做工。他的生意后来拓展到邮递和电报服务等领域，成为一个相当成功的商人。他本人思想开明，不支持仇视华人的做法。1876年加州排华浪潮汹涌，共和党全国代表大会决定派一个特别联合调查委员会去加州调查情况，这就要求有一个人能作为代表华人利益的辩护人，委员会主任找到了傅列秘，傅列秘一口答应了下来。1879年，中国第一任驻美公使陈兰彬奏请在旧金山设立总领事一人和领事一人，次年北京任命原候选道陈树棠出任旧金山总领事，傅列秘为领事。傅列秘一直强烈反对美国社会排华，曾于1882年美国国会辩论《排华法案》的时候致信参议院,表达了抗议。在石泉惨案的调查中，傅列秘可谓尽心尽职。

傅列秘采集了五份重要证词，作证者大部分都是受到了暴乱冲击的人。我们先来看一下这些证词的内容。

石泉镇邮政局长史密斯（O. C. Smith）在证词中说，9月2日下午两点以后他听到枪声大作，远远地看到了一群暴民冲击第六矿区的华工，然后冲击华工住宅和洗衣店，朝着华工开枪，40多座华工的房子都被烧着了。他自1875年12月起就担任邮政局长的职务，因为负责给华工们付账，所以比其他任何人都了解这里的华工。史密斯说：“中国人是一个安静和非常和善的群体”“从来没有听到过他们骚扰任何家庭、妇女或孩子的事”“从来没听说过华工对白人矿工们有什么看法，他们只想安安静静地生活”。史密斯还说：“中国人来这里以后的六七年之中，我只听到过一点儿白人矿工对雇用华人的抱怨，但很多别的白人矿工都很高兴华工在这里，因为华工在的话白人们就不能形成一个只有白人的工会，这些白人矿工经历过太多的矿工工会和罢工了，相比于被一百个自大又自私的家伙们（即工会）的暴政控制着，他们更乐意听从一个开明的矿工头头。”史密斯回忆说，大约两年前此地的白人矿工开始组织工会，从那个时候起就一直听到对雇用华工的抱怨。史密斯最后总结说：“我看这场骚乱就是白人矿工工会干的；对这一点，我想知道事实真相的聪明人都是心知肚明的。”史密斯还提到，9 月 3 日的时候镇上疯传说摩门教徒也都要被赶走，很多人都很激动，但后来并没有发生驱逐摩门教徒的事。

在石泉镇居住了 15 年的居民同时也是华人矿工头头的奥唐奈（W. H. O’Donnell）作证说，在惨剧爆发的前几个月白人矿工们就流露出了不满，矿主觉得白人矿工比华工麻烦多了，“我认为整个麻烦的源头就是这样一种情况：只要华工们被雇用，任何成功的罢工都组织不起来，因为华工们从不参加罢工”。奥唐奈说惨案发生的时候，大概有六十人持枪向华人射击，并朝那些朝山上奔逃的华人开枪，一大堆没有拿枪的白人在助阵。因为是大白天明火执仗地行凶，凶手也未戴面罩，所以奥唐奈认为所有凶手都应该可以被辨认出来。

9 月 2 日正在一家公司的第 6 矿区分店内做事的詹姆斯·迪基（James H. Dickey）作证说，当天行凶的白人矿工“是威尔士人（Welsh）、康沃尔人（Cornishmen）和瑞典人（Swedes），以及其他国家的，没有美国人掺和在里面”。9 月 2 日上午这些白人矿工和华工围绕第 5 矿区入口处的房子发生了冲突，然后事态扩大。迪基最后说：“我看引起这场屠杀（massacre）的完全就是中国人拒绝加入罢工，只要他们在这里做事他们就不会参加罢工的。”迪基证明说过去六个月中，第 6 矿区的白人矿工平均工薪是一天 3.55 美元，并没有听到对华人矿工比白人矿工工薪低而出现的抱怨。

迪基任职的这家公司叫贝克威思与奎因公司（Beckwith, Quinn & Co.），公司的主营业务是为煤矿提供矿工。公司老板贝克威思（A. C. Beckwith）在给傅列秘的证词中说，他们提供的矿工不分国籍，包括中国人在内，统统提供。1875 年之前这里的矿工都是白人矿工，但那一年发生了一次罢工之后，该公司开始调整策略，向该地输入了 400 名华人矿工，但在 1884 年除了填补空缺之外已经停止招募华工来此，奥唐奈就是这家公司雇用来做华工头头的。白人矿工工薪虽然比华人矿工稍微高一点儿，但是贝克威思说这是司空见惯的，从未有人有过什么抱怨。他指出：“我听到唯一的白人矿工对华人矿工的反对，就是华人矿工拒绝参加罢工，这看上去是华工惹恼了白人矿工的地方，只要白人矿工们不把华工们撵走，他们就别想在怀俄明的地盘上搞成罢工。”贝克威思说，白人矿工们为了罢工，在从内华达州的卡林镇（Carlin）到犹他州的奥格登镇（Ogden）这条铁路线上联络其他煤矿已经有一阵子了。

贝克威思的证词很简短，然而却也暴露了一个重要信息：1875 年招募华人矿工来石泉镇，本身是联合太平洋铁路公司煤矿部门为了抵制白人矿工罢工而推行的一种战略。这家美国公司本身很明白华工没有群起组织工会和罢工的传统，因此华工等于是安插在矿工组织内的一种阻止工会形成的力量，所以公司本身恰是始作俑者，而贝克威思的生意可谓为虎作伥。

这一点从贝克威思公司另一名管理人拉尔夫·兹维基（Ralph Zwicky）的证词中可以得到进一步说明。兹维基认为惨剧发生的直接原因是当天两拨矿工围绕房屋问题的争斗，但长远的因素则是夏天的时候煤矿公司为了阻止白人矿工搞罢工打算招募更多的华工。就案件本身，兹维基说，9 月 2 日有一伙武装的白人矿工在镇上的“劳工骑士团”（Knights of Labor，此系白人矿工的工会）的大厅齐集，高喊“白人都加入进来”（White men, fall in），并且传递消息说“晚上 6 点要召开矿工大会解决华人问题(the Chinese question)”。但下午两点多的时候，差不多 150 人开始冲击中国人，手持来复枪对他们展开了“对无辜生灵的毫无人性的屠戮”（an inhuman butchery of innocent beings）。他回忆当时的情景说：“中国人像一大群被追猎的羚羊一般，毫无抵抗之力，他们身后是一通紧接一通的枪声。有那么一两分钟，镇子东面的山坡上真是布满了蓝压压的一片被追杀的中国人。”（中国人多穿蓝布衣服）他看到中国人的房子被点着了，好多一直烧到午夜过后，“与此同时，男人、女人和孩子都加入了洗劫与掠夺的行列”。

兹维基回忆：“第二天的时候，中国城惨不忍睹。在其中一个地方，有三具烧焦的尸体，在另外几个地方也横躺着一具或两具。有一具尸体几乎被野猪吃光了。尸体都被烧焦了。其中一具背后中枪，扑在灌木蒿草里，其他地方也有其他的遇难者。”兹维基说：“就我所知，这些中国人都是很本分和善良的劳工……我承认那些白人矿工可能不愿意看到外国人被雇用，但是解决之道不应该是诉诸屠刀，而在于妥协、仲裁和立法。”

图 15.6 1885 年 9 月 16 日美国纽约的杂志《顽童》封面上的时事漫画。右边是中国公使，手里的单子上列着“在美遇害华人名单：在加州的、在科罗拉多州的、在亚利桑那州的、在怀俄明州的……”，左边是美国山姆大叔正在起草“在华遇害美人名单：在北京的、在上海的、在南京的……”。他们背后墙上悬挂着美国国旗和大清龙旗。这幅漫画预言了马上就要展开的中美外交谈判。美国国会图书馆藏，编号 2011660543。

傅列秘的调查表明，这起惨案发生的主要原因是华工拒绝参与白人矿工的罢工，导致了后者的仇视。就在傅列秘展开走访调查的 9 月 18 日这天，联合太平洋铁路公司的三名政府视察员来到石泉镇，傅列秘向他们介绍了情况，这三名专员也简要地查看了一下案情，并举行了一个小规模的记者招待会。在招待会上，他们确认行凶者中没有美国公民，都是英国人、威尔士人、苏格兰人、爱尔兰人和斯堪的纳维亚人，介绍说16人被逮捕，35名涉事者被释放。这些专员是视察整个铁路沿线情况的，不是为石泉惨案而来，但承诺会在年底前向内政部长报告此事（图15.6）。

与此同时，黄锡铨和翻译曾海走访调查了石泉的中国劳工，听他们诉说了当日的情形，而华工的证词也印证了罢工引发冲突之事。华工们告诉黄领事说："白人们有好几次想让我们和他们站在一起，要求公司给大家提高工薪，包括白人和华人的工薪。我们问他们说，如果公司拒绝给我们涨薪水怎么办。他们说，那就一起罢工，这样公司就会被迫给我们涨薪水。我们不同意那样做，就惹恼了白人们。"

按照华工们的陈述，在过去两年间石泉镇已经有了一个名为"白人的城镇"（White men's Town）的组织，要把华人驱逐出去，但华工们都埋头工作，对这个组织和其目标完全没有理睬。9月2日早上也并没有围绕矿坑口附近的房子发生争执，相反，上午7点钟左右就有十几名白人男子来到第6矿区要求中国人不能再在这里工作，并很快开始袭击华工。到下午2点，大规模的袭击开始了。白人暴徒们的行凶手法多样，有的直接开枪射击；有的拿枪逼停华工搜身并在搜光金银细软后再放行；有的殴打华工；有的没有袭击或抢劫华工，但站着大声叫好和鼓掌来壮声势。还有一队白人妇女站在中国城的边上，大声叫好，其中两个女人持枪朝华人射击。有一位平常日子里教中国人英文的白人妇女，此时竟然也拦住中国人搜身，抢夺手绢和其他物品。在后来美国记者的调查中，有一位石泉镇的人认为这样的事情发生真是不幸，但是此人毫不掩饰他看到中国人四散奔逃时候的那种兴奋之情。

华工们表示，他们很多人分散在不同矿区工作，9月2日的时候根本没有想到会有冲突发生，而且他们没有枪支和其他防卫措施，就跟一群受惊的鹿一样东奔西跑。他们可以指认很多骚乱分子，包括朝中国人开枪的两个白人妇女。他们的财产损失巨大，而且9月1日的时候他们刚刚按照传统从铁路公司购买了一个月的生活必需品，所以直接损失比其他时候尤其严重。

从沃伦州长、傅列秘和黄锡铨等人的调查来看，该镇参与暴乱的狂徒都是可以指认出来的，虽然这些狂徒可能不是美国出生的本土公民，但骚乱发生之时，该镇上很多美国白人，包括男人、女人和孩子，纷纷参与到了对华人的抢劫中，造成了一场歇斯底里式的全民洗劫。上面提到的那位女英文教师的行为尤其具有代表性，一个平常温文尔雅的女教师也在骚乱中丧失理智，加入了洗劫行列。在这种情况下，镇上的人互相包庇在所难免，不可能把罪名坐实到某一个个人的头上。为傅列秘提供证据的五个人，其实都是反对工会罢工的人，或者是其利益受到了骚乱影响的人，并不能代表镇上大部分参与骚乱和抢劫的人的想法。

雇用华工的究竟：工会与铁路公司的交涉

此时，站在行凶者背后的罪魁也没有闲着。9月19日，位于科罗拉多州首府丹佛（Denver）的“劳工骑士团”工会执行委员会主席托马斯·尼舍姆(Thomas Neasham)，致信联合太平洋铁路公司总监和主席，明确声称公司引入中国劳工伤害了他们白人矿工的利益，早就引发了工会负责的所有团体成员的极大不满，并附上了六条具体的不满表现，最后要求公司从整个系统中裁掉华工，并用白人矿工填补华工离开后的缺口。除了华工问题之外，该工会还要求公司驱逐贝克威思与奎因公司，认为他们卖的东西价格太贵。工会的态度可谓十分强硬。

22 日，公司总监卡拉韦（S. R. Callaway）复信尼舍姆，说：“您提到华工来了以后工会成员就出现了极大的不满，但您似乎忘记了在我们无数次的会谈中您从来没有对雇用华工方面表达过不满，而且就在事件爆发前几天在我的办公室举行的会谈，即与您和奥马哈工会委员会成员一起的会议，委员会成员们也都非常高兴，丝毫没有因为公司雇用其他劳工而生龃龉。我也不得不提醒您一下，早在我们公司遭到任何劳工难题之前，已经雇用中国人了，雇用华人是公司最早就有的策略，而不是选择性雇用的结果，雇用华人是维护路基和保持煤矿运作必不可少的事。”该总监声明：“就我目前所知，在石泉之前，联合太平洋铁路公司遇到的劳工问题的种种困难，都与华人问题没有什么联系。”此外，该总监明确说到，至于从整个公司系统中裁撤华人，除非公司得到再也没有罢工和其他危及公司财产的事情发生，才能够考虑，但无论如何，公司都具有自主雇用任何劳工的权利，也不会欢迎其中的一批劳工去强权压迫另一批劳工。

双方交涉表明，工会是坚决排华的，而该公司正是要通过雇用华工来抵制工会要搞的罢工。在他们的利益对峙之中，中国劳工注定沦为板上鱼肉。另一方面，鉴于石泉案的残暴程度及其引发的重大后果，该铁路公司开始更为坚决地抵制工会的排华要求，而且该公司总部位于波士顿，是民主思想占主流的新英格兰老牌州，从政策层面上并不支持任何形式的歧视外籍工人。

1885 年 10 月 1 日，石泉镇以东 200 多千米的怀俄明州的卡本县（Carbon）的煤矿工会开始领导该煤矿罢工，并致信联合太平洋铁路公司，声明在该公司将一切华工解雇之前绝不恢复工作，而且声明其反对华工的行为不应受到惩处。该公司上层二话没说直接关闭了卡本县煤矿，当地白人矿工悉数失业。10 月 2 日，位于石泉镇东南 600 多千米的科罗拉多州丹佛市附近的路易斯维尔镇（Louisville）的煤矿也对该公司提出了类似的排华请求，公司照样迅速关闭了该煤矿。丹佛附近的白人矿工联合签署了一份申诉书，送到铁路公司位于波士顿总部的董事会董事长处，要求“从公司中剔除中国劳工”。董事长查尔斯 · 亚当斯（Charles F. Adams）于 12 月 16 日答复说：“中国人和公司雇用的其他国家的人一样，包括美国人、欧洲人或者非洲人，都是根据合同进入公司工作的，他们或者公司随时都可以终止合同。……董事会成员不会根据国籍、肤色或宗教而歧视其员工。”这一煤矿的矿工也就此悉数失业。

证据汇集华府：傅列秘和黄锡铨呈郑藻如报告

9 月 30 日，傅列秘写了一份详细的调查报告上呈驻美公使郑藻如，并附上了详细的证人证词。傅列秘说，过去十年之间在怀俄明州铁路煤矿工作的华工大约有 1 000 多名，从未有人犯法滋事，地方矿工也对华人矿工没有什么抱怨，这次的冲突主要是华工拒绝了“劳工骑士团”工会的联合罢工要求。暴乱发生的时候，暴徒大喊：“绝不怜悯，把他们全都射倒！”傅列秘强调，整个惨案的处理过程就是一出滑稽剧（a burlesque），他认为地方官员不会惩处任何凶手，在一种恐怖气氛下，当地没什么人敢于作证指认任何人。他也揭露了当地的腐败，指出法医检查的敷衍了事以及陪审团的罔顾真相。

保护中国外交官的麦库克上校和傅列秘对当地形势的判断是完全

一致的。9 月 20 日，麦库克就向普拉特作战区发送了一封电报，提到就他 17 日抵达石泉镇以来所亲眼目睹的事情而言，想要地方民政官员审判凶手简直就是一个有关法律和正义的笑话，如此令人发指的暴行不得不让他建议对甜水县立即进行军事戒严，由军方逮捕和审判凶手。当然，军方并没有介入民政司法程序。

10 月 5 日，黄锡铨将他的调查报告上呈郑藻如，附上了很多华工的证词，列出了遇难者名单、年龄和家庭状况，还附上了 559 名华工的联合签名。黄锡铨表示，遇难华工中发现遗体或者可以拼成遗体的总计 25 名，另外 3 人没有找到遗体，但肯定已经遇害，所以总计 28 人遇难。黄锡铨详细列出了华工财产损失清单，包括曾经住在 42 所帐篷内的 508 名矿工的总损失 69 380.55 美元，以及曾经住在茅棚内的 256 名华工的总损失 78 368.19 美元，总计 764 名华工共损失财产 147 748.74 美元。损失总额换算到今天的额度的话相当于大约 418 万美元。

嫌犯全部无罪释放：当地法庭结案

事实证明傅列秘和麦库克的判断是非常准确的，甜水县当地官员勾结一气，司法公正和正义无从伸张。该县位于绿河的法庭成立了一个大陪审团，一共 16 人，其中 11 人来自石泉镇，其中可能就有参与暴乱的分子。

该法庭和陪审团调查了 30 位目击者，但只公布了其中 3 人的证词，这 3 人都是来自同一家，即蒂莫西 · 瑟劳威（Timothy Thirloway）牧师以及他的妻子和一位女儿。这三人平常与一些中国矿工接触较多，晚上经常给他们布道传教。他们的证词基本一致，说的都是 9 月 2 日那天下午，他们听到响声后跑出家门，发现附近的第 15 和第 16 号矿工房屋里有 4 名华工从屋里跑出来，但又很快跑回屋里，然后他们看到屋子从里到外冒起了黑烟，中国人随即逃跑了。当时周围还没有白人矿工抵达，于是他们判断是中国人自己点着了自己的房子。瑟劳威的妻子和女儿都问中国人说点着自己的房子岂不是把自己的东西也都烧光了吗，中国人回答说东西都埋在地下了，不会有事的。该法庭和陪审团就公布了这一家人的证词，给公众形成一种中国人自己焚毁住宅的印象。至于其他报纸对他们的这种行为的批判，他们毫不在意。

10 月 6 日，法庭就此次事件做出了最终判决，大陪审团一致认为：

> 我们认真调查了上月 2 日在石泉镇发生的事，尽管我们调查了大量的证人，但是没有一个人能证明任何一个白人在那天参与了任何一桩罪行。这样一来，不管在 9 月 2 日那天发生了什么样的罪行，在我们面前嫌疑犯都未被证明有罪。因此，尽管我们对这种情况深感遗憾，在我们宣誓的责任之下，我们完全不能够认定他们有罪。我们也调查了造成石泉镇冲突的缘由。虽然我们发现没有什么理由会导致那样的罪行，我们毫不怀疑地相信铁路公司和其官员应该立即采取措施，停止滥用和剥削现象。如果纠正了这些滥用和剥削，我们州的名誉就不会因为 9 月 2 日之事而受玷污。

在当时依旧高涨的反华情绪下，此陪审团做出如此无耻荒唐的结论，并不意外。受拘捕的 16 位嫌疑人当庭获释。美联社记者报道说，当晚这些人从绿河镇回到石泉镇的时候，受到镇上数百名男女老少的夹道鼓掌欢迎。美联社的报道也不忘补上一句：当地煤矿产量锐减到了一半多。

联邦政府应否负责：公使郑藻如与国务卿的交涉

驻美公使郑藻如向北京汇报石泉惨案的第一封电报是 9 月 22 日也就是惨案发生后 20 天才抵达北京总理衙门的，寥寥数语，可见当时他还没有获得详细的汇报，但他要求总理衙门摘录之前美国公民在华遇害案件的赔偿银数通知他，以便同美方交涉赔偿。总署一头雾水，于 9 月 28 日复电郑氏，焦急地问询他“美伤华人，因何起衅，在何地，共伤几人，现查办如何”。30 日，郑氏复电北京，简单交代了一下案情说：

> 此案因轮车公司在洛士丙冷地方挖煤，工价华贱土昂，公司辞去土人工头数名。七月二十四日土人闻信，突到洛士丙冷华人寓所焚杀，闻毙华人多命，即委黄锡铨等往查。先经洋官将尸埋葬十八。接锡铨草草禀称，启棺亲验，华人全尸五具，余或头腰，或手足，或数骨，或焦焚零碎，细验约二十具，伤者十人，尚无大碍，现拟赶查损失财物等情，俟续禀确情到日，力催外部办凶追赃。再洋文译曰洛士丙冷，距美都及金山各六千余里。

“七月二十四日”是农历日期，即公历的案发日 9 月 2 日。这份电报显示，郑藻如在案发 28 天之后，仍未获悉确切情报，而且还没有弄明白洛士丙冷具体的地理位置，竟认为该地距离美国首都华盛顿和旧

图 15.7 位于华盛顿杜邦环岛的中国驻美公使馆，摄于 1893 年。美国国会图书馆藏，编号 93517591。

金山都是 6 000 余里，实际上石泉距离旧金山大约 1 200 千米，也就是 2 400 里；距离华盛顿 2 700 千米，即 3 400 里，何来 6 000 余里之说？可见当时郑氏对美国地理之混沌。不过郑藻如反应积极，除了向总署询问历来中国赔偿在华受损失的美国公民的案件之外，还向两广总督张之洞发电，询问广东有关沙面案件赔偿美国的款项等等，同时聘请美国律师，一切都在为向美索赔做准备。张之洞很快向郑藻如发去了长篇电报，介绍了 1883 年广州沙面地方中国民众和英国以及美国方面的船只的冲突及中方的赔偿情况（图 15.7）。

11 月 30 日，郑藻如致信美国国务卿贝阿德（Thomas Francis Bayard，1885 年 3 月—1889 年 3 月出任第 30 任国务卿），介绍了石泉惨案情形，附上了傅列秘和黄锡铨等人的汇报总结、证人证词、法医鉴定、遇害人名单、财产损失报告等等。郑藻如要求美方严惩凶手、赔偿损失以及保护在美华人，并详细罗列了中国是如何赔偿在华受到攻击的美国公民的。这封信很长，层层铺开，可见郑藻如的确是下了大本钱请律师来做这项对美政府索赔的重要工作。按照嗣后接替郑藻如担任驻美公使的张荫桓的说法，郑氏聘请律师花费了 4 000 美元，换算成今日币值约在 11.2 万美元左右。

在此之前，就在美遇害和遭受财产损失的华工案件，中国驻美外交官也曾向美方提出过索赔要求。郑藻如提到，1880 年科罗拉多丹佛的暴徒攻击中国城一案（1880 年 10 月 31 日丹佛中国城遭到美国白人暴徒洗劫，华人一人死亡，中国城很多商店和住宅被焚毁），当时的国务卿威廉·埃瓦茨（William Evarts，1877—1881 年出任第 27 任国务卿）及其继任者詹姆斯 · 布莱恩（James Blaine）都拒绝赔偿。郑藻如说，如果美方这次还坚持埃瓦茨时期的不赔偿政策的话，那么中国也应该同样对待那些在中国遭受损失的美国公民。

郑藻如提到当年埃瓦茨声称："我不知道美国国家有要对丹佛暴徒攻击中国居民的行为负责的义务原则，当然也不是中美条约中所规定的；适用于丹佛居民的补偿措施也一样适用于那里的中国居民。……这就是国际法原则，也是国家友善所要求的用途。"郑藻如对此十分不满，提到国家之间是要互相友善的，指出虽然在 1858 年《中美天津条约》第二十九款内明确有"凡欲人施诸己者，亦如是施于人"（"to do to others as they would have others do to them"）的条款，"但是很不幸，在本世界内基督教国家（Christian nations）并没有对中国一直实行这一原则"。然后，郑藻如历数美国是如何要求中国赔偿在华受到伤害的美国公民的，以及美国驻华公使是如何在美国务院的指示下插手美国公民在华受伤的案件并要求惩凶和赔偿的。郑藻如特别提到了中国政府在 1858 年赔偿了美国公民所要求的 735 258.97 美元，“悉数尝清”。

就美国赔偿方面，郑藻如援引了美国 1850 年在新奥尔良地区发生的反对西班牙的骚乱中最后是如何赔偿了西班牙的。在那个案件中，当时的美国国务卿和后来的埃瓦茨一样，起初是拒绝西班牙的赔偿要求的，理由是新奥尔良地区的西班牙居民并不比本地美国居民享有更多的保护权，但是最后美国政府还是赔偿了西班牙一大笔钱。照此道理，美国应该赔偿石泉案中受害的华人。郑藻如承认，在美华工受到了一些人的仇视，但是他很高兴美国政府和大部分民众并不是这样，美国也在 1880 年《中美续修条约》中承诺保护已经在美的华工，现在美国政府显然没有做到这一点。

12 月 2 日，郑藻如致电北京总理衙门，汇报说：

> 洛士丙冷案，查因洋工停工挟价，屡恨华工不从。七月二十四日早，攻占华工所挖煤穴，殴伤华工三。未刻又攻华人住处，毙二十八，伤十五，焚掠七百余华人之财产房屋，值十四万七千七百余元，已与状师订稿，今日照请外部办凶，赔偿抚恤。

这是案件爆发正好三个月之后，总理衙门第一次相对确切地知道了案件情况，但总理衙门指示郑藻如说，嗣后遇到这类事务，“须电奏请旨再办”，即便是迟缓一些，也对己方有利，而如果径自先行办理，恐怕日后遇到了类似事件时对方借口援例，事情会很麻烦。从这三个月的交流来看，驻美公使和北京上司之间的沟通不甚良好，没有形成一个快速有效的机制。但是，好的地方在于双方都对美国的暴力排华事件极为重视，总理衙门也不断搜罗翻译上海和广州等地出版的英文报纸里的排华消息。在同文馆翻译的一些英文报纸内，北京认识到了石泉惨案的程度，所谓“自开金山以来，未有如此奇惨事也”，即自从中国人抵达旧金山以来这是最为悲惨的一桩惨案。

图 15.8 美国第 30 任国务卿贝阿德。美国国会图书馆藏，编号 2017893495。

1886 年 2 月 18 日，国务卿贝阿德就石泉案给了郑藻如一份长长的正式答复。贝阿德指出，石泉惨案发生地位于怀俄明领地之上，不是位于美国联邦的领土之上，因此应该由该领地负责此事，联邦政府理论上不应插手。贝阿德解释了美国的行政架构，试图表明联邦政府与自治的怀俄明领地之间的区别，并强调说，就石泉惨案的施暴者和受害者，中美两国政府以及怀俄明领地方面都没有卷入，行凶的和受害的都是“在我国的外来人”(strangers in our land)，即外国人。根据这一逻辑，美国联邦政府不能予以赔偿（图 15.8）。

针对郑藻如提到的《中美天津条约》第二十九款内的“凡欲人施诸己者，亦如是施于人”的规定，贝阿德指出中美具有同等义务的做法属于法律上的“诉诸人身谬误”(ad hominem)，即对人不对事，而攻击华工的外国籍暴徒们的私人犯罪行为不能让美国联邦政府来承担赔偿责任。他清楚地指出，美国政府不对本国公民的个人犯罪行为负责，更不会对居住在本国的外国公民的个人犯罪行为负责。美国政府严厉谴责暴行，但像石泉案中的个人暴行并不应由美国政府来负责。对郑藻如提到的1850年美国赔偿西班牙一案，该国务卿指出，两案存在本质的不同，在新奥尔良的骚乱中西班牙领事馆受到了破坏，而且事情发生的时候两国政府正在交涉西班牙政府遣返侵犯古巴的几名美国公民，带有两国政府外交的背景在内，因此总统建议国会对西班牙进行一定程度的赔偿。石泉一案跟新奥尔良不能相提并论。贝阿德的"诉诸人身谬误"一说，是对郑藻如的索赔的最致命的否定。然而，他对调查证词内屡次提到的镇上的美国居民集体参与了洗劫华人社区一事，闭口不提。

该国务卿甚至笔锋一转，责备华工说："中国移民的特征和习惯，让他们把自己同其他的在美国的居民和公民隔离开来，而且和其他国家的移民不一样，中国移民拒绝融入大众之中。"贝阿德认为这一点就造成了华人被歧视，特别是在那些同他们竞争工作的他国移民眼中尤其如此。除了表达了这种赤裸裸的种族主义偏见之外，贝阿德还责备中国人不应该跑去像石泉那样荒凉的地方，而且外国劳工之间类似的矛盾哪里都有，不惟石泉一处，"用来保护在宾州的一个匈牙利或者意大利合同工人的，或者一个在俄亥俄的瑞典人的，也照样适用于太平洋海岸的中国人"。(图 15.9)

贝阿德的态度基本上代表了当时美国联邦政府的立场，他试图向中国公使表明美国联邦政府对石泉惨案不承担任何法律责任，也没有对华工进行赔偿的法律义务，中美两国签订的1844年、1858年、1868

图 15.9 美国杂志《顽童》于 1886 年 3 月 17 日刊发的讽刺漫画插图。图中中国公使左手向美国国务卿展示："中国政府 1858 年赔偿了美国公民所要求的 735 258.97 美元，悉数尝清。"右手握着的卷起来的文件上写着"中国的要求"。国务卿贝阿德与此前两位国务卿一样，对中国的赔偿要求不屑一顾，而三位分别在 1877 年、1881 年和 1886 年担任国务卿的政客背后的墙上都写着同样的一句话："中国人没有选举权和权利，本政府坚决认可这一点。"

年和 1880 年的四个条约内也没有这样的规定，郑藻如做的一些解释属于"诉诸人身谬误"，并非条约本身的规范。从该国务卿的答复来看，美国联邦政府可以选择不赔偿，和 1880 年丹佛惨案时候一样。

然而，石泉惨案在当时已经引发了美国全国媒体的广泛关注，从美联社到《纽约时报》和很多地方报纸，都纷纷就暴力骚乱和荒唐可笑的法庭结论做了广泛的报道，一时间成了全国著名的案件，远远不止是怀俄明领地一个地方的事情了。贝阿德不得不把这种情况考虑进去，因此在信的最后，他表示他个人认为，在目前的局势下，总统可能会向国会建议赔偿遭受损失的华工，但那完全是出于同情与怜悯，而不是出于两国条约要求或者国际法原则；国会也可能也会基于同样的理由，批准“非因法律义务”（ex gratia）的赔偿，虽然之前从未有过这样的先例。他这样说的时候态度是非常谨慎的，毕竟最后的结果并不取决于他本人，而是总统和国会。

赔偿：美国决定赔偿与中国的分发赔偿

石泉惨案引发了广泛的国内外关注，对美国政府善后形成了巨大的压力。美国驻华公使田贝（Charles Denby）也敦促华盛顿对华赔偿，因为中国国内的反美舆论正在上升，广州和重庆等地接连发生反对美国商人和传教士的事件，在华美商感受到了明显的压力，特别是在与美国西部华人联系紧密的广州一带，两广总督张之洞也在田贝眼中成了鼓动地方反美的领军人物。在这种复杂的情形下，美国总统克利夫兰于 1885 年 12 月建议国会考虑批准合适的赔偿。

此时光绪皇帝已经任命太仆寺卿张荫桓为新任驻美公使。当时驻美公使的正式头衔是“驻美、日、秘国大臣”，也就是驻扎美国、日斯巴尼亚（即西班牙，西班牙在西班牙语中为España，发音类似“日斯巴尼亚”）和秘鲁国的公使，驻节美国首都华盛顿。张荫桓 1886 年 3 月 19 日由香港抵达日本横滨后，曾赴东京拜访了日本外务卿井上馨等人。井上馨在会见时提到美国驱逐华人的事情，建议张荫桓参考法国的法律，以便抵美后加以交涉。张氏问询美国是否应该赔偿，井上馨沉思良久后说：“如果中日两国对待美国人这样的话，美国是一定要向我们索赔的。”这一问答让张荫桓坚定了赴美后办理美国政府索赔一事的信心。

4 月 7 日抵达旧金山之后，张荫桓去中国领事署视察，然后亲赴中华会馆和三邑会馆，与华商座谈。张氏了解到此地的华商 1885 年刚刚遭到本地美国人的驱逐和攻击，准备回国，但账目未清无法动身，一时进退维谷，直到 1886 年春情况稍微好了一些，所以华商们都希望张荫桓能够在旧金山多停留一些时日，以便向他汇报情况。张荫桓在慰问华商之余，向诸商表示，自己“奉命远来，保护商民，责无旁贷”，尽显其作为驻外公使的责任感。张荫桓回顾中美关系史说：中美订约通好数十年，并在同治七年签署有允许华工自由往来美国的《蒲安臣条约》，“其时美国志在开辟西境，招致华人惟恐不力”，在很短的时间内，这些地方火车铁路四通八达，“金山”附近的荒芜之地也变成了都会之所，如果没有华人的力量，怎么可能会这样好呢？讵料美国很快限制华工入美，更有驱逐之事，“近且焚掠抢杀，惨毒不堪”。华人不远万里来这里发展，应该一方面“咸务正业，毋为所轻”，一方面也要团结起来，小事诉诸会馆，大事交付领事。从我们后来人的眼光来看，张荫桓是一位尽心尽职的驻外公使，初抵美国就当着旧金山华商的面强调了其保护商民的重大责任，这是难能可贵的。

4 月 16 日，张荫桓一行从旧金山乘火车出发，历经内华达（张氏称为“尼华大”）、犹他（“乌大”），于 4 月 18 日行抵埃文斯顿，张在日记中说：“地距洛士丙冷不远，华民箪食壶浆，意自有在，吾侪不能拯水火而慰云霓，良兹愧耳。”次日行抵怀俄明州首府夏延，州长沃伦来拜会，“谈华民被害事，并为太息。”张氏于 23 日抵达华盛顿上任，接替郑藻如，但北京电令其与郑藻如一起办理石泉案赔偿事宜，郑藻

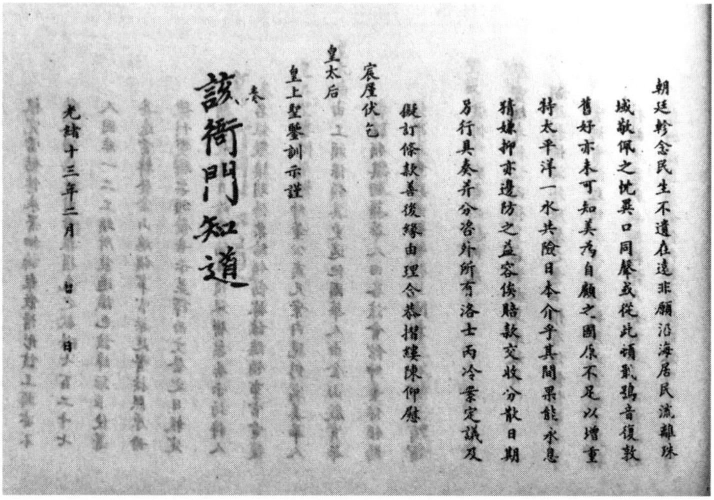
朝廷軫念民生不遺在遠非獨沿海居民流離殊
域敬佩之忱異口同聲或從此誦戴鴻音復敦
舊好亦未可知美為自顧之國原不足以增重
特太平洋一水共險日本介乎其間果能永息
猜嫌抑亦邊防之益容俟賠款交收分散日期
另行具奏并分咨外所有洛士丙冷案定議及
擬訂條款善後緣由理合恭摺據陳仰慰
宸廑伏乞
皇太后
皇上聖鑒訓示謹
奏
該衙門知道
光緒十三年二月　日

图 15.10 张荫桓于光绪十三年二月初四日（1887 年 2 月 26 日）向光绪皇帝汇报美国政府同意赔偿的奏折一瞥。光绪朱批“该衙门知道”，是对负责外交事务的总理衙门的批示。

如暂留美国一起会同协办，待两国议定善后章程后再行回国。

在张荫桓和郑藻如的持续催问之下，美国国会于 1887 年初批准了一笔 147 748.74 美元的款项，以支票的形式通过中国驻美公使赠予中国。这一额度和黄锡铨列的石泉华人损失总额是完全一致的。在中国看来，索赔取得了巨大成功（图 15. 10）。

张荫桓将这笔赔偿款项发到旧金山总领事馆，由总领事梁廷赞于 1887 年 4 月 23 日（光绪十三年四月初一）到 8 月 28 日（七月初十日）逐次逐笔发放完毕，并造册登报，公之于众。通过细心对照，梁廷赞等发现伤亡和财产损失清单上有廖永玩等六人是重复申报的，因此于 10 月 24 日将这一部分多余的 480.75 美元退还了美国政府，美方复文表示感谢。就此，石泉案赔偿事宜于 1887 年 10 月底正式结束，美方总计赔偿了 147 267.99 美元。

石泉惨案索赔成功是晚清中国外交史上的一件不大不小的胜利，它的意义在于这是中国首次索赔成功的案例，正如张荫桓对光绪皇帝汇报的那样:“自中外通商以来，外国赔偿中国巨款，系属初次。”然而，这样的外交胜利在很大程度上是美国国内新闻舆论压力和中美国际政治以及美国在华商贸阶层压力的联合产物，从美国国务卿等政府要员本身的态度和其所遵守的法律规则来看，美国不予赔偿也并不违背其行事原则，而且到最后这笔赔偿金名义上并非是赔偿遇害华工的，只是赔偿其财产损失。中国的胜利带有很大的偶然性，也没有能够阻止美国西部暴力排华事件继续发生，事实上旧金山等地的华人群体此后照样受到了一连串的攻击。为了防止再发生类似石泉的惨剧，中美双方在一定程度上达成了进一步劝禁华工进入美国的共识，这对赴美华人群体而言，不能不说是另一种层面的惨剧。

尾声：石泉镇与海外中国情

华工们正如一粒粒被压在石头下的草籽，重压之下仍旧顽强地生长和生存着，即便曾经被人拦腰砍断，依旧生生不息。2018 年，甜水县历史博物馆为了纪念石泉惨案而重新刊印了记者艾萨克 · 布罗姆利（Isaac H. Bromley）于 1886 年在波士顿发行的《1885 年 9 月 2 日怀俄明领地石泉华人大惨案》（*The Chinese Massacre at Rock Springs, Wyoming Territory, September 2, 1885*）这本小书，并且配上了该馆珍藏的一组 1895 年左右农历新年时期石泉镇华人庆祝游行的照片，从这些照片中我们可以看到石泉惨案后华人群体生生不息的发展（图 15. 11,

图 15.11 1895 年左右石泉镇华人春节游行，左侧站着围观的基本都是镇上的美国人。甜水县历史博物馆藏并授权使用。

图 15.12 石泉镇华人祭祖，周围很多美国人好奇地挤到前面围观。甜水县历史博物馆藏并授权使用。

图 15.13 石泉镇华人游龙。甜水县历史博物馆藏并授权使用。

图 15.14 1925年从铁路公司煤矿退休要回国的四名华工，其中Ah Jin（阿金？）和Ah Him（阿新？）两人是石泉大屠杀的幸存者。甜水县历史博物馆藏并授权使用。

图 15.12，图 15.13）。

1911 年辛亥革命后清王朝覆灭，1912 年中华民国建立，在石泉镇的华人群体也对这一国内翻天覆地的政治变化做出了回应。1913 年，石泉华人将使用了很多年的春节游行的游龙拆掉了。这条龙由丝绸、布匹和小镜片制成，有 100 英尺长（30.48 米），要由 100 个人举着游行，龙头制造得尤其精良，游行之时威风凛凛。这个游龙制作成本高达 1 000 多美元，是多年来石泉镇华人引以为豪的中国文化象征。如今清朝已去，民国已到，为了和过去的旧传统分离开来，他们决定拆掉这条龙，把眼睛给了当地一个人做纪念，现在这两颗龙眼保存在甜水县历史博物馆之内。

2019 年秋，我联系了对石泉镇华人移民历史十分重视的甜水县历史博物馆，问询了相关的照片采用权等问题，同时咨询了一下现在是否有华人后代住在石泉周围。博物馆的执行馆长布里吉达·布拉西（Brigida Blasi）次日就十分热情地回复我说，他认识几位华人后代，但是现在并没有任何华裔居住在以前石泉的中国城地区，在 1882 年《排华法案》的影响下很多当年的华工没有结婚，当最后一批“老工人”（“old timers”）于 20 世纪 20 年代退休的时候，铁路公司出资将他们送回了中国（图 15.14）。

在该馆珍藏的一张 1925 年的照片上，四名回国前的华工都穿着美式西装和大衣，扎着领带，拿着礼帽，脚蹬皮鞋。这些华工当时已经早已不再是大清的子民，当年的辫子踪影全无，他们即将告别工作了大半生的熟悉而陌生的土地，越过大洋，回到熟悉而陌生的故土。沧海桑田，诚哉斯言。他们有一些人回到中国后，还给联合太平洋铁路公司邮寄回了自己的照片，感谢公司对他们回国时候的照顾，可见这块土地捆绑着他们一生中太多太多的记忆。

第十六章　林家女孩：我们究竟是谁？

越洋加越境：《排华法案》之后继续进入美国的中国移民

直至今天，人们对于《排华法案》以及嗣后华人移民美国的历史的理解，基本都限定于美西加州一带，因为那里曾是华工最为密集、也是华工遭受种族歧视和暴力伤害最多的血泪之区，而一般的印象也认为这个法案颁布以后，直到 1943 年废除之前，没有多少华工进入美国。

实际上，在 1882 年之后，有为数不少的中国劳工进入美国，绝大部分都是以从边境上偷渡的方式完成的。从美国南方墨西哥边境以及北方加拿大边境进入美国，成为中国劳工偷渡的主要渠道，据统计，在 1882 年到 1920 年间，就有大约 17 300 余中国劳工通过美国南北这两条边境线偷渡到美国，而从美加边境偷渡的成本要低于美墨边境。当日的美加边境不像现在这样严格，很多边境管理员都参与到了利润很高的走私中国劳工的勾当中去。

加拿大政府在1923年通过了限制华人入境的《华人移民法案》(Chinese Immigration Act)，属于美国1882年《排华法案》之加拿大版，但在1923年之前很多华人移民仍旧可以正常入境加拿大，然后偷渡到美国。19世纪后期北美洲和东亚之间的跨太平洋远洋交通的进步也从技术层面给移民提供了诸多方便，例如1891年加拿大太平洋铁路公司（Canadian Pacific Railway Company）加入了太平洋邮轮公司（Pacific Mail Steamship Company）阵营之后，在香港、日本和温哥华之间开通了三艘客轮，这使得中国移民可以一张船票从香港直达北美大陆。

当时华人移民的足迹除了抵达加州之外，还随着美加两国日益兴起的四通八达的铁路网络深入到了受民主进步思想影响较深的东北地区的马萨诸塞州和纽约州，以及种族隔离制度仍旧在现实中施行的南方州，包括种族隔离制度十分严格且执行得十分忠实的密西西比州。我们今天故事的主人公，便是最终在密西西比州落脚谋生的华人移民家庭。

从广东到密西西比：林氏的移民之路

1904年，一位名不见经传的广东人林秋龚（Jeu Gong Lum，音译）从广东乘船抵达加拿大，然后很快在一个冬夜徒步穿过美加边境的底特律河的冰面，进入芝加哥。林秋龚的偷渡是一场冒险，按照今天的说法，属于典型的非法移民，芝加哥人多眼杂，林氏担心被政府盘问，不久后乘车南下，最终抵达密西西比三角洲地区的玻利瓦尔县(Bolivar)。

密西西比州的这一三角洲地带自19世纪以来就是美国和全球棉花

种植的主要区域，而该州在内战前曾拥有比其他南方州都要多的黑奴劳动力，内战之后劳力出现了大量缺口，于是开始推行召集“苦力们”，即中国劳工前来的政策，很多中国移民就开始涌入这一地区。1870 年《玻利瓦尔县时报》（*Bolivar County Times*）兴奋地报道说，当地两个种植园“最近从香港直接招来了许多中国人——足足有 16 名，来作为劳工，这些中国人非常高兴”。短短三年之间，附近已然有了超过 200 名中国劳工，基本上都是来自广东。

然而，这批中国劳工在种植园待的时间都不长，他们都很年轻，不断地四处跳槽赚短线快钱，最后很多会在当地开小店，然后把赚的钱汇回广东老家。华民在此开杂货店的做法也是当日的社会经济结构使然，很多白人店家不愿意卖货给刚刚脱离奴隶制度的黑人，而对日常用品等有所需求的大量黑人劳工却没有多少财力来开店，于是华人杂货铺脱颖而出，有的杂货铺经常每天营业 18 小时，甚至 24 小时营业，这慢慢成为垄断一方的族群式行业，乃至到了一百年之后的 20 世纪 70 年代，在这一三角洲地区的华裔中间仍旧有 97% 的家庭是做过或者仍旧在做杂货店生意的。

广东人林秋龚就是当年这个大潮中的一分子，顺着老乡的足迹最终栖身于这个地广人稀的农业地带。在这里，没有人会去查他的移民身份，当地也同时聚集着大批的欧洲非法移民，可以说是界定美国为一个移民国家的典型区域之一。

1912 年，林秋龚结识了一位王姓华人富商家里的年轻女佣王凯蒂（Katherine Wong），两人迅速热恋并结婚。凯蒂曾是香港孤儿，是被收养后带到美国的。这对新婚夫妻搬到附近的小镇伯努瓦（Benoid），在周围老乡的帮助下顺理成章地开了一家小杂货店，并很快有了三个孩子：大女儿贝尔达（Berda）、二女儿玛莎（Martha）、小儿子比斯科（Biscoe）。

在贝尔达出生的时候，接生医生要写下孩子父母的信息，凯蒂说自己是从加拿大来的移民，而林秋龚说自己是从加利福尼亚州来的移民。林秋龚之所以这样说，是因为1906年加州旧金山大地震的时候有关的移民档案被地震摧毁，自此以后很多非法移民开始冒称是从旧金山来的，一些当地的律师事务所也帮助这些人制造应对司法检查的假文件，包括虚假的旧金山居住地址、邻居姓名和自己的职业等等。从这个角度来看，非法移民从来都是一种内外合作之下的利益产业链。

林秋龚本人没有合法身份，但他的三个孩子都是美国公民，这根据的是1868年7月9日通过的美国宪法第十四修正案第一款。这一款规定："所有在合众国出生或归化合众国并受其管辖的人，都是合众国的和他们居住州的公民。任何一州都不得制定或实施限制合众国公民的特权或豁免权的法律；不经正当法律程序，不得剥夺任何人的生命、自由或财产；在州管辖范围内，也不得拒绝给予任何人以平等法律保护。"

第十四修正案的宗旨，是给予南方刚刚从奴隶制度中获得解放的400余万黑人奴隶以与白人平等的公民权利和法律权利，但这条修正案也扩大包罗了所有美国公民，直至今天仍旧有效。当代美国很多非法移民正是要利用这条修正案使得自己的子女获得公民权，这也是为何美国政坛时不时有修改甚至取消这条修正案的声音出现。

突然被"黑"：林家女孩的遭遇

1924年9月15日，玻利瓦尔县的玫瑰山联合中学（Rosedale

图 16.1 1924 年夏玫瑰山联中合影，前排左三为林玛莎，她的左手边是姐姐林贝尔达。

Consolidated High School）开始了新学期。玫瑰山联中开学这天，总计有四位出生于美国的华裔女孩前来报到，其中就包括一对林家女孩：11 岁的姐姐林贝尔达和 9 岁的妹妹林玛莎。林家姐妹已经在这所学校内读了两个学期了，一切安好。

当时，密西西比州在实际生活中仍旧实行白人和黑人分开的种族隔离制度，即所谓的“隔离但平等”，所以这所学校内的教师和学生都是白人，唯一的不同就是四位华裔女学生，她们能够就读主要是因为他们的华裔和非非裔族群的身份认同。其他的中国移民家庭或者选择在家里教育孩子，或者雇用家庭教师，甚至把孩子送到别的州去上学，总之没有人把孩子送入黑人学校读书。从种族隔离制度来看，白人学校是不会接受华裔孩子的，但现实生活中白人和华裔混杂在一起居住，也就允许华裔孩子去白人学校（图 16.1）。

然而，就在开学前几个月，美国总统柯立芝（Calvin Coolidge，1923—1929 年任第 30 任总统）签署了同年 5 月 26 日生效的以限制亚洲移民为主要目标的《移民法案》，该法案是要以1890年人口普查时的移民比例为基础，规定其他任何国家每年移民美国的总人口数额不能超过1890年时候该国移民在美国人数的2%，而不再是1921年通过的针对移民的《紧急配额法案》中的基于1910年该国移民美国人数的3%，试图以此来进一步强化白人对美国社会的控制。1924年《移民法案》是美国抵制移民特别是亚洲移民历史上的重要一步，加上1923年加拿大也通过了自己的排华法案，因此自1924年之后美加两国在限制华人移民方面联成一体，中国流向北美洲的移民开始进入了中断状态。

这股反移民风到9月15日玫瑰山联中开学的时候，已经吹到了密西西比州的州政府。新学期第一天的中午时分，校长纳特（J. H. Nutt）先生把四个华裔女孩叫到他的办公室，以不容置辩的口吻通知她们一个决定。校长说：本州检察长（Attorney General）认为，就中国孩子是否应该被退学一事，州法庭已经达成共识，认为所谓能够入学读书的"白人"（white person）就是指的通常意义上的高加索人种（Caucasian race），因此学校董事会在本州教育部长的建议之下，决定禁止华裔孩子在这里上学，因为她们四个现在属于"有色人种"（the colored），因此不能继续待在这所学校的地盘上了。校长表示爱莫能助，让几个孩子立即收拾书包离开学校。

在美国当时的语境之内，"有色人种"（the colored）通常指黑人，亚裔并不属于这一界定范围，但在这一天，林家女孩连同她们的两位华裔同学却一起被"黑"了。四个孩子满怀着惊讶和不解回到了家里，告诉父母这一突发事件。

玫瑰山联中成立于1923年，并在地方官员的运作之下于同年迅速获得了州政府的认证，由此取得了毕业生可以不经考试而申请该州大

图 16.2 1912 年厄尔 · 布鲁尔在民主党全国大会上。美国国会图书馆藏，编号 2016863869。

学的资质。华裔孩子们忽然间被赶出学校，意味着他们的命运或许就此改变。虽然另外两个华裔女孩的父母觉得无可奈何，但林家女孩的父母很快决定反击。林家不曾想到，这一反击将在美国华裔历史以及美国宪法历史上均写下浓重的一笔。

究竟是白是黑：县里打官司

林家要打官司，首先要找到愿意给他们辩护的律师。几经介绍，林秋龚找到了布鲁尔律师事务所的负责人厄尔 · 布鲁尔（Earl Leroy Brewer, 1869—1942）(图 16. 2)。布鲁尔毕业于密西西比大学(University of Mississippi Law School）法学院，是在法律行业里摸爬滚打了很久的老手，于1912—1916年之间曾出任该州第38任州长。布鲁尔是民主党内的一个理想主义者，在任期间通过了多项进步法案。下台后继续经营他的律师事务所，专门接受民权方面的官司。林家找上门来的时候，这位前任州长刚刚竞选参议员失败，社会地位蒙受了沉重打击，且开始淡出公众视线。然而，林家人登门时，布鲁尔还是爽快接手了案子。

布鲁尔首先面临着起诉谁的问题，即确立被告人。因为原告林家并不是寻求民事补偿，因此布鲁尔只能顺着案情起诉那些做出不让林家女孩上学的决定的人，于是州教育部部长威拉德·邦德（Willard Bond）就成为被告人，而邦德恰恰是布鲁尔自打任州长的时候就合不来的官场死敌。

布鲁尔决定以9岁的玛莎为林家的主要原告，因为她是一名好学生，是纯粹的没有混血的中国移民后代。在递给玻利瓦尔县第一司法区巡回法庭的起诉书上，布鲁尔首先评价玛莎说："林玛莎德行兼优，年龄介于5到21岁之间，也是一位本土出生的美国公民和密西西比州公民，因此乃父有义务送这样的公民和可资教育的孩子入学。她是这一学区之内的符合教育资质的学生，因此在玫瑰山联中就读。"这里他提到的年龄断限，是要说明玛莎入学符合密西西比州教育法中规范的5到18岁的孩子必须入学的规定，而林家父母完成了这一法律义务。

布鲁尔接着指出玛莎是如何因其华裔身份而遭到该州的歧视的："玛莎被告知她离开学校的决定是由密西西比州教育部部长威拉德·邦德先生做出的，下达到校长纳特先生处以及校董委员会，这个否定了玛莎在该校读书权利的决定是完全彻底地建立在她的中国移民后代的身份上的，因此她是因其种族（race）而直接受到歧视，并被否决了作为一个密西西比州公民所应享有的合法权益。"

换言之，布鲁尔认为州教育部部长的决定伤害了玛莎作为一名美国公民和密西西比州公民的宪法赋予的权利。他解释说："该校否定了她作为一个本土出生的美国公民和密西西比州公民基于公民身份所享有的特权和豁免权……她因为她所属的种族被剥夺了平等的法律保护，而这是违反美国宪法所规范的内容的。"这里的宪法主要指上文提到的联邦宪法第十四修正案第一款，特别是其中的"任何一州都不得制定或实施限制合众国公民的特权或豁免权的法律；不经正当法律程序，不得剥夺任何人的生命、自由或财产；在州管辖范围内，也不得拒绝给予任何人以平等法律保护。"

布鲁尔从第十四修正案入手来讨论公民权益的做法，使他占据了有利地位，但就在法庭宣判的前几天，本案被告玫瑰山联中的校董会向法庭递交了一项诉求抗辩，指出他们驱除林玛莎离校的决定符合该州宪法第 207 条。校董们所指的是 1890 年的密西西比州宪法中的第 8 款"教育"下的第 207 条，这一条只有一句话，简短而沉重："白人和有色人种的孩子应继续分离开就读于自己的学校"（Separate schools shall be maintained for children of the white and colored races）。根据这项条款，校董会认为原告林玛莎属于"有色人种"，确切说来是"蒙古利亚或者说黄色人种"，因此该校的驱逐决定是合法的。

校董会的抗辩挑破了美国当时教育界中的一层窗户纸：包括华裔在内的亚裔所在的非白非黑的中间地带。华裔孩子就读白人学校，只要没有当地的白人公开对此提出异议就会风平浪静，但一旦有人这样指责，肤色立即成为大问题而导致孩子不能继续入学。玫瑰山联中的校董们就是这样来"绑架"林家的，而且有州宪法的支持，在一般情况下法官会支持校董会的决定，然而当时负责的法官威利·奥尔康（Willie

Alcorn）坚信所有的孩子应该有同样的教育机会，因此在 1924 年 11 月 5 日判林家胜诉，玫瑰山必须接纳林玛莎返校。

布鲁尔和林家赢得了官司，但他们还没有来得及庆祝，玫瑰山联中同日就提起了上诉请求，要求案件移交位于州府杰克逊市的州最高法院审理。对林家而言，一场新的官司就要开始了。

中国人属"黑"：州内打官司

密西西比州最高法院的法官们知道该州宪法第 207 条和联邦宪法第十四修正案中规范的公民权益是有冲突的，他们也清楚在林案中布鲁尔所能依靠的主要是后者的规定，但是法官们认为他们作为密西西比州的子女应该首先遵照该州宪法来处理本案。本案遂再次被归结为一个非常简单的核心问题：华裔究竟属于白人族群还是黑人族群？

布鲁尔认为华裔孩子不应去黑人学校就读，因为"中国人（Chinaman）在我们的法律中并没有被界定为'有色人'（colored person），因此不应作为一名黑人去黑人学校就读，贵法庭应该尊重在我们吉姆 · 克劳法之下中国人并非被视为黑人对待的事实。日本人和中国人同属一类，他们是两个最为勤奋敬业的民族，他们和黑人族群相比当然更加靠近白人族群。如果高加索人不承认蒙古利亚人与之同等，那后者就是被认定位于高加索和非洲人种之间。"

州最高法庭的反应却直截了当得很："密西西比州的法官们一直以来都是要保障只有高加索人种才能入学就读白人学校，因此在本州内我们不主张在学校内混同高加索人种或白人人种。"法官们进而指出："我们不需要参照其他州的案件来决定在本州内中国人或者蒙古利亚人种（Chinese or Mongolian race）的法律界定，我们自己的立法已经很明确地做了划分：中国人或蒙古利亚人种明确无误地和黑人（negro）属于同一范畴。”

1925年5月，该州最高法院推翻了玻利瓦尔法院的决定，判玫瑰山联中驱除林玛莎的做法是恰当的。判决书中特意对“有色人种”做了界定：“我们认为‘有色人种’不仅包括黑人，还包括那些混血之人。”判决书援引了该州1917年的“莫罗诉格兰迪奇”（*Moreau v. Grandich*）案，在该案中汉考克县（Hancock）的白人安东尼奥·格兰迪奇（Antonio Grandich）的孩子们被从白人学校中驱逐，原因是格兰迪奇的伯祖母（great-aunts）可能和非白人结过婚。换言之，格兰迪奇虽然是白人肤色，但他们却因为其白人血统不百分百的纯正而被驱逐离校，遑论中国血统的林玛莎乎？

需要指出的是，州高院在法律上并没有否认林玛莎受平等教育的权利，其判决只是否定了林玛莎就读白人学校的权利，而玻利瓦尔县的确有一所黑人学校，只是距离林家相当远，林家和其他华裔家庭也从来没有考虑把孩子送去黑人学校读书。州高院的判决实际上等同于剥夺了林家女孩在当地受教育的选择。

林家一夜之间由胜而败，他们决定继续上诉，这次选择只有一个：联邦最高法院。

官司打到华府：联邦最高法院的判决

这桩“林龚诉赖斯”案［*Gong Lum v. Rice*，被告玫瑰山联中校董会以董事小格里克·赖斯（Greek Polan Rice, Jr.）为代表］在移交到联邦最高法院之后，林家的辩护律师改为詹姆斯·弗劳尔斯（James Flowers）。弗劳尔斯沿着宪法十四修正案的方向指出，本案的一个关键问题就是密西西比州将林玛莎从一所公立学校（public school）驱逐的做法是否否定了法律赋予原告的同等的保护权，而他认为的确否定了林玛莎的权益。他进一步指出：白人通过否定其他人种的权益来给自己制造了特权，公立学校系统本身是全体公民的税款支撑的，而白人们却把公立学校的运作隔离成了白人学校和非白人学校，将其他种族的孩子暴露在白人孩子们不会有的危机和危险之中，这是歧视（discrimination）。弗劳尔斯认为法律面前中国人种的公民应该和高加索人种的公民平等。

1927年11月21日，最高法院9位法官以5票赞成4票反对，通过了“林龚诉赖斯”案的判决。首席大法官是曾于1909年—1913年出任美国第27任总统的威廉·霍华德·塔夫脱（William Howard Taft，1857—1930），他在判决书中写道：“本案要旨是一位华裔美国公民在被当作有色人种之后是否被剥夺了平等的法律保护权，这是一个各州在州司法权限内已经屡次涉及的问题，联邦最高法院在联邦宪法之下并没有做干涉。……密西西比州最高法院在其自由裁量权范围内做出的有关公立学校的运作方式的判决，没有违反联邦宪法第十四修正案，其判决是正确的。”换言之，联邦高院认可了州高院做出的林玛莎属于“有色人种”的结论（图16.3）。

塔夫脱等人也援引了林案辩护律师弗劳尔斯在上诉书中提到的“普莱西诉弗格森”案。该案发生于1892年，具有八分之七白人血统和八分之一黑人血统的路易斯安那州公民普莱西在新奥尔良故意登上了一列白人列车，因为他实际登记是黑人，但看上去是白人，因此

图 16.3 1925 年的联邦最高法院 9 位大法官，前排居中的是第 10 任首席大法官、曾出任第 27 任总统的塔夫脱。1927 年仍然是这九位。美国国会图书馆藏，编号 2008675031。

顺利登车，但还是被按照当时“隔离但平等”的黑人白人车厢隔离的原则遭逮捕。普莱西在上诉中提到“隔离但平等”违背了联邦宪法第十四修正案，但路易斯安那州最高法院判决他败诉，普莱西上诉到联邦最高法院，该院于 1896 年裁决路易斯安那州最高法院的判决是正确的，普莱西再次败诉。这个结果从法理上合理化了“隔离但平等”的原则，乃是联邦最高法院历史上做出的最为臭名昭著的判决之一，此后各地纷纷效仿，现实公众生活中实施的种族隔离制度变得更为坚固起来。到了 1927 年，联邦高法仍拿普莱西案来支持其在林案上的判决。

至此，林家彻底败诉。他们在法律上败给了密西西比州最高法院和美国联邦最高法院，在社会生活中败给了白黑分治的种族隔离制度。然而失败的也不仅仅是林秋龚一家，而是全部在美华裔移民家庭。这一失败，加强了美国公共教育体系以及其他方面的“隔离但平等”的制度。

败诉后的林家，并没有把孩子们送去黑人学校读书；相反，孩子们到了附近阿肯色州的一个白人学校就读。密西西比三角洲地带的很多华人家庭，也纷纷把孩子送到别的州的亲戚那里就近入学。到了 20 世纪 30 年代的时候，当地华人家庭的受教育程度已明显走低，而到了 20 世纪 70 年代几乎所有的华裔年轻人都已经离开或者准备离开这一三角洲地带。和他们“同属一类”的非裔人口，下降了 45%，因为他们也都搬迁到了别的地方谋生或求学。而密西西比州直到 1995 年才认可了 1865 年的旨在废除奴隶制法案的联邦宪法第十三修正案，是全美最后一个认可此项修正案的州。

尾声：我们为什么需要检讨林案

1954 年 5 月 17 日，美国联邦最高法院就堪萨斯州托皮卡的“布朗诉托皮卡教育局”案（*Brown v. Board of Education of Topeka*）做出了一项划时代的裁决，认定了该案中托皮卡否定非裔女孩琳达 · 卡罗尔 · 布朗（Linda Carol Brown）入读家门口的白人小学的做法违反了联邦宪法第十四修正案中的平等权条款，“种族隔离的教育设施本质上是不平等的”，因此公立学校教育系统中采取种族隔离是违宪的。此案因为有 1909 年成立的全美有色人种促进会（National Association for the Advancement of Colored People, NAACP）的积极参与，所以影响巨大，

图 16.4 布朗案判决一年后的 1955 年，华盛顿特区的巴纳德学校（Barnard School）即开始白黑学生同校读书。美国国会图书馆藏，编号 2003654384。

此后美国教育系统掀起了轰轰烈烈的去除种族隔离制度的运动，白黑合校日益增多，为嗣后美国民权运动（civil rights movement）的兴起奠定了基础（图 16.4）。

布朗案并没有完全解决学校系统种族隔离的问题，因为各个家庭所在的社区不同，导致实际上的学校隔离制度仍旧存在。在民权运动的推动下，为了达成公立教育系统的去种族隔离化，自 20 世纪 70 年代开始各州纷纷采取用校车把一个学区的孩子送到另一个学区所在的学校就读的做法，也就是所谓的“去隔离巴士通学”（desegregation busing），简称“巴士通学”（busing）。其最重要的任务，是把非裔社区的孩子们运送到以前的所谓白人学校中去，享受同等的教育条件和设施。华裔和亚裔以及其他族裔的孩子，自然也包括在其中，但他们并非主要的去种族化平衡砝码和对象。美国的大鼻子黄色校车背后，其实有一部巨大的20世纪政治史。

非裔学生被巴士运送到别的学区的白人学校，是美国民权运动的巨大成果之一，而华裔学生能够毫无困难地就读传统意义上的白人学校，也是民权运动的遗产之一。在这个当口，我们不妨来说一下为何林案值得我们去检讨。

自联邦高院1927年判决林案至今，真正研究林案的作品极少，近年来有弗吉尼亚大学法学院的杰出教授爱德华·怀特（G. Edward White）以及弗吉尼亚记者阿德里安娜·贝拉尔（Adrienne Berard）做过较好的集中考察。本文所论之林案，主要参照这两位的考察以及相关的历史资料。

林案对中国移民而言是悲惨的一章，然而这个案件在后来的美国历史和华人移民史中却鲜少有人提起，其中一个主要原因在于，不管是原告林家，还是最初的原告辩护律师布鲁尔，或者联邦高院时候的辩护律师弗劳尔斯，甚至包括被告玫瑰山联中校董会以及维持驱逐林家女孩儿决定的密西西比州最高法院和联邦最高法院，都将非裔即黑人族群视为“有色人种”的代表，以及“隔离但平等”的主要对象，视之为更为弱势的群体，耻与之为伍，甚至像弗劳尔斯所说的那样，就读黑人学校就是把自己暴露于危机和危险之中。林家虽然无从证明自己是白人，但他们想证明自己不属于以黑人为主要代表的“有色人种”。全美有色人种促进会也是促进非裔族群权利的组织，华裔并没有在这个组织中获得什么地位，这个组织也丝毫没有牵涉到林案中来。因此，林案虽然涉及联邦宪法第十四修正案，却鲜有民权（civil rights）的色彩在其中，从一定程度上是高加索裔和华裔在互相矛盾的背后联合起来对非裔下的一次很不得体的定义，这使该案丧失了其在民权运动历史上本来会留下的重要地位。

回头来看林案涉及的公立教育中的种族隔离。如上所述，这个制度已经在 20 世纪 70 年代之后随着巴士通学而逐步改变，然而直到今天，人们对巴士通学制度的抱怨仍时有耳闻。笔者所在的小镇上有一所高中，曾经是本地区很好的高中，自然也是白人学校，但现在很多人不愿意送孩子去这所学校，因为教育质量下降了很多，而从什么时候起教学质量下降了呢？有一些朋友就会直言不讳地告诉你：自打巴士把附近一个城市的黑人孩子运送过来以后。黑白合校、去除教育系统中的种族隔离制度，这是政治，也是政治正确，所以没人敢公开挑战这种趋势，但很多人是不满意那种追求绝对公平的大公立教育方式的，于是自 1990 年初一种新型的公立学校应运而生：特许学校（charter school）。

特许学校形式上仍旧是本学区的公立学校，从幼儿园到高中（即从 kindergarten 到 K12），不尽相同，但享有很大的自主权和很多平常的公立学校没有的权益，因此看上去又有些私立学校的性质。这套体制诞生于明尼苏达州，如今遍布全美各地。特许学校多种多样，完全不搞种族隔离，但在很多具体的学区他们是好学校的代名词，家长们都想把孩子送到特许学校，直接造成了特定学区内教育资源发生偏移。换到我们中国的环境中，这种情况多少类似重点学校和普通学校之分，但在美国这套体制是和去种族隔离制度的历史和现实紧密相关的。下一步美国中小学公立教育的出路在哪里，恐怕没人知道答案。

现在美国的很多大学，十分追求“多样化”（diversity），即学校教职工和学生的不同族群的构成，而这一多样化的政策虽然是鼓励一切非白裔申请工作或就读，但在根本上是试图招收更多的非裔员工和学生。根据笔者的观察，这一政策在实际生活中因学校而异，但很多学校因为多种原因并没有很好地实现这一点，而且这个政策说到底是一个政治和社会问题，而不是文化教育的问题，受美国内战以来的历史因素影响极重。

在今日的中国，仍旧有无数的家庭在准备把孩子送到美国求学，或者读中小学，或者读大学，在送孩子来美国之前，温习一下本文讨论的林案或许不无裨益。

己篇

大门口的老熟人：枪炮、条约和下午茶

第十七章　中美朝鲜半岛恩怨录

1882 年 5 月 6 日，美国总统签署了《排华法案》，以法律形式排斥华工移民美国，或许这是中美两国早期关系史上最不愉快的一个章节。然而就在同月 22 日，中美两国通过国际舞台上的外交合作，做了一件大大影响了东亚历史进程的事情，即让朝鲜进入到国际条约体系，具体做法就是在中国的帮助之下，朝鲜同美国签订了两国历史上第一个外交通商条约。美国势力自此进入朝鲜半岛，直到 1905 年日本将朝鲜变为保护国以后退出朝鲜。二战末期美国重新回到朝鲜半岛和东北亚地区，并一直持续到今天。

1882 年朝美条约的签订是中国居间代理的，当时朝鲜无人懂得如何做近代的外交，因为和中国保持着数百年之久的宗藩关系，所以便在这一体系内求助于中国。中国本着“字小”（即保护小国和藩属）的传统原则，只能参与其中，具体负责的是直隶总督兼北洋通商事务大臣李鸿章。在中美商谈朝美立约的过程中，朝鲜除了最后同美国代表在仁川签署条约之外，自始至终都没有真正参与缔约谈判。条约签订两个月后，汉城发生了一场兵变（即“壬午兵变”），中国在不明底里的情况下，偏听偏信朝鲜在天津的使臣的情报，以为朝鲜王朝不保夕，于是火速派兵入朝戡乱。这是自1637年初清朝征服朝鲜并与之建立宗藩关系以来，第一次正式出兵朝鲜半岛，而且清军在这次行动中诱捕了朝鲜国王的生父兴宣大院君李昰应（1820—1898），并将其作为“祸首”押解至华，直到1885年才释放回国。

戡乱以后，中朝两国沿着朝美条约的道路，也签订了一个类似条约的通商章程，中国由此进入了朝鲜新开辟的通商口岸，并在仁川、元山、釜山三地建立了租界，逐步建立了领事馆制度，而且协助朝鲜建立了新式海关制度并将其置于中国海关体系之下。中国与日本以及美国、英国、法国等国家，逐渐在朝鲜开始了外交较量，一直到甲午战争之后中国退出半岛，美英法等国家于日本将朝鲜变为保护国的1905年退出半岛，最后日本于1910年正式吞并了朝鲜。1882年被视作晚清中朝关系的分水岭，更是东亚世界的一大变局，而美国在中国的协助之下进入半岛也是一个重要的外交变量。本章来回顾一下1882年开启的中美朝日四国关系和东亚外交的巨大变化。

早期美朝接触的失败

朝美两国最早的接触发生于1866年，当年7月一艘美国商船“谢尔曼将军”号（*General Sherman*）从天津卸货后，载着一些货物试图去朝鲜试试运气，但在平壤大同江和当地民众发生了冲突，该船在江面上遭到焚毁，船员也无一幸存。这件事情让美方感到非常蹊跷，因为另一艘美国商船“惊奇”号（*Surprise*）曾经在“谢尔曼将军”号抵达朝鲜的前一个月，即1866年6月24日，在朝鲜西海岸失事，但是

图 17.1 平壤大同江一瞥。笔者 2018 年 6 月摄。

船长和所有船员都被朝鲜安全地经过陆路护送到了辽东凤凰城，交给了中国政府，继而转回了美国方面，而“谢尔曼将军”号的船员却都被杀了。美国太平洋舰队立即派遣了一艘军舰“瓦丘塞特”号（USS *Wachusett*）前往朝鲜调查原因，这艘军舰的指挥官是薛斐尔（Robert W. Shufeldt，1822—1895）。薛斐尔一行从山东芝罘（即今烟台）出发，抵达朝鲜后因为冬天气候严寒，未能进入大同江，实际上也没有和朝鲜官方取得正式接触（图 17.1）。

薛斐尔之行以后，有消息说四名“谢尔曼将军”号上的船员仍旧活着，为了证明这一消息的可靠性，海军准将戈尔兹伯勒（Goldsborough）又命令指挥官费比格（John C. Febiger）率领“谢南多厄”号（USS *Shenandoah*）军舰再度前往朝鲜，溯大同江而上，去进一步调查“谢尔曼将军”号的损失情形。当“谢南多厄”号到达大同江口并施放随舰小舟试图溯江而上之时，该舟立刻遭到了朝鲜要塞守军的炮击，被迫撤回

图 17.2 朝鲜国王生父、兴宣大院君李昰应。

母舰。费比格试图与朝鲜方面取得联系，希望对方能够对“谢尔曼将军”号事件做一个解释，但朝鲜地方官知会他说因为他没有奉美国总统的训令，所以不能和朝鲜朝廷接触。费比格从朝鲜地方官那里获得的“谢尔曼将军”号事件的解释，就是惨剧发生是因为船员们的不端态度引发了当地人的不满。除此之外，费比格没有获得其他情报，只好返航。

此时的朝鲜政府由朝鲜国王生父、兴宣大院君李昰应摄政。1863 年，朝鲜哲宗国王薨逝，因无子嗣，经过李昰应的努力，其嫡次子李熙（1852—1919）入承大统（即朝鲜高宗）。李昰应拜封“大院君”，代年幼的国王摄政，称“兴宣大院君”或“大院位大监”，一直到 1873 年高宗亲政为止才退到幕后，乃朝鲜开国以来近 500 年中首位摄政的国王生父（图 17.2）。李昰应一生积极参与政治，更与高宗后来的妻子闵妃相党争，为朝鲜近代史上之关键人物。大院君政策相对保守，1866 年在朝鲜国内展开过镇压天主教的行动，杀害了一批法国传教士和朝鲜皈依者，史称“丙寅邪狱”，同年 9 月法国派军远征朝鲜，法军登陆江华岛，洗劫一番以后退去。法军的远征在朝鲜被称为“丙寅洋扰”，使得大院君进一步加强了其攘夷的政策。美国商船“谢尔曼将军”号的不幸，恰是发生在这种环境之下。

1867 年以来，美国驻上海总领事西华（George F. Seward）就一直致力于推动对朝鲜的通商政策，不断地建议美国政府和朝鲜接触，谋求打开朝鲜的大门。在中国做生意的美国商人们，也不失时机地推波助澜，因为美国商船横跨太平洋的航线迫切需要同朝鲜达成朝鲜沿海地域的救助协议等事宜。外交和通商两个方面的压力，使得美国国务院不得不将更多的注意力放到与朝鲜的交际问题上来。1870 年，西华和美国海军亚洲舰队总司令海军少将罗爵斯（John Rodgers）在访问北京期间，同美国驻华公使镂斐迪进行了关于远征朝鲜的商讨。镂斐迪认为这是“一个好机会”，非常热心于远征的准备。由于美国所掌握的有关朝鲜的情报少得可怜，镂斐迪除了打算从清朝官员方面广为搜罗朝鲜信息之外，甚至一度打算从朝鲜赴华的贡使那里获取某些情报。

为了事先同朝鲜方面取得联系，镂斐迪希望总理衙门能够把他的信转交到朝鲜方面，总理衙门一开始明确告诉镂斐迪这种事情没有先例，不能代为转递书信，但镂斐迪进而做了多次要求。1871 年 3 月 28 日，总理衙门抱着“关切属国之道”的心态，经由礼部将镂斐迪致朝鲜国王的书信转发给朝鲜之后，特意发函告诉镂斐迪此系“一时权宜之计”，日后不能再为美方代递书信。总理衙门也在信中再次强调说：“朝鲜虽系属国，一切政教禁令，皆由该国主持，中国向不过问。”镂斐迪在同年 4 月 3 日致美国国务卿汉密尔顿 · 菲什（Hamilton Fish，1869—1877 年出任第 26 任国务卿）的报告中，将总理衙门屡屡表示的这层朝鲜自主之意解释为朝鲜是一个享有“完全独立”的国家。

1871 年 5 月 19 日，镂斐迪一行五艘军舰开抵江华岛，试图同朝鲜接触。5 月 31 日，舰队到了汉江口，三名朝鲜地方官来到美舰，表示朝鲜国王意欲维系两国友善，但缔约一事尚需从长计议。6 月 10 日，美军登陆江华岛草芝镇，开始了为期两天的军事行动，总共摧毁了 5 所要塞。朝鲜方面大约 250 人战死,多人受伤;美军 3 人战死,9 人受伤。镂斐迪试图靠对朝鲜的这次震慑性攻击迫使朝鲜政府答应谈判缔约，并试图重新与朝鲜政府进行书信联络，但当即碰壁。镂斐迪想让美国军舰沿汉江进入汉城，取城下之盟，但罗爵斯少将考虑到部队的给养不足以及擅自驶进朝鲜都城能否为美国政府批准还在未知之中，所以镂斐迪决定中止行动。7 月 3 日，镂斐迪一行返回芝罘，未能达成预定的和朝鲜政府进行外交接触的目标。

1871 年美国人的远征，被朝鲜称为“辛未洋扰”，和 1866 年以法国人为主角的“丙寅洋扰”一样，它对朝鲜造成的最大影响就是进一步增加了摄政的大院君对攘夷锁国政策的强化，以至于大院君命把刻有“洋夷侵犯，非战则和，主和卖国”和“戒我万年子孙”字样的斥和碑立在汉城市中心和全国各主要城镇。

在远征朝鲜回到北京之后，镂斐迪于 1871 年 11 月 22 日致函总理各国事务衙门，认为中朝之间自明代便建立起来的宗藩关系实际上“有名无实”。虽然很快便遭到了总理衙门恭亲王等语气强硬的逐条批驳，镂斐迪却认为自己的观察是正确的。

日朝交涉与美国的再次东来

1867 年，自 1600 年以来就实际统治着日本政坛的德川幕府，在新的国际外交的情况下不得不拱手将权力归还给当时的明治天皇，即所谓的“大政奉还”（图 17. 3）。1868 年 1 月，明治政府成立，宣布废止

图 17.3 日本京都二条城一角。笔者 2011 年 10 月摄。二条城本来是第一代德川幕府将军德川家康从江户（今东京）到京都拜见天皇时的离宫住所。1867 年 11 月 9 日，德川幕府第十五代将军即末代将军德川庆喜，在此将政治权力奉交天皇，即著名的“大政奉还”。

幕府，此即“王政复古”。日本天皇由此逐渐重新获得了政治权力，日渐变成近代日本国家的最高领袖。新的明治政府建立之后，展开了一系列的改革，即通常所谓的“明治维新”。在这轮改革中，日本传统的通过对马岛的宗氏家族对朝鲜的外交，被位于东京的新成立的外务省（即外交部）收走，对马藩遂永久失去了对朝外交的中间人和代理人资格，日朝交际变为两国间政府外交。对此外交上的剧变，朝鲜完全缺乏认识，依旧沿着传统的对马外交路线对待明治政府派往釜山进行官方接触的外交官，而东京新的明治政府试图同汉城建立对等外交关系的计划一时无法达成。

在这种情况下，日本国内“征韩论”再起，主张出兵征伐朝鲜，西乡隆盛、板垣退助和副岛种臣等都主张对朝鲜采取积极强硬的政策。然而，自 1871 年到 1873 年赴欧美考察的岩仓使团的成员岩仓具视、木户孝允、大久保利通等人，在归国后将“征韩论”一派暂时压制了下去，主张日本必须以富国强兵为先，这是岩仓使团高瞻远瞩的战略成果。当然，日本并未放弃征韩的计划，但要征韩首先要弄清楚朝鲜与中国的关系，否则一旦征韩启动而中国直接参与干涉，那将是日本的噩梦。日本的实质目标，是要否定中朝之间的宗藩关系，否定朝鲜是中国的属国，这样的话日本对朝鲜动武之时就与中国无涉。

在这种战略之下，1873 年日本全权大使副岛种臣访华与中国政府互换 1871 年的中日条约的时候，特意拜会了美国驻华公使镂斐迪，谈到中朝关系和朝鲜的国际地位问题。镂斐迪把 1871 年时同总理衙门的照会往来拿给副岛种臣看了，副岛根据这些中美外交文书，得出了朝鲜在“清国主权之外”的结论，并特意抄录了一份该信函携回日本备用。正是通过这次日美会晤，日本在否定清政府声称的朝鲜系中国属国的外交政策上，开启了与美国等西方国家的政策合流的闸口。这是恭亲王和清廷完全没有预料到的，也是他们并不知道的美日外交沟通对日朝政策的重要影响。为了进一步澄清中朝关系的性质，1875 年江华岛事件后，日本派遣英美留学归国的年轻外交官森有礼为驻华公使，赴北京同总理衙门专门辩论朝鲜的国际地位一事，而森有礼也专门前往保定直隶总督府同李鸿章进行了会谈，最后得出的总体结论是朝鲜为独立之国，朝日交涉不应受中朝关系的束缚。

在森有礼赴华商谈朝鲜地位的同时，日本派遣海军前往仁川，对朝鲜实行炮舰外交。1876 年 2 月 27 日，日本在仁川迫使朝鲜签署了两国间的第一个近代条约《朝日修好条规》（即《江华条约》），获得

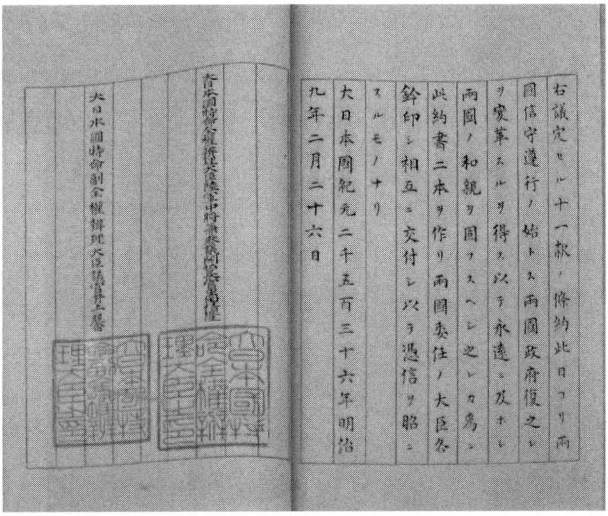
右議定セル十一款ノ條約此日ヨリ両
國信守遵行ノ始トス両國政府復之レ
ヲ變革スルヲ得ス以テ永遠ニ及ホシ
両國ノ和親ヲ固フスヘシ之レカ為ニ
此約書二本ヲ作リ両國委任ノ大臣各
鈐印シ相互ニ交付シ以テ憑信ヲ昭ニ
スルモノナリ
大日本國紀元二千五百三十六年明治
九年二月二十六日
大日本國特命副全權辨理大臣議官井上馨

图 17.4 1876 年 2 月 27 日签字画押的朝日《江华条约》一瞥。公有领域图片。

了在仁川等地方通商、遣使驻扎汉城等等权利（图 17.4）。《朝日修好条规》的签订，是朝鲜进入“近代时期”的标志，朝鲜的国际外交处境从此发生了重大变化。在日本的操纵之下，该条约第一款规定：“朝鲜国系自主之邦，保有同日本国平等之权，嗣后欲表两国和亲之实，彼此互用同等礼仪接待，毫不得有侵越猜嫌之事，从前所有阻塞交情为患之诸例规，悉行革除，务必开拓宽裕弘通之法，以期两国安宁于永远。”通过如此规定朝鲜国家与日本国家保有政府与政府之间的外交平等关系，该条约试图否定朝鲜作为中国藩属国的地位，即否定中朝宗藩关系。但是，这一规范在当时的朝鲜看来并不违背宗藩之义，因为在宗藩体系中，内政自主乃是一个基本内容，所谓“自主之邦”同宗藩关系并不能构成本质冲突。现实中朝鲜也完全不认为这一条约有何“近代”意义可言，而是认为两国通过签署一个条约使双边关系重归于好。朝鲜当时注意力并不是在第一条上面，而是集中在了第二条，即互相遣使驻京的条文上。此后朝鲜同日本之间就遣使驻京问题展开了旷日持久的外交谈判，这同清朝当年与西方各国关于遣使驻北京问题的谈判如出一辙，恰恰体现了传统宗藩观念与近代国家外交观念的冲突。

朝日之间的这种冲突，是两种外交体系的背离，而朝鲜正是在这种背离中日益卷进了国际政治与外交的大旋涡。《朝日修好条规》的正式文本有两种语言，一是朝鲜使用的文言汉语，一是日本语，没有英文或法文等西文本，因此就如何解释第一款，英法美等国不甚了解，即便日本外务省推出了英文译本，西方各国驻东亚外交官也都清楚地意识到译文和原文是有差异的，因此在对朝态度上都比较谨慎，因为对朝外交直接关系到与中国的外交关系。无论如何，西方近代外交体系和观念对朝鲜几百年来固有外交制度的渗透，正是通过日本一手操作的这一条约打开了缺口。

日本成功地和朝鲜签订了条约一事，刺激了美国政府，使其开始重新考虑和朝鲜接触并缔约的可能性。1878 年秋，美国海军部决定派遣海军准将薛斐尔率领“提康得罗加”号（USS *Ticonderoga*）军舰前往包括朝鲜在内的东亚国家去执行一项重要的商业与外交使命，其中包括朝美接触在内。薛斐尔于 1880 年春抵达日本，试图通过日本外务省联络日本驻扎朝鲜釜山的官员同朝鲜方面取得联系，但没有成功。暗淡的前景让薛斐尔和日本外务省手足无措。

此时，中国驻日大臣何如璋将薛斐尔的动机电告北京总理衙门和李鸿章。李鸿章当即邀请薛斐尔来华，探讨朝美接触。薛斐尔倍感柳暗花明，欣然而至天津，拜会李中堂。中美围绕朝鲜而展开的大国政治，就是从这个时候正式拉开帷幕的，而朝鲜在这个框架内从一开始就丧失了本应具有的外交话语权。

早在薛斐尔来华之前，中朝之间已经为朝美接触做足了文章。自1876年朝日《江华条约》缔结以来，中国很多人士感觉到了日本对朝鲜安全的威胁，也看到了朝鲜如果继续实行封闭的外交政策可能造成的严重外交困境。到此时为止，中国学着西方搞洋务已有十多年了，而朝鲜虽有大院君时代的一些改革，但总体而言一切照旧，一旦有变，无力支撑危局，中国以上国之地位和所负之道德责任，势必大规模介入，但结果如何，实难逆料。因此，李鸿章及其手下的一批中外幕僚，开始积极就朝鲜形势建言献策。朝鲜年轻的高宗国王，也非常希望改变本国积贫积弱的局面，所以他虽然要面对国内巨大的反对压力，但很乐意听取李鸿章等人对朝鲜时局的意见。

中朝之间的交流，面临很大的技术层面的困难。在中朝宗藩关系体系内，双边的官方交流渠道是有明文规范的，主要是北京朝廷和汉城朝廷之间的公文往来，主要负责机构是北京礼部和汉城礼曹（朝鲜对应中国六部设有六曹），即便是后来中国在1861年成立了总理各国事务衙门这个负责中国与欧美日各国交涉的外交机构之后，中朝之间的主要沟通渠道仍旧是通过礼部来完成，总理衙门截至1895年甲午战争结束为止，从未获得与朝鲜朝廷或者其后来成立的负责外事的“统理机务衙门”直接沟通的权力。因此，在19世纪80年代，仅从技术层面上来说，中朝两国之间的沟通渠道完全不能适应近代外交形势须臾变化的要求。虽然北京在这一时期逐步下放给了直隶总督兼北洋大臣李鸿章同朝鲜国王进行公文往来的权力，但李鸿章毕竟不过是一名地方总督，不能越俎代庖地站到台前指点朝鲜外事，只能背后提一些

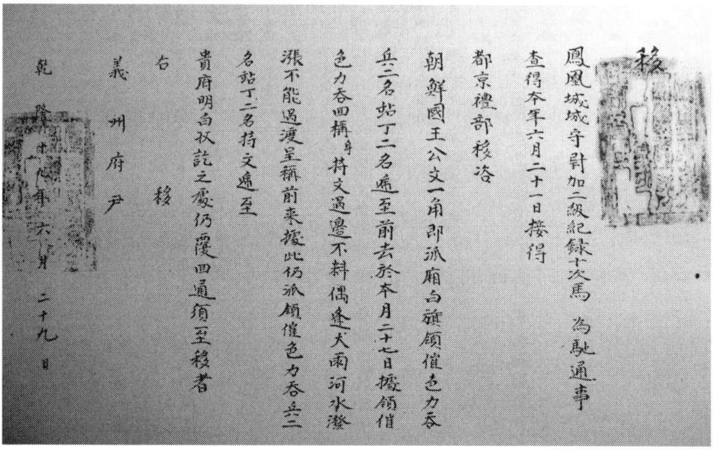
移
鳳凰城城守尉加二級紀錄十次馬 為馳通事
查得本年六月二十一日接得
都京禮部移咨
朝鮮國王公文一角即派廂白旗領催色力春
兵二名站丁二名遞至前去於本月二十七日據領催
色力春回稱身 持文過邊不料偶逢大雨河水漲
漲不能過渡呈稱前來據此仍派領催色力春兵二
名站丁二名持文遞至
貴府明白收訖之處仍覆回通須至移者
右 移
義州府尹
乾隆十九年六月二十九日

图 17.5 乾隆十九年六月二十九日（1754 年 8 月 17 日）清朝凤凰城城守尉发鸭绿江对岸朝鲜义州府府尹的移文，通知其已派兵丁携带北京咨文前往义州府。自凤凰城越江到义州府，乃是中朝两国在 1886 年电报线路架设之前公文沟通渠道的主要一环。

建议，这导致了中朝在这一时期内围绕朝鲜外交政策的大方向问题的讨论,主要是通过非官方的私人渠道悄悄地进行。对于这种体制性钳制，中朝双方都无力做根本的改变（图 17.5）。

在诸多劝导朝鲜与其他国家通商的非官方行为中，最重要的一次莫过于 1880 年 9 月中国驻日本参赞黄遵宪写给朝鲜方面的一份建议，叫《朝鲜策略》。当时朝鲜赴日修信使金宏集在东京，与中国驻日大臣何如璋以及参赞黄遵宪进行了好几次会谈，黄氏趁机给了金宏集一份洋洋洒洒上万言的《朝鲜策略》。黄氏认为，朝鲜与各国通商乃是大势所趋，而且当前大患并非日本，而是俄国，而要遏制俄国，朝鲜应采取的策略是“亲中国，结日本，联美国，以图自强”。黄氏还进而为朝鲜量身打造了一幅自强蓝图，劝其“于亲中国则稍变旧章，于结日本

图 17.6 1879 年李鸿章与正在做环球旅行的美国前总统格兰特在天津会谈，希望后者能调停中日关于琉球问题的外交纷争。美国国会图书馆藏，编号 2016647812。

则亟修条规，于联美国则急缔善约”。

在长时段的历史上，我们可以观察到，黄遵宪等其实也是不识时务之人，可能都是被日本当时正在以“兴亚”之类名目出现的一些组织迷惑了双眼。日本已经于 1874 年武力进攻过台湾，1876 年强力渗透到了朝鲜，1879 年正式殖民了琉球王国并将其变为日本的“冲绳”。中国方面曾希望前美国总统格兰特能够在中日之间做琉球问题的调停，但并没有什么实际效果（图 17.6）。在日本殖民主义如此迅速地崛起并开始吞并中国属国的局势之下，黄遵宪和何如璋等人在日本鼓召的亚洲人团结一致的风气之下，竟然依旧认为同属亚洲的日本是可“结”之国，那些非亚洲的国家才是心腹大患。实际情况是当时俄国与日本都是中国的大患，一为内陆边疆大患，一为海疆大患。中国这个老大帝国，在周围地域乃至全球范围内，其实都是没有朋友的。

金宏集把黄遵宪的《朝鲜策略》带回国内后，朝鲜国王对黄氏建策甚是喜爱，决心照样推行，首先就是同美国交际，与美国谈判签约。很多朝鲜大臣坚守成法，反对开国，所以国王只好秘密派员赴日继续同中国驻日使臣等人接触，互通声息。朝鲜嗣后的若干改革举措，特别是和日本修约、和美国以及中国签约、派遣学生赴中国留学、派遣士人去日本考察、遣使美国等等，都是以黄氏蓝图为基础的。

1881 年 1 月，朝鲜国王仿照中国总理衙门的模式，创建了“统理机务衙门”，是朝鲜第一个主办外交和通商的近代机构。2 月，国王秘密派遣 10 名文臣士人准备前往日本考察，此即日方所谓的“朝鲜绅士游览团”。朝鲜开始了改革，但引起了国内儒生团体的强烈反对。自黄遵宪的小册子于 1880 年底流入朝鲜坊间以来，很多文官以及地方儒生掀起了一场大规模的上书抗议活动，从朝鲜各道前往汉城上书的儒生更是络绎不绝，甚至有万人联名，纷纷指责黄氏背叛孔孟程朱之道，乃属“邪学”，要求国王驳斥之以正视听，并维护孔孟道统。一直到了 1881 年 9 月，在国王杀了几个人以后，这场“卫正斥邪”的风潮才在鲜血中逐渐停止，国王一派胜出，得以继续推行联美外交的计划。

朝美立约与中国居间

经年以来，李鸿章一直在积极地劝说朝鲜改弦更张。李氏当时的指导思想，是希望朝鲜广泛与各国立约，以求大国之间相互制衡，当时丁日昌、何如璋、黄遵宪等人都持有这种想法。自1876年初以来，李鸿章就一直通过私人书信的方式，劝导朝鲜的领议政大臣李裕元，希望他能够赞成朝鲜同美国等国家缔约，但李裕元视泰西诸国为不可交，使得李鸿章经年的劝导付诸流水。

然而，事情却也有了一重转机：国王希望派遣一批年轻学生，到李鸿章一手操办起来的天津机器制造局，学习技术，徐图自强。李鸿章从这个计划中看到了谋求朝美接触的希望，结果和国王一拍即合，决定利用学生赴华学习的契机，完成朝美缔约谈判。朝鲜的这种留学是史无前例的，因此特意创造了一个“领选使”的名号，由支持国王开化路线的大臣金允植担任，负责监督学生前往中国“学造”（即学习制造技艺）。

1882年1月初，金允植一行抵达北京。很快，学生转往天津学习，金允植前往保定会见李鸿章，商量朝美缔约。此时薛斐尔业已从美国返回中国，迫切希望能够和朝鲜全权大臣接触。但金允植并非全权，无从和薛斐尔展开谈判。情急之下，李鸿章建议金允植先利用国王授予他的便宜行事的权力权且一充全权，嗣后奏请国王后再补上正式头衔，但金允植认为此系欺君罔上，万不可为。最后，只好派一名朝鲜人员从速回国，奏请国王派遣全权大臣来华。

李鸿章、金允植和薛斐尔望眼欲穿地在天津等了两个多月，却丝毫不见朝方全权代表的身影。苦苦等到了3月下旬，薛斐尔表示要直接去朝鲜，李鸿章无奈，只好出面同薛斐尔谈判。金允植这位朝鲜使臣，自始至终未参与中美两国有关朝美立约的谈判，全凭中方的通知，才能知晓谈判走到了哪一步。

中美谈判的朝美条约草本有三个，但主要是以黄遵宪负责草拟的

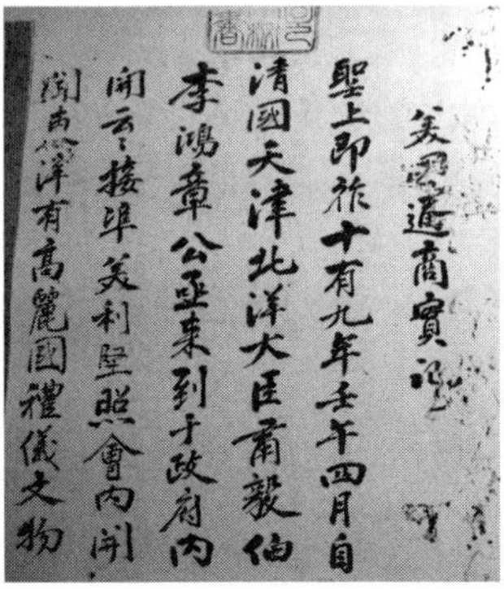
美國通商實記
聖上卽祚十有九年壬午四月自
清國天津北洋大臣肅毅伯
李鴻章公函來到于政府內
閣云云接準美利堅照會內開

图 17.7 朝鲜 1882 年的官方记录《美国通商实记》首页。

一个为主。最后双方议定了十五款条约正文，第一款留空，因为李鸿章希望在第一款中声明朝鲜系中国属邦，金允植也十分赞成，但薛斐尔坚决反对。双方僵持不下，薛斐尔只好电呈华盛顿请示。中美谈判结束 26 天之后，朝鲜派遣的鱼允中和李祖渊两名“问议官”方才抵津，但主要使命是要和中国谈判签约通商的问题，完全不是李鸿章等人翘首以盼的能够和美国代表商谈条约的全权大臣（图 17.7）。

在中美商定的十五款中，有一款是关于美国在朝鲜的领事裁判权的。领事裁判权赋予外国公民不受居住国法律管辖的权利，是一种治外法权，最能体现条约的不平等性质。然而，这个权利不是美方代表要求的，而是黄遵宪自己主动写进草本里去的，对此李鸿章和金允植都表示赞成，认为朝鲜“素昧外情，虽使监管他民，实多难便之端”，而黄遵宪的“暂许美国领事管辖”美国人的建议“甚好”。因此，朝鲜领事裁判权的丧失，是在对这一问题并没有实质性认识的黄遵宪、李鸿章等人的误导之下，认为这是中西“风俗礼教”之差异而心甘情愿地拱手让予美国的。中国官员以其昏昏，欲使朝鲜外交昭昭，其悲剧于此可窥一二。

随后，李鸿章派遣曾留学法国的属下马建忠，陪伴薛斐尔东渡朝鲜，襄助朝鲜政府与美方完成签约。1882 年 5 月 22 日，朝美两国正式签署了《朝美修好通商条约》。第一款并没有写入朝鲜系中国属国的内容，

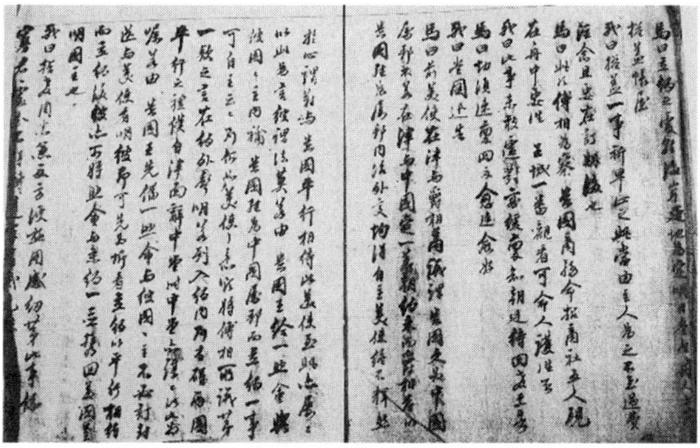

图 17.8 朝鲜1882年的官方档案《壬午年清国问答》中的一页，其中记录了马建忠与朝鲜代表的谈话，马氏建议朝鲜国王发一个照会给美国总统，声明朝鲜系中国属邦。

而是将朝鲜置于一个同美国相平等的主权国家的位置，这一点比1876年朝日《江华条约》要来得明确。作为补救措施，朝鲜国王在马建忠的建议下，特别向美国总统发了一个照会，声明“朝鲜素为中国属邦”(图17.8)。美国政府后来严肃对待了朝方的这一声明，其驻朝公使和驻华公使针对中朝关系灵活地采取了不同的政策：一方面，美国将朝鲜视为与美国平等的独立自主之国；另一方面，美国也不干涉朝鲜与中国之间由来已久的关系。1882年6月6日，马建忠又协助朝鲜同英国签订了友好条约。朝鲜的国门进一步打开。因为与美国交际的原因，朝鲜在同期制定了该国第一面现代国旗，采用中国文化中传统的八卦图，其形制和现在的大韩民国国旗十分类似。

属国兵变与清兵入朝

朝美条约签订整整两个月后，汉城忽然爆发了一场军士哗变，史称“壬午军乱”。哗变的主因是朝鲜的传统营伍缺少米粮，而日本军官指导之下的新式的“别技军”却粮饷充足，于是引发了旧营士兵哗变，杀死了新军的日本教官，冲击了日本驻汉城领事馆，并杀了闵谦镐等依附闵妃的外戚重臣，且意图抓获闵妃，同时要求大院君李昰应重新统理政事。大院君乐得其成，罢新法，复旧制，并匆匆宣布闵妃死于军乱。其实闵妃潜逃到了忠清北道的忠州，得以保全性命。日本驻朝公使花房义质狼狈逃回长崎并电告外务省之后，中国驻日大臣黎庶昌才知道了变乱消息，迅速电告署北洋大臣张树声。此时李鸿章因母亲病逝，遵制返乡丁忧，特荐其淮军旧部、两广总督张树声北上天津，署理北洋大臣一职，所以嗣后直接做出出兵朝鲜决定的并不是李鸿章，而是张树声。

北京当时并无快速探知朝鲜情报的渠道，无论是朝廷、礼部还是总理衙门，都手足无措。此时，正驻扎在天津监督朝鲜学生学习军工制造的金允植，连同问议官鱼允中，成为了中国方面了解兵变的主要信息渠道。在获悉兵变的消息后，金允植多次同天津海关道周馥进行笔谈，一面竭力要求中国迅速出兵代为戡乱，一面在着力替国王辨白的同时，逐步指认高宗的亲生父亲、曾经摄政十年而如今在闵妃一党的排挤下已经失势的兴宣大院君李昰应为变乱主谋。

金允植和鱼允中二人都是朝鲜国王非常看重的大臣，中国官员没有理由不相信他们的话，而且中方所收到的诸如叛军攻打王宫、闵妃遇害、大院君掌权的消息，似乎也都印证了他们的说法。中方判断，朝鲜国王已经危在旦夕，其生父李昰应乃罪魁祸首，目的是要篡权，也就是马建忠所说的“图危宗社”“窥伺藩位”，中国既是上国，理当如金允植所要求的那样，派雷霆之师前往戡乱，除萧墙之祸，保其国王，全其社稷。金允植更直截了当地建议中国官兵到达汉城后，包围大院君的住宅，然后以朝鲜王大妃的名义将大院君赐死，“为国除害”。8月底，张树声派遣淮军将领吴长庆率大军东渡，入朝戡乱。

金允植和鱼允中等人自告奋勇地担任中国部队的“向导官”，随吴长庆大军回到朝鲜，协助清军行动。清军用了短短几天即控制了局势，然后将闵妃从忠州迎接回汉城王宫。吴长庆等人虽然没有像金允植建议的那样杀掉大院君，但却在入朝后很快将其诱捕，随后迅速押送到天津，次转至保定，一直羁押到1885年方准其回国，去遏制重新抬头的闵妃势力。对中国而言，这次出兵不啻挽救朝鲜社稷于万一(图17.9)。

图 17.9 朝鲜国王高宗李熙画像。李熙1863年被清朝册封为国王。1919年1月21日突然逝世，有人认为是被日本方面毒死的。民众随后纪念高宗的活动引发了著名的“三一独立运动”。

中国的这次行动，目的其实十分简单，就是要拯救朝鲜国王，这一点和乾隆年间出兵越南去拯救岌岌可危的黎氏政权，路数完全相同，均为中国在宗藩框架内所担负的上国道义所推动。另外，清代中国身上背着的乃是历代以来早已形成的天朝道德，和外藩属国讲究的是君臣父子之道，而不是新近舶来的主权国家概念。例如，在处置羁押在华的大院君时，张树声、李鸿章都建议将大院君永久羁押在华，仍允许国王派员探视，而李鸿章针对扣押大院君所指出的一项重要的历史根据，竟是元朝至治年间流放忠宣王于西藏，以及至元年间流放忠惠王于广东揭阳的故事。

所以，至少在1882年这个时候，中国对朝鲜的一系列政策的出发点，虽然有当时大国政治外交的考虑，但其合法性则来源于中朝历史上的宗藩成例。中国对朝鲜王室的确拥有这种生杀予夺的权力，只不过和平时期并无表现。这也同时说明，欧洲舶来的国际法并不适用于中朝两国的朝廷交往。正是从这个角度来说，以国际政治理论来观察晚清中朝关系，容易一叶障目不见泰山。

1882年的这次出兵朝鲜，也为年轻的袁世凯提供了崭露头角的机会。吴长庆领兵东渡之时，就在从山东开往朝鲜的军舰上，时年23岁的袁世凯结识了朝鲜前军向导官金允植。袁世凯意气风发，曾提笔对金允植说："吾欲提劲旅数百，直入京师，何如？"金允植十分欣赏袁氏的勇猛刚毅，但温和地建议袁世凯还是先到仁川之后再视情形如何做下一步计划。当时的金允植决然不会想到，恰是这位23岁的中国人，不久之后竟会摇身一变成为"钦命驻扎朝鲜总理交涉通商事宜"，驻扎朝鲜都城长达10年之久。

美国公使驻朝与中国代表驻朝

1882年壬午兵变之后，朝鲜国王请求中方留驻部队，并派熟谙洋事的干练之人到朝鲜，襄助朝鲜外交通商以及组建海关等事务。同年9月，双方签订《商民水陆贸易章程》，规定中朝互派商务委员。这是应朝鲜方面的要求谈判签署的条约，早在兵变之前就已经开始操作了。按照中方说法，这不是一个"条约"，但从形式上和朝美条约没有本质差异。通过这一章程，中国也作为一个大国进入朝鲜半岛，在仁川等地方开始设立中国租界，日渐引发了日后与日本、美国、俄国等国家

图 17.10 仁川中国城的牌坊。笔者 2015 年 6 月摄。仁川中国租界是 1883 年开始设立的，很多华商从山东省、浙江省和广东省前来做生意。中国租界西面和南面靠海，东面邻日本租界，东北面邻英美国际租界。现在原日本租界地面保存有好几家博物馆，原中国租界地方仍旧活跃着很多华人商店和餐馆。

认为中国要殖民朝鲜的担心，进而造成了诸多外交矛盾和纠纷（图 17.10）。到了 1882 年秋，中国对变乱之后的朝鲜如何处理外交通商事务的督导工作，逐步按照朝鲜的需求铺开。同年 11 月，李鸿章选派马建忠的胞兄马建常（即马相伯），以及在天津海关税务司和德国驻华公使馆工作过的德国人穆麟德（Paul Georg von Möllendorff，1847—1901），以顾问的身份前往汉城，襄助国王整理洋务。也正因为如此，朝鲜新建立的西式海关税务系统，受辖于中国的海关总税务司，架构上是中国海关系统的一个分支，其年报都是附在中国海关税务司的汇报中的。

我们需要讲明的是，这一系列的指导工作，都是在传统宗藩框架内，经“下国”朝鲜请求，中国才以“上国”身份着手处理，原本并非中国要主动去做去管的。朝鲜国门洞开之后，几乎连懂英文、法文的人才都没有，对如何写就针对欧美等国外交文书、如何组建新式海关和征收关税，甚至连本国国旗样式的制定等等，都没有认识，可谓手足无措，唯一可以仰仗的就是中国这个已经大搞洋务二十多年的“上国”。例如 1882 年朝鲜与美、英等签订外交条约，主要依赖马建忠等人的从旁襄助和指导。后来，很多人根据表面的观察，得出此乃李鸿章等人积极干涉朝鲜事务的开始，并得出传统宗藩秩序就此终结的结论。如此论断，均系观察不深所致，常常失之草率。

1883 年初，马建常和穆麟德抵达汉城，而美、英、日等国的驻朝领事也纷至沓来。同期抵达的，还有中国的二品衔分省补用道台陈树棠，其正式官名为“委办朝鲜商务委员”，归北洋大臣李鸿章节制。汉城这个“隐士之邦”的安静古都，一夜之间热闹了起来，成为各国外交官的舞台。但陈树棠却怎么也高兴不起来，因为他的烦心事可能是同行中最多的，最要命的有一件——中朝间的宗藩关系，他对泰西同行们道不明、说不清。他要强调朝鲜的中国属国地位，而其余同行虽然默认中国对朝鲜的影响力和两国的特殊关系，但在公开场合都认定朝鲜系一独立的主权国家。

1883 年 5 月，美国首任驻朝鲜公使卢修斯·富特（Lucius H. Foote，1826—1913）抵达汉城，他在觐见朝鲜国王时所做的致辞中说：“当今进步之时代，道义的力量高于武力，而一个国家的弱点有时候也恰恰是它的军力。……时间已经证明，最高的文明唯有通过友邦之间的自由交流才能获得。”美国国务卿在同年 3 月给富特的训令中明确就美朝中三边关系做了指示：1882 年的美朝条约是两个独立的主权国家之间的条约，就美国而言，朝鲜是一个独立的主权国，但除非本国权益受损，美国不会干涉中朝两国的关系。换句话说，美国默认中朝宗藩关系的存在，只要别碰了美国的蛋糕就可以了。这种两面的实用主义外交，也为英德法俄等国家所仿效。因此，在1894年甲午战争爆发之前，包括日本在内，没有一个国家公然出面否认中朝之间的宗藩关系。

1883年之后，美国势力开始全面进入朝鲜，涉及外交、宗教、教育、海关等诸多方面。例如，最早抵达朝鲜传教的美国长老会传教士安连（Horace Newton Allen，1858—1932），后来成为朝鲜国王极其信任的医官，并于1885年在汉城建立了朝鲜第一所西式医院“广惠院”，即现在位于首尔新村的延世大学附属的著名的塞弗伦斯（Severance）医疗院。安连对朝鲜当时的国际外交，特别是对美外交，也发挥了很大的影响。与安连一样，大量的美国传教士从美国本土和日本、中国等陆续进入朝鲜传教和举办文教卫生事业，推动了朝鲜的近代化进程。例如延世大学前身就是美国长老会传教士元杜尤（Horace Grant Underwood，1859—1916）于1915年在汉城基督教青年会创办的儆新学校，到现在成长为韩国最优秀的大学之一（图17. 11）。从长时段来看，因为美国文化影响的缘故，现代的韩国最终转变为一个基督教国家，而韩国也是到现在为止东北亚诸国中唯一一个彻底基督教化的国家，这与该国历史上彻底儒家化的朝鲜时代形成了极其鲜明的对比。

英美等国的驻朝公使，并不真正和商务委员陈树棠发生外交事务上的来往，而是同朝鲜新成立的统理机务衙门这个外交部门联络，事涉华商者，亦通过统理衙门经办。于是，天朝来使陈树棠就被晾在了一边，其尴尬地位屡遭英日同行的嘲笑。而陈树棠的应对之法，是拿出中朝《商民水陆贸易章程》为自己的权利合法性做辩解，讵料被指该章程前言明言只适用于中朝之间，不适合于其他国家。当时中朝签

图 17.11 位于首尔新村的延世大学校园内的延禧馆。笔者 2011 年 4 月摄。延世大学是由美国教会支持建立的私立大学。

约之时的聪明文字游戏,此时真真是作茧自缚。对于此说不清“我是谁”的问题，陈树棠一再有尴尬和蒙羞之感，屡屡向李鸿章叫屈。

有鉴于此，1884 年，在委派驻仁川、元山和釜山各口分所负责人的时候，陈树棠特意任命他们为“办理华商事务理事”，赋予其超出商业范围之外的外交事务的交涉权能。此外，“理事”和“领事”虽然在中文中发音相近，但性质是截然不同的，前者是内部负责某务的主事者，后者是专办外务的外交官，而中国不能承认派往其属国朝鲜的官员是驻扎主权国家的外交官。因此，甲午之前，中国在朝鲜只有理事，而无领事，以昭显天朝独一无二的权威和中朝间宗藩伦理上的特殊关系。

与此同时，陈树棠在同美国领事富特和李鸿章商量之后，于 1884

年 11 月把自己的头衔修改为“总办朝鲜各口交涉通商事务”，管理权由此涵盖了外交事务。这个修改，陈树棠认为颇合两国“体制”，甚符“上国”官员的身份。与此相关的是，朝鲜自 1884 年 4 月派驻天津的商务委员、工曹参判南廷哲，对中国朝廷方面仍要称“陪臣”，此系典型的宗藩君臣用语，旨在保持宗藩礼数。

这回，陈树棠终于感到名正言顺了，但各国公使对他的新头衔不免心生疑窦，担心这是中国政府要控制朝鲜政府的表现。早年驻过北京的英国第一任驻朝公使巴夏礼（Harry Parkes，1828—1885），要求总理衙门解释清楚陈树棠究竟系“何等职衔”。总理衙门回复说：“朝鲜系中国属邦，不得比照驻扎各国使臣之例……（陈树棠）官阶既属道员，自与各国总领事分位相等。”这就是说，中国根据 1882 年中朝双边章程派驻朝鲜的商务委员，职位上等同于西方国家的总领事。这就为日后中国驻朝委员的外交身份定下了基调。

1884 年甲申政变与中日交涉：中国不败而败

好景不长，陈树棠担任新职务还不到一个月，就碰上了日本支持的朝鲜开化党人洪英植、金玉均、朴泳孝等于 12 月 4 日发动的政变，时逢农历甲申年，故史称“甲申政变”或者“甲申革命”。开化党人占领王宫，挟持国王，杀死了李祖渊、赵宁夏、闵泳穆等倾向“事大”的亲华大臣，宣布废除中朝宗藩关系，并邀请日军进入王宫支援。当时日本驻朝公使是竹添进一郎，也是八年前陪同森有礼前往北京和保定，同总理衙门和李鸿章辩论朝鲜国际地位问题的外交官。但竹添和金玉均等人的革命，连同其日本部队，两天后就被清军统帅吴兆有和

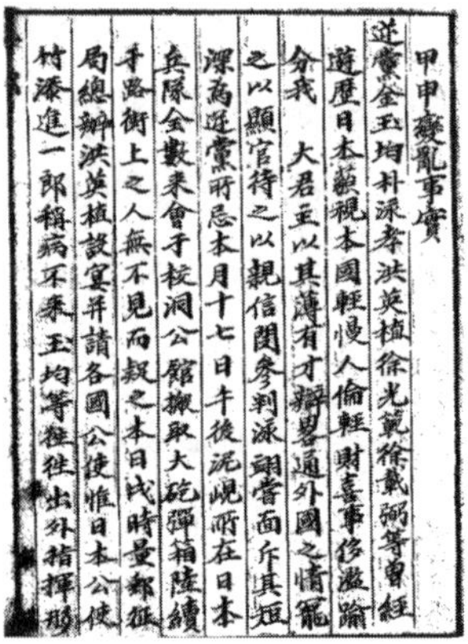
甲申變亂事實
逆黨金玉均朴泳孝洪英植徐光範徐載弼等曾經
遊歷日本藐視本國輕慢人倫輕財喜事侈濫踰
分我　大君主以其薄有才辯畧通外國之情寵
之以顯官待之以親信閔參判泳翊嘗面斥其短
深為逆黨所忌本月十七日午後泥峴所在日本
兵隊全數來會于校洞公館撤取大砲彈箱陸續
于路街上之人無不見而疑之本日戌時量郵征
局總辦洪英植設宴并請各國公使惟日本公使
竹添進一郎稱病不來玉均等往往出外指揮形

图 17.12 朝鲜官员卞元圭家中所藏的《甲申变乱事实》，记录了甲申政变的前因后果。卞元圭曾在 1880 年以别赍咨官的身份赴天津和李鸿章讨论朝鲜派学生到天津学习机械制造事宜。

他的副将袁世凯、张光前击垮。一场刀光剑影的“三日革命”，遂告失败（图 17.12）。

中日随即展开外交谈判，并于 1885 年 4 月在天津签了个只有三项内容的专条：两国均从朝鲜撤兵，均不派员至朝鲜教练军队，如果朝鲜有重大变乱，两国或者其中一国派兵，要提前相互知照。通过第三款内容，日本取得了形势危急之下与中国同等派兵入朝的权力。嗣后甲午年日本以东学党之乱中国出兵为由，自己也派兵入朝，其法理依据便是 1885 年的天津专条。所以，就“甲申政变”后外交较量的结果而言，中国是不败而败，日本是不胜而胜，和同期中法在越南围绕中越宗藩关系而进行较量及外交谈判结果极其相似。这些例子均表明，中国当日并非是弱国无外交，而是无外交而弱国。

1885 年 10 月，陈树棠以积劳成疾为由请辞回国，李鸿章上奏北京，推荐一直驻扎在朝鲜的补用同知袁世凯接任。在奏折中，李鸿章称赞袁世凯“胆略兼优，能知大体”，建议北京委之以“驻扎朝鲜总理交涉通商事宜”之职，以便“略示与闻外交之意”“以重事权”。因袁世凯系五品衔同知，官秩较卑，李鸿章特请朝廷加赏品衔，以顺合要员身份。北京很快于 11 月初正式任命袁世凯为“钦差驻扎朝鲜总理交涉通商事宜”，赏加三品衔，以知府分发，遇缺即补，补后以道员升用。袁世凯就此擢升“升用道补用知府”。后来人们称他“袁道”，即指这个“升用道”的品阶。相对于前任陈树棠，袁世凯虽然官秩为低，但权能却大有提升：“钦差”的名号让他直接从中国天子那里获得了驻朝的合法性，而“总理”比陈树棠的“总办”的监督职能范围还要广泛一些，“交涉通商事宜”又赋予他监督外交和商业事务的权力。从此，袁世凯变成了钦命的袁总理（图 17.13）。

图 17.13 身着清朝官服的袁世凯。图片来自康格夫人（Sarah Pike Conger）1909 年出版的《中国来信》（*Letters from China*）一书。

加官晋爵的这一年，袁世凯刚刚 26 岁，颇有一番初生牛犊不怕虎的气概。这种气概，在某种程度上，恰是已经在洋务场上摸爬滚打了二十多年的李鸿章所需要的体制外智慧——借着此种智慧，可以减少一系列中朝旧例和中西新规的掣肘。李鸿章深知袁世凯为人处世的缺点，而且对袁也耳提面命过，但他十年来没有将袁世凯撤换，看中的恐怕就是袁世凯的这种双刃剑的作用。

袁世凯驻朝以及中国在朝鲜的最后十年

钦命的袁总理在朝鲜的日子并非一帆风顺，最烦心的一条就是对外交同行们讲不清楚中朝宗藩关系，自己钦差总理的职位虽然白纸黑字写得明明白白，但实际操作上却不得不面对“我是谁”这一老问题。当时的汉城和北京一样，各国公使也组有公使团，通行的语言以英语为主，各国公使的名字、职衔等，均有对应的英文术语或者翻译。袁世凯也要遵从这一惯例，但他拿不准如何翻译自己的头衔，而这事关公使团对自己地位和管理权限的认知。

有鉴于此，袁世凯派手下一名在美国读过书的年轻助手，应该正是曾经就读于美国哥伦比亚大学的第三批留美幼童之一的唐绍仪（1862—1938），拿着名帖去美国公使馆，找到代理公使福久（George Foulk），问他的意见。福久建议译成“Charge of Diplomatic and Commercial Intercourse”（即管理外交和商业事宜之意）。但唐绍仪不同意，提出一个词“Resident”（即驻员），并建议翻译成“His Imperial Chinese Majesty's Resident, Seoul”（即中国皇帝驻汉城钦差之意）。福久随后召集了英国公使贝德禄（Edward Colborne Baber）和日本代理公使高平小五郎来讨论，但并没有达成一致意见。日本外交官读汉文和理解汉文都不成问题，所以这种翻译上的工作，其实是做给非汉语圈内的美英法等国的公使看的，而这也直接关系到西方对袁世凯地位的根本认识。最后，袁世凯采用了自家助手唐绍仪的翻译，并简化为“H. I. C. M. Resident”，嗣后名片上也开始印用这一名称。其实，这个英文翻译只传达了钦差大臣之意，没有解明其交涉通商的权责。所以，袁世凯并没有讲清楚“我是谁”这个问题，而他的公使团的同行们，干脆直接视他为“具有外交职能的中国总领事”。

袁世凯在上任之初，就向北京表示要力保中朝间的宗藩关系，保护朝鲜这方“世守藩封”的“东方屏蔽”，而他也的确是勤勤恳恳这么去做的。但也正是在这种体制夹缝里，他以中朝之间事有定制、礼有成例等等为由，每每拒绝参加美英日等公使在汉城的外交使团会议，在通行的外交规则之外独立行使一套只有自己才享有的宗藩规矩，甚至以钦差身份直接介入朝鲜政府的相关事务。结果，他的维护宗藩章法在别人看来成了特立独行和破坏朝鲜独立自主之权，他的钦差身份给他带来的礼仪优待也成了作威作福和有悖国际外交准则，最后不仅惹来英美日等外交同行们的猜忌和指责，更逐渐引起了对国家主权渐有意识的朝鲜政府方面的不满和离心。贵为天朝钦命总理的袁世凯，逐渐成了朝鲜外交舞台上最孤独的一个人。

这一时期涉及中美关系的一件大事是1887年朝鲜派全权代表访问美国，以及由此引发的中朝之间的礼仪争论，特别是袁世凯与朝鲜王廷之间的不快。自1882年与美国签约之后，朝鲜就一直有遣使赴美的准备，但碍于一系列问题并未能顺利展开。1887年，朝鲜国王在其美国顾问德尼（Owen N. Denny, 1838—1900）等人的建议之下，将遣使美国和其他国家的事情提上日程，于9月正式任命朴定阳为驻美全权大臣，预备克期赴美，同时任命赵臣熙为赴英、法、德、俄、义（意大利）等五国全权大臣。中国方面事前对此并不知晓，因此驻朝总理袁世凯与北洋大臣李鸿章都对朝鲜遣使欧美之举表示了很大不满，原因在于欧美各国可以通过朝鲜驻外全权使节来否定朝鲜的中国属国地位，否定中朝宗藩关系，这是北京不愿意看到的复杂局面。

朝鲜方面对清朝的激烈反应并不吃惊，但在突如其来的压力之下，决定暂时中止赵臣熙赴欧，继续推进朴定阳赴美。袁世凯等人继续表示抗议，阻止朴定阳出使，刚刚出发的朴定阳被迫返回汉城待命。美国驻朝公使丹时谟（Hugh A. Dinsmore）对袁世凯提出抗议，同时美国驻华公使田贝在北京对总理衙门提出抗议。在美国的外交压力之下，清廷最终同意允许朝鲜派朴定阳以全权大臣的身份出使美国，但在李鸿章和中国驻美公使张荫桓的建议之下，为朝鲜赴外国使臣立了三个规矩：第一，朝鲜使臣赴各国后先行到中国领馆报到，由中国使臣带领

图 17.14 1888 年朴定阳使团成员在华盛顿合影。

引见该国外务部门；第二，遇到礼仪宴会等，朝鲜使臣在中国使臣之后；第三，遇到大事与中国使臣协商。这三款内容都是依照宗藩关系拟定的，但对朝鲜代表的窒碍是显而易见的，因此朝鲜公使在实际外交活动中并未照此实行。

1887 年 12 月底，朴定阳一行抵达旧金山，次年 1 月越过大陆抵达华盛顿。朴定阳拜会了美国总统、国务卿以及很多官员，无论礼仪还是国书往复方面，都是以与美国独立的主权国家的面目出现的，并没有以李鸿章、袁世凯和张荫桓等人希望的中国属国身份行事。驻节华盛顿的张荫桓非常生气，一度要把中国的皇历颁发几本给朴定阳，宣明朝鲜仍是奉大清国正朔的中国属国。美国方面，自始至终都是将朝鲜视为一个在国际法上与美国平等的独立国，所以也不会认可中国方面强调的附属国的政治含义，不会因中国附加给朝鲜的任何条款而改变其对朝政策（图 17.14）。

也就在 1887 年中朝为朴定阳赴美大肆争论的这一年，在汉城为国

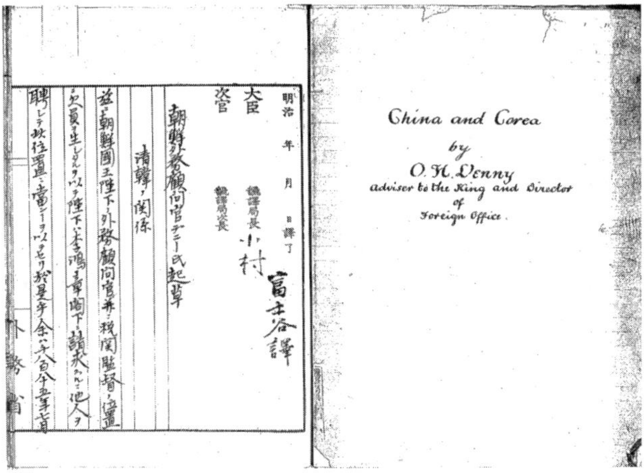

图 17.15 1888 年日本外务省翻译的德尼《中国与朝鲜》的手抄本，当时日本译名《清韩之关系》。日本外务省外交史料馆藏。

王出谋划策的德尼，写就一本小册子，取名《中国与朝鲜》（*China and Corea*），于 1888 年 2 月朴定阳抵达华盛顿之后不久正式刊发。在这本小书里，德尼表达的一种总体的观点就是中国正在通过在汉城的代表以及其他手段将朝鲜变为自己的一个殖民地。德尼对中朝宗藩关系并没有多深的研究和理解，因此书中感情用事之处甚多，对他的美国同仁起到了诸多的误导作用。他的这本小册子立即被日本外务省翻译为日语，起名《清韩之关系》，后改《清韩论》，一度列为机密文书（图 17. 15）。这本小书也很快传到了美国政坛。1888 年 8 月底，也就是朴定阳还在华盛顿的时候，来自德尼的老家俄勒冈州的参议员约翰 · 米切尔（John H. Mitchell）就在国会中展示了德尼的小书，并强调说中国正在毁掉朝鲜的独立自主，中朝之间的朝贡关系并不能否定朝鲜是一个独立的主权国家，云云。

可以说，在甲午战争爆发之前，中美围绕朝鲜的国际地位问题已经走入了死胡同。美国对朝政策并没有根本变化，依旧在朝美对等的框架内视朝鲜为独立的主权国家。例如，1893 年 5 月，美国芝加哥召开万国博览会，纪念哥伦布发现美洲 400 周年，朝鲜以独立的主权国家身份参加了这次博览会，且在其美国顾问安连等人的指导之下，在朝鲜展厅展示牌上明确写着："写成'Korea'和写成'Corea'都是对的，但前者更好；朝鲜不是中国的一部分，而是独立的。"朝鲜的英文名字由"Corea"日渐变为"Korea"，就是从这个时候开始的，而美国对这一改头换面贡献尤大。芝加哥的当地报纸也全文转述了朝鲜这种独立国的国际地位的描述，可见一般美国公众对朝鲜的理解与中国完全不同。在中国一侧，就朝美双边外交可能引发的否定中朝宗藩关系的种种可能性和不确定性，持有越来越多的戒备，也因此和美国方面产生了诸多外交纠葛，美国驻东亚诸国的公使开始被频仍地卷入中朝交涉。

在国际外交的大局面之下，一个可以逐步展开独立外交的朝鲜，已经距离中国越来越远。清朝不希望看到这种局面，但无力回天。1894 年 7 月 18 日，袁世凯奉旨撤回中国。7 月 23 日，即日军在牙山偷袭清军并挑起战争的前两天，汉城的中国公署忽然遭到千名日军的围攻洗劫，存银被抢，国旗被夺，代理总理朝鲜交涉通商事宜唐绍仪从公署后院狼狈逃到英国领事馆，焚烧了机密公文（还有一部分文件留存在英国领事馆），随后辗转回到烟台，携回了袁世凯留下的"钦命驻扎朝鲜总理交涉通商事宜"关防大印。中日甲午战争爆发，李鸿章和袁世凯等人在朝鲜苦心经营了十多年的事业，就此灰飞烟灭。

东方的战事与永逝的藩属

德尼等美国人在朝鲜奋斗了多年，希望朝鲜可以挣脱中国的羁绊而获得独立自由，然而中国完全没有要殖民朝鲜的计划，中国对朝鲜的一切外交参与说到底是一种基于双方数百年的宗藩关系基础上的“字小”（即帮助和保护小国和藩属国）的表现，和英法美日的殖民路数是完全不同的，这一点德尼等人完全看不懂。甲午战争以后，中国政治势力开始退出朝鲜半岛，但历史事实证明朝鲜也顿时失去了长期依赖的中国保护伞，其幸运走到了尽头，日本紧锣密鼓地开始将朝鲜变为其殖民地。

图 17.16 1903年发行的“大韩帝国邮票”，面值贰厘。中间的老鹰左右印有“韩帝国邮政”的韩文和法文。鹰身上有八卦图案，一爪拿着地球，另一爪拿着剑；其下为木槿花图案，现为大韩民国国花。

1895年4月中日《马关条约》签署，第一条规定了朝鲜彻底独立于中国，而实际上日本开始全方位渗透进朝鲜，并成立了亲日内阁，开始对朝鲜进行战略殖民。半年之后的10月8日，日本人冲进汉城王宫景福宫，将闵妃残忍杀害并焚尸。国王惊恐万分，很快携世子一起狼狈逃到俄国领事馆寻求庇护，这就是著名的“俄馆播迁”事件。这一事件导致甲午战争后朝鲜的亲日派内阁垮台，亲俄势力上涨，直接加剧了日俄两国在朝鲜半岛的争夺。

1897年，朝鲜改为“大韩帝国”，国王称帝，早已被杀的闵妃也被册封为“明成皇后”（图 17.16）。对这一由“大朝鲜国”而“大韩帝国”的变化，美英等国都予以默认，虽然各国都知道这个帝国实在是虚弱不堪，仅日俄两国的竞争就使其风雨飘摇。这个帝国所做的切实有效的事情之一是去中国化，包括拆除汉城西大门外的迎接明清中国敕使的“迎恩门”并改为“独立门”，拆掉皇太极征伐朝鲜后命令朝鲜国王在汉江之南三田渡地方设立的“大清皇帝功德碑”并埋入地下，开始大量使用本国语言谚文等等。也正是在这一轮持续的去中国化的过程中，韩国开始强调以檀君为韩民族始祖的历史叙述观念，日渐排除箕子由中国而东来建设古朝鲜成为朝鲜始祖的历史叙事。檀君故事在 1910 年日本殖民朝鲜之后，因反对日本殖民主义和争取韩民族独立而在韩民族中继续存在和发展，二战以后朝鲜半岛南北两地逐渐用檀君始祖故事完全取代了箕子朝鲜故事，高丽王朝于 1102 年在平壤建立的箕子坟也于 1959 年春被夷为平地。

1904 年 2 月，日俄战争爆发，主战场是日俄争夺有年的中国东北。在 1905 年 5 月 27 日的对马海峡海战之后，日方逐渐取得了战争主动权，俄国开始寻求和谈（图 17. 17）。美国对战争双方保持中立态度，但为了维护在西太平洋地区的利益而牺牲了朝鲜。1905 年 7 月 27 日上午，美国战争部长威廉 · 霍华德 · 塔夫脱（后来担任第 27 任美国总统），与日本首相桂太郎在东京进行了一场会谈，双方讨论了日俄战争以后的东亚形势。会谈中，桂太郎表示日本不会妨碍美国在菲律宾的利益，而塔夫脱认可了日本殖民朝鲜对维护东亚稳定的重要性。双方在 7 月 29 日签署了一个谈话备忘录，但声明这不是条约。双方的备忘录于 1924 年首次被发现，虽然不是条约，但双方狼狈为奸并葬送朝鲜的外交阴谋是一目了然的。

1905 年 9 月 5 日，在美国总统西奥多 · 罗斯福的调停之下，日俄两国代表在美国缅因州的朴茨茅斯海军基地签署了战争和约，结束了

图 17.17 位于日本横须贺市三笠公园内的“三笠”舰、东乡平八郎塑像以及东乡手书“皇国兴废在此一战”。笔者 2012 年 8 月摄。“三笠”舰是日俄战争中日本联合舰队旗舰，也是联合舰队司令官东乡平八郎的坐舰。该舰由英国制造，是“无畏”级战列舰出现之前技术最先进的战列舰之一。1923 年作为纪念舰加以保存。

两国之间的战争，此即《朴茨茅斯条约》(Treaty of Portsmouth)，日本取得了巨大胜利。该条约的第二条规定，俄国政府承认日本在朝鲜的政治、军事和经济上的绝对利益，俄国不得干涉日本对朝鲜的指导监护以及其他必要措施。通过这一条约，日本取得了俄国以及美国等国家对日本在朝鲜半岛绝对利益的肯定。同年 11 月 17 日，日本将《日韩保护协约》强加到朝鲜政府的头上，正式将朝鲜变为了日本的保护国。美国对日本殖民朝鲜的行为完全予以默认，并和英国等国家一道，很快撤退了在韩公使馆。1910 年 8 月 22 日，日本正式吞并了朝鲜。当时的清朝已经风雨飘摇，完全顾不上昔日的属国了，一年以后辛亥革命

图 17.18 辽宁省丹东市鸭绿江断桥桥头上的“为了和平”群雕。笔者 2015 年摄。

爆发，清朝轰然倒塌。

1919 年 3 月 1 日，朝鲜汉城爆发了反对日本殖民统治、争取朝鲜独立的运动，史称“三一独立运动”。在遭到日本的残酷镇压之后，一批革命志士跑到了上海，在法租界内成立了“大韩民国临时政府”。中国政府并未正式承认这一临时政府，但鉴于中朝两国悠久亲密的历史关系和反对日本殖民主义的共同目标，暗中大力支持韩国独立运动。后来国共两党都对朝鲜独立志士和他们的武装力量提供了很多支持，对他们在二战结束后回到母国继续开展斗争提供了若干保障。

1950 年 6 月 25 日朝鲜战争爆发，在“保家卫国”的口号之下，10 月 19 日中国人民志愿军跨过鸭绿江入朝参战，对手正是美国（图 17.18）。1953 年 7 月 27 日，朝韩中美等国共同签署了《朝鲜停战协定》，开启了一个以朝鲜半岛为中心的东北亚国际政治新格局。直到今天为止，中美两国仍旧是影响半岛局势的最重要的两个大国。了解 19 世纪晚期中美围绕朝鲜的若干纠葛，或可帮助我们更好地理解现代复杂的国际关系。

第十八章　老佛爷的夫人外交：慈禧太后与美国康格夫人

1900 年是晚清历史上最为悲惨的一年，因为这一年八国联军占领了北京城，慈禧皇太后和光绪皇帝狼狈逃窜西安，即所谓“西狩”，和当年第二次鸦片战争英法联军占领北京城之前慈禧的丈夫咸丰皇帝跑去热河行宫“北狩”，可谓如出一辙。1901 年 9 月，清廷代表李鸿章与英、美、俄、法、德、意、日、奥、比、西、荷等十一个国家的代表，在北京签订了丧权辱国的《辛丑条约》。当时恐怕没有比“风雨飘摇”这个词更能形容清政府的窘迫了。签约两个月后，李鸿章就逝世了。这位为大清国鞠躬尽瘁的功臣，一辈子都在试图拯救他的朝廷，但一辈子也没能够完成这个使命。

当此之时，作为权力中枢的慈禧皇太后（1835—1908），从西安“回銮”北京以后，展开了一系列的夫人外交，从她认识的美国公使康格（Edwin H. Conger，1843—1907）的夫人萨拉 · 派克（1843—1932）入手，试图改换一下局面。慈禧于 1898 年 12 月第一次接见各国驻京公使的夫人，也是在那个时候认识萨拉的。慈禧太后“回銮”北京后，围绕老熟人康格夫人开展了第二轮夫人外交，且扩大了规模。自此以后，慈禧经常会见康格夫人，几乎每次都送很多精致的礼物给她，加以示好和笼络。慈禧太后比康格夫人年长 7 岁，多少算是同龄之人，大约对彼此的交流和信任也起了较大的作用。在这个时期，慈禧太后开始了所谓的新政改革，鼓励发展实业、劝诫汉人女子不要缠足、允许满汉通婚等等，和康格夫人的交流正好映衬了这个改革的新背景。

另一方面，八国联军占领北京和辛丑议和以后无疑高高站在了胜利者的位置之上的康格夫人，以其虔诚的基督教信仰相信中外的坦诚交流会营造更为美好的未来，所以她秉承中国的“来而不往非礼也”的路子，频繁地与慈禧以及很多清朝官员的夫人和格格们交游，特别是在美国公使馆举办下午茶点聚会，开创了一种中美妇女俱乐部一样的交流形式。在此期间，萨拉更为在美国和在国际上挽救慈禧太后每况愈下的形象，做了很多实际努力，其中的一件大事是促成美国女画家凯瑟琳 · 卡尔（Katharine Augusta Carl，1865—1938）绘制慈禧太后的巨幅肖像油画，并运到美国参加圣路易斯博览会的展出并最后赠给了美国总统。

慈禧与康格夫人的交往故事，是掩在 1900 年前后风起云涌的时代大潮背后的一幅几乎默默无闻的女性交游为主导的景象，从这个小小的中美关系的侧面却反映了一个正在步入剧变的时代，以及中国人对这一局面的调适。慈禧太后在这一时期受到的创伤极大，其对外政策也因之发生了极大变化，真是放低了身段委曲求全，做了很多“从来未有事”。例如，在展开夫人外交的时候，慈禧太后开始照相，其留存后世的照片基本上都是在这一时期内拍摄的，也可谓是一种迎合潮流改变自己的结果。通过慈禧太后的夫人外交路线，我们可以看到慈禧

图 18.1 1903 年康格夫人萨拉和其余三位夫人以及摄影师裕勋龄的女儿一起与慈禧太后合影。萨拉牵着慈禧太后的手。照片上方写着“大清国当今圣母皇太后万岁万岁万万岁”，落款是“光绪癸卯年”即 1903 年，中间御宝印款是汉文篆书“慈禧皇太后之宝”。摄影师裕勋龄是当时担任慈禧英法文翻译的裕德龄（即所谓“德龄公主”）的二哥。四名西方女士中，三人都双手戴着同样的镯子（当系金镯子），三人胸前挂着同样的小葫芦（应该是玉质的），应该都是当天慈禧赏赐的礼物。美国华盛顿特区史密森尼学会（Smithsonian Institution, Washington, D.C.）的弗瑞尔艺术馆与赛克勒艺术馆档案馆（Freer Gallery of Art and Arthur M Sackler Gallery Archives）馆藏照片，编号 FSA A.13 SC-GR-249；图片使用权已购买。

太后身为一名女性政治家所展现出来的女性外交魅力和路数，也可清楚地窥见以她为代表的清朝政治中枢顶层政治人物面对国际政治的无力与无奈。这一夫人外交路数虽然取得了一些微小的外交成果，最终却无法挽救清王朝覆亡的命运（图 18.1）。

列强瓜分中国狂潮与美国“门户开放”政策

图 18.2 清末出现的著名的《时局图》，描绘了中国被列强瓜分的严重危机。

1895 年中国在中日甲午战争中战败以后，欧美诸国列强纷纷趁机对华上下其手，大肆租借中国沿海沿江港口城市，并划分势力范围，整个中国面临被瓜分的危险。例如，1897 年德国借口两名德国传教士在山东省巨野县被杀一事，强迫清政府于 1898 年 3 月签署了《胶澳租借条约》，租借胶州湾 99 年。这是德国占领青岛一带的开始，也是第一次世界大战之后著名的“山东问题”的滥觞。同期，沙俄逼迫清政府签订了《旅大租地条约》，租借旅顺和大连港口 25 年。英国除了在 1898 年 6 月大肆拓展香港租借地获得了新界大片土地之外，也在德国势力进入胶东半岛以及沙俄势力进入辽东半岛的局势刺激下，于 1898 年 7 月胁迫清政府签订了《订租威海卫专条》，在胶东半岛东北部的威海卫建立了租界。所以，仅在 1898 年下半年，日本、沙俄、英国和德国的势力已经从东北三省一路跨过渤海湾到达了青岛胶州湾一带，从战略上完全封锁了清政府一度引以为豪的北洋地区（图 18.2）。

美国在这个时候也将势力迅速伸到了这一地区。1898 年 4 月，美国和西班牙在西班牙的殖民地古巴爆发了战争，即所谓的“美西战争”。这场战争从西班牙在加勒比海地区的古巴和波多黎各，迅速延伸到西班牙在西太平洋地区的菲律宾（即中国传统称呼的“吕宋”，是以菲律宾最大的吕宋岛代指整个地区）。1898 年 6 月，美军占领了关岛。同年 12 月 10 日，美西签署了《巴黎和约》，西班牙全面放弃古巴，波多黎各和关岛等割让给美国，菲律宾卖给美国。通过美西战争，美国第一次将其势力正式拓展到了太平洋西侧，即现在通常说的亚太地区，直到今天也没有离开过。

美国占领古巴、菲律宾和关岛，并在同期兼并夏威夷，是美国殖民主义和帝国主义发展史上一件具有里程碑意义的大事。自 1823 年美国第五任总统詹姆斯 · 门罗抛出旨在反对任何欧洲列强殖民美洲国家的“门罗主义”以来，美国一直是反对海外殖民主义的一个代表国家，但这一切随着美国击败西班牙而走向终结。正如美国学者艾伯特 · 温伯格（Albert K. Weinberg）指出的那样：“美国要求获得菲律宾是建立在战争赔偿的合法基础上的，但在根本层面上也是建立在帝国主义式的预期之上的，即胜者可以在和约中写上他想要的一切。”美国以海外殖民者的身份忽然出现并且长足伸到东南亚，貌似与美国素来反对的海外殖民主义构成冲突，然而美国通过“昭昭天命”观念合理化了其海外殖民主义和帝国主义，乃至于很多人认为美国如果将菲律宾等重新返还到曾经的压迫者手中的话，或者在打败了西班牙殖民政府后却抛弃了当地人不管而造成当地混乱无序的话，那么美国将会是多么野蛮和不负责任。

当时美国总统麦金莱（William McKinley）声称，美国不仅要去教育、解放、文明化和基督化吕宋岛，而且要将这一事业推到整个菲律宾群岛。在这一过程中，美国坚定了其文明化和基督化这个世界的责任与昭昭天命，很多人称其是一种“仁慈的帝国主义”（benevolent imperialism）。除了普世的人道主义的帝国主义之外，在很多美国人看来，美国式的帝国主义还可以向外推销带有美国印记的“自由”（liberty），正如位于纽约的美国公理会（Congregational Church）传教士莱曼·阿博特（Lyman J. Abbott，1835—1922）所呼吁的那样，美国可以把欧洲的传统的帝国主义转变为“一种新的帝国主义，即自由帝国主义（the imperialism of liberty）”。菲律宾正是在这种历史背景中，成了新兴的美帝国主义的第一块海外大试验田，而美国帝国主义在全球的勃兴，也是最初就建立在一种以差序文明和基督教文明包装起来的天赋使命的基础之上的。

当时的美国，正处于内战以后的工业商业等大发展以及积累了大量财富的所谓“镀金时代”（Gilded Age）末期，并开始向旨在进行一系列重大国内改革的“进步时代”（Progressive Era）转变，在很多方面开始大变样，但其物质财富的巨大发展为其改变海外殖民政策提供了经济支持，其昭昭天命的基督教观念又为这种转变提供了精神和道义的支持。当此时代大潮，获得菲律宾从很大层面上激励了美国政府进一步走向积极扩张的帝国主义。对一些美国政治家而言，美国终于摆脱了西方列强第二梯队的位置，可以扬眉吐气了，例如参议院外交委员会主席库什曼·戴维斯（Cushman Kellogg Davis，1838—1900）就说：“美国已经不再是西方大陆上的中国了。我们还活着，感谢上帝，我们绝不能被这个世界上的任何国家欺负，不管是大的国家还是小的国家。”《华盛顿邮报》（*The Washington Post*）在一篇社论中说：“一种新的意识似乎降临到了我们头上——一种力量的意识——伴随着这种意识的是

图 18.3 美国杂志《哈珀斯周刊》1900 年 1 月 6 日刊的题为《跑到东方》（*Away Down East*）的漫画，画中山姆大叔骑着犄角上写着“菲律宾诸岛”的斗牛，跑到了地球的东方，牵着牛的代表基督教的小天使一手扶着美国国旗，国旗上写着“一个好政府和商业的扩张”。

一种新胃口，是一种去展示我们的力量的渴望。这或许可以和野兽新尝了鲜血之后的反应相比较。不管是雄心、利益、对土地的渴望、荣耀、对战斗本身的热爱等等，我们被一种新的感觉所支配了。我们正面对着一种奇怪的命运。正如丛林中鲜血的味道那样，我们人民的口中已经品尝到了帝国的滋味。它意味着一种新的帝国政策将用武装起来的国家取代重新站起来的共和国。”就此而言，1898 年后的美国，已是一个以昭昭天命武装起来的新兴帝国主义国家，“干涉主义”日渐抬头，奉行多年的“孤立主义”同步衰退。（图 18.3）

美国占领菲律宾之时，清楚认识到了英、法、俄、德、日诸国在中国的竞争进入高潮，而自己在中国还没有强大的军事与政治实力。为了避免本国商业利益受到日益严重的威胁和蚕食，华盛顿决定走传统的国际势力均衡的外交道路。1899 年 9 月到 12 月之间，美国国务卿海约翰通过美国驻英、法、德、意、俄、日的大使，对这些国家的政府发了内容基本相同的照会，要求各国维系在华势力范围内的通商口岸的贸易自由，互相保持开放，这就是所谓的“门户开放”政策。这一政策包括三个要点：第一，对于在中国的所谓“利益范围”（sphere of interest）或租借地内的任何条约口岸或任何既得利益，一概不加干涉；第二，中国现行条约税则适用于所有势力范围内一切口岸［“自由港口”（free ports）除外］所装卸的货物，不论其属何国籍，此种税款由中国政府征收；第三，在各自“范围”内的任何口岸，对他国入港船舶所征收的入港费，不得高于对本国船舶所征收的入港费；在各自“范围”内修筑、管理或经营的铁路，对他国臣民运输的货物，应与对本国臣民运输同样货物、经过同等距离所征收的铁路运费相等。

1900 年 6 月，在义和团已经进入北京并包围各国驻华使馆区的时候，海约翰发表声明说各国都支持美国的提议，实际上各国认可的程度差别很大。7 月初，美国政府再次对各国发照会重申了这一“门户开放”政策，呼吁各国维系中国的领土和行政权的完整。现实中，不少人对“门户开放”政策存在望文生义的错误理解，误以为是列强要求中国保持开放门户，其实，这一政策是要求在华列强之间彼此互相开放其门户，也就是其势力范围覆盖之内的通商口岸。从这个角度而言，“门户开放”政策是一种建立在诸国共同压榨中国的基础之上的联合殖民主义和联合帝国主义，保持中国领土和行政权的完整不过是实现“门户开放”政策的基本前提，否则该政策根本无从推行。

图 18.4 1899 年 5 月 31 日美国杂志《顽童》发表的有关“门户开放”政策的漫画，画上代表英国的约翰牛与代表美国的山姆大叔分别站在写着印度和菲律宾的大门两边，欢迎分别代表德国、俄国、法国、意大利和奥匈帝国的人抱着各式商品步入大门，大门之内是代表中国的插着黄龙旗的楼亭。这张图表明了一种在华列强的联合殖民主义政策，颇有门户开放就等于开门揖盗的意思。

“门户开放”政策是由海约翰的好友、美国著名的汉学家和外交官柔克义构思的。柔克义本人早在 1884 年就远赴北京出任驻华使馆秘书，此后去过朝鲜和欧洲等国家任职，汉文功底很好，对很多中国外交问题做过精深的学术探讨，他后来也是义和团事件后派去北京谈判的美国代表，最后在《辛丑条约》上签字。柔克义本人对中国和中国文化的感情很深，“庚子赔款奖学金”的设置其实也有他的一份功劳。他所谋划的“门户开放”政策，是美国在长达一个多世纪的对华外交上保持中立原则的又一个具体政策表现，有利于诸列强在华的势力达成表面的均衡，维系了中国名义上的领土和行政权的完整。直到今天，美国很多政治家在重要讲话中回顾美中关系的时候，“门户开放”政策仍是其着重强调的积极的历史遗产（图 18.4）。

然而，今日的我们也应该看到，“门户开放”提出的时候，恰是刚刚击败西班牙的美国快步进入帝国主义的历史大转折时期，这一政策的出发点是维系美国在华商业利益，并非要去拯救中国。海约翰在致各国的照会中对该国的在华利益首先加以承认，这是以牺牲中国利益换得对方认可其“门户开放”政策的前提条件。换言之，假若当时没有美国的“门户开放”政策，难道中国就会真的被各国切实瓜分吗？以当时的情况来看，尽管中国孱弱不堪，没有哪一个列强有能力和有可能完全把持和操纵北京政府，因此“门户开放”政策对于清政府领土和行政权完整而言,原本就是无关宏旨的。那“门户开放”政策出台后达成了美国预想的效果吗？实际操作中，这一政策只是指向达成一种外交默契或者说外交联合，对列强在华扩张没有国际法层面的硬性的钳制力量，日俄两国在东北的持续争夺并最终引发以中国东北为主战场的日俄战争，就是典型例子。就美国自身而言，“门户开放”政策推出还不到一年的时间，美国海军陆战队已经作为八国联军之一打进了北京紫禁城，而这一点美国的政治家们到今天都是闭口不讲的。

美国自 1784 年同中国建立贸易关系以来，到 1844 年同中国签订《望厦条约》，再到 1862 年第一任驻华公使蒲安臣抵达北京，对华交往的核心政策就是发展商贸。美国的这个政策在 1862 年以后延续了差不多 40 年，到 1898 年从西班牙手中抢占了菲律宾，以及 1900 年以八国联军之一的身份出兵北京之后，美国对华政策才开始发生比较根本性的变化，此后除了继续发展商贸之外，积极参与到中国和东亚的政治之中，日渐成长为世界“东方”也就是亚太地区的帝国主义势力之一。

图 18.5 美国杂志《评判》(*Judge*) 于 1900 年 3 月 21 日发表的题为《说起来，菲律宾毕竟只是前往中国的跳板》(*And, After All, the Philippines Are Only the Stepping-Stone to China*) 的讽刺漫画。表现了山姆大叔扛着钢材和各式机械，手持“教育与宗教”之书，踩着插着美国国旗的菲律宾，朝着中国而去，而中国贴满了各式各样的“需要……”的帖子，一个中国人还在张开双臂欢迎山姆大叔。

自 1898 年以降，美国再也没有从帝国主义征服者的马背上下来过（图 18.5）。

西苑会面：慈禧太后首次接见各国公使夫人

就在遭受德、英、俄、日诸列强胁迫而不断签约和丧失主权的 1898 年，中国国内展开了变法自救的运动，当年岁在戊戌，所以史称“戊戌变法”。这场变法是在甲午战败和列强群起瓜分势力范围的大背景下展开的，目的非常明确，就是拯危救亡于一旦。在变法派主力康有为等人的强烈建议和推动之下，1898 年 6 月 11 日光绪帝发布了维新诏书，开始了一番轰轰烈烈的改革，包括兴办实业和设置新式学校等等，但慈禧太后担心其所能掌控的中枢政治局面失控，而她自己可能也会失去权力，于是在 9 月 21 日囚禁了光绪帝，取消了变法的绝大多数举措。此次变法前后总计 103 天，亦称“百日维新”，总体上是失败的。

在“百日维新”开始前不久的 1898 年 5 月，慈禧太后曾破例接见了德国的海因里希亲王（Prince Albert Wilhelm Heinrich, 1862—1929）。海因里希亲王是德国皇帝威廉二世（William II）的弟弟，当时率领德国海军前来加强胶州湾防卫，本身系山东巨野教案后清政府被迫将青岛胶州湾租借给德国的外交后果之一。当时中国情况窘迫，慈禧太后决定亲自出面接见这位年轻的德国亲王，这使他成为慈禧接见的第一个欧洲高级官员，且是受太后接见的第一个欧洲男性官员。当时驻京公使团主任（dean of the diplomatic corps，是自 1860 年各国公使正式进驻北京后的一个传统，通常由外交资历最长的公使担任，并非正式职务）是英国公使窦纳乐（Claude Maxwell MacDonald，1852—1915），窦纳乐夫人则担任公使夫人们的领班，她希望海因里希亲王在觐见慈禧太后的时候，转达希望公使夫人们能够觐见太后并庆祝太后 64 岁大寿的愿望。随后，窦纳乐也代表公使夫人们向清廷表达了同样的请求。慈禧太后很快答应了接见各位公使夫人，但因“百日维新”而推迟到了同年的 12 月才实现，彼时新任美国公使康格已经于同年 7 月履任，因此康格夫人萨拉赶上了年底的觐见。

这次会面在各国驻京历史上，又是一件破天荒的大事，因为太后从来没有接见过任何外国公使夫人，这次不仅答应了接见，而且是一起接见所有的公使夫人。各公使馆都十分兴奋，却也发生了一些争吵，主要是翻译的人选问题以及各馆秘书的夫人和女儿也想一起前往。毕竟，觐见中国的太后是一件非常值得骄傲的事情。诸公使馆闹腾了一阵子，最终还是决定只能公使夫人们和三四名翻译前往。觐见本来应该在慈禧太后的生日即农历十月十日（当年公历 11 月 23 日）举行，但当时有位公使夫人不在北京，新任俄国公使尚未递交国书，于是只好延期。北京礼部选择了 12 月 13 日为接见的良辰吉日，当日是农历戊戌年十一月初一，即冬月朔日，是当年大雪后第六天、冬至前第九天。负责外事的总理衙门为此提前制定了详细的觐见礼仪程序，并发给了各公使夫人。见面时候各位夫人只行鞠躬礼，并没有下跪磕头之类的。

12 月 13 日上午 10 点钟，总理衙门派随员一名、马夫两名和五人抬的轿子一顶，到英、美、法、日、俄、德、荷等七国公使馆迎接各公使夫人，包括美国公使馆的康格夫人，而后到英国公使馆齐集，11 点准时一起出发，前往紫禁城西侧的西苑（今中南海）的仪鸾殿。仪鸾殿建成于 1888 年，是慈禧太后的冬季寝宫，1908 年 11 月慈禧也是在那里逝世的，并不在紫禁城中。诸位公使夫人首先乘轿抵达了西苑的第一道门蕉园门（今已不存），换乘铺着红布的轿子，每顶轿子都由六名太监抬着往里去，四名外国翻译则只能步行。到了第二道门福华门时，换乘到一个法国赠给清廷的火车车厢里，沿着 1889 年在西苑园内修建的皇家铁路（即所谓的“西苑铁路”，全长 1 500 米左右，民国时期全部拆除），由数十名太监拉着走了一小段到瀛秀门，各位夫人下车，受到了一批中国官员的欢迎。这帮太太们每人喝了一杯茶，算是举行了一个茶礼。随后，她们在庆亲王奕劻（1838—1917）等几名高级官员的陪同下到了仪鸾殿之内。

慈禧太后和光绪皇帝已经在仪鸾殿内等待她们的到访。七名公使夫人将外套脱在外室，按照居京时间长短排好顺序，和四名翻译一起进入殿内，朝着坐在宝座上的太后和皇帝深深鞠一躬。第一位翻译将公使夫人逐一介绍给庆亲王奕劻，然后奕劻再将夫人们介绍给太后和皇帝。随后，窦纳乐夫人宣读了一份献给太后的简短致辞，表示她们为能够被太后接见来庆祝太后的64岁万寿而感到十分高兴，并且表示："我们特别高兴您已经迈出了结识各外国公使夫人的第一步，我们也大胆地希望，您的这一典范将为其他的中国女士所仿效，而且东方人民和西方人民将继续在彼此社交中越走越近。"慈禧太后由奕劻宣读了她的简短而友好的回复，说："今天接见的外国公使太太们已经一起献上了福愿，她们说的都是吉祥话儿，叫我很高兴。现在中外融洽，天下太平。我打心底里希望公使太太们在中国生活平安，万事如意。"然后，每位公使夫人逐一向前登阶，先到光绪皇帝的宝座前深深地鞠躬行礼，皇帝则伸出手来示意平身和友好，然后夫人们继续走到太后的宝座前深深鞠躬，翻译们在阶下翻译。和光绪皇帝不同，慈禧太后是伸出双手，将每位公使夫人的双手拢在自己手中，一边在她们每人的指头上套上一枚沉甸甸的带着一颗大珍珠的金戒指，一边和颜悦色地说："一家人，都是一家人。"（One family; all one family.）这之后，各位公使夫人下阶，退后，恢复进殿时的顺序。最后觐见结束，夫人们退出正殿。

随后，夫人们和翻译们在中国翻译的陪同下到偏殿用膳。御膳房准备了一大桌子美味佳肴，中国翻译以英文和法文向太太们逐一介绍。庆亲王奕劻、庆亲王的一位格格和其他几位格格，也前来陪同用餐。外国翻译则由总理衙门的大臣陪同，在一个小桌子上就餐。午餐进行得十分顺利，气氛也非常融洽。餐后，各位夫人用了茶。此时，慈禧太后携隆裕皇后前来，太后坐在一张黄色的椅子上，公使夫人们立即如前般地坐好。太后朝着每一位公使夫人伸出双臂，然后再缩回去，和蔼地说：“一家人，都是一家人。”然后，慈禧太后逐一向公使夫人们介绍了身边的隆裕皇后，皇后略显腼腆，但康格夫人对她的印象很好。这之后，太后和每一位夫人暂时道别，让她们前往戏楼听戏，也就是观赏京剧。

公使夫人们观赏完了京剧之后，回到之前就餐的偏殿用茶点，并再一次见到了早已经等在那里的慈禧太后。在各位夫人都拿到了自己的茶以后，太后起身到每一位夫人面前，举起茶杯自己先抿一小口，然后把茶杯递给公使夫人，并说：“一家人，都是一家人。”与此同时，太后给了她们每个人更多的非常漂亮的礼物。最后，这批公使夫人与慈禧太后道别，一起乘轿子从蕉园门离开西苑，回到了出发前的英国公使馆，然后各自乘轿回家。

整个接见的流程和总理衙门提前拟定的礼仪流程基本相同，但慈禧太后赐给每个公使夫人礼物、赏赐听戏以及戏后赐茶和礼物等几个环节，则并非之前的具体计划，完全是她自己的临时决定。这在清宫历史上发生过很多次，例如乾隆皇帝经常额外赏赐朝鲜、越南等国家来京的贡使很多礼物，这些额外赏赐之举并不在负责礼仪和外事的礼部提前拟定的觐见流程中，不一定事事按照节目单举行。这次接见中的一些礼仪，例如太后攥着诸位公使夫人的双手、抿一口茶再让对方喝，等等，均是慈禧向对方展示友好和善、亲密如一的姿态，按照今天的流行说法，这叫“平易近人”。

对公使夫人们而言，此番觐见可谓大开眼界，是令她们激动得不能自已的一次重要事件。虽然英国公使夫人对火车车厢、太后的声音等等颇有不喜之处，但对觐见本身仍旧非常期待，而且没有失望。觐

图 18.6 1898 年 12 月 13 日下午，在觐见慈禧太后和光绪皇帝之后，七国公使夫人及四名翻译在英国公使馆合影。前排左起是：德国公使夫人、荷兰公使夫人、英国公使夫人、日本公使夫人；后排左起是：法国公使夫人、俄国公使夫人和美国公使夫人。图片出自康格夫人萨拉的《中国来信》。

见结束回到英国公使馆之后，这批太太兴奋地聚集在一起拍了一张照片，将她们瞻仰天颜之后的激动定格在了一个瞬间（图 18.6）。

我们今天很多人批评慈禧太后腐败无能和专擅弄权之类，也做“落后的中国”和“先进的西方”的种种对比，而在北京城内的历史空间中，很多西方人士总以见到中国皇帝和皇太后为荣，可见我们后来的历史观察与评议，与现实是相差很多的。见过与没有见过皇上和皇太后，是很不一样的，例如“百日维新”的干将康有为（1858—1927），曾受过光绪皇帝的召见，所以康氏对光绪帝忠心耿耿，到死都是“保皇派”，而他的得意门生梁启超（1873—1929）从来没有见过光绪皇帝，因此并没有这方面的负担；假若梁启超也觐见过光绪帝，我们恐怕就要少看梁任公的很多文采恣肆的文章了。

美国公使康格夫人对能够觐见皇太后和皇帝尤觉兴奋，一路上看什么都是那么美好，尤其是对慈禧太后、光绪皇帝、隆裕皇后、庆亲王以及格格们的看法，是非常积极的。事后，她在写给住在美国的一个姐妹的信中激动地回忆说：

> 我们返回的时候，已经陶醉在了新奇和美丽之中，这真是完美得像做梦的一天，让我们每个人都觉得是那样非常、非常的不真实。他们为我们做了所有的事！只要想一下！中国的大门紧闭了好多个世纪，现在却已经打开了缝隙！此前没有外国女人见到过中国的统治者，而中国的统治者也从未见过任何外国女人。我们兴高采烈地回到英国公使馆，聚在一起照了一张相，记住这最为非同寻常的、实际上具有历史意义的一天。1898 年 12 月 13 日对中国和世界而言都是伟大的一天。想想这个吧！英语是外国妇女们在朝廷觐见至尊时说的第一外语。中国贸易语言是修改后的英语，而纯正的英语则由一位女性带到了中国至尊的面前。

美国公使康格于次日即 12 月 14 日就致信美国国务卿海约翰，简单报告了整个觐见过程，并评价说："在整个中国历史上，这是一名皇后或者皇太后第一次接见外国女性，这次接见应该会产生很多好的结果。大家相信这次会面将在紫禁城里激发出一种去观察和了解更多的西方人和西方事物的欲望。而且，当中国人都知道了太后本人乐意接见和款待外国人的时候，中国人的某些敌视情绪会得以消解。"汇报之时，康格夫人仍旧处在欢欣雀跃之中，康格也难免受影响，认为此次觐见慈禧太后将会对中外交往的局面做出某些改善。由此可见，慈禧

图 18.7 1900 年美军第 6 骑兵团在天津俘虏的部分义和团团员。美国国会图书馆藏，编号 2004670921。这些团员基本上都是农民，为了生计加入义和团。

太后的这次夫人外交，的确造成了一定的外交影响，这未尝不是她最初允准此番觐见的初衷。

然而，义和团运动的兴起，迅速改变了很多东西。康格和他的太太，连同其余几位国家的公使和太太，都被义和团和清军包围在了使馆区内。

义和团运动与美军打进紫禁城

义和团运动发源于直隶（今河北）西南部和山东省西北部交界的菏泽曹县、单县一带，这一带是黄泛区，民风淳朴（图 18.7）。自 1898 年黄河泛滥之后，这一带又连续出现了大面积的旱灾，很多农民衣食无着，加之对天主教及其教徒的地方仇视以及由此导致的种种冲突，逐渐出现了农民纷纷加入当地“梅花拳”等拳社，结伙练拳、自卫和乞食的情况。在此过程中，一些拳师提出了“扶清灭洋”等口号，目标指向外国列强，并率众攻打教堂，杀死教民。山东大学历史学系曾经在20世纪50年代做过一次大规模的田野调查，后来在义和团运动一百周年纪念的时候，特意出版了厚厚两大卷调查资料。从这些资料中，我们可以看到在天灾之下，衣食无着的农民是如何聚众讨食的，他们基本上都是善良的农民，并非清廷后来所指摘与污蔑的“暴民”或“拳匪”。美国历史学者周锡瑞（Joseph Esherick）曾经在山东大学参考过这批资料，在1987年出版了一本著名的《义和团运动的起源》(*The Origins of the Boxer Uprising*)，其中将自然环境与社会、人文、政治等环境结合起来讨论这一历史事件的发生与发展，是一部近代中国史研究的经典之作。

清政府起初试图压制拳民，新任山东巡抚袁世凯就是这样做的，但“义和拳”势力发展的速度和规模远远超出清朝官员们的预计和控制能力。1900年6月初，大批义和团成员从山东和直隶两省经天津进入北京城，这些团员通常手持大刀和长矛，围着红头巾，以“梅花拳”“金钟罩”“铁布衫”等等为名聚众练武，加上混合了道教神符、作法等各种仪式，在一般没有受过教育的民众眼中，的确如神话中的天兵天将降临京城一般。北京一带的义和团运动开始变得如火如荼。慈禧太后紧急调集来京防卫的董福祥的甘军，竟也有士兵加入了义和团，很多达官贵人的家人和仆人也纷纷成为义和团员。以后来者的眼光去看的话，这就是一种时髦的革命运动，整个京城的民众几乎都被动员了起来，闹革命是大势所趋。

这些义和团员闹革命的主要目标并不是要推翻清政府，而是要“扶清灭洋”，要打洋人、排洋教，所以他们迅速聚集于东交民巷的使馆区，将各国的使馆围困起来，并开始攻击这些使馆，同时在城中攻击和焚烧教堂。在他们看来，正是外来的“邪教”给人民带来了无穷的灾祸。清廷此时态度发生了变化，一些保守派的官僚起来强力支持义和团，给义和团攻击外国使馆区提供了道义上的支持。就国际外交而言，此时义和团做的事情已经构成严重外交事件，清政府虽然没有对各国宣战，但因为没有阻止义和团对使馆区的进攻，且鼓动过其进攻，所以实际上构成了中外冲突。

各国公使馆早在义和团围困之前就向外发出了求援，因此英、美、俄、日、法、德、意、奥匈等国家出兵组成了一支临时防卫部队，即所谓的“公使馆卫戍部队”（Legation Guard），总计 21 名军官、429 名士兵，这可以说是最早的一支“八国联军”。这支队伍在义和团大批进入北京城之前，已经提前在清政府的默许之下于 1900 年 5 月 31 日抵达了东交民巷，各自在本国公使馆区布防，这是为何后来手持大刀、长矛和弓箭等武器的义和团民，甚至一部分拥有新式炮火的清军一直没有攻打下东交民巷的主要原因。当时使馆区被困人员大约 3 000 人左右，而寻求庇护的教徒等华人接近 2 000 人，保卫这批人的主要军事力量就是这一支 400 多人的各国临时拼凑起来的部队。守卫美国公使馆的是约翰 · 迈尔斯（John T. Myers）上尉带领的 48 名海军陆战队员和 5 名水兵。6 月 12 日之后，美国公使康格携带妻子、九名仆人、传教士及其庇护的中国基督教徒，一起迁到更靠近使馆区内部的英国公使馆，英国公使馆也有更多的水和食物。如果没有这支临时防卫部队的话，使馆区是一定会被攻陷的，里面的所有人恐怕也难逃被杀的厄运，如果那样的话，后来的八国联军侵华的规模就要大上许多，而清朝的命

图 18.8 围困之中的美国公使馆一角。美国摄影师查尔斯·基利（Charles A. Killie）摄。前景是钟楼，里面建有张贴当日动态的消息栏，背景之中的房舍是公使康格的寓所。在被困的差不多两个月之间，被困人员拿骡子当食物，睡在地上或椅子上。在 8 月 14 日解围之前，使馆区原先的守卫部队中总计 7 人阵亡，11 人受伤。

运也很有可能终结于 1900 年（图 18.8 和图 18.9）。

此时第二支 2 000 余人的“八国联军”已经在联军统帅英国人西摩尔（Seymour）的带领下开始朝北京进发，其中包括 112 名美国海军陆战队士兵和水手，中外战事开始在京津一带铺开。在北京，6 月 11 日，日本公使馆书记官杉山彬被董福祥部的甘军所杀，手法残忍，引起了各公使馆的公愤，双方的冲突已经不可调解。义和团团民对使馆区的零星攻击持续不断，但只在 6 月 14 日发动过一次较大攻势，因武器悬殊且义和团民根本没有接受过军事训练，很快被使馆区守军击退。清廷很快要求各公使馆人员限期撤出北京，但后者在这种情况下根本无从带着男女老幼脱身，何况使馆区内还有上千名寻求庇护的中国人。6

图 18.9 1900 年被清军炮火击毁的英国公使馆的南馆舍。美国摄影师查尔斯·基利摄。

月 20 日，德国公使克林德（Clemens von Ketteler）在前往总理衙门交涉允许各国公使延缓退出北京城的途中，在东单牌楼北大街西总布胡同被巡逻清兵当街击毙，因为克林德一行没有携带任何武装人员和武器，所以此事构成了一起中方严重违反国际法击杀外国驻华外交人员的事件，情况由此发生了重大变化。

鉴于联军攻占了天津大沽，6 月 21 日，清廷表达了对外国开战的意向，但没有正式的宣战文件送到各驻华使馆，因此并非是正式对各国宣战，反过来各国也没有对中国正式宣战。清军从 6 月 21 日开始参与围攻东交民巷使馆区，但照样没有多少实际进展。清政府方面，可谓对义和团和各国使馆两头耍滑，因为慈禧太后等人其实是明白攻打使馆区可能带来的严重后果的，否则的话，各国在镇压义和团之后的《辛丑条约》中对清廷的胁迫条款和赔偿数额就要多得多。

西摩尔麾下的八国联军于 7 月 14 日攻占了天津城，此后战事对清朝而言急转直下。8 月 14 日，人数迅速扩大到 18 000 余人的八国联军部队正式攻入了北京城，外国使馆区于当日解围。次日，联军全面占领了紫禁城和北京全城。在八国联军进入北京之前，慈禧太后已携光绪皇帝仓皇逃亡西安，所谓“两宫西狩”。这是 1644 年清军入关以来，清廷第二次狼奔豕突地逃命，上一次是慈禧太后的丈夫咸丰皇帝为了躲避占领北京城的英法联军跑去热河，最后惊吓过度很快死在了那里。

美军总计有 2 500 人从菲律宾调到中国，参与攻占北京的行动，其中包括 482 名海军陆战队士兵的美军第 14 步兵团从东便门攻入北京城。该师的两个连队攻打东便门时，被城墙和箭楼上的清军火力压制住了，美军负责人寻找愿意登上城墙的敢死队员，西点军校毕业的年仅 21 岁的号手卡尔文 · 泰特斯（Calvin Pearl Titus，1879—1966）立即上前说：“我来试试，长官！”（I'll try, Sir!）他通过城墙上的洞第一个攀爬到了上面，举起了美国国旗，然后他的连队也登上了城墙。泰特斯因其勇敢被授予国会荣誉勋章。后来他说的“我来试试，长官！”成为美国第 5 步兵团的格言，至今仍是如此（图 18. 10）。

列强来势汹汹，中国情形大乱，东南几个省份的督抚，包括两广总督李鸿章、两江总督刘坤一、湖广总督张之洞、闽浙总督许应骙以及山东巡抚袁世凯（山东只设巡抚，不设总督）等人，没有按照清政府的意思对外国宣战，转而认为清廷抗击外国是受了义和团的挟持，并于 6 月底在上海和各国领事签订了《东南互保条约》，因此史称“东南互保”。这几个省份实际上准备在极端情况下抛弃清廷而自立，最后虽然没有成为现实，但大清国朝不保夕的局面已经是各省督抚看得很

图 18.10 这是一幅广为流传的描述美军 1900 年攻占北京城东便门的画，是美军侵略中国的明证。

明白的事，其实质上的政治分裂也已经达成，为后来清朝倒台后地方军阀割据势力的崛起埋下了一大伏笔。

经过一年多的混乱局面，1901 年 9 月，李鸿章北上代表清朝与包括美国在内的总计 11 个国家签署了丧权辱国的《辛丑条约》。鉴于中外没有正式宣战，最后的条款文本称“协议书”（protocol），而非“条约”（treaty），但中国人一般都以“辛丑条约”称之。自此以后，清朝大势已去，纵然有新一轮的“新政”改革，终究不复能挽救其颓败倒塌的命运。

“黄祸”“白人的负担”和妖魔化义和团

因义和团围困公使馆而出兵北京，是美国对华历史上的一个转折点，此前美国从未正式出兵中国，更未登陆与中国部队作战。义和团围攻使馆区以及攻击焚毁教堂的行为，在各国看来是野蛮之人以最为

图 18.11 纽约《顽童》杂志发表于 1900 年 8 月 8 日的封面讽刺漫画，题为《第一大任》(*The First Duty*)，画中将义和团民描绘为一条丑陋的巨龙，身上写着“拳民”(Boxer)，从它盘踞着的北京城墙上探下头来，身后是充满了“混乱”(anarchy)、“谋杀”(Murder)和“暴乱”(Riot)的滚滚烟尘，而幻化为一位头戴盔甲、手持长矛的欧美女性角色的西方“文明”(Civilization)，指着巨龙对坐在宝座上的垂头丧气的中国皇帝义正词严地说：“在我们被卷入更多的麻烦之前，必须杀死那条龙；如果你不愿意，那么我就不得不动手了。”当时八国联军正在由天津进攻北京的路上，很快于 8 月 14 日攻占了北京城。

暴力和血腥的手段对抗进步和优秀的西方文明，这使得美国以及整个西方在公众舆论方面对中国和中国人的描述进一步恶化（图 18.11）。在美国民间，自 19 世纪 30 年代就开始流行的一种极其便宜的“便士报纸”（penny press）等等新闻媒介，此时更将中国义和团事件的新闻报道与妖魔化描述和评论一起，作为国际突发大事件带到了千家万户。

至少自 19 世纪 70 年代左右开始，一些欧美国家已经出现了歧视中国人和“黄色人种”的种族主义的“黄祸”（yellow peril）论调，前几章提到的美国《排华法案》以及排华案件等等，都与这种大背景有关。德国驻华公使巴兰德（Maximilian von Brandt，1835—1920）就是掀起“黄祸”论调的一大推手。1899 年 2 月，在美国和西班牙战争开始升级之时，英国诗人约瑟夫 · 鲁德雅德 · 吉卜林（Joseph Rudyard Kipling，1865—1936）发表了一篇名为《白人的负担》（*The White Man's Burden*）的短诗，这首诗从某种角度上看可以说是对英国和美国等西方殖民主义的批评，但从另一个角度上看也可以理解为支持西方文明通过殖民主义等手段去拯救非白人的野蛮者，鼓召美国挑起文明拯救菲律宾群岛的责任。在美国当时的大众舆论之中，后一种理解完全占了上风，而在很短时间内人们已经不再关心这首诗的内容是什么，因为它的标题已经取代了一切，而且成了一个帝国主义的代名词（图 18. 12）。

同期爆发的义和团运动以及八国联军占领北京，使得“黄祸”论和“白人的负担”迅速流行开来，欧美世界在对“落后”“野蛮”的中国的恐惧之下，将对中国的妖魔化推上了巅峰。在当时以及此后相当长一段时间内，义和团都是中国邪恶力量的化身，而“义和团叛乱”（Boxer Uprising）更是在西方相当流行的一种对中国大众盲目排外和仇外的经典化描述。义和团运动对中国人而言，是一种本土保守主义对抗外来殖民主义势力的失败；而对西方国家而言，则是中国保守主义对抗西方世界的进步和文明的疯狂。

当然，并非所有的西方人士都持有一样的看法。在京津烽火连天

图 18.12 美国杂志《评判》于1899年4月1日刊发的题为《白人的负担》的讽刺漫画。图上画着两个人物，从山底下的"野蛮"(Barbarism)、"压迫"(Oppression)、"迷信"(Superstition)、"愚昧"(Ignorance)、"恶习"(Vice)、"残酷"(Brutality)等石头上艰难地驮着其他人往高处的"文明"(Civilization)之巅艰难跋涉，文明之巅上的女神一手持着"自由"(Liberty)，一手持着"教育"(Education)。前面的一个人物是代表英国的约翰牛，背着中国、印度、埃及、苏丹和祖鲁（英国于1879年通过战争控制了非洲东南沿海的祖鲁王国，1887年正式将其吞并）；紧随约翰牛的是代表美国的山姆大叔，背着菲律宾、波多黎各、古巴、萨摩亚和夏威夷，都是新近抢夺来的海外殖民地。

的1900年7月，英国爱尔兰裔远东学学者和前孟加拉高级官员查尔斯·约翰斯顿（Charles Johnston, 1867—1931）在《北美评论》（*North American Review*）上发文评论说，西方自认文明的日子并没有多久，当"我们最为文明的西方大地"还在茹毛饮血之时，中国文明早已高高在上，所以"任何一种认为西方一直都是优越的看法，不过是一种令人愉悦的虚构的故事罢了；得反过来说道一下才好"。约翰斯顿指出：

图 18.13 美国派拉蒙影业公司 1929 年上映的电影《神秘的傅满洲博士》的海报，展示了美国男性演员沃纳·奥兰（Warner Oland，1879—1938）扮演的邪恶的傅满洲形象，并说这是一部“充满危险和神秘的惊悚片”“让你毕生难忘”。因为排华的缘故，当时的美国电影的华人角色几乎都由美国白人装扮成中国人后出演，包括 1937 年上映的以赛珍珠的著名小说《大地》为蓝本的同名电影。

“西方在战斗和破坏因素上是更高一筹的，但这些东西恰恰是西方宗教两千年来一直想去除的；因此，即便从西方的角度去看，欧洲在物质上的胜利恰是其道义之败北。”然而，并没有多少人真正听到约翰斯顿这种反思的声音。

自义和团事件以后，“黄祸”与“白人的负担”均成为欧美基于种族主义和欧美文明中心角度，贬低包括中国人在内的所谓“东方人”的主要比喻。这一比喻后来的一个具体化的舞台形象是所谓的“傅满洲博士”，是英国小说家萨克斯·罗默（Sax Rohmer，即 Arthur H. Ward，1883—1959）在其 1913 年开始出版的一系列小说中塑造的一个清代中国男人形象，集狡猾、聪明、奸诈、恶毒和犯罪等等于一体（图 18.13）。“傅满洲博士”的横空出世发生在义和团事件后仅仅十年多的光景，贴合很多西方民众对中国的排斥心理，使得这一形象此后一直活跃在西方很多剧作之中，自20世纪20年代初开始搬上电影银幕。随着20世纪中期以来传播媒介在影视技术方面的长足进步，傅满洲的形象更是广为人知，在很大程度上对包括美国民众在内的西方人强化中西文明差异，特别是持续误解中国和中国人，起到了不小的推波助澜的作用。直到今天，我们仍旧能够在欧美一些电影和电视剧中找到其形象的变种，这些角色以华人面孔出现，虽然不再有当年的傅满洲式的胡须和长长的指甲等明显的凸显邪恶的体貌特征，而变成了当代科学家之类，但其内里仍旧充满了傅满洲式的邪恶与阴险，可谓是傅满洲的进化版。

义和团运动到现在整整120多年了，中国早已经发生了翻天覆地的变化，晚清时期开始的近代化事业也早已突飞猛进，很多方面甚至远远超出欧美国家，但是西方世界对于中国的偏见和扭曲的理解却仍旧存在，而且这种偏见其实早在18世纪晚期和19世纪初期就已经逐渐树立起来，进入19世纪晚期以后随着中国的孱弱不堪而变得尤其扭曲。以当今的现实生活言之，欧美国家的绝大部分人并没有去过中国甚至东亚地区，他们在本国的教育体系中几乎完全没有接触过近代中国的历史发展，也不了解当代中国的巨大变化和建设成绩。因此，直到今天我们仍旧可以时不时看到一些带着种族和文明歧视的东西出现。例如，2020年1月中国爆发新型冠状病毒疫情以后，加拿大的一些报纸称这个病毒为“中国病毒”（China virus），澳大利亚的一些报纸在报道防疫情形时称当地的华人孩子为“中国孩子”（China kids），美国的某些报纸专栏内使用了“亚洲病夫”（sick man of Asia），甚至于美国总统也公然使用“中国病毒”（Chinese virus）等等，都是带有明显种族歧视甚至侮辱性质的字眼，反映了一种近代以来西方历史上对中国和中国人的由来已久的偏见，而瘟疫和疾病又尤其是西方历来妖魔化中国以及整个东方的比较突出的一个渠道。这些报道虽然不能代表整个西方对中国的认知，但却清晰地暴露了一些人的差序文明观念甚至种族主义观念是根深蒂固的。从这个角度来看，中外之间的文化交流依然是任重道远的。

夫人外交的再起：老佛爷与康格夫人

1902 年 1 月 7 日下午，慈禧太后和光绪皇帝以及“西狩”的其他皇室成员和随员，从西安一路跋涉后，终于回到了北京紫禁城，是为“回銮”。康格夫人称这一天是“非常美妙的一天”，因为她相信签约以后中外将摒弃成见和敌视，翻开友好关系的新篇章。“回銮”这天是辛丑年冬月廿八日，距离春节正好还有一个月（当年除夕在公历 2 月 7 日）。惊慌失措了一年后，太后、皇帝和皇后与一干亲信们，终于回到京师，准备过年。因为圣驾要从火车站经过前门大街回宫，而使馆区所在的东交民巷就在前门东面，所以外务部（根据《辛丑条约》，总理衙门改为外务部，即后来外交部的前身）发照会给各国公使，希望各公使馆 1 月 7 日当天不要有人前往前门一带，以免发生意外事件。康格特别交代美国公使馆的外交和保卫人员及其家人和随员不要去前门等处，该馆秘书也通知了在京美国公民不要前往。当天下午，当慈禧的轿子经过东交民巷南侧一处上面站着外国公使馆成员的楼房阳台时，这些公使馆成员向慈禧致敬或敬礼，慈禧则稍微往前倾了倾身体，以为答礼。这位老佛爷有生之年大约还是头一次这样做。“回銮”后的清政府致各国公使的外交照会的口气，在康格看来是“非比寻常的

图 18.14 1900年10月美国公使康格及其妻子萨拉连同其他三位女士正在沿着紫禁城中轴线走向午门，两侧是美军第9步兵团，当时列队是欢迎新任八国联军统帅德国元帅瓦德西（Alfred Heinrich Karl Ludwig Waldersee）。午门广场上的营房也是第9步团的临时驻扎营地之一。照片是在端门城楼北侧所拍。美国国会图书馆藏，编号2004670920。

友好”（图18.14）。

几天后，新任的六个国家的公使进宫，向光绪皇帝递交了国书，这是他们第一次从紫禁城的正门即午门走进宫里，也是第一次被慈禧太后召见。慈禧太后也表达了要再次召见各公使夫人的意愿。1月28日下午，所有驻京公使一起，从东华门入宫，至乾清宫觐见了慈禧太后和光绪皇帝。乾清宫是紫禁城内廷最重要的大殿之一，即上面悬挂着“正大光明”匾额、下面摆放着皇帝宝座的大殿，是雍正朝以来处

图 18.15 1900 年秋的乾清宫。此照片应是八国联军占领紫禁城时所摄。美国国会图书馆藏，编号 2007683135。

理政务的最正式的场所，自 1861 年以来外国公使从来没有在这个地方受到皇帝召见。然今非昔比，八国联军占领紫禁城的时候联军将领们已然坐在宝座上照相合影，堂堂天朝此时还有何颜面可言。根据外务部拟定的觐见礼仪，各公使在殿门前、入殿几步后以及趋前觐见的时候要鞠躬，总计三鞠躬，结束的时候也是在这些地方三鞠躬。觐见之时，光绪皇帝坐在御座上，慈禧太后就坐在他身后。奥匈公使齐干（Moritz Czikann von Wahlborn）作为公使团主任，趋前对皇帝做了一个简短的致辞，说中外恢复了友谊并将持续下去云云。光绪皇帝在提前准备好的正式简短答复之外，临场对公使们说："现在各位钦差大人来了，我非常满意。中外关系会变得更好的。今天，皇太后也想一见各位大人，和你们说几句话。"（图 18.15）

英国新任公使萨道义（Ernest Mason Satow，1843—1929）回忆说，慈禧太后看上去有些感情上的激动，眼中好似噙着泪水，但她尽量将那种感情掩藏起来，平静地和公使们就1900年的事件道歉，并保证以后不会再发生了。太后说："今天我非常高兴见到各位钦差。去年各位大人在京师担惊受怕的时候，我心里也十分不安。打这以后，中外重拾友谊，会变得更亲密的。还有，我希望各位大人住在北京期间能够舒心，也平平安安的。"

这次召见对清廷而言自是莫大屈辱，但慈禧太后及被她控制的光绪皇帝乃至整个朝廷，除了表示软弱和顺从之外无计可施。在我们今天看来，中国一个泱泱大国之命运与四万万人之前途，竟被捏在一小撮集权主义者手中，实在是整个中华民族的莫大悲哀。这次中外会面，表面上将《辛丑条约》之后的中外关系回复到了一个貌似友好的状态中。

慈禧太后紧锣密鼓地开始了她的第二轮夫人外交，而且扩大了规模。1902年2月1日，农历腊月二十三，即北京过"小年"的日子，慈禧太后和光绪皇帝联合召见了各驻京公使的夫人、各公使馆卫戍将官的夫人以及她们的孩子。作为公使夫人中居京资历最久的人，康格夫人萨拉担任此次的觐见领班，而太后其实只认识她一个人，其余的太太都是新来的。这次觐见并不是所有人都乐见其成的，义和团围困期间的阵痛还没有消除，各国有不少的反对和批评意见，认为不应该接受觐见邀请。但是萨拉认为此时应该捐弃前嫌："把悲愤与复仇的刺更深地扎进我们心里的话，将永远不会松开那根载着可怕的过去的弦，也不会让我们在和平中得到安宁。"

召见当天，公使夫人们和孩子们齐集美国公使馆，高兴地拍照留念后，一起乘坐中方安排的29台绿呢大轿，前往紫禁城，公使团主任与几名翻译随行（图18.16）。这次和1898年12月13日夫人们第一次入宫不一样，去的不是西苑（那里的仪鸾殿当时已经因失火被毁），

图 18.16 1902 年 2 月 1 日进宫觐见慈禧太后和光绪皇帝之前在美国公使馆合影的驻京公使馆夫人及其子女和翻译。前排居中者系康格夫人萨拉。公有领域图片。

而是从东华门进入紫禁城，在养心殿觐见。养心殿在乾清宫西侧偏南，是自雍正皇帝以来历代皇帝经常召见群臣和理政与休息的地方，在此殿召见公使夫人，也可见清廷的苦心。

诸位公使夫人进宫后，先在一处庑殿内略事休息和用茶，随后由宫女和格格们带领，前往养心殿觐见太后和皇帝。当日天气晴朗，萨拉心情格外舒畅，认为宫中建筑的颜色搭配和日光阴影都是那样的漂亮无比，但慈禧太后和光绪皇帝大约并没有一丝去发现这些美的心思。在走进养心殿正门时，慈禧太后朝着萨拉微笑地注视了一下，因为在众多夫人之中萨拉是她唯一认识的老熟人，而巧合的是萨拉此时恰是诸位夫人的领班。此次各国夫人们也是行鞠躬礼。觐见之时，萨拉作为代表致辞，由美国领事馆中文秘书翻译成中文，其中说欢迎圣驾回宫，自此以后中外友谊会进一步发展，并说："世界正在前进之中。进步的潮流无可阻挡，希望中国也在这一进步大潮之中加入伟大的万国之盟（the great sisterhood of nations）。愿所有国家能够在上天赋予的责任、尊敬和好意之下联合起来，朝着互惠的方向前进。"

致辞完毕后，庆亲王到慈禧面前，跪着接过太后的答复，再交给萨拉。然后，每位太太和孩子被依次介绍给太后，太后则亲切地拉着每一个人的手表示欢迎；此后，她们每个人再到光绪皇帝跟前做介绍，皇帝则抬手一一示好。这套流程结束后，诸位太太和孩子被带到一个偏殿用便膳。慈禧太后已经在殿内等候她们，因此当她们一进门的时候，太后对着萨拉亲切地喊道："康太太。"萨拉就走到了太后跟前。太后把萨拉的双手握在自己的双手间，忽然动情地抽泣了起来，大约是登时想起了三年多前即1898年12月的那次召见时也是这样握着萨拉的手，一时悲从中来。太后抽泣了一阵子，平静下来以后，说："我后悔呀，后悔近来的这些麻烦。那是一个大错呀，中国从此将是外国人的朋友。这样的事不会再发生了。中国会保护外国人的，我们希望以后也做朋友呀。"萨拉回答说："我相信您是真诚的，我们相信更好地了解彼此后我们会是朋友的。"

此时太后问萨拉，现场的太太中还有谁去年被围困过。萨拉介绍了美国公使馆的班布里奇夫人（Mrs. Bainbridge）和法国公使馆的索西纳夫人（Mrs. Saussine），太后朝着她们两位表示了友善之情后，又紧紧地攥着萨拉的手，抽泣着说了几句安慰的话。然后，太后从自己手指上取下了一个沉甸甸的带着一颗大珍珠的雕刻精美的金戒指，套到了萨拉的手指上，并从自己的手腕上取下一副精美的镯子套到萨拉手腕上。随后，太后给每一位太太非常贵重又精美的礼物，连孩子们和翻译们也没有落下。

这之后，所有人都被邀请去一个房间用正膳，里面有三张大大的长桌子，摆满了各式精美的饮食，隆裕皇后和庆亲王的几位格格也一起陪同。在其中一张大桌子的尽头有两把椅子，萨拉坐其中的一把，她的左手边的另一把则空着，恰是为太后预备的。依照中国的习惯，太后这位东道主或者说主陪是将萨拉视为上座之主宾。太后进屋到了自己的座位前，举起了自己的酒杯，其余太太也都照样举起来。太后将自己的玻璃酒杯塞到萨拉的左手中，再把萨拉正在举着自己酒杯的右手拢过来，这样两个酒杯就碰到了一起，太后说："一起。"（United.）这之后，太后取走了萨拉的酒杯，把自己的酒杯留给她，再举杯向大家致意，所有人回敬，这算是走完了一个程序。随后用茶，慈禧太后两手端起一杯茶，递到萨拉两手中，然后亲切地举到萨拉嘴边。用茶之后，各位落座，用夹心饼干。太后掰开一块饼干，将一小片递进了萨拉的嘴中。太后还在同一张桌子的公使夫人的盘子里，都放上了一小块饼干。

这帮太太随后开始正式用膳，和太后聊起了两宫回銮、李鸿章的谢世、萨拉参观过的中国学校等等。新任驻英国公使张德彝（原名德明，1847—1918）跪在地上担当翻译。张德彝曾在 1866 年作为同文馆的学生随斌椿出使欧洲，1870 年作为英文翻译随中国钦差崇厚奔赴法国为"天津教案"道歉，1876 年又随中国第一任驻英公使郭嵩焘出使伦敦，担任大清公使馆翻译，1892 年的时候还曾经教过光绪皇帝英文（光绪曾经计划以英文向各位公使致辞，但后来没有实现），1902 年初被任命为驻英公使。这次觐见的时候，他尚未启程。此时张德彝已经

55岁，周游欧美诸国几十年的他不是第一次跪在老佛爷前面，但恐怕从来没有见过老佛爷这样细心地招待外国客人，乃至于酒杯、茶杯和果子都亲自两手递到客人嘴边。实在不知道这位新任公使当时心中是做何感想，因为他前往伦敦履任之后，英国皇室是断断无人这样对待他的大清国公使夫人的。自1903年春开始，慈禧因为要不断和公使夫人们见面，遂召刚刚回国的前任驻法国公使裕庚（?—1905）的女儿裕德龄（1885—1944）入宫，担任她的外文翻译，直到1905年3月离宫照顾父亲，所以某种意义上正是慈禧太后的“夫人外交”使裕德龄能在她身边待了两年多，并最后以清宫生活回忆录出名。

相对于彼此答词那些刻板的书面文章，慈禧太后这回可真是做足了亲情交流，连眼泪都下来了。她向康格夫人等人一遍遍地保证说过去两年的麻烦（指义和团围攻使馆区）不会再出现了。康格夫人说，慈禧太后的态度无论从哪一方面来看都是真诚而严肃的，而且非常注意让她的客人们感到舒心快乐。她评价太后说：“她的双眼明亮、热切和有神，不让任何事情逃过她的观察。她的脸上没有任何残酷或者严峻的表情；她的声音低柔而且有感染力；她的触摸是温柔和友善的。”慈禧太后在同诸位夫人道别之前，说：“我希望我们能经常见面，更好地了解对方，变成朋友。”（图18.17）

2月27日，慈禧再度召见了诸位公使夫人。这次比2月1日的那一次更为随和，去除了很多刻板的仪式。慈禧太后邀请康格夫人和其他公使夫人到她的寝宫里，并且邀请她们围着自己坐到了她的炕上。在第一次觐见后，因为太后给了太太们很多贵重的礼物，公使团特意致信清廷，希望日后的觐见不必再赠礼物。但是这次觐见的时候，慈禧太后仍旧把一个精美的玉石雕的男孩像悄悄地塞到了康格夫人手中，

图 18.17 1900 年秋驻扎在午门外广场上的美军第 9 步兵团的营地，背景是午门门楼及东城台廊庑。美国国会图书馆藏，编号 00651039。

并且示意她不要声张。康格夫人发现慈禧太后正在学习英语，这让她非常高兴，认为中国的确在进步和改变了。她评价说："我能够见到这位被整个世界激烈批评过的女人身上散发出来的很好的精神。"

这次觐见之后，公使康格也向国务卿海约翰做了汇报，其中说："太后向夫人们表示了深厚的感情，而且在和她们谈话的时候抽泣了。她自由地招待客人，用最大的热忱和他们谈话，并且保证她们未来的关系一定是友好的。整个过程可以说体现了迄今为止中国在与外国人交往中非比寻常的真诚和尊敬，而如果中国人是真心的话，这件事的确意义重大。"可见，慈禧的夫人外交再次对中美关系产生了一定程度的影响，毕竟她所展示出来的对外国人友好的姿态，经过美国公使传递到了美国国务卿那里，这对提出了"门户开放"政策的海约翰而言，也未尝不是一种欣慰：中国不再像两年前那样仇视外国人了，美国的政策得到了中国朝廷最高掌权者以实际行动表达出来的支持。

在这样频繁交流的环境中，康格夫人有时候问慈禧太后一些有关时政的问题，例如就 1902 年初朝廷劝诫汉人妇女放弃缠足的习惯，康格夫人问太后是否会取得立竿见影的效果，太后说："不会的，中国人做起来很慢的。我们风俗习惯太深，需要更多的时间才能改变。"这听上去十分有道理，然而 1898 年的改革如果不是被她镇压而能够一直推行的话，恐怕情况会大不一样吧。

美国公使馆的下午茶与中美妇女俱乐部

康格夫人是一个充满激情的人，她在受到慈禧太后两次连续召见后，想邀请宫里的格格和一些高级官员的太太来美国公使馆做客。康格支持太太的这一想法，并通过中国官员上报到了宫里，请示慈禧太后的意见，很快得到了太后的允准。就这样，康格夫人很快在美国公使馆组织了第一次邀请中国官太太们参加的英式午后茶点（tiffin），时间定在 3 月，但名单其实特意由中国方面选定，然后由康格太太发送邀请函。

第一次受邀请来参加午后茶点的格格和福晋总计 11 人，包括太后的干女儿、恭亲王的孙女、庆亲王的三格格等人，其中只有庆亲王的三格格是见过康格夫人两次的，其余的很多福晋和格格都是第一次面见外国妇女，更是第一回踏入美国公使馆。慈禧的干女儿是指恭亲王长女荣寿固伦公主（1854—1924），七岁时候就由慈安和慈禧两宫皇太后召进宫中抚养，婚后不久守寡，慈禧太后将其再召进宫中，陪伴左右，是清末慈禧身边为数极少的敢于直言进谏的人之一，人称"长公主"。

所有的中国妇女都是来自满洲贵族或者高官家庭，均系旗人。康格夫人嘱咐仆人们在公使馆中到处摆满鲜花，并邀请了11位美国公使馆内的妇女陪同，然后从美国驻京的传教士团体中各邀请一人到馆担任翻译。康格夫人交代她的中国用人领班老王说，她一定要把这个下午茶做到最好。

当日12点半左右，诸位福晋和格格应约而来，可谓兴师动众，每位格格带着8名太监随侍左右，另外还有几名低级官员跟随办差，总计带了481名用人和60名兵丁。康格夫人迎接客人后先敬茶，然后和善地拉着太后干女儿的手，将一行人带到用餐的房间。康格夫人举起酒杯致辞道："让我们举起酒杯，对中国皇帝、皇太后和皇后的健康与快乐，以及中国人民的繁荣昌盛，致以最好的祝福。愿中美的友好关系继续下去！"皇太后的干女儿很快致以答词说："皇太后让我代她问大家好，她希望中美目前的友好关系能够像现在这样永远延续下去。"康格夫人并没有特意准备筷子，而是沿用西餐的习惯准备了刀叉。用餐的时候，康格夫人注意到这批中国女士虽然是第一次使用刀叉，但她们一边看着美国朋友如何使用，一边自己模仿，结果都使用得很好。饭后，这批太太一起喝茶、唱歌、听钢琴演奏和观赏照片，然后友好地道别。

康格夫人认为这是一场十分成功的下午茶聚会，她非常感激。她认为这些中国女士能够接受邀请前来参加"是对旧习俗的一个很好的脱离"，而且她很清楚地意识到，如果慈禧太后和这些太太的丈夫们不同意她们前来的话，她们是不可能来的。就此而言，康格夫人的理解的确是非常到位的，这些福晋和格格们大部分都是大门不出二门不迈的大家闺秀，很多是第一次与外国人见面和吃饭，更是第一次照相和

图 18.18 1903 年 12 月 26 日在美国公使馆参加康格夫人组织的午后茶点的格格和福晋们，均系旗人。前排左四是荣寿固伦公主即“长公主”，左二似是庆亲王四女儿，即慈禧太后当时留在身边陪伴左右的著名的“四格格”。后排中为裕德龄，后排左三是其妹妹，后排左二是其母亲（法国人）。在拍了这张照片之后，康格夫人坐在前排中间、其他西方女士站在第三排拍有另一张照片。

听钢琴曲等等，无论从哪个角度讲，都需要极大的勇气（图 18.18）。

不久之后，诸位福晋和格格又回请包括康格夫人在内的 11 位美国女士，连同日本公使内田康哉（1865—1936）的夫人，邀请她们参加一场下午茶。康格夫人和其他外国女士欣然赴约，由 100 多名中国仆从迎到宫中。这次会面的时候，慈禧太后还让格格们特意给了康格夫人和内田夫人各一只漂亮的脖颈挂着金铃铛的小狗仔，算是太后给两位太太的礼物。慈禧太后还托格格们赠给两位夫人六盒装满精美水果与糖果等的篮子，而等康格夫人从下午茶举办地回到公使馆的时候，发现给她的六个篮子早已送到家中了。中国格格们也照着康格夫人的下午茶的流程，举杯用中文庆祝中美友谊，然后用餐和谈话。道别之时，诸位格格用刚刚学习的英语“Good-bye”（再见）向客人们示好。

从此以后，康格夫人和慈禧太后以及这些福晋与格格们经常见面，这个无形的中美妇女俱乐部办得有声有色，越来越多的中国太太邀请康格夫人去自己家里聚会，双方都成了老熟人。这在1900年之前是不可想象的。就在这个当口，康格夫人办了一件要在国际上提高慈禧太后形象的大事——给她绘制一幅油画，并推向世界。

老佛爷到白宫：康格夫人、柯姑娘与慈禧太后油画

1903年6月20日，康格夫人在从北京美国公使馆写给住在美国的女儿劳拉（Laura Conger）的一封信中，提到了她所促成的一件她认为极有意义的事：

> 好多个月以来，我一直对那些插图报纸中的可怕的与不公平的有关慈禧太后的讽刺画感到震怒。我想让整个世界看到更多的真实的她，这个愿望日渐强烈，因此我想出了一个主意，想得到她的允准后，给她画一幅油画。我已经给卡尔小姐写了信，发现她乐意和我合作。觐见皇太后的那天对我而言是个谈论此事的黄金机会，我毫无怀疑和畏惧地陈述了我的意见，因为我有着对女性的强烈关爱，也是要把公平带给这位皇家女士。太后认真倾听着，表示有兴趣，真诚地用一颗女士之心和我交流。谈话结束的时候，皇太后同意让一位美国女画家给她画幅油画，并送到圣路易斯博览会去。这项工作将从8月开始。想一下吧！这幅油画或许只能向整个世界呈现这位被误解的女士的真实表现和性格于万一，但

图 18.19 居京期间穿着中国服饰的凯瑟琳·卡尔。

这种真实的表现是我最热切希望的事情啊。我亲爱的女儿，我并没有忘记那些被围困期间的黑暗的日子、遭受的苦难、血腥与悲伤；但是，我不能让这些黑暗去彻底埋葬了明媚的阳光。我极其热切地希望我们家乡的人民能够看到皇太后陛下，正如我多次见到她那样。我很清楚，这些做法都是一种尝试，但是我一直认为皇太后会成功地应对的。她的本能的感知和认识能力是不容易被超越的，无论是男人还是女人，甚至难以比肩。

康格夫人提到的“卡尔小姐”即年轻的美国女画家凯瑟琳·卡尔。凯瑟琳出生在新奥尔良，后赴法国巴黎在朱利安学院（Académie Julian）学习绘画艺术。她的母亲是中国海关总税务司赫德的一个远房亲戚，所以凯瑟琳的弟弟柯尔乐（Francis Carl）得以出任山东芝罘海关的税务司。她的母亲病重之后想在逝世前看到自己的儿子，于是凯瑟琳带着母亲从欧洲穿过西伯利亚来到中国，母子团聚后不久他们的母亲就逝世了，凯瑟琳就滞留在上海，恰好成了康格夫人一个求之不得的完美选项，或者说一个外交棋子（图 18.19）。

康格夫人提到的“圣路易斯博览会”，是指 1904 年美国为了庆祝购买路易斯安那州100周年而举办的“路易斯安那采购博览会”(Louisiana Purchase Exposition)，因在位于密苏里州的圣路易斯城举办，故被称为“圣路易斯博览会”。这个博览会原本计划于1903年召开，因此早于1901年就通过各驻外使节邀请驻在国参加。在北京的驻华公使康格也于1901年10月8日递交了邀请函，10月13日清政府就答应前往参加。后来圣路易斯博览会延迟到了1904年召开，但1903年日本在大阪举办了一个国际博览会，中国派人参加了，于是大阪博览会成了清政府参加的第一个国际博览会，多少累积了一些经验。慈禧太后任命贝勒溥伦（1874—1927）率领代表团参加圣路易斯博览会，而赫德也特意选择了凯瑟琳的弟弟柯尔乐担任在圣路易斯博览会的主要管理人。

1903年8月5日，凯瑟琳在康格夫人的陪同下在颐和园觐见了慈禧太后，担任翻译的是裕德龄。慈禧太后对这位美国的“柯姑娘”（根据其姓氏Carl的发音）印象不错，柯姑娘也对太后印象很好。德龄还将凯瑟琳为自己所绘的小幅油画展示给太后，进一步说服了太后同意绘画。对于清宫而言，外国画师为皇帝绘油画早已有之，早在雍正乾隆年间，意大利耶稣会士郎世宁就给皇帝们绘过大小不一的油画，例如著名的《乾隆皇帝大阅图》等等，很多都存留至今。慈禧太后此番同意凯瑟琳为自己绘制油画，也并不出人意料，而且对于康格夫人要把油画拿去美国展出的一番好意，太后也是非常明白的。绘制工作很快开始了，慈禧太后也非常配合，正如德龄告诉她的那样，绘画的时候能让太后有一段时间得以安静地休息。

在接下去的九个月之内，慈禧太后经常亲临画舍观看凯瑟琳创作，而凯瑟琳总计给太后画了四幅巨型油画。其中一幅完成后由德龄的哥

图 18.20 柯姑娘给慈禧太后画的其中一幅油画，后不知所踪。美国华盛顿特区史密森尼学会的弗瑞尔艺术馆与赛克勒艺术馆档案馆馆藏照片，编号 FSA A.13 SC-GR-248；图片使用权已购买。

哥裕勋龄在颐和园拍照留念，这幅画上的慈禧太后是左手搭在椅背上、右脚的花盆底旗鞋露在裙摆之外的。满人妇女是不裹小脚的，慈禧太后自然也不裹小脚，所以这幅画上的花盆底旗鞋表现得十分突出。这幅画的照片底片现在藏在美国华盛顿的史密森尼学会旗下的赛克勒艺术馆之内（图 18.20），但是油画本身不知所踪。连同这幅画一起下落不明的还有另外两幅画，有人说其中一幅被慈禧身边的太监李莲英出宫的时候带走了，但即便是真的，也依旧不知所踪。

按照老佛爷的指示，凯瑟琳在 1904 年 4 月 20 日即当年农历三月初五这个良辰吉日准时完成了的最后一幅画，也是慈禧太后最满意的一幅（图 18.21）。这幅画照样是左手搭在椅背上，最大区别是太后的旗鞋不见了，完全掩藏在了裙摆之内，算是符合汉人妇女所遵循的传统礼数了。另外，这幅画上的服装与首饰也都换了，可能更符合老佛爷的新要求。完工之日，太后邀请了各国公使夫人一同观看，客人们都给了很好的评价。

这幅画高 2.845 米，宽 1.626 米，画上的慈禧太后非常端庄，脸庞明亮，上书“大清国慈禧皇太后”几个大字。画好以后，裕勋龄曾经拍了一张照片，留在太后手中做纪念。油画很快装入由太后亲自设计的非常精美的大型楠木木框之中，再置于一个大木箱子内，用绣着五爪龙的黄缎子包裹起来，从北京一路运到了圣路易斯。6 月 19 日，在溥伦和其他中国大臣以及来自圣路易斯美术馆的负责人的见证下，人们小心翼翼地打开箱子，将老佛爷的油画请出来，安放到了展厅。

图 18.21 柯姑娘于 1904 年 4 月绘制完成的巨幅慈禧太后油画。公有领域图片。

圣路易斯博览会从 1904 年 4 月 30 日开始到 12 月 1 日结束，持续了整整 6 个月，60 多个国家参加，美国当时的 45 个州有 43 个州参加。慈禧太后油画运抵展会的时候正值参观高峰，立即成为一个亮点，无论是慈禧太后肖像还是装着画像的充满中国风情的楠木木框，都成为人们谈论的焦点之一。这是慈禧太后的面容和真人大小的形象第一次公开展示于西方民众面前，对从来没有见过慈禧太后的人而言，画中的女人就是慈禧太后，而绘画者凯瑟琳深知自己在太后的亲自监督下创作的是一个比现实中的太后更为漂亮年轻的女人形象。1904 年 7 月，任务完成后的凯瑟琳离开北京，回到了美国。在圣路易斯博览会结束不到一年的时间内，凯瑟琳在纽约出版了一本题为《美国女画师的清宫回忆》（*With Empress Dowager of China*）的自传，讲述了在慈禧

图 18.22 1904 年春在北京站装着太后肖像油画的列车以及负责押运的中国官员。

图 18.23 1904 年 6 月慈禧太后油画被安置在展厅。

太后身边生活与绘画的经历，从她的回忆录中可以看出这幅画几乎就是按照慈禧太后的种种修改要求画成的。尽管如此，这位柯姑娘艺术生涯的巅峰恐怕恰恰是这幅流传后世的作品。在柯姑娘出书后不久的

图 18.24 柯姑娘所绘的慈禧太后的巨幅肖像油画，楠木木框上围绕着"寿"字。现藏华盛顿赛克勒艺术馆，保存得十分完好。笔者 2019 年 4 月摄。前面站着的是当时身高 110 厘米的 6 岁的王聿嘉小朋友。难以计数的人都是通过这幅油画来认识慈禧太后的，而他们很多人或许完全不知道这幅画背后的故事。

1905 年，清廷邀请了荷兰男画家华士 · 胡博（Hubert Vos, 1855—1935）给慈禧太后画过油画，其中一幅至今仍旧藏在颐和园，2008 年中荷两国还联合对这幅油画进行修缮，很多人误认为这是美国柯姑娘所画（图 18.22 和图 18.23）。

圣路易斯博览会结束后，中国驻美公使梁诚代表中国政府，在白宫举行了一个仪式，将慈禧太后巨幅油画赠给了美国总统西奥多 · 罗斯福。梁诚致辞说："皇太后陛下的肖像当成为美国政府的财产，用来纪念她对美国人民幸福与发展的永恒的祝愿。"罗斯福总统收下了这幅画，并将其转至华盛顿的史密森尼学会旗下的博物馆收藏，现在位于赛克勒艺术馆之内（图 18.24）。

现在，这幅油画仍旧在华盛顿赛克勒艺术博物馆中向中外访客展示。2019 年 3 月 28 日到 6 月 23 日，为了纪念中美建交 40 周年，该博物馆特意联合北京故宫博物院一起，举办了一场题为《凤舞紫禁：清代皇后的艺术和生活》的高水平艺术展览，其中就包括这幅著名的油画。从美国一些媒体的专门报道来看，这场展览多少也是受 2018 年风靡荧屏的中国电视剧《延禧攻略》的影响，其中呈现的清宫服饰和后宫妇女的生活引起了不少人的兴趣，而举办方也想通过这次展览，引起大家对素来被官方历史叙述所严重忽略的清廷妇女生活的重视，这一倾向也与现在学术界比较重视的性别研究以及全球范围内的女权运动有着很多联系。

假如我们将这些历史串起来的话，会发现慈禧太后的夫人外交取得了一定的效果，其影响直到今天依旧存在。短短几年之间，慈禧太后结识了京城所有的公使夫人，并通过与她们交好来展示中国的变化和进步以及对外国和外国人的友善，而康格夫人和中国女士之间热烈举行的下午茶交流，更是史无前例的中外妇女交流新趋势。与慈禧太后熟识的康格夫人、裕德龄以及柯姑娘等人，也都很快在美国出版了与慈禧太后相关的回忆录，将慈禧太后的形象推到了西方世界，对普通大众纠正对慈禧太后的夸张认识以及介绍中国文化都起了莫大的推动作用，也是中西交流史上的一个颇有意思的篇章。

然而，慈禧太后对外国女士的友善，并不能改变她自身的弄权和腐败等种种问题，而她统治之下的大清国也早已经积重难返，纵然 1902 年举国重新掀起了新政改革，仍难以挽救清朝迅速衰败的命运。在慈禧太后的油画赠送给白宫三年后的 1908 年底，慈禧太后与光绪皇帝双双驾崩，年仅两岁的溥仪继位，是为宣统皇帝，越二年，武昌起义爆发，各省纷纷响应，1912 年 2 月 12 日隆裕皇太后携宣统皇帝宣布退位诏书，大清王朝就此彻底结束。

结语：从烟草到镂斐迪的中国国情报告

中国与美国限山隔海，两国发展本不相同，亦无相生相克之事，那么美国对中国意味着什么呢？这个问题仁者见仁、智者见智，颇难找到一个可以适用于本书涵盖的充满着各种激荡起伏的大事件的历史时期的答案。清代中国对美国的认知是一个特别长的过程，大约用了一百年的时间，即从 18 世纪 80 年代到 19 世纪 80 年代，才算是比较真切地了解了美国，但完全谈不上深入。从晚清中国的角度来看，美国不过是欧美列国之一，美国可资借鉴学习的最重要的地方还是和英法德等国一样的先进的科学技术。即便就此点而言，我们以后来者的眼光观察这段时期内的中美关系史的话，中国并未把美国视为非常独特而专门交往甚至模仿的国家，这可以从中国的洋务运动中看出来，毕竟美国在华实际推行的素来都是与英法等国的联合商贸、联合殖民主义和联合帝国主义的政策。

在晚清时期，很多中国人对美国有着比对欧洲列强更为温和的态度，其中一个主要原因是美国因其对华外交中立政策和海外非殖民政策而没有像英法表现得那样咄咄逼人，而且美国有大批传教士在华传教并在各地从事教育和卫生等事业，中国第一批官派留学生是前往美国学习的，容闳、孙中山、胡适、宋庆龄、宋美龄等人都是留美人士，表面上相对温和的“门户开放”政策也是美国推出的，中华民国建立后与中国合作最多的仍旧是美国这个国家。在这个漫长的过程中，中国对美国本身存在的问题关注不够，注意力主要放在了学习和借鉴美国的先进的科学技术和教育体制上，以期改造中国自身。

本书之前的章节曾经回顾了风靡欧美的“中国风”，而自明末到清朝中期欧洲来华的耶稣会传教士是当时中西交流的最重要的推手，他们将中国的种种美好介绍回欧洲，促使欧洲人对中国进行了理想化的构建，而其最终目的则是指向本国和本土的建设。1776 年，著名的法语作家和艺术批评家格林男爵弗里德里希·梅尔希奥（Friedrich Melchior, Baron von Grimm，1723—1807）曾评论说：“在我们这个时代，中华帝国已经变成了受到特别关注和特别研究的对象了。传教士们最早是通过充满玫瑰色的报告，来有利地引导公众舆论，他们是从遥远的土地上写来的报告，那里是如此地遥远乃至于无法拆穿他们的谎言。然后，我们的哲学家们就拿着这些报告，从中发掘出一切能够为自己所用的东西，用来谴责或清除那些他们在自己国家里所发现的不善之处。由此，中国这个国家在短时间内成为睿智、道德和好的信仰的家园，拥有世界上建立时间最长和最好的政府，拥有我们已知世界中最为崇高和最为美丽的道德；中国的法律、中国的政策、中国的艺术以及中国的工业都同样成为地球上所有国家的楷模。”如果把这段话中的中国换成美国，并把耶稣会传教士和欧洲哲学家置换为晚清中国留美人士和本土期盼改革的知识分子的话，就是一个比较贴切的美国对于晚清中国的意义的描述吧。

另一方面，晚清中国对美国意味着什么呢？这一点照样很难用一句话来概括，因为美国对中国的认识照样经过了一个漫长的时期，真正较多的观察和认识是第二次鸦片战争美国公使进驻北京之后，并且不同时期的对华政策也有很不一样的考量。然而，究其根本，中国对美国而言最重要的价值，在于其巨大的商业贸易机会与庞大的人口消费市场。虽然很多情况下，对中国巨大市场的美好憧憬往往只是美国商人和企业的一厢情愿的看法，但恰是在这种憧憬之中，1784 年开创的“中国贸易”（China Trade）一直延续到了清朝结束之时，进入民国时期也持续未断，而且美国从中获得了巨大的商业利益。资本与利润，可以跨越甚至摧毁帝国之间的一切壁垒。本书曾在前面的章节内介绍了美国很多商人参与对华鸦片贸易并将巨额利润返回美国国内的事情，现在我们再从烟草工业的角度做一个简单的观察。

西烟东渐

在我们中国，上至达官贵人和知识分子，下到普通百姓和贩夫走卒，经常见到捏着香烟的人吞云吐雾，乃至于现在日趋流行的电子香烟，也是中国人首先发明的。在中国甚至有一种流行的看法，即男子不抽烟就是缺乏男子汉气质。众多读了万卷书的知识分子，也时不时地要来上几根，奉所谓“饭后一支烟，赛过活神仙”为一大生活圭臬。这一日常消费习惯的养成，其实离不开晚清时期美国的烟草公司在中国的苦心经营，而中国至今都是全球各大烟草企业的主要销售市场。

1881 年，美国人詹姆斯 · 邦赛克（James Albert Bonsack，1859—1924）发明了自动卷烟机，卷烟速度一夜之间发生了质变，之前人工平均每分钟制造4根卷烟的速度，现在提到了每分钟200根香烟，1小时可造12 000根,10个小时12万根。根据美国历史学家高家龙(Sherman Cochran）教授的研究，在听到这个卷烟工业的技术大革命的消息之时，位于北卡罗莱纳州的烟草大王詹姆斯·杜克（James B. Duke, 1856—1925）当即对属下大喊一声:“给我拿地图来！”拿到地图后，杜克一张一张地翻看，但只看地图底部的比例尺和人口数量，直到翻到中国那一页上的“人口：4.3亿”，说:“那里就是我们要去卖烟的地方！”杜克从来没有去过中国，但他和他的管理团队都非常激动——那可是4亿多人的市场！根据美国1880年6月第10次人口普查，美国当时人口才勉强接近5 019万，仅是中国人口的11%强。杜克手下负责中国市场的詹姆斯·托马斯（James A. Thomas，1862—1940）甚至憧憬4亿多人人手一支香烟的景象。这种庞大的消费市场憧憬，在全球是绝无仅有的。

中国人当然不会每个人都买香烟，然而杜克的中国市场梦也没有落空。自1890年第一批卷烟进入中国以来，杜克公司逐渐将烟草种植、资金、技术等都从欧美转移到中国，以上海为根据地，将销售网络遍布全国各地，直至很多基层农村地区，再配以非常强劲的广告攻势，最终其香烟销售量逐渐以几何等级增长，从1902年的12.5亿根香烟，增长到1912年的97.5亿根，再到1916年的120亿根，14年之间消费量增长到了十倍。而1916年杜克公司在华销售额高达2 075万美元，净利润375万美元。1902年，杜克烟草公司与英国帝国烟草公司合并，成立了英美烟草公司（British-American Tobacco Company，简称BAT)，而正是这家英美烟草公司，几乎垄断了中国的香烟市场，也基本上打垮了所有的中国本土香烟企业，包括1905年在上海成立的著名的南洋兄弟烟草公司。

烟草自16世纪也就是明朝晚期由美洲引入中国以来，逐渐成为遍布全国的一种经济作物，正所谓中国茶到了西方而西方烟草到了中国。在很多不同的区域，烟草有很长的使用历史，例如气候寒冷的东北一带，居民相信吸食烟草可以帮助御寒，故而吸烟变得很流行，但种烟的话难免减少粮食种植面积，且吸烟成瘾以后，人的体魄也日趋弱化。清军入关之前，就意识到了烟草带来的问题，屡次下令禁止种植和吸食“丹白桂”。所谓“丹白桂”,实是葡萄牙语和西班牙语中的tabaco（即烟草，现在英文内写作tobacco）的译音转变。至少自16世纪中后期以来，贸易触角已经深入东南亚的葡萄牙和西班牙商人开始和德川幕府时期的日本商人做生意（在日本称之为“南蛮贸易”或“朱印船贸易”），所以中国东北地区当地的烟草应系从日本经过朝鲜半岛传过去的，tabaco的音译名字也就在不同语言中多少保持着原本的欧式发音。朝鲜称日本传来的烟草为“南草”,中国东北地区有时候也唤作“南草”。在美国香烟强势入华之前，中国人消费的主要是旱烟，但在19世纪末20世纪初开始转变为主要消费欧美式香烟，其中英美烟草公司可谓是极为重要的推手，这一点从充斥了各种香烟和女子吸烟画面的老上海的广告画里不难发现，而像杭穉英、金雪尘、李慕白、周慕桥、郑曼陀、谢之光、倪耕野等等一大批著名的广告画家，也都是受雇于英美烟草公司和其他烟草公司的画手（图19.1）。

19世纪初，英国东印度公司成功让中国人染上了吸食鸦片的恶习，到了19世纪末，英美烟草公司成功让中国人喜爱上了香烟，虽然香烟不同于鸦片，但这两者都是外国公司推广、中国人吸食，两者都引发了本土制造和竞争，都造成了中国资本大量外流，也造成了人民体质

图 19.1 20 世纪 20 年代倪耕野为英美烟草公司创作的推广哈德门香烟的广告画，图中一位身着旗袍、烫着头、有一双天足的摩登女郎，正坐在沙发上吸哈德门香烟。当时众多广告画均通过这种描绘摩登时尚的路数来影响消费者，年轻女士吸烟是常见题材。哈德门香烟至今仍旧活跃在中国烟草市场上。

的弱化。1909 年 2 月，中国、美国、英国、法国、日本等 13 个国家的 41 名代表在上海召开了国际上第一次禁毒会议，即国际鸦片委员会会议（International Opium Comission），史称“万国禁烟会”，所禁之“烟”是指大烟，即鸦片。这是美国首先倡导的一个禁烟大会，因中国禁烟成效明显而在上海举行。这次会议主要是建议世界各国禁烟，对 1912 年诸国缔结《海牙鸦片公约》贡献至大。然而，也恰是此时，英美烟草公司在中国市场上一日千里地发展，推动中国人吸食新式香烟，到 20 世纪 20 年代后甚至成为当时“摩登”消费的一种标志了。在 20 世纪后半期，中国人口陡然增加到了 13 亿之多，香烟市场也随之扩大，至今，尽管每一盒香烟上都印着“吸烟有害健康”，但中国烟民的数量仍旧是全球最多的。我本人并不吸烟，十几年前到了美国以后，发现周围的大学教授，包括中国出生的教授在内，没有一人吸烟。我周围的欧美的研究生同学，亦无一人有吸烟的习惯，反倒是我的很多中国、日本、韩国、土耳其的同学，经常要在一些场合吸一下香烟。这种对比让我感到有些奇怪，虽然也并不吃惊，毕竟吸烟与否是个人选择和个人权利。到现在，我以大学教师的身份来观察的话，我周围的同事无一人吸烟，而前来访问的很多中国学者，则是几个香烟销售点的常客。在中国，我也不止一次见过中国学者宴请外国学者时，当场吸烟将外国同行熏得眼睛流泪咳嗽不停而嘴上却又用中文说“没关系、没关系”的场景，每每让我大跌眼镜。

其实，美国社会多年前也和中国社会一样，烟民遍地是，后来大力实行吸烟有害的宣传运动，取得了实效，现在公众场合绝少看到吸烟的人了，知识分子中烟民更是少之又少。中国因为人口众多，尚且需要更多的努力。过去的四五年间，我在办公室和教学楼之间往返上下课的时候，都要经过一个教学楼的角落，经常见到三四个中国留学生聚集在一起，一边用中文说笑，一边美美地吸着香烟。来来往往很多教员和学生，想必都看到过这一幕。这些抽烟的孩子们学习和生活在异国他乡，有很多无法为外人道的苦衷，以这种方式短暂消遣一下是可以理解的，但他们大约并不知道，他们这种在无烟校园的场所中公然聚众吸烟的举动，足以在一瞬间损害他们自己和中国留学生的美好形象，私底下为人诟病；而年轻的他们更不知道，这种潇洒的吸食卷烟之“香”，诚乃晚清以来强加在中国人头上的一块沉重的消费传统，是从吸食鸦片烟到吸食“香”烟一以贯之的民族痛史的一部分，而当年推波助澜最为厉害的国家之一，恰是他们脚下的美国。

烟草只不过是美国在19世纪晚期众多的对华商品销售中的一个方面而已，它说明了中国市场在美国全球贸易结构中不可或缺的角色，也能在很大程度上反映出中国对美国的意义所在。从这个角度看的话，中国在今日的中美关系以及美国全球贸易框架中，仍旧扮演着十分类似的角色。中国的繁荣对美国和整个世界都是极其有利的，正如1879年美国前总统格兰特访华的时候在北京对恭亲王所说的那样。

打开一个故纸堆：多元的中国与现代的我们

1871年1月10日，即同治九年十一月二十日，北京，寒风凛冽。这是欧美公使正式进驻北京的第十个年头。美国驻华公使镂斐迪在毗邻紫禁城的东江米巷（即东交民巷）的公使馆内，完成了一篇长长的有关中国情况的报告，发给了远在华盛顿的国务卿汉密尔顿·菲什，作为美国政府拟定对华政策之时的背景参考。

镂斐迪是1869年在加州被任命为第三任驻华公使的，于1870年4月20日在北京走马上任，“镂斐迪”是清朝外交机构总理衙门称呼他的中文名字。镂氏曾在1862—1863年担任国会众议员，1863—1867年之间出任第九任加州州长，在官场的摸爬滚打中历练出了敏锐的政治观察力。他在北京任上写这篇报告的时候，距离美国同中国签订两国间的第一个条约《望厦条约》刚好27年，但距离第一任美国公使蒲安臣入驻北京还不满9年，虽然1868年蒲安臣带着中国使团拜访了美国，美国传教士也早已蜂拥进入中国，中国移民也大量进入美国，但美国政坛高层总体上对中国的情况仍旧是不了解的。1870年夏在天津爆发的中国民众攻击法英美等国的领事馆和外国传教士的案件的余波此时尚未散尽，中外关系因此仍在低谷之中。当此之时，如何应对中国局势亦属当务之急。镂斐迪的报告就是在这种背景下产生的，这也是在北京成立美国公使馆以来的一份罕见的正式长篇中国国情报告。

在浩如烟海的中美外交文书中，镂斐迪的这份报告很不起眼，几乎是被彻头彻尾地埋葬在故纸堆中，各种围绕大事件叙述的中美关系史中也都看不到它的踪影，毕竟它不是改变历史进程的带有转折点性质的文书，就像掀起了全球冷战风云的1946年乔治·凯南（George Kennan）从莫斯科发回华盛顿的旨在遏制苏联的长电报那样。然而，镂氏的长报告的价值也不应埋没，因为它针对的是一个直到今天对美国乃至所有的西方国家仍旧至关重要也极具挑战性的议题：究竟应该如何理解中国，以及如何对待中国？理解中国这样一个历史悠久、传统深厚和文化多元的国度并非易事，即便是今天出生在中国大地上的人，也大约是要经过相当程度的观察和积累之后，方能有一个较好的认识。在20世纪20年代，中国历史学家顾颉刚（1893—1980）沿着怀疑古代历史真实性的道路，提出了一个理论，即“层累地造成的中国古史观”，说的是我们中国人对古代史的叙述的一个趋势：年代愈往后，传说中的古史期愈长，而且古史的中心人物愈放大。顾氏因此成了“疑古学派”的领军人物，即后来的所谓“古史辨派”的开山鼻祖。在此之前的1909年，日本东京大学教授白鸟库吉（1864—1942）也提出过“尧舜禹抹杀论”，认为尧舜禹本来不存在，都是春秋战国后中国史书创造出来的神话角色，此论震惊了日本汉学界。到了1923年的顾颉刚，也直接表示“大禹是条虫”，同样捅了中国学界的马蜂窝。这都是一百多年前中日学术界有关中国上古史的论争之事了，但到现在看来，我们对尧舜禹是否就比20世纪初的那批学者知道得更多了呢？更重要的是，我们是否继续走在顾颉刚所说的层累而放大的历史之路上呢？

如果说上古时代是因为留下来的文字资料太少，才造成了众说纷纭莫衷一是的局面的话，那明清时代留下来的动辄汗牛充栋的历史资料，好像足以构建很多翔实可靠的历史了。事实上，核心问题并不在资料的多寡。这恰是我们有必要读一下150年前镂斐迪的中国报告的原因之一：我们同样面对着层累地造成的清代历史观，但和顾氏所言的古史观不同，我们的很多有关清代特别是晚清的历史叙述是走了基于近代化理论之上的片面理解和批评甚或贬低清朝的道路，特别是在20世纪中后期当我们中国社会全面卷入近代化以及后来的又一轮全球化大潮之中去的时候，然后这些片面理解叠加起来层累地构成了我们对清代中国的认知。这导致了时代愈靠近今日，我们对清代社会的认知愈偏离，愈发认为清代社会和我们今天的社会是截然二分的，历史因此成了真正的故往，而不和今日发生任何现实层面上的联结，进而导致我们不断地回头去认可单一的线性历史观念甚至斯宾塞（Herbert Spencer，1820—1903）的社会达尔文主义或者社会进化论。

然而，镂斐迪这样一个外国公使的报告可以告诉我们，历史发展的实情并非如此。很多今天被我们拿来批评当时中国社会“落后”“保守”或“停滞不前”的东西，恰恰是我们理解当时中国社会的钥匙。用我们现在的思维、话语以及术语去理解当时的社会的话，也就难免会出问题。有人主张我们在考察过去的时候，需要用情景代入的方法进入，非常有道理，正如一些哲学家和历史学家所言的“同情之理解”那样。

我是差不多二十年前在北京读书的时候，第一次从美国外交文书中读到镂氏的长篇报告，当时就对其有关晚清中国社会的深刻观察颇有感触，也让人可以从中体味百年来中国社会沧海桑田的剧烈变化以及很多并没有发生太多本质变化的社会、政治、经济、文化和历史因素。一些他谈到的事情日后竟然是学界热门的讨论话题，而无论用词还是研究路数，本质上竟然并没有超出他寥寥几笔的观察。

十多年后我将其列入我在美国开设的中美关系史课的时候，特意把这篇报告作为阅读材料之一，年轻的美国学生对它很感兴趣，不断地问询各种问题。对今天的中国人而言，重读这份美国公使的中国情况报告或许也会有很多的启发，至少能看到当日作者所见所思的中美两个国家、两个世界和两种文明的差异，而这种差异仍时不时地反映在我们现今的生活之中。

镂氏的中国国情报告 *

第一部分　总论和行政情况

这份报告不是要沉溺于中国的历史之中，也不是要预见中国的未来，只是尽可能精确可靠地描述中国现在的状况，而中国和中国人的多元化也要求观察者付出更多的时间去做更多的观察才行。即便是相同的资料，带着不同理念的人会做出相反的结论，而每个结论或多或少都是真实的。

中国是一个自身充满各种差异的国度。没有一种有关中国的概括性描述是安全可靠或者正确的，因为如果有50个例子可以证明一个说法是真的话，会有100个例子等在那里证明事实并非如此。中国的政府是这样，其他的方面也是这样。【本段解评：镂氏所言的对我们好像是非常明显的道理，然而今天我们很多人在提

* 原文加解评，小标题系笔者自拟。

到“中国如何如何”“我国如何如何”“我们中国人如何如何”等等的时候，并没有记得如此的概括性描述是极易出问题的，而在正式的外事场合做此种描述，尤应谨慎。】

要是你从皇帝开始从上往下观察权威（authority）的话，看到的都是不负责任的执行命令的权力，这就必然使政府走向了一种彻底的专制主义（absolute despotism）。但是，如果你从下往上观察这个社会和政府的不同层面的话，民主（democracy）又是深深嵌在政府组织结构里面的一个原则，大众可以对官员发挥一种控制性影响，官员们在很大程度上明显地被民众的意愿所主导。然而，事实是专制和民主（despotism and democracy）这两方面并不是哪一方面控制了另一方面，而是混合在一起的；皇帝享有按照个人意志去做任何事情的绝对权威（absolute authority），但这种权力也是非常受先例和传统限制的，乃至于如果不遵循大众意愿的话就鲜有成效。【本段解评：有关锼氏所言的这种混合的确是存在的，这是一种中国国家治理模式的反应，看上去高高在上的皇权其实是受到多种制约的；有关这种体制的运作，就明清两朝而言，可以参考阅读历史学家黄仁宇的《万历十五年》以及孔飞力的《叫魂：1768 年中国妖术大恐慌》。】

皇帝理论上是昊天上帝（God）在地上的代理人，也是所有人间及神赐的法律的根源。皇帝也当然是这片土地的主人，是这个国家所有资源的拥有者，也是产生权力、荣耀和俸禄的官府的源泉，更能享受 16 岁到 60 岁之间的男性臣民们的服务。如果这套理论付诸实践的话，中国政府将是地球上最强壮的政府。一个男人的随心所欲的意志可以控制和驾驭四万万人，这是举世无双的。但是，跟这套理论相抵触的现实是帝国政府的权力是很弱的，简直就是虚弱了，它对人民的控制更多地像是形式上的而非是真实的。【本段解评：镂氏看到了自董仲舒以降天授君权的理论，皇帝即“天子”，他所提到的就是我们中国常说的“普天之下，莫非王土；率土之滨，莫非王臣”；当时清政府刚刚经历了太平天国、捻军以及西北回变的剧烈冲击，元气大伤，地方督抚的权力空前增加，所以在镂氏看来中央政府的控制力很虚弱。】

中国分为十八行省，每个省都有一个政府，其主要官员均由皇帝任命。理论上，省政府的设立是方便协助帝国对人民行使司法权和权威，但事实上这些省份从各方面看都是独立的藩属国（independent tributary states），如果不是通过省府官员们的话几乎感受不到中央权力的权威在哪里。在美国很多人热衷于推进或者坚定地相信“州府权力”（State rights），但就中国这些省政府的运作而言，不啻将美国的这一白日梦（day-dreams）彻底照进了现实中。【本段解评：这里所谓的中国分为十八省，是一种狭义的概念，指的是从明朝十五布政使司演变而来的内地十八行省，并没有包括清朝设置将军或大臣管辖的东北、内外蒙古、新疆和西藏等领土，在镂氏写报告的1871年，新疆和台湾还都没有单独建省；实际上，清朝至少自康熙朝以来，省份列表远不止18个，“东三省”也一直出现在清代文书之中。镂氏把行省视为藩属国，一来可能是受到了美国制度的影响，二来可能是对各省内贡制度（例如各省每年都要进贡朝廷）有所接触所致。当时晚清督抚权力正处在太平天国以来的膨胀过程之中，所以镂氏看到的地方权力比较明显；虽然美国内战也结束没有多久，但联邦政府权力大大增强，所以镂

氏说有些人想扩大州的权力。】

省府官员们拥有立法、司法和行政权力，而且从各个方面说都是在其司法系统中位置最高的。他们发放地契和征收地租，确定税率和征税方式，确保税款的征收，并且通过征收比中央政府要求的年税更高的税额来挪用多余的部分以补贴省政府的花销。一旦有特别的必须支出的话，省府官员们就要通过各种途径征收特别税项来弥补急用。他们负有维持各自辖区内和平安定的责任，需要击退入侵之敌和镇压叛乱，而且若有必要的话就得拉起军队并养活其营伍。这些事情都在省府官员们的责任之内，却没有任何的法律成规（any fixed rules of law）来加以指导。一旦有什么突发事件的话，中央政府就视其为地方官无能或者不诚实的显而易见的证据，可以理所当然地立即将这些官员革职和降级。【本段解评：镂氏是在用西方的三权分立来观察中国的省政府权限，他提到的各种途径征税，属于咸丰同治年间朝廷为了四处镇压各地起义而放手让地方官征税的做法，例如清朝于1853年从江苏试点征收税率为一厘的商业税“厘金”就是其中之一，厘金迅速演变成晚清财政税收的重要手段，直到1931年才被民国政府最终废止。镂氏所言的地方官惩处，可能跟他刚刚亲身经历的天津教案中北京朝廷处置天津的地方官一事有很大关系。】

根据中国的法律，疏忽之举要遭受和行动之举一样的甚至更严重的惩罚。如果出现了叛乱，那就要照以前的路子使用各种手段镇压下去，而且流匪常常被朝廷招安，朝廷给他们一些银子，或者给他们一官半职，来消解掉这种四处作乱的武装力量。假如必须动用武力消灭这些叛乱的话，那马基雅维利的名言就要成为

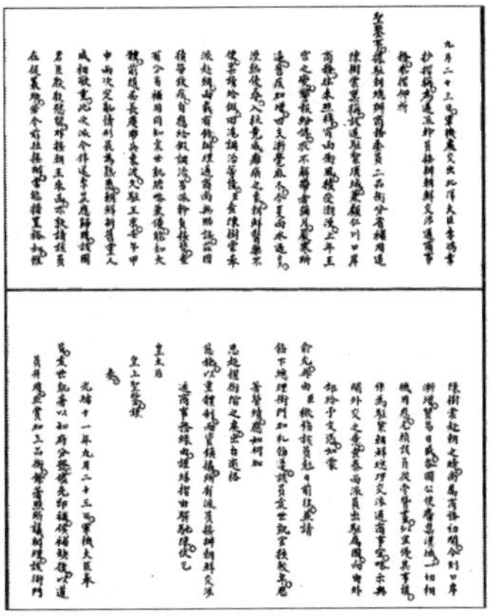

图 19.2 光绪十一年九月二十三日（1885 年 10 月 30 日）清廷批准北洋大臣李鸿章推荐袁世凯为驻扎朝鲜总理交涉通商事务大臣的奏折。此后十年，袁世凯一直受李鸿章节制，也被视为李氏门生。这也是袁世凯发家史的关键一步。从曾国藩的湘军到李鸿章的淮军再到袁世凯的北洋军，可谓前浪保举后浪，一以贯之。

战争法则了："更为安全的是置敌于死地，因为其活下去的话可能卷土重来。"虽然其他省份也可能出钱出人来帮助叛乱所在的省份镇压，但通常各省需要独自维持和平安定。

各省的主要官员通常推荐或者任命下辖属官。这些推荐需要中央政府的批准，不过极少迁延不批，所以推荐也就形同任命。如今帝国大量的官府机构内充斥着各省以这种举荐入仕的高官，尽管理论上所有的官员都由皇帝本人任命。【本段解评：镂氏描述的是中国官场的各种人际网络的构成途径之一，到了晚清因为时局不安，朝廷十分倚重地方督抚举荐贤能，而这些地方官又连成一片，组成一张张官网，曾国藩的湘军集团和曾的门徒李鸿章的淮军集团，以及李鸿章提携的袁世凯的北洋集团，就是典型例子（图 19.2）。】

第二部分　教育和科举考试：皓首穷经与学以致用的矛盾

理论上说，所有的官职只由受过教育的聪明人来充任，所有

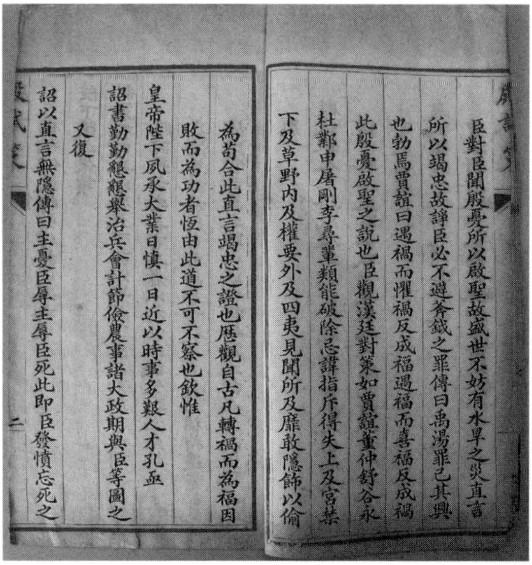

图 19.3 光绪二十一年（1895 年）乙未科会试光绪皇帝钦点的第一甲第一名（状元）四川人骆成骧（1865—1926）的殿试卷之开篇。

候选人都得经过一个教育考试，只有那些通过考试获得了功名的人才能有资格当官。只要教育恰当，这个帝国的最为卑微的人也有资格变为一人之下万人之上的高官。这套规则严格而公平，在任何一个国家都会获得高度认可。现今大部分的高官都出身卑微，便是一个明证。这套非常值得尊敬的体制已经在中国沿袭了将近 1 100 年，历经内战和朝代更迭却屹立不动，而且到今天是比其他任何管理国家的原则都更为深刻地嵌入了帝国的政治体系之中，仍为人民所遵从。虽然帝国政策及其背后的动机千变万化，治理原则往往随之改变和调整，但只有这一考试制度是唯一的例外。【本段解评：此系谈科举制度，此制度彻底终结于 1905 年（图 19.3）。镂斐迪说“理论上”是取得科举功名的读书人做官，是因为在现实中还有一部分没有经过科举的以保举等其他各种方式做官的人，例如左宗棠虽早年就乡试中举，却三次会试不中（即考了9年），后通过幕府踏进官场；而随左宗棠西征平定新疆的刘锦棠，是以军功出任新建的新疆省的首任巡抚。】

中国为了保证考试的公平而采取了极大的警惕措施，我确信这些措施也付诸实施了，且在任何其他的地方都会得到认可，这样才能彻底贯彻平等而正确的正义。很多外国人都提到了或者写到了中国不少收钱卖官的事，尽管这毫无疑问是在财政出现巨大亏空时来充实国库的权宜之计，我相信买卖的主要是官衔（rank）而非官位（office）。换言之，这种可以购买的衔正如在美国军队中的荣誉晋升衔（brevet rank）一样，有荣耀、无薪俸。一个捐了官衔的人自然有资格做官，但事实上只有小部分人真正得到了朝廷任命。【本段解评：此段评论涉及了科举考试的公平公正性的保持，这是清朝朝廷非常看重的，不断耳提面命。距离镂氏报告仅13年前的咸丰八年（1858）顺天乡试科场舞弊案就非常出名，当时的主考官是文渊阁大学士、一品大员柏葰，涉及收受考生贿赂，最后被处斩，轰动一时，朝廷对国家抡才大典的公平的重视之程度可见一斑。除了朝廷之外，参加科考的学子们自身也有一种舆论监督的力量，例如康熙四十四年（1705年）顺天乡试放榜之后，落榜士子们觉得主考官汪霦、副考官姚士藟不公正，浙江士子冯申上书汪霦痛骂之，又纠合落榜士子二三十人，于琉璃厂扎草人两个，上书正副考官姓名，于九月十五日鸣锣聚集，由市井中的小孩子们把草人抬到菜市口斩断。康熙皇帝很快以“今年顺天乡试声名不佳”为由，罢了汪、姚二人的官职。镂氏这里也提到了晚清的卖官鬻爵之风，但他并没有特别吃惊。捐纳乃中国历朝弊政，明清仍很盛行，例如雍正朝名臣李卫（1688—1738）就是捐纳出身。到了晚清时节因为内忧外患导致国库亏空，捐纳泛滥已极，官爵、实缺官位都在买卖。镂氏提到的美军荣誉职衔即 brevet rank，是 1922 年之前部队中采取的一种荣誉晋升奖励，没有实际晋升含义，也不能买卖。】

这套优秀的体制的一个大弊端，就是教育在实际生活中的无用。试想一下，如果我们的大学或高等学院的课程设置只包括英文的《旧约》以及希腊语、希伯来语和阿拉伯语的话，或者是学生在取得毕业证书的考试之中，需要证明彻底了解了这三种垂死的语言，并能够精确地引述他们脑袋里记住了的《摩西五经》（*Books of Moses*）、《诗篇》（*Psalms of David*）以及《箴言》（*Proverbs of Solomon*），将会变成什么样子呢？但是，我这样来比较并非信口雌黄，中国教育的本质的确如此。这个国家的教育是一个漫长又费力的学习过程，消耗掉了学生们一生中最美好的岁月，到头来对政府或人民却毫无实用价值。【本段解评：此处所评的是中国科举的必读书目四书五经，镂氏所提的几本是基督教的经典。我所教过的美国学生在讨论镂斐迪的报告时，镂氏对中国教育制度的批评引起了他们极大的兴趣，有的学生还进而反思现代美国大学体制内是否也存在同样的所学与所用出现矛盾的问题。】

第三部分　书中自有黄金屋：做官之梦、科举晋身和官民关系

这个社会结构里另一个明显的不足，就是做官的梦想是整个教育过程里巨大的驱动力，如果说不是唯一驱动力的话。官位可

以带来荣誉、权力和薪酬，它是这个国家所有男人追求的终极目标。怀揣着这种做官之梦，他们可以在贫困中挣扎好多年，每三年参加一次考试，但99%的人都名落孙山。许多人在成功中试的时候已经五十、六十和七十岁了，他们的脑力和体力几乎都耗费干净了。就我到现在为止看到的情况而言，很少人——几乎是没有人——是靠着完全通过这套考试来获取专业技能，或是将其才华投入到科学或艺术（science or art）中去的。虽然的确有攀爬官位和权力之路，但名落孙山的一定为数匪小。大约只有1%的人能在三年一度的考试中成功获得最高学位，但考虑到只有那些成功通过了省里的考试的人才能来北京参加下一轮考试，可以推测这个帝国里有大量的人为了功名利禄去投身考试。【本段解评：清代科举分为县一级的童试、省一级的乡试和在京举行的会试与殿试，乡试、会试与殿试均是三年一开科，考中者分别升为举人、贡生和进士，镂氏说的“最高学位”即进士。所谓“书中自有黄金屋，书中自有颜如玉”，历代热衷科举一直到白头之人比比皆是。例如，《聊斋志异》的作者蒲松龄（1640—1715）一生热衷科举仕途，但乡试屡试不中举，直到康熙辛卯年（1711年）蒲氏71岁时才被选拔为岁贡生，但四年后就逝世了。又如乾隆三十七年即1772年北京会试，头场就搜出了山西贡生张静深夹带小抄两页，当时张氏已经80岁，本系上一年乾隆皇帝念其年至耄耋仍旧参加考试而恩赐的举人，结果一年后就戴枷示众。这种对功名的追求的背后是社会流动途径的狭窄，在经过康雍乾三世人口激增之后，科举晋身的额度就成了一个明显的瓶颈，进而造成了很多社会矛盾，例如洪秀全最终揭竿而起，就跟他之前科举屡试不中有很大关系。晚

图 19.4 北京贡院一角。美国驻华公使康格的夫人萨拉 1899 年拍摄。

清时候欧美新学不断涌入，基于四书五经基础上的科举考试严重脱离现实的矛盾非常明显，所以到了 1905 年清廷最终决定废除科举（图 19.4）。】

那些没有通过考试的人通常来说就组成了一个中间阶层（a middle class），即所谓的“士绅”（“literati and gentry”）。这一阶层的人处于官员和农民之间，为下层人士出谋划策，而统治阶层在应对地方事务的时候也需要他们的居中调停（good offices）。他们很聪明，所以能够占据大部分资源，但很少能攫取到足以去压迫人民的财富的地步，如果他们想那样去压迫人的话。这个阶层制造这个国家的公众舆论（public opinion），这种公众舆论能对官员们施加控制性的影响。通常来说，当人民的权利（popular rights）面对着被侵犯的危险或者人民遭受了不公平的压迫的时候，这个阶层的影响力足以化解掉种种矛盾以及抵消掉自皇帝以下的官员们的行动。士绅们的影响力很大，乃至于所有官员都努力顺着民意（popular will）而动，从这一点上看中国政府就实际运作而言本质上是民主的（essentially democratic in practice）。【本段解评：镂氏点出了士绅阶层在官与民之间的调和作用，他使用了直到今天仍旧流行的时髦词语，例如“中间阶层”（中产阶层）、“公众舆论”等等，而且他通过士绅阶层的存在，看到了中国行政系统在实际运转过程中受制于基层民意的情况。就此而言，士绅阶层后来在中国社会中的消失，对社会结构以及行政运作体系都产生了巨大影响。20世纪后半期中外学界涌现了不少研究中国士绅阶层的作品，很多人热衷于使用诸如“公众舆论”或“公共舆论”等貌似新近重新舶来的词语来观察中国社会，但就其主旨而言似并未超出镂斐迪几十年前的简单观察。】

进入官府做官是如此费力费财，所以官员们都期盼着上任后把之前的成本捞回来，如果我看到的报道是真的话，很少没有达到这个目的的，而且为达目的不择手段，毫无顾忌。在前有民众、后有随时可以把他们撤职的皇帝的情况下，官员们要想拿到自己想要的东西也不是那么的容易。于是乎，官员们为了稳妥地攫取不正当的所得（ill-gotten gains），通常就通过谎言和耍花招（falsehood and subterfuge）来逃避责任。当有人向帝国政府告发的时候，所有有利的东西都跑到了官员们一边，而不是检举人一边，因为在像这样的一个没有铁路、电报或者非常有规制的邮政系统的国家里，首都和省之间的交流是缓慢的、无定法的和不确定的，官员们因此能够将他们关于案件的解释首先传递到中央去，提前占了优势；而且，因为没有报纸，所以人民的呼声

(popular voice) 几乎传不到案发地周围以外的地方去。这些因素经常造成暴动和叛乱 (insurrection and rebellion) ——这看上去像是民众申冤的唯一出路了。【本段解评：官员上任后要捞回当官前付出的成本，此系中国官僚系统的顽疾，所谓“三年清知府，十万雪花银”者是也。官员的腐败造成人民不满，由此容易引发社会动荡。明清社会基本上属于“皇权不下县”的时代，即最低一级的中央正式任命的官职是县一级的，县令需要依靠地方士绅完成收税等基本工作，由此也导致了基层的人们状告官员时找不到一条成熟稳定的、合理合法又公平的渠道。中国当时正在开始修建铁路和电报系统，传统的驿递系统也非常成熟，但涉及民生的现代邮递体系要到19世纪晚期至20世纪初才在内地省份基本建成。】

官员们具有独断专行的权力看上去使得人民为了逃避重压和不公的惩罚而说谎，而对官员而言，他们获取不义之财的欲望也驱使他们要花招去避免意外结果。但是，能抵消这种不诚实的以及说句对中国人公道的话，就做贸易的和商人阶层而言，中国的商人们可能比其他任何国家的同行们都更为有荣誉感和更为诚实。

在我夸奖中国人相比于其他国家人更具诚信的时候，我并没有忽略异教 (Paganism) 和基督教的差异，但在越来越多的趋势下，当人们面对着中国官员所面临的诱惑之时，我更倾向于怀疑基督教在没有别的启蒙性的 (enlightening) 和提升性的影响的帮助下能够切实控制人们的邪恶念头并使他们保持正直和美德的效用。在一个有着专权政府的国家，官员和民众们行事主要靠传统和先例而不是清晰界定的成文法（well-defined written law），不管根据我们的启蒙观念（enlightenment）这个国家已经是多么文明开化（enlightened），认为这个国家的公众和官员的道德会比中国更好的想法是危险的。【本段解评：镂氏在此达到了一种“同情的理解”的地步了，指明了中国的情况决定了即便是自认为更为文明开化的基督教人士在同样的社会中并不会比中国人做得更好。】

我们谈了中国如此不妙的情况，没有去谈它的进步，但令人吃惊的是整个庞大的社会和政府结构并没有四分五裂。各省是如此独立于中央，不禁让人疑惑中央政府究竟还能维系什么样子的威望和权力。孤立状态(isolation)无疑帮助维系了这个国家的完整，而皇帝既被视为精神领袖也被视为世俗领袖的事实，也增加了皇权以及圣旨的威力。但是，比其他因素结合起来都要有影响力的是全天下追求做官的野心，以及官员任命的模式，这是把整个国家捆绑在一起的很强的纽带。通过上面提到的竞争性考试，这个帝国的所有的知识分子要么正在官府里效力，要么正在希望入仕的路上。官员们也非常紧张地保持政府的完整，以便保留位子和权力，而一大部分读书人也希望能够时来运转，成功通过考试获得官位。但这也是取得进步的一大障碍，是在前进的道路上几乎不可逾越的障碍，也是靠理智和争辩难以达到或者克服的。【本段解评：镂氏看到的是同治时期清中央政府在内忧外患的夹击之下变得孱弱的状态，然后他试图寻找清政府没有垮台的原因，他所认为的科举考试和人们对官位的追求维系了中国完整的说法是片面的，这与他以公使身份接触的中国官僚体系网络大有关系；但是他提出的问题很值得我们注意。】

第四部分　中国语言和洋泾浜英语

中国的语言是另一大障碍，对其他国家而言只有时间和忍耐才能部分除去这一障碍。中国的语言是如此麻烦，乃至于要耗费一个中国人许多年去彻底掌握它。对中国人尚且如此，让外国人来学习又会是什么场景呢？现在，的确有几个外国人可以或多或少地熟练地读说中文，但是就算他们已经耐心学习了好些年，也不能肯定地说有一个在中国的外国人能完整准确地读说中文，或者有一个外国人能够不用中国教师或写手而单独把邮件和公文翻译为中文且准确无误地把意思和目的传达给对方。【本段解评：当时北京能够熟练掌握中国语言的外国人的确极少，就美国公使馆而言，从 1871 年到 1901 年三十年间主要依靠一名自己的翻译人员哲士（Cheshire）在中国员工的协助下做翻译文书的工作，到了 1902 年美国国务院才在驻华公使康格的极力要求下，选拔了 10 名美国翻译生前去北京学习中文以便日后在驻华公使馆工作。】

中国人认识到了一点学习其他语言的重要性，通过这些语言可以阅读其他国家的作品，但在中国更加文明开化之前，中国人不会朝着那个方向做多少努力，甚至完全不做努力。在中国人被引导着去认识到外国知识的价值或者外国人可以用自己的语言来教中国人之前，中国人如何去获取知识呢？尽管这个任务是繁重的，要求大量的时间和耐心，但是中国在过去二十年间所取得的进步是非常鼓舞人心的。教科书和字典等等越来越多，都是学习语言知识的好帮手，也将非常有助于未来的工作。【本段解评：“过去二十年间所取得的进步”指清廷在两次鸦片战争之后开始逐步学习西学，特别是第二次鸦片战争之后掀起的洋务运动。在此之前中国政府系统内没有什么官员懂得英文和法文，1862年京师同文馆成立以后，逐步开设了英文、法文、德文、俄文等外国语言科目，也开始学习近代物理、化学、天文等新的知识，格局开始根本改观。美国传教士丁韪良于1869年升任同文馆总教习，对该校的发展做出了很大贡献。1892年年底，丁韪良曾推荐同文馆的张德彝和沈铎二人担任光绪皇帝的英文教师。】

图 19.5 19世纪70年代初的一个正在吸水烟的上海买办。美国国会图书馆藏，编号2011660145。

除了那些和中国海关税务司、外国领事馆以及传教士有关系的人之外，很难找到一个能懂、能说或者能写中文的外国人。外国商人们也不朝这个方向努力。相反，一些公司喜欢雇用能说能写英文的本地人，却又担心他们把欧洲的市价和市场报告告诉中国商人。大体而言，和中国人做的所有生意都是通过中国的中间商完成的，这些中间商叫“买办”（“compradores”）（图 19.5）。

外国商人们可以和买办通过一种没法记录的专业行话“洋泾浜英语”（pidgin English）来交流，这种语言可以传递最简单的意思，沟通买卖指令，完成交易目的。然而，洋泾浜英语并没有包含多少语言要素，所以它的出现和使用已经大大阻止了口岸及其周围地区的中国人的进步，例如在学习我们的语言等方面。但是，我也很高兴地看到一家位于上海的美国公司的两名年轻的雇员现在正在北京学习中文，以便能够为他们的公司服务，使其公司不再需要在同中国商人做生意的时候彻底仰赖买办。这家公司（即琼记洋行，Messrs. Augustine Heard & Co.）值得一提，因为它在开明地推进获取有用的知识的事业，我希望他们的尝试能够成功，这样其他人就会起来仿效。

第五部分　中华帝国的衰落：从乾隆到鸦片

这个帝国正在衰落之中，能证明其腐朽和衰败现象的令人痛心的证据比比皆是。这种衰弱是什么时候开始的以及是什么原因引起的，都是不容易回答的问题，正如其他的有关中国的问题一样。如果我们可以准确地了解和理解这个国家的历史的话，就会发现进步和退步一直是交替的，正如几个朝代显示的或锐意进取或放荡挥霍那样，而且很大程度上是和少数几个皇帝的智谋、忠诚和精力成比例的。然而，现在的这次衰落，我认为追溯到乾隆皇帝统治的1736年到1796年这一时期是没有问题的。乾隆年间，大批钱财用来修缮旧的或扩建新的皇家宅院和游玩场所，并被用在修缮或新建佛教寺庙、陵墓、碑亭等等上面，此种工程遍布全国。乾隆以后的皇帝们似乎没有精力去填补乾隆大加挥霍造成的国库亏空。已经一贫如洗的人民变得更为不满，这种不满通过起义和叛乱凸显出来。人民的这种反叛精神好像已经变得长期化了，而叛乱在本世纪的不同时间内几乎蔓延到了所有省份。这最终酿成了具有巨大暴力和破坏力的从1850年一直延续到1865年的太平天国叛乱，蹂躏和损毁了几乎整个中国中心地区。除了起义者们造成的人口和财产损失，我们还必须加上帝国政府在镇压叛乱的军事行动中的人口和财产损失，以及同外国进行的战争，这些都把成千上万的农民推到了穷困、贫乏和饥荒之中。从我们获得的最可靠的资料来看，过去的一百年间因战争伤亡、疾病和饥荒造成的人口损失，已经超过了自然增长的人口，所以中国现在的人口总数实际上低于一个世纪之前。如果这种估算是正确的话——其实也没多少可以去怀疑的，那么单单从这些原因中就不难看出衰落和退步是一种不可避免的结果。【本段解评：可见至少在19世纪70年代，人们普遍认为清朝是从乾隆时期开始衰落的，镂氏提到的清朝同外国的战争是指第二次鸦片战争，这场战争的时间和太平天国运动的后半段基本重合，而太平天国的最终失败，也与清廷结束第二次鸦片战争、同英法美俄等国达成协议之后，借用后者的力量去镇压前者有关。现在西方学界普遍认为太平天国运动造成的中国人口损失接近两千万，但因为很多人口资料都在战乱期间焚毁，伤亡人口也没有具体记载或统计，所以并不是确切数字，只是基于前后人口统计上的一种大略的估算。】

除此之外，更为强烈的一个可能超过其他各种原因总和的因素，就是鸦片消费的增长。鸦片已经消耗掉了人民的财富，掏空了他们的灵魂，但在本世纪一开始的时候它并不为人所知。根据最权威的统计，1800年时进入中国的鸦片不超过4 000箱（chest），每箱重133磅。到了1869年，外国销往中国的鸦片烟达到了大约

85 000 箱，这里面大约 53 000 箱是从通商口岸进来的，付了关税，剩下的 32 000 箱海关官员认为是从香港走私进来的。本世纪初的时候中国国内很少炼制鸦片，但到了 1869 年，谨慎的估计认为本土种植炼制的鸦片烟已达 75 000 箱，加上外国贩进来的烟土，当年鸦片烟消费量高达 16 万箱，相当于 2 100 万磅或 10 500 吨。通过各种渠道从外国贩到中国的鸦片，价值基本徘徊在 6 800 万美元上下，相当于中国销往其他国家的茶和丝绸的价值的 75%。这些数字的背后是一个令人痛苦的故事，也是一个有关对外贸易本可促进这里的人民的福祉的让人伤心的评价。这些数字确凿地证明吸食鸦片的恶习已经消耗掉了并正在消耗人民的一大笔血汗钱，降低了他们纳税的能力，反过来就造成了政府的赤贫。但是，这种估算只是包括了一小部分损失和破坏。吸食这种毒品已经削弱了人民的精力，让他们变得好逸恶劳和肆意挥霍，减弱了他们的生产力，就此加速了这个帝国的衰败和毁灭。【本段解评：镂氏此处指出了一个非常重要的问题，即中国本土鸦片的种植和炼制，在 1869 年的时候数额竟然已经和进口鸦片烟数量很接近了。学界对晚清时期中国鸦片的年销售量的估算差别很大，例如有的中国学者的统计数据显示，1869 年的时候从大陆各口岸进口的鸦片数量为 53 413 担，从香港进口的鸦片为 86 065 担，总数 139 478 担，总值海关银 6 195 万零 403 两，但这个统计数据中仅香港一地的进口数量已经接近镂斐迪说的贩入中国的外国鸦片 85 000 箱，这样一来差别就很明显了。按照清代海关总税务司十年报告中的标准数据单位，当时 1 担（picul）为中国单位 100 斤，合 60.453 千克及 133.33 英磅，镂斐迪所谓的 1 “箱”（chest）其实就是中国海关单位1担或100斤。照此计算，1869年进口鸦片总重量介于8 431多吨到9 672多吨之间，加上没有统计进去的本土炼制的和走私的鸦片，数额应该超过1万吨。这里，我们拿中国学者统计的1869年进口鸦片总额来讲，总值6 195万余两海关银，这是一个什么概念呢？1884年中国委托德国建造完成了两艘铁甲舰，其中“定远”号花费141万两白银，“镇远”号花费142.4万两白银，加上运费和杂项开支大约56万两，两舰成本合计339.4万两，而1869年一年中国人抽掉的鸦片就值36艘铁甲舰，当时距离1894年中日甲午海战还有足足25年，而打败北洋舰队和整个大清国的明治日本政府才刚刚建立一年。一年抽掉36艘战舰，25年就是900艘之多，若将此种资本汇集起来，振奋士气，何愁不能自保家园？从这个角度上说，晚清中国的近代化资本早在无形之间被中国鸦片烟鬼们抽掉了，而鸦片烟毒害中国人民、社会与国家之惨烈与不仁，也是今日中国人应当清醒认识到的。】

第六部分　如何拯救中国：内外道路及其困局

这种衰败是否可以通过改变人民的习惯来终止，或者是否可以通过开辟新的工业与财富的资源来取代消费鸦片造成的亏空，或者这两条途径能否都使用，是值得所有希望鼓励和促进西方国家人民和这个国家的人民之间的商务关系的人认真考虑的。要是做到第一点，即改变人民习惯的话，在我看来，唯一可行的就是在人民中间创造出更好的道德感，这样才能切实削减他们吸食鸦片的胃口和热情。要做到第二点的话，唯一的途径是教育统治阶层和受过教育的阶层他们开辟新资源可以得到的益处，然后通过他们的影响来引导自己的人民去完成系统化开发现在正埋在地下的大批矿藏和其他资源的任务，或者允许外国人去替他们做。在我看来，这些都是让这个国家和人民重新和平地获得活力的唯一途径。【本段解评：镂氏看到了中国如果仿照欧美模式开展工业化的前景，当时中国的洋务运动正在轰轰烈烈地展开，但长远看这一欧美工业化愿景在1871年的中国还不明显。】

中国大众的教育必须主要通过基督教传教士们的努力和影响来完成，中国官员也必须接受聪明、谨慎和精力充沛的外国政府通过他们驻扎在北京的外交代表来进行的教育。这些外交代表们的影响一定要能够开化官员和加强中央政府的权力，那样的话中央政府的公平合理的谕旨和命令才能够具有更多的力量和权威，而且和现在的情况相比也能得到更多的尊重。【本段解评：镂氏这里流露出了要从欧美的角度通过欧美的力量来改造中国的强烈愿景，认为这种改造一来要依靠传教士，二来要依靠欧美驻华公使。这两股力量，均与1870年夏爆发的天津教案休戚相关。】

还有另一种途径比上两种法子都更为直接，但不见得更为有效，那就是我们或许可以称之为“流行手段”（“popular course”）的武力（force）。这是驻扎在这里的大部分外国代表们认为的唯一可靠和快速的用来“打开”（opening up）中国的工具。商人们认为为了获取新的工业资源和渠道，付诸武力是必要的，而一大批的传教士也喜欢武力，因为通过武力手段他们的任务或许相对于缓慢又费时耗力的道德说教要变得容易一些。从传教士们的一边来客观地看，他们的思考模式让他们真诚地相信，为了给当地人民带来最好的结果而发动的战争是道德和仁义的。他们相信“地和其中所充满的，世界和住在其间的，都属耶和华”（“The earth is the Lord’s and the fullness thereof”）【出自基督教《圣经·诗篇》24:1】；相信他们是万能的神（the Almighty）手中的代理人，去实现异教徒的基督教化和重生；相信他们的工作进展得越快，对中国人和世界就越好；相信为了打碎轻视、轻蔑和迷信的障碍，使用武力是绝对必要的；相信通过军队来使当地臣服只是为了实现主（the Master）的伟大事业而做的一点名正言顺的补充手段。驳斥这样一种理论的各种说法已经非常明显了，不需多费笔墨去重复。【本段解评：镂氏在这里解析了在华传教士和欧美列强在对华使用武力方面的共识，但指出了传教士从宗教的角度来看待武力的运用，与世俗商人有很大的区别。实际上，虽然19世纪欧美传教士是随着本国的坚船利炮重新返回中国的，但大部分传教士侧重于深入中国社会传教或者投身教育、卫生等事业，例如美国传教士丁韪良这样的，并没有像镂氏所言的那样积极鼓吹要对中国人民使用武力，因为武力在很大程度上将严重破坏他们传教的土壤。】

通过和平手段进行改造的工作，一定意味着要求其他国家付出很多年的耐心，也要求从事这项工作的人具有耐心的劳动和努力，但那些时间、忍耐和劳动将水到渠成地完成改造的使命。相信使用武力理论的人则根据事实认为，所有的外国人恰是通过几年前使用的武力才能现在生活在中国，在他们看来将来也唯有武力一途才能打破那些横在前进之路上的漠视与怀疑的藩篱。几乎没有必要说，我对这种理论整体上都是不赞成的。若抛却正义和道德勿论，并且把事情简化为一个仅仅有关政策和权宜之计的问

图 19.6 美国杂志《评判》于 1900 年 12 月 8 日发表的题为《必须得有人站出来断后》(*Someone Must Back Up*)的讽刺漫画，描绘了在义和团运动和八国联军侵华的时代背景下中美两国狭路相逢的局面。画的右边是身上写着“中国”的一条巨龙怪兽，骑着这条巨龙的是一个身上写着“义和团员”的人，右手举着沾满鲜血的大刀，左手擎着一面写着“4 亿野蛮人”的旗子(当时中国人口约 4 亿);迎面前来对付中国人的是开着一辆炮车的山姆大叔，车后写着“文明和贸易机动车”，车身上装饰着“进步”，山姆大叔一手操着标着“暴力之必须”的一挺快炮，一手示意让中国人停下，而身后的车里装着机械、桥梁、棉布、音乐、干货和教育等等，表示前来中国贩卖货物。

题，我看到在通过武力——仅仅是武力——确保永久进步这条路上会有如许多的障碍，乃至于让我对于考虑是否通过武力来获得更多的特许权而徘徊良久(图 19.6)。

但即便是所有的力量都用来抵挡衰败，我对中国和外国之间的和平关系会持续下去以便改善中的教育影响力将可以完成重振中国一事，也没有什么信心或真正的期待。中央政府的迟滞和犹豫不决将会耗尽其他国家的耐心，地方政府和人民对条约权利的违背以及外国商人阶层要求额外特许权的压力，将迟早引发一种断裂，进而以一场对外战争收场。【本段解评：镂氏对当时中外局势的观察，不能不说是入木三分，如他所预言的那样，此后20年间中外关系总体上日益恶化，外国银行以中国关税为担保的各种大小对华贷款接踵而来，中国国内针对外国传教士的教案和外国人的攻击也频频发生，中日甲午战后又出现了各国在华瓜分势力范围的狂潮，而康梁一派试图以温和手段推进社会改革的戊戌变法也不过百日即告夭折。内忧外患、人祸天灾，最终导致了中国国内反抗情绪的总爆发，即义和团事件，“扶清灭洋”一时汹涌澎湃，八国随即组成联军出兵中国并占领北京，最后以清政府签订丧权辱国的《辛丑条约》以及处决和贬谪一干官员悲惨收场。】

第七部分　不应忽视中国文明：西方应该如何对待孱弱的中国

在预测未来的机会和计算可能性的时候，我们应该记住一些欧洲国家的制造业的运转有一部分是依靠维护和促进印度和中国的制造业市场的。这些国家的政府为了试图缓解他们正在遭受痛苦的生产者们，将会采取一条旨在促进贸易的路，而在其他情况下不会去这样尝试。令人高兴的是，美国考虑采取的针对中国或者其他国家的政策里，都不会有这样的考虑。

除了横亘在维护中国人和外国人的和平友好关系的路上的其他各种困难以外，当两个截然不同的种族（races）和文明（civilizations）面对面的时候，就一定会发生“无法遏制的冲突”（irrepressible conflict）。北美大陆上的印第安战争以及美国人民有关非洲奴隶制度的经历，都是这一事实的令人倍感痛苦的写照。

大多数外国人所犯的一个错误，就是低估了中国才智和中国文明的价值。将中国人与印第安人或者黑人相比，或者把他们与印度和南洋群岛的居民放在同一个水平线上，都是不公平的。中国人比现在绝大部分异教国家的人都要优秀，这表现在智力水平、工业以及行政能力上。虽然他们的教育是有缺点的，而且对于一个文明开化时代中的实用目的而言实在是无用的，但是他们掌握复杂学习的能力表现出了一种比其他人都要优越的获取知识的才能。中国商人在所有贸易领域内都在同外国人成功地进行竞争，而且就目前而言占据着有利的态势。

农民是勤劳、朴素和能吃苦的，满足于仅够维持生计的最为廉价的所得，安分守己和热爱秩序。他们的隔离状态连同对所有有关现代科学的漠视一起，加剧了他们的迷信。他们相信皇帝是天下所有的无论是世俗的还是宗教的事务的领袖，这导致他们不信任新的发明或者变革的愿景。绝大部分人民从来没有见到过外国人，他们被告诉说其他国家的人民是和中国人完全不同的种类，这些外国人残忍、冷酷、贪婪，敢做任何暴行，并且为了达到目的不择手段。

不幸的是，公正无私的历史并不能用来证明对外国人的指控中很多都是虚假的。因为从另一方面来说，大部分外国人很少能够分得清楚中国文明(Chinese civilization)和野蛮状态(barbarism)。在他们看来，中国人是一个低一等的民族（an inferior race），当外国获取利益受阻的时候，或当他们挡在被我们高兴地称为我们的“高级文明”（our “superior civilization”）前进之路上的时候，那他们的权利、权益或成见极易被忽略不计。这些正在中国发生作用的同样的影响力，曾经产出过一个出自一名美国最高大法官之口的多少出了名的言论，这个言论本质上是这样说的，虽然没有在纸上写下来："黑人没有白种人必须予以尊重的权利。"（"A negro has no rights that a white man is bound to respect."）这个令人瞠目结舌的言论，明显得到了美国很小的一部分人、而不是大部分人的批准。居住在中国这里的外国人，也十分倾向于通过行动而非语言来表明这样一种主义："中国人没有白种人必须予以尊重的权利。"（"A Chinaman has no rights that a white man is bound to respect."）【本段解评：镂氏在此的批评十分激烈和深刻，可以看到他批判欧美很多人所持有的文明等级论的立场。所谓黑人（黑人奴隶）不能享有白人权利的说法，出自1857年3月6日美国最高法院首席大法官罗杰·布鲁克·托尼（Roger Brooke Taney）就当时德雷德·斯科特诉桑福德案（*Dred Scott v. Sandford*）做出判决时候的长篇陈词，斯科特是一名从北方自由州回到蓄奴州密苏里州后要求法庭判给他自由之身的黑人奴隶，但托尼法官最后判决他在回到蓄奴州之后不得自由，并延伸判决黑人不能获得美国公民权；当时最高法院大法官以7:2通过判决，是美国联邦最高法院历史上臭名昭著的一次判决。镂氏说的"很小的一部分人"就是指最高法院的大法官们。所有这一切都在美国内战中和内战后随着《废奴宣言》而变为历史，尽管实际生活中的种族隔离和歧视此后也存在了好长时间，要到20世纪60年代才开始根本解决（图19.7）。】

现在的朝廷是软弱无力的，足以被条约国诸列强（treaty powers）的一次联合行动推翻，甚至能被任何一个一流的强国（the

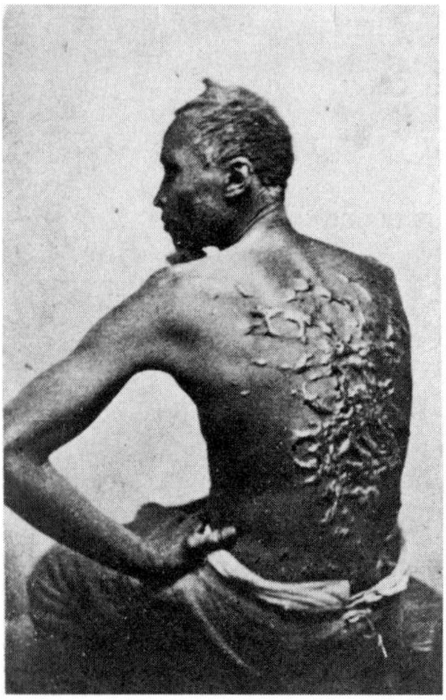

图 19.7 1863 年 3 月一名叫戈登(Gordon)的黑奴从路易斯安那州的一个种植园逃跑到了位于该州首府巴吞鲁日(Baton Rouge)附近的北方军军营，获得了自由。这张由北方随军摄影师拍摄的他被奴隶主鞭打结痂的后背的照片，显示了他所遭受的非人的虐待，立即成为当时废奴主义者们极好的宣传材料。戈登被称为“被鞭打的彼得”(Whipped Peter)，很快加入北方军队作战。

first-class powers)所推翻。如果现在的政府被推翻了，然后怎样呢？谁将取而代之呢？我猜没有任何外国政府想征服中国把它变成一个附属国（a dependency），而这样一种企图也不会被其他的条约国所接受的。在西方各国间瓜分（divide and parcel out）中国领土也是不切实际的，因为有的国家——大概美国就是其中之一——将会迟疑是否接受中国的土地，也会起来严肃反对其他国家的这种阴谋。因此，无论将来会发生什么，我认为有一件事情是明白无碍的：中国必须由中国人自己来治理（China must be governed by the Chinese）。【本段解评：镂氏看到了清政府极度软弱不堪，深刻地观察到条约各国的一次联合行动就足以将其推翻，实际上也为他所言中，29 年后的 1900 年八国联军占领北京，慈禧太后和光绪皇帝狼狈逃至西安。辛丑以后，清朝虽然再图改革，然国力颓

图 19.8 美国纽约杂志《顽童》于1898年1月26日发表的封面时事讽刺漫画，题为《一个未曾预见到的紧急情况 》(*An Unforeseen Emergency*)。背景中英、德、日、法的军舰正浩浩荡荡地朝中国驶来，前景中刻画了两个中国人物，即坐在宝座上的清朝皇帝和鞠躬的大臣李鸿章。皇帝问:“我最聪明的顾问，告诉我孔夫子就现在这种情况是如何教诲我们的？”李鸿章答:“陛下，夫子已是过眼云烟了，他做梦也想不到世间会有如此这般堂而皇之地大逞蛮力之事。”

丧，举步维艰，十年之后即告覆灭。镂氏认为各国不能瓜分中国，则是高估了列强们的道德标准，而他却也准确预言了自己的祖国美国这样的国家站起来反对瓜分中国的可能性，十几年后中国的瓜分狂潮印证了这一点：英法俄日纷纷投入瓜分之中，刚刚从西班牙手中抢夺到菲律宾的美国抛出了在华各国应该彼此之间互相开放门户的“门户开放”政策。然而不久之后，美国也在义和团运动期间参加了出兵北京的行动，是八国联军中的主力部队之一。镂氏提出“中国必须由中国人自己来治理”，体现了“民族自决”的思想；这一概念于19世纪60年代提出，第一次世界大战之后，同时为美国总统伍德罗·威尔逊和苏联领导人列宁所提倡，逐渐成为现代国际关系的几大原则之一（图 19.8）。】

如果在知识阶层中能够找到一些未入仕途的人，心胸宽广、思想活跃并有信心，要是有机会提供给他们的话会比现在在任的官员们做得更好，那么外国为了自己的利益和中国将来的福祉就会通过推翻现在这个软弱的王朝，来扶持这样一个新生的政府。然而，就现在我知道的来说，还没有什么人可以做得更好，或者说能做得和现任官员们一样好。现在位居政府要职的人，至少已经有了十年同外国外交代表直接交涉的阅历，在这期间他们已经学到了很多，而且能够更好地理解西方国家的能力，而西方国家通过与这批人而不是这个帝国里的其他人保持友善关系来确保获取利益。

然而，尽管有这么多的优势，他们在获取知识的道路上一直进步得很慢，这种进步是如此之少，乃至于在我们不耐烦的时候，不免觉得他们几乎永远也不可能完成那些祝福这个政府和人民的人如此想达到的目标。但是，当我们静下来考虑一下这些官员们的情况时，他们的困难和窘迫看上去就要求其他国家给予更多的善意和忍耐了，因为一方面他们要面对外国政府提出来的可能或者不可能的特权要求，有时候这种要求是恶毒的，另一方面他们面对的是一个充满漠视、迷信和自大的国家，而这些方面不仅阻止了向前进步，而且可能会将过去的努力化为乌有。身处事外的人民不能看到或者理解这些困难，这就在有的时候在很多事情上面引起了人民的强烈又不公的批评，也导致其他国家对中国的高官施加压力。

有鉴于所有这里详细描述了的问题，我认为外国在同中国政府和人民打交道的时候，应该追求一种公正而坚决的方法，同时准备要付出耐心和忍让。他们可以坚持要求中国遵守兑现条约的规定，而且当帝国政府不能或不愿履行职责的时候，要准备好为其在华公民和臣民提供保护。当满怀气势和坚决去付诸行动的时候，不必考虑恶毒的手段，所有的努力都应该旨在促进社会和商务交流，只要中国政府能尽快恢复运作；而且这种促进应该是安全的和互惠的。如果和平状态可以维持下去的话，这才是推行改革的精明和踏实可靠的路子。相反，如果和平关系被打断，且这个政府的统治被对外战争动摇了的话，像之前所说的那样进行的官员们的教育就会使他们去接受新事物和剧烈变革并从中获益，而这些新的东西都是通过武力强行压到他们头上的。【本段解评：镂氏在此做出了一种宏观的政策建议，美国政府要准备保护在华美国公民，这一点正如1900年美军出兵北京去解救被义和团民围攻的美国使馆人员一样，同时他也指出了最好的路数是保持同中国政府的和平关系，这样才能促进中国的改革，外国强制中国推行改革未必是好事。】

历史的延续性

十多年前，我去北京美国驻华大使馆做留学签证面试的时候，面试官看到我去美国是要继续研究中国历史，问我为什么，我就把镂斐迪的报告的一句话改了改后告诉她说：不同视角会有不同的叙述。她说，的确是这样。但我想，这位面试官应该并不晓得一百多年前的驻华公使镂斐迪以及他在寒冬的北京写就的长篇中国国情报告。

在美国政坛上，镂斐迪并不是一个光彩耀眼的政治家，今天的很多人甚至都没有听说过他的名字。然而，镂斐迪为同代人写下了一份精彩的应该如何去观察中国、理解中国、对待中国的报告。通过他的眼睛，我们也可以看到 19 世纪 70 年代的清代中国，在当时欧美诸国挟其武力和资本逐步在全球掀起殖民主义浪潮的大局之下，是何等的孱弱不堪；在应对欧美列国在军事、宗教、商业和外交上的多重压力和要挟，甚至要求中国按照其意愿进行“改革”之时，又是何等的捉襟见肘；而任何在镂斐迪眼中认为亟待去做的旨在走向以欧美世界为标杆的社会进步的变革，又在整个中国体制的掣肘之下是何等的举步维艰。

当时正在官场上平步青云的直隶总督李鸿章，作为镂氏报以同情的中国官员之一，在四年后的 1875 年写道:“各国通商传教，来往自如，麇集京师及各省腹地，阳托和好之名，阴怀吞噬之计，一国生事，诸国构煽，实为数千年未有之变局。”从中可以窥见李鸿章的愤懑与无限的担忧，也正是在这种情势下，李鸿章带领着一大批人着力于中国的自强运动（图 19.9）。也恰恰是在此认知的基础上，人们得出了一个很简单的结论：落后就要挨打。换句话说，清代中国挨打，是因为军事和体制等方面的落后。这一结论大行其道，固然因为其简单明了，更是因为唯其如此，我们才可以通过非常线性化的直观的“进步”，去跟不堪的过往一刀两断。

一百多年前，镂斐迪为华盛顿的政客们写了一个清代中国的国情报告，同时也为我们留下了中国这片土地上曾经有过的让人感到窒息的历史画面。认真阅读镂氏的报告，会让人每每有一种介于传统与现代、本土与他者之间的碰撞而导致的撕裂感，而现在的我们回首 1800 年以来的中国历史的时候，会感觉得更为真切。在很多时候，这个画面里的种种，恐怕对我们而言并不是多么陌生，甚至会看到它们仍在我们今天的社会中若隐若现或者堂而皇之地大行其道，这便是历史穿越时

图 19.9 1900 年 9 月 27 日李鸿章在天津。美国国会图书馆藏，编号 94505471。

空的链接之一，所谓“传统”，而勿论好恶与否。

清代词人纳兰性德曾在 1682 年陪同康熙皇帝东巡关外，夜宿白狼河之时，作《如梦令》一首，倘若我们将晚清中国社会及其命运代入这首词中的话，或可作为读完镂斐迪国情报告后的一种复杂心情的注释，亦可兼作此一时期中美关系的一种文学化的注脚吧。词云：

万帐穹庐人醉，
星影摇摇欲坠。

归梦隔狼河，
又被河声搅碎。
还睡，还睡，
解道醒来无味。

参考书目

中日韩文资料（据汉语拼音音序排序）

[日]坂野正高:《近代中国外交史研究》。东京:岩波书店,1970年。

[日]滨下武志:《朝贡体系与近代亚洲》。东京:岩波书店,1997年。

——.《近代中国的国际契机：朝贡贸易体系与近代亚洲经济圈》。东京：东京大学出版会，1990年。

[朝鲜]朝鲜司译院纂:《同文考略》。汉城：朝鲜司译院木活字版，1851年。

陈彬龢:《帝国主义侵略中国史》。上海：世界书局，1927年。

陈尚胜:《中国传统对外关系研究》。北京：中华书局，2015年。

《筹办夷务始末（道光朝）》。北京：中华书局，1964年。

《筹办夷务始末（咸丰朝）》。北京：中华书局，1979年。

《筹办夷务始末（同治朝）》。北京：中华书局，2008年。

[日]大久保利谦编:《森有礼全集》。东京：宣文堂书店，1972年。

[日]川岛真:《中国近代外交的形成》。名古屋:名古屋大学出版会，

2004 年。

《大明会典》。北京，1587 年印本。

《大清会典》。北京，1899 年印本。

《大清会典事例》。北京，1899 年印本。

《大清通礼》。台北：台湾商务印书馆，1978 年翻印版。

[日] 岛善高编：《副岛种臣全集》。东京：慧文社，2004 年。

丁名楠：《帝国主义侵华史》。北京：人民出版社，1961 年。

丁韪良等译：《万国公法》。北京：崇实馆，1864 年。

董文焕：《岘樵山房日记》。北京：北京图书馆出版社，1996 年。

[法] 伏尔泰著，吴模信、沈怀洁、梁守锵译：《路易十四时代》。北京：商务印书馆，2018 年。

[日] 夫马进：《朝鲜燕行使与朝鲜通信使》。名古屋：名古屋大学出版会，2015 年。

[日] 冈本隆司、川岛真编：《中国近代外交的胎动》。东京：东京大学出版会，2009 年。

[日] 冈本隆司：《属国与自主之间：近代中朝关系与东亚的命运》。名古屋：名古屋大学出版会，2004 年。

[韩] 崔韶子：《明清时代中韩关系史研究》。首尔：梨花女子大学出版社，1997 年。

戴海斌：《晚清人物丛考》（初编、二编）。北京：生活 · 读书 · 新知三联书店，2018 年。

葛兆光：《宅兹中国：重建有关“中国”的历史论述》。北京：中华书局，2011 年。

顾廷龙、戴逸主编：《李鸿章全集》。合肥：安徽教育出版社，2008 年。

郭廷以:《近代中国的变局》。台北：联经出版公司，1987 年。

——.《近代中国史》。台北：台湾商务印书馆，1966 年。

[日] 和田春树、中野聪、川岛真等编:《东亚近现代通史》第 1 卷《东亚世界的近代：19 世纪》。东京：岩波书店，2010 年。

高宗鲁搜集译注:《中国留美幼童书信集》。珠海：珠海出版社，2006 年。

韩国国史编纂委员会编:《高宗时代史》。首尔：国史编纂委员会，1967 年。

韩国国史编纂委员会编:《同文汇考》。首尔：国史编纂委员会，1978 年。

韩国日本问题研究会编:《朝鲜外交事务书》。首尔：成进文化社，1971 年。

胡绳:《帝国主义与中国政治》。北京:人民出版社,1996 年,第 7 版。

胡祥雨:《清代法律的常规化：族群与等级》。北京：社会科学文献出版社，2016 年。

黄纯艳:《宋代朝贡体系研究》。北京：商务印书馆，2014 年。

黄嘉谟主编:《中美关系史料 · 光绪朝》。台北：Academia Sinica 近代史研究所，1988 年。

吉辰:《昂贵的和平：中日马关议和研究》。北京：生活 · 读书 · 新知三联书店，2014 年。

蒋廷黻:《中国近代史》。长沙：岳麓书社，1987 年。

——.《近代中国外交史资料辑要》(上、中卷)。台北：台湾商务印书馆，1959 年。

[朝鲜] 金允植:《阴晴史》。首尔：国史编纂委员会，1958 年。

——.《金允植全集》（上、下卷）。首尔：亚细亚文化社，1980 年。

——.《天津谈草》。首尔大学奎章阁藏书，胶片目录：75-103-27-K。

[朝鲜] 金指南、金庆门编纂，李湛续纂：《通文馆志》。朝鲜，1898 年刻本。

礼部纂修：《礼部则例》。北京，1844 年印本。

赖惠兰：《清末留美幼童之研究》。台北：中国文化大学中美关系研究所，1984 年。

李定一：《中美早期外交史，1784-1894》。台北：传记文学出版社，1978 年。

《理藩院则例》。香港：蝠池书院，2004 年翻印版。

李国荣主编，覃波、李炳编著：《清朝洋商秘档》。台北：崧博出版事业有限公司，2018 年。

李剑农：《中国近百年政治史》。北京：中华书局，2019 年。

李文杰：《中国近代外交官群体的形成（1861—1911）》。北京：生活·读书·新知三联书店，2017 年。

李孝聪：《记康熙〈皇舆全览图〉的测绘及其版本》，载《故宫学术季刊》第 30 卷第 1 期（2012 年），第 55—85 页。

李云泉：《朝贡制度史论：中国古代对外关系体制研究》。北京：新华出版社，2004 年。

梁嘉彬：《广东十三行考：鸦片战前广东国际贸易交通史考》。台中：东海大学，1960 年。

梁启超：《饮冰室合集》。上海：中华书局，1936 年。

[韩] 林基中主编：《燕行录全集》。首尔：东国大学出版部，2001 年。

刘本森:《帝国的角落:英国租占威海卫研究(1898—1930)》。北京:社会科学文献出版社，2018 年。

刘浦江:《正统与华夷：中国传统政治文化研究》。北京：中华书局，2017 年。

吕芳上、陈雅铃编:《清季华工出国史料，1863—1910》。台北：Academia Sinica 近代史研究所，1995 年。

骆宝善、刘路生主编:《袁世凯全集》。郑州：河南大学出版社，2012 年。

茅海建:《天朝的崩溃：鸦片战争再研究》。北京：生活 · 读书 · 新知三联书店，1995 年。

——.《近代的尺度：两次鸦片战争军事与外交》。上海：上海三联书店，1998 年。

孟森:《清代史》。台北：正中书局，1960 年。

牛军:《冷战与新中国外交的缘起，1949—1955（修订版）》。北京：社会科学文献出版社，2013 年。

[日] 彭泽周 (伊原泽周):《明治初期日韩清关系研究》，东京：塙书房，1969 年。

——.《近代朝鲜的开港：以中美日三国关系为中心》，北京：社会科学文献出版社，2008 年。

任智勇:《晚清海关再研究：以二元体制为中心》。北京：中国人民大学出版社，2012 年。

容尚谦著，王敏若译:《创办出洋局及官学生历史》。珠海：珠海出版社，2006 年。

钱钢、胡劲草:《大清留美幼童记》。香港：中华书局（香港）有限公司，2003 年。

——.《留美幼童：中国最早的官派留学生》。上海：文汇出版社，2004 年。

钱实甫编：《清代职官年表》，北京：中华书局，1980 年。

钱亦石：《中国外交史》。北京：生活·读书·新知三联书店，2014 年。

戚其章主编：《中日战争》。北京：中华书局，1989—1996 年。

祁韵士：《皇朝藩部要略》。台北：成文出版社，1968 年翻印版。

《清光绪朝中日交涉史料》。北京：故宫博物院，1932 年。

《清季中日韩关系史料》。台北：Academia Sinica 近代史研究所，1972 年。

《清嘉庆朝外交史料》。北京：故宫博物院，1932 年。

《清史稿》。北京：中华书局，1977 年。

《清实录》。北京：中华书局，1985—1987 年。

[韩]《清选考》。首尔：探求堂，1972 年。

[韩] 丘凡真：《清朝：奇美拉的帝国》。首尔：民音社，2012 年。

仇华飞：《早期中美关系研究（1784—1844)》。北京：人民出版社，2005 年。

[韩] 全海宗：《韩中关系史研究》。首尔：一潮阁，1970 年。

单士元：《五国公使觐见同治帝交涉始末》，载中国第一历史档案馆编：《清代档案史料丛编（第十三辑)》（北京：中华书局，1990 年），第 431—455 页。

宋念申：《发现东亚》。北京：新星出版社，2018 年。

孙宏年：《清代中越宗藩关系研究》。哈尔滨：黑龙江教育出版社，

2004 年。

孙明：《生活的史学》。上海：上海人民出版社，2015 年。

孙卫国：《大明旗号与小中华意识：朝鲜王朝尊周思明问题研究，1637—1800》。北京：商务印书馆，2007 年。

Academia Sinica 近代史研究所：《清季中日韩关系史料》，台北：Academia Sinica 近代史研究所，1972 年。

[日] 檀上宽：《明代海禁 = 朝贡体系与华夷秩序》。京都：京都大学学术出版会，2013 年。

唐仕春主编：《近代中国社会与文化流变》。北京：社会科学文献出版社，2010 年。

王立新：《美国传教士与晚清中国现代化：近代基督新教传教士在华社会、文化与教育活动研究》。天津：天津人民出版社，2008 年。

——.《踌躇的霸权：美国崛起后的身份困惑与秩序追求（1913—1945）》。北京：中国社会科学出版社，2015 年。

王铁崖：《中外旧约章汇编》。北京：生活 · 读书 · 新知三联书店，1982 年。

王希：《原则与妥协：美国宪法的精神与实践（增订版）》。北京：北京大学出版社，2014 年。

王信忠：《中日甲午战争之外交背景》，北京：国立清华大学出版事务所，1937 年。

王芸生：《六十年来中国与日本》。北京：生活·读书·新知三联书店，2005 年。

王元周：《小中华意识的嬗变：近代中韩关系的思想史研究》。北京：民族出版社，2013 年。

——主编：《中华秩序的理想、事实与想象》。南京：江苏人民出版社，2017 年。

王之春：《清朝柔远记》。北京：中华书局，1989 年。

王重民：《徐光启集》。北京：中华书局，1963 年。

吴义雄：《条约口岸体制的酝酿：19 世纪 30 年代中英关系研究》。北京：中华书局，2009 年。

相蓝欣：《义和团战争的起源：跨国研究》。上海：华东师范大学出版社，2003 年。

徐国琦著，尤为群译：《中国人与美国人：一部共有的历史》。成都：四川人民出版社，2019 年。

阎宗临：《中西交通史》。桂林：广西师范大学出版社，2007 年。

杨国强：《衰世与西法：晚清中国的旧帮新命和社会脱榫》。北京：中华书局，2014 年。

郁慕侠：《上海鳞爪》。上海：上海书店出版社，1998 年。

张存武：《清韩宗藩贸易》。台北：Academia Sinica 近代史研究所，1985 年，第二版。

张双智：《清代朝觐制度研究》。北京：学苑出版社，2010 年。

《张荫桓日记》。上海：上海书店出版社，2004 年。

张云樵：《伍廷芳与清末政治改革》。台北：联经出版公司，1987 年。

郑鹤声：《中国近世史》。上海：上海书店，1992 年。

——.《近世中西史日对照表》。北京：中华书局，1981 年。

中国第一历史档案馆编：《光绪朝朱批奏折》。北京：中华书局，1996 年。

——.《英使马戛尔尼访华档案史料汇编》。北京：国际文化出版公司，1996 年。

——藏：“清代军机处汉文录副奏折”，北京。

中国历史博物馆编：《中国近代史参考图录，1840-1919》。上海：上海教育出版社，1986 年。

中山大学历史系编：《林则徐集 · 日记》。北京：中华书局，1962 年。

周振鹤撰集，顾美华点校：《〈圣谕广训〉集解与研究》。上海：上海书店出版社，2006 年。

周健：《维正之供：清代田赋与国家财政（1730—1911）》。北京：北京师范大学出版社，2020 年。

珠海容闳与留美幼童研究会主编：《共同的容闳：纪念容闳毕业于美国耶鲁大学 150 周年活动纪实》。珠海：珠海出版社，2006 年。

英文资料（按英文字母顺序排序）

Alexander, William, and George Henry Mason. *Views of 18th Century China Costumes, History, Customs*. New York: Portland House, 1988.

Banquet to His Excellency Anson Burlingame and His Associates of the Chinese Embassy by the Citizens of New York on Tuesday, June 23, 1868. New York: Sun Book and Job Printing House, 1868.

Berard, Adrienne. *Water Tossing Boulders: How A Family of Chinese Immigrants Led the First Fight to Desegregate Schools in the Jim Crow South*. Boston: Beacon Press, 2016.

Bieler, Stacey. *"Patriots" or "Traitors"?: A History of American-Educated Chinese Students*. Armonk, NY: M. E. Sharpe, 2004.

Blakeslee, George H. ed. *China and the Far East: Clark University Lectures*. New York: Thomas Y. Crowell & Co., 1910.

Bradley, James. *The China Mirage: The Hidden History of American Disaster in Asia*. New York: Back Bay Books, 2016.

British Documents on Foreign Affairs: Reports and Papers from the Foreign Office Confidential Print. Series E. Asia, 1860–1914. Lanham, MD: University Publications of America, 1994.

Bromley, Isaac H. *The Chinese Massacre at Rock Springs, Wyoming Territory, September 2, 1885*. Boston: Franklin Press, 1886.

Buck, Pearl S. *The Good Earth*. New York: J. Day Co., 1931.

——. *China: Past and Present*. New York: J. Day Co., 1972.

Burbank, Jane, and Frederick Cooper. *Empires in World History: Power and the Politics of Difference*. Princeton, NJ: Princeton University Press, 2010.

Calhoun, Craig, Frederick Cooper, and Kevin W. Moore. *Lessons of Empire: Imperial Histories and American Power*. New York: New Press, 2006.

Carl, Katharine A. *With the Empress Dowager of China*. New York: The Century Co., 1907.

Carr, Caleb. *The Devil Soldier: The American Soldier of Fortune Who Became a God in China*. New York: Random House, 1992.

Chien, Frederick Foo. *The Opening of Korea: A Study of Chinese Diplomacy, 1876–1885*. Hamden, CT: Shoe String Press, 1967.

China Imperial Maritime Customs Decennial Reports, 1882–91.

Shanghai: Statistical Department of the Inspectorate General of Customs of China, 1893.

Chu Shih-Chia. "Tao-Kuang to President Tyler." *Harvard Journal of Asiatic Studies* 7, no. 3 (1943) : 169—173.

Cochran, Sherman. *Big Business in China: Sino-Foreign Rivalry in the Cigarette Industry, 1890—1930*. Cambridge, MA: Harvard University Press, 1980.

Cohen, Paul A. *History in Three Keys: The Boxers as Event, Experience, and Myth*. New York: Columbia University Press, 1997.

Cohen, Warren I. *America's Response to China: A History of Sino-American Relations*. 4th Edition. New York: Columbia University Press, 2000.

Conger, Sarah Pike. *Letters from China: With Particular Reference to the Empress Dowager and the Women of China*. Chicago, IL: A. C. McClurg and Co., 1909.

Cooper, Frederick. *Colonialism in Question: Theory, Knowledge, History*. Berkeley: University of California Press, 2005.

Crossley, Pamela Kyle. *A Translucent Mirror: History and Identity in Qing Imperial Ideology*. Berkeley: University of California Press, 1999.

——, Helen F. Siu, and Donald S. Sutton, eds. *Empire at the Margins: Culture, Ethnicity, and Frontier in Early Modern China*. Berkeley: University of California Press, 2006.

Curzon, George N. *Problems of the Far East: Japan—Korea—China*. 2nd ed. London: Longmans, Green, 1894.

Dams, Bernd H. and Andrew Zega. *Chinoiseries*. New York: Rizzoli, 2008.

Davids, Jules, ed. *American Diplomatic and Public Papers: The United States and China, 1861—1893*. Wilmington, DE: Scholarly Resources, 1979.

Dennett, Tyler. *Americans in Eastern Asia: A Critical Study of the Policy of the United States with reference to China, Japan and Korea in the Nineteenth Century*. New York: Macmillan, 1922.

Der Ling. *Two Years in the Forbidden City*. New York: Moffat, Yard and Company, 1911.

——. *Old Buddha*. New York: Dodd, Mead & Company, 1929.

Deuchler, Martina. *Confucian Gentlemen and Barbarian Envoys: The Opening of Korea, 1875—1885*. Seattle: University of Washington Press, 1977.

Di Cosmo, Nicola. "Qing Colonial Administration in Inner Asia." *International History Review* 20, no. 2 (1998) : 287—309.

Donahue, William J. "The Francis Terranova Case." *The Historian* 43, no. 2 (1981) : 211—224.

Di Cosmo, Nicola. "Qing Colonial Administration in Inner Asia." *International History Review* 20, no. 2 (1998) : 287—309.

Elliott, J. H. *Empires of the Atlantic World: Britain and Spain in America, 1492—1830*. New Haven, CT: Yale University Press, 2006.

Elliott, Mark C. *The Manchu Way: The Eight Banners and Ethnic Identity in Late Imperial China*. Stanford, CA: Stanford University Press, 2001.

Elverskog, Johan. *Our Great Qing: The Mongols, Buddhism, and the State in Late Imperial China*. Honolulu: University of Hawaii Press, 2006.

Em, Henry H. *The Great Enterprise: Sovereignty and Historiography in Modern Korea*. Durham, NC: Duke University Press, 2013.

Esherick, Joseph. *The Origins of the Boxer Uprising*. Berkeley: University of California Press, 1987.

"Execution of an Italian at Canton: A Review on the London Quarterly Review for January 1834." *North American Review* 40, no. 86 (1835), 58—68.

Fairbank, John King, ed. *The Chinese World Order: Traditional China's Foreign Relations*. Cambridge, MA: Harvard University Press, 1968.

—. *The United States and China*. 4th Edition. Cambridge, MA: Harvard University Press, 1976.

—, and S. Y. Têng, eds. *Ch'ing Administration: Three Studies*. Cambridge, MA: Harvard University Press, 1960.

—, and S. Y. Têng. "On the Ch'ing Tributary System." *Harvard Journal of Asiatic Studies* 6 (1941): 135—246.

Foreign Relations of the United States. Washington, DC: United States Government Printing Office, 1861—1912.

Frank, Caroline. *Objectifying China, Imagining America: Chinese Commodities in Early America*. Chicago, IL: University of Chicago Press, 2011.

Gaddis, John Lewis. *On Grand Strategy*. New York: Penguin Press, 2018.

Gallagher, John, and Ronald Robinson. "The Imperialism of Free Trade." *Economic History Review* 6, no. 1 (1953) : 1—15.

Grosier, Jean-Baptiste. *A General Description of China*. London: Paternoster-Row, 1788.

Hanway, Jonas. *An Essay on Tea*. London, 1757.

Hayter-Menzies, Grant. *The Empress and Mrs. Conger: The Uncommon Friendship of Two Women and Two Worlds*. Hong Kong: Hong Kong University Press, 2011.

Headley, J. T. *The Life and Travels of General Grant*. Philadelphia, PA: Hubbard Bros., 1879.

Hevia, James L. *Cherishing Men from Afar: Qing Guest Ritual and the Macartney Embassy of 1793*. Durham, NC: Duke University Press, 1995.

Ho, Pingti. "In Defense of Sinicization: A Rebuttal of Evelyn Rawski's 'Reenvisioning the Qing.'" *Journal of Asian Studies* 57, no. 1 (1998) : 123—55.

——. "The Significance of the Ch'ing Period in Chinese History." *Journal of Asian Studies* 26, no. 2 (1967) : 189—95.

Hobsbawm, Eric. *The Age of Empire, 1875—1914*. New York: Vintage Books, 1989.

——. *Nations and Nationalism since 1780: Programme, Myth, Reality*. London: Cambridge University Press, 1990.

Holder, Charles F. "America's Treatment of the Chinese." *North American Review* 171, no. 525 (1900) : 214—220.

Hostetler, Laura. *Qing Colonial Enterprise: Ethnography and*

Cartography in Early Modern China. Chicago: University of Chicago Press, 2001.

Honour, Hugh. *Chinoiserie: The Version of Cathy*. London: John Murray, 1961.

Hsü, Immanuel C. Y. *China's Entrance into the Family of Nations: The Diplomatic Phase, 1858—1880*. Cambridge, MA: Harvard University Press, 1960.

Hunt, Lynn, *Measuring Times, Making History*. Budapest: Hungary: Central European University Press, 2008.

Hsu, Shuhsi. *China and Her Political Entity: A Study of China's Foreign Relations with Reference to Korea, Manchuria and Mongolia*. New York: Oxford University Press, 1926.

Hunt, Michael H. *The American Ascendancy: How the United States Gained and Wielded Global Dominance*. Chapel Hill, NC: The University of North Carolina Press, 2007.

Impey, Oliver. *Chinoiserie: The Impact of Oriental Styles on Western Art and Decoration*. New York: Charles Scribner's Sons, 1977.

Inglis, Lucy. *Milk of Paradise: A History of Opium*. New York: Pegasus Books, 2019.

Iriye, Akira. "Imperialism in East Asia." In *Modern East Asia: Essays in Interpretation*, edited by James B. Crowley, 122—50. New York: Harcourt, Brace, and World, 1970.

Jacobson, Dawn. *Chinoiserie*. London: Phaidon Press Ltd., 1993.

Johnston, Charles. "The Struggle for Reform in China." *North*

American Review 171, no. 524 (1900) : 13—25.

Journals of the Continental Congress, 1774—1789. Vol. 29 (1785) . Washington, DC: United States Government Printing Office, 1933.

Kayaoğlu, Turan. *Legal Imperialism: Sovereignty and Extraterritoriality in Japan, the Ottoman Empire, and China*. New York: Cambridge University Press, 2010.

Kennedy, Paul M. *The Rise and Fall of the Great Powers: Economic Change and Military Conflict from 1500 to 2000*. New York: Random House, 1987.

Killie, Charles A. *50 Views of Siege of Peking*. N. p., 1900.

Korea, the Ryukyu Islands, and North-East Asia, 1875—1888. Vol. 2 of Asia, 1860—1914, part I, series E of *British Documents on Foreign Affairs, Reports and Papers from the Foreign Office Confidential Print*. Frederick, MD: University Publications of America, 1989.

Korean-American Relations: Documents Pertaining to the Far Eastern Diplomacy of the United States. Volume 1 edited by George McAfee McCune and John A. Harrison. Volume 2 edited by Spencer J. Palmer. Berkeley: University of California Press, 1951 and 1963.

Kuhn, Philip A. *Soulstealers: The Chinese Sorcery Scare of 1768*. Cambridge, MA: Harvard University Press, 1990.

Larsen, Kirk W. "Comforting Fictions: The Tributary System, the Westphalian Order, and Sino-Korean Relations." *Journal of East Asian Studies* 13, no. 2 (2013) : 233—57.

——. *Tradition, Treaties, and Trade: Qing Imperialism and Chosŏn*

Korea, 1850—1910. Cambridge, MA: Harvard University Asia Center, 2008.

Lee, Yan Phou. *When I Was A Boy in China*. Boston: Lothrop Publishing Company, 1887.

Lensen, George Alexander. *Balance of Intrigue: International Rivalry in Korea and Manchuria, 1884—1899*. Tallahassee: University Presses of Florida, 1982.

Lewis, Mary Dewhurst. *Divided Rule: Sovereignty and Empire in French Tunisia, 1881—1938*. Berkeley: University of California Press, 2014.

Lew-Williams, Beth. *The Chinese Must Go: Violence, Exclusion, and the Making of the Alien in America*. Cambridge, MA: Harvard University Press, 2018.

Lin, Hsiao-Ting. "The Tributary System in China's Historical Imagination: China and Hunza, ca. 1760—1960." *Journal of the Royal Asiatic Society*, 3rd ser., 19, no. 4 (2009) : 489—507.

Liu, Lydia H. *The Clash of Empires: The Invention of China in Modern World Making*. Cambridge, MA: Harvard University Press, 2004.

Liu, Xiaoyuan. *Recast All under Heaven: Revolution, War, Diplomacy, and Frontier China in the 20th Century*. New York: Continuum, 2010.

Lowe, Lisa. *Immigrant Acts: On American Cultural Politics*. Durham, North Carolina: Duke University Press, 1996.

Lowe, Lisa. *The Intimacies of Four Continents*. Durham, North Carolina: Duke University Press, 2015.

Martin, William. A. P. *A Cycle of Cathay*. New York: Fleming H. Revell Company, 1896.

Masuda, Erika. "The Fall of Ayutthaya and Siam's Disrupted Order of Tribute to China (1767—1782) ." *Taiwan Journal of Southeast Asian Studies* 4, no. 2 (2007) : 75—128.

Mayo, Marlene J. "The Korean Crisis of 1873 and Early Meiji Foreign Policy." *Journal of Asian Studies* 31, no. 4 (1972) : 793—819.

Michie, Alexander. *The Englishmen in China during the Victorian Era: The Career of Sir Rutherford Alcock*. London: William Blackwood and Sons, 1900.

Morison, Samuel Eliot, and Henry Steele Commager. *The Growth of the American Republic*. New York: Oxford University Press, 1942.

Morse, Hosea Ballou. *The International Relations of the Chinese Empire*. New York: Longmans, Green, 1910—18.

Mosca, Matthew W. *From Frontier Policy to Foreign Policy: The Question of India and the Transformation of Geopolitics in Qing China*. Stanford, CA: Stanford University Press, 2013.

Nathan, Andrew J. and Robert S. Ross. *The Great Wall and the Empty Fortress: China's Search for Security*. New York: W. W. Norton & Company, 1997.

Norman, E. Herbert. *Japan's Emergence as a Modern State: Political and Economic Problems of the Meiji Period*. New York: Institute of Pacific Relations Publication Office, 1946.

"Papers of George Washington." National Archives of the United States.

Perdue, Peter C. "Boundaries, Maps, and Movement: Chinese, Russian, and Mongolian Empires in Early Modern Central Eurasia." *International History Review* 20, no. 2 (1998) : 263—86.

——. *China Marches West: The Qing Conquest of Central Eurasia*. Cambridge, MA: Harvard University Press, 2005.

Pitts, Jennifer. *A Turn to Empire: The Rise of Imperial Liberalism in Britain and France*.Princeton, New Jersey: Princeton University Press, 2005.

Peyrefitte, Alain. *The Immobile Empire: The First Great Collision of East and West*. Translated by Jon Rothschild. New York: Alfred A. Knopf, 1992.

Polo, Marco. *The Travels*. London: Penguin Books, 2015.

Pomeranz, Kenneth. *The Great Divergence: China, Europe, and the Making of the Modern World Economy*. Princeton, NJ: Princeton University Press, 2000.

Pritchard, Earl H. *Anglo-Chinese Relations during the Seventeenth and Eighteenth Centuries*. New York: Octagon Books, 1970.

Rawski, Evelyn S. *Early Modern China and Northeast Asia: Cross-Border Perspectives*. Cambridge: Cambridge University Press, 2015.

——. "Reenvisioning the Qing: The Significance of the Qing Period in Chinese History." *Journal of Asian Studies* 55, no. 4 (1996) : 829—50.

Rockhill, William Woodville. "Diplomatic Missions to the Court of China: The Kotow Question I." *American Historical Review* 2, no. 3 (1897) : 427—442.

——. "Diplomatic Missions to the Court of China: The Kotow

Question II." *American Historical Review* 2, no. 4 (1897) : 627—643.

Rowe, William T. *China's Last Empire: The Great Qing*. Cambridge, MA: Belknap Press, 2009.

Rudolph, Jennifer. *Negotiated Power in Late Imperial China: The Zongli Yamen and the Politics of Reform*. Ithaca, NY: Cornell University East Asia Program, 2008.

Scott, David. *China and the International System, 1840—1949: Power, Presence, and Perceptions in a Century of Humiliation*. Albany: State University of New York Press, 2008.

Sievers, Sharon L. *Flowers in Salt: The Beginnings of Feminist Consciousness in Modern Japan*. Stanford, CA: Stanford University Press, 1983.

Sloboda, Stacey. *Chinoiserie: Commerce and Critical Ornament in Eighteenth-Century Britain*. Manchester, UK: Manchester University Press, 2014.

Staunton, George Thomas. *Narrative of the Chinese Embassy to the Khan of the Tourgouth Tartars in the Years of 1712, 13, 14, & 15*. London: John Murray, 1821.

Treat, Payson J. *The Far East: A Political and Diplomatic History*. New York: Harper and Brothers, 1928.

Turner, Frederick Jackson. *The Significance of the Frontier in American History*. American Historical Association, 1894.

Van Dyke, Paul A., ed. *Americans and Macao: Trade, Smuggling, and Diplomacy on the South China Coast*. Hong Kong: Hong Kong University

Press, 2012.

von Gumpach, Johannes. *The Burlingame Mission: A Political Disclosure*. Shanghai, n.p., 1872.

Wakeman, Frederic, Jr. *The Great Enterprise: The Manchu Reconstruction of Imperial Order in Seventeenth-Century China*. Berkeley: University of California Press, 1985.

Wang, Yuanchong. *Remaking the Chinese Empire: Manchu-Korean Relations, 1616—1911*. Ithaca, NY: Cornell University Press, 2018.

Weinberg, Albert K. *Manifest Destiny: A Study of Nationalist Expansionism in American History*. Baltimore, MD: Johns Hopkins University Press, 1935.

Westad, Odd Arne. *Restless Empire: China and the World since 1750*. New York: Basic Books, 2012.

Wheaton, Henry. *Elements of International Law*. London: Humphrey Milford, 1936.

White, G. Edward. "The Lost Episode of Gong Lum v. Rice." *Green Bag* 18, no. 2 (2015) : 191—295.

Williams, Frederick Wells. *Anson Burlingame and the First Chinese Mission to Foreign Powers*. New York: Charles Scribner's Sons, 1912.

Williams, S. Wells. *The Middle Kingdom: A Survey of the Geography, Government, Education, Social Life, Arts, Religion, &c., of the Chinese Empire and Its Inhabitants*. New York: Wiley and Putnam, 1848.

——. *Narrative of the American Embassy to Peking in July 1859*. Shanghai: Office of the North China Herald, 1859.

Wills, John E., Jr., ed. *China and Maritime Europe, 1500—1800: Trade, Settlement, Diplomacy, and Mission*. New York: Cambridge University Press, 2011.

—— . *Embassies and Illusions: Dutch and Portuguese Envoys to K'ang-hsi, 1666—1687*. Cambridge, MA: Harvard University, Council on East Asian Studies, 1984.

—— . "Tribute, Defensiveness, and Dependency: Uses and Limits of Some Basic Ideas about Mid-Ch'ing Foreign Relations." *American Neptune* 48, no. 4 (Fall 1988) : 225—29.

Winichakul, Thongchai. *Siam Mapped: A History of the Geo-Body of a* Nation. Honolulu, HI: University of Hawaii Press, 1994.

Wong, J. Y. *Yeh Ming-Ch'en: Viceroy of Liang Kuang 1852—8*. New York: Cambridge University Press, 1976.

Wong, R. Bin. *China Transformed: Historical Change and the Limits of European Experience*. Ithaca, NY: Cornell University Press, 1997.

Wongsurawat, Wasana. *The Crown and the Capitalists: The Ethnic Chinese and the Founding of the Thai Nation*. Seattle, WA: University of Washington, 2019.

Woodside, Alexander Barton. *Vietnam and the Chinese Model: A Comparative Study of Vietnamese and Chinese Government in the First Half of the Nineteenth Century*. Cambridge, MA: Harvard University Press, 1988.

Wright, Mary C. *The Last Stand of Chinese Conservatism: The T'ung-Chih Restoration, 1862—1874*. Stanford, CA: Stanford University Press, 1957.

Yung, Wing. *My Life in China and America*. New York: Henry Holt and Company, 1909.

Zatsepine, Victor. *Beyond the Amur: Frontier Encounters between China and Russia, 1850–1930*. Vancouver, Canada: UBC Press, 2017.

图书在版编目（CIP）数据

中美相遇：大国外交与晚清兴衰：1784-1911 / 王元崇著. -- 上海：文汇出版社，2021.1（2025.5 重印）
ISBN 978-7-5496-3410-1

Ⅰ. ①中… Ⅱ. ①王… Ⅲ. ①中美关系-国际关系史-1784-1911 Ⅳ. ① D829.712

中国版本图书馆 CIP 数据核字 (2020) 第 263751 号

中美相遇
大国外交与晚清兴衰（1784—1911）

作　　者／　王元崇
责任编辑／　何　璟
特邀编辑／　孙　腾　刘　早
装帧设计／　周伟伟
出　　版／　文匯出版社
上海市威海路 755 号
（邮政编码 200041）
发　　行／　新经典发行有限公司
电　　话／　010-68423599　邮　　箱／editor@readinglife.com
印刷装订／　山东韵杰文化科技有限公司
版　　次／　2021 年 1 月第 1 版
印　　次／　2025 年 5 月第 10 次印刷
开　　本／　640×960　1/32
字　　数／　430 千
印　　张／　16.5

ISBN　978-7-5496-3410-1
定　　价／　79.00 元